24-25年版

1級ファイナンシャル・プランニング技能士・CFP®
高山一恵 監修
オフィス海 著

史上最強の

FP3級

問題集

ナツメ社

本書は、FP検定3級の「学科試験」と3種類の「実技試験」に種類別に対応しています。

【本書が対応しているFP検定3級の試験】
- 学科試験
- 実技試験「個人資産相談業務」(金財)…「個人」
　　　　　「保険顧客資産相談業務」(金財)…「保険」
　　　　　「資産設計提案業務」(日本FP協会)…「資産」

※検定の合格ラインは、いずれの試験も60％です。

※本書は、2024年6月～2025年5月実施分(法令基準日2024年4月1日)の試験に対応しています。
※2025年6月～2026年5月実施分の法令基準日は2025年4月1日です。2025年4月1日時点での「法改正情報」は2025年4月にナツメ社Webサイトに掲載予定です。
※2024年6月より、所得税について定額による所得税額の特別控除(定額減税)が実施されますが、本書では考慮しておりません。

本書とあわせて、姉妹版『史上最強のFP3級テキスト』をご利用いただけますと、FPに必要な知識をより**体系的**に身につけることができます。

『史上最強のFP3級テキスト』は、本書同様、カバー率を実測した、圧倒的に学習効率が高いFP参考書です。

監修していただいた高山一恵さん、専門家の視点から様々なチェックをしていただいた内田ふみ子さん、過去問の詳細な分析データを作成していただいた佐伯のぞみさん、そして校正者の皆さん、非常に多くの方々にご尽力いただき、ここに「FP検定に早く確実に合格できる問題集」を完成することができました。心より感謝申し上げます。

FP学習の新基準
史上最強のカバー率問題集

過去13年間の本試験をデータベース化して、
合格に必要な知識だけを抽出しました!
問題カバー率（得点率）98.9%!!
薄い別冊だけでも、合格点が取れます!!

- 日本初!! 出題ランキング & 少ない項目で合格点に届くTOP60

- FP問題集No.1。問題カバー率（得点率）98.9%を達成!!※

- 別冊「頻出順TOP60▶合格BOOK」はカバー率（得点率）78.9%!!
  薄い別冊を学習するだけで、合格ラインの60%をラクラク突破!!

- 試験直前でも、大丈夫!! 短い学習時間で確実に合格!!

- 過去問を選択肢と空欄ごとに分解して、項目別にデータベース化。
  合格に必要な知識をもれなく掲載!!

- 覚えるべき知識、語句、数値が一目でわかる紙面!!

※2023年1月・5月・9月の3級FP検定の問題と本書を1問ずつ照合してカバー率を測定。

　本書をご活用いただくことによって、読者の皆様がFP検定試験に
合格できることを確信しております。

オフィス海【kai】

圧倒的な得点力の理由は ➡ 次ページ参照【データあり】

日本初!! 出題ランキング&少ない項目で合格点に届くTOP60

本書では過去13年間の3級FP検定の全問題の中で、出題率が大きい順に学習項目を並べかえた**日本初のFP検定「出題ランキング」**を作成しました。

※2011年〜2023年の学科と実技「個人」「保険」「資産」の全問題。

▼学科の出題ランキング

順位	項目名	出題率	質問数
1	地震保険	2.17%	54
2	法定相続人と法定相続分	1.77%	44
2	小規模宅地等の評価減の特例	1.77%	44
4	土地・建物・株式等の相続税評価額	1.73%	43
5	投資信託の仕組みと種類	1.65%	41

▼個人の出題ランキング

順位	項目名	出題率	質問数
1	株式の投資指標	5.50%	74
1	基礎控除/扶養控除/配偶者控除	5.50%	74
3	国民年金の納付と手続き	4.39%	59
4	特別支給の老齢厚生年金	3.49%	47
5	不動産登記記録	3.42%	46

▼保険の出題ランキング

順位	項目名	出題率	質問数
1	年金の繰上げ・繰下げと増額	6.78%	91
2	生命保険の経理処理/退職金の準備	5.44%	73
3	個人の保険の見直し	5.14%	69
4	長期平準定期保険	4.77%	64
5	遺言と遺留分	4.25%	57

▼資産の出題ランキング

順位	項目名	出題率	質問数
1	FPの倫理と関連法規	7.73%	112
2	キャッシュフロー表	6.21%	90
3	株式の投資指標	4.69%	68
4	経済指標	3.86%	56
5	投資信託	3.24%	47

各試験の「出題ランキングTOP60」が、各章扉の前ページに掲載してあります。

TOP 60 出題上位**60%超**の項目に**TOP60のマーク**をつけたうえで、**別冊**に収録。**FP検定の合格ラインは60%**ですから、試験まで時間がなくても、過去問の**60%超をカバーしているTOP60を重点的に学習**することで合格を目指せます。

驚きのカバー率(得点率)98.9%を達成!!

13年分の綿密な過去問分析によって完成した本書によって、本番の試験にどのくらい正解できるのか? 2023年の試験問題を1問ずつ本書と照合したところ、全問題の**98.9%**に正解できました。

● 本書のカバー率(得点率)

学科	個人	保険	資産	平均
98.9%	**100**%	**100**%	**96.7**%	**98.9**%

▲2023年1月・5月・9月の3級FP検定の問題と本書を1問ずつ照合してカバー率を測定。

※学科試験のカバー率は、本書の「学科」編だけと照合した結果ですので、本書全体でのカバー率はもっと高くなります。個人試験は「学科+個人」と、保険試験は「学科+保険」と、資産試験は「学科+資産」と1問ずつ照合してあります。

勉強時間をドーンと時短‼【頻出順TOP60▶合格BOOK】

頻出順TOP60▶合格BOOKは、出題上位60%超の情報をカバーできる項目を頻出順にカード形式で収録した本書限定の別冊。覚えるべき内容が簡条書きでまとめられていて、**赤シート**でチェック学習ができる超効率的な暗記カードになっています。**別冊だけでどれだけカバーできたか**を実測した結果が下の表です。

◉ 別冊カバー率（得点率）

学科	個人	保険	資産	平均
63.3%	**95.6**%	**80.0**%	**76.7**%	**78.9**%

▲ 2023年1月・5月・9月の3級FP検定の問題と別冊を1問ずつ照合してカバー率を測定。

薄い別冊だけで
合格点が取れる!

「学科」57カードだけで本試験の63.3%に正解‼

「学科」カードに加えて、

「個人」25カードだけで本試験の95.6%に正解‼

「保険」17カードだけで本試験の80.0%に正解‼

「資産」19カードだけで本試験の76.7%に正解‼

※学科試験のカバー率は、別冊の「学科」編だけと照合した結果ですので、別冊全体でのカバー率はもっと高くなります。

別冊だけで3級の「合格ライン60%」をラクラク突破‼

だから、直前の学習でも、
本試験の得点が飛躍的にアップ‼

● カバー率の計測方法
選択問題では、正答に必要な情報が掲載されていれば正解（1点）。計算問題では必要な式、計算手順が掲載されていれば正解。また、一般常識で考えれば正解できると考えられる問題は正解。正答に必要な情報が入っていても、表現が試験と違うなどの理由から、正解できるかどうか判断がつかない場合は0.5点を加算して測定。計算ミス、勘違いはないものとして判定してあります。今後の試験で同じカバー率を約束するものではありません。

やみくもに学ぶのはもう古い。
覚えるべき項目・知識が
こんなにはっきりわかるFP問題集は初めて！
本当に出題される内容だけを精選して、
頻出項目にマークをつけて、
さらに出題知識を明示！

過去問を項目別に分類してデータベース化‼

本書の制作にあたっては、最初に、13年分の過去問を選択肢と空欄ごとに分解し、**項目別に分類してデータベース化**しました。

例えば、「退職後の公的保険」をテーマにした1つの問題に空欄が3つあって、空欄①は国民保険の保険料、空欄②は健康保険の任意継続被保険者、空欄③は厚生年金保険の被扶養者資格に関する知識を問うているような問題があります。この場合の質問数は3つで、それぞれ違う3つの項目に分類してカウントしました。適切または不適切な選択肢の文章を選ぶ3択問題なども、個々の選択肢の内容によって1つ1つ分類分けしました。この段階で、正解になる選択肢に○、不正解の選択肢に×をつけておきます。

正解に必要な知識をもれなく掲載。不要な知識はカット

次に、同じ知識を問うている質問同士をまとめました。すると、空欄や正解の選択肢には、毎回のように同じことを問う**頻出の知識**があることがわかりました。また、不正解の選択肢の中には、一般の対策本に載っていないような難問、珍問があることがわかりました。

過去に1回しか出ていない、しかも不正解になる難問、珍問は、いくら覚えても得点にはつながらないため、本書では**カット**してあります。逆に**複数回出題されている知識、正解になる選択肢はすべてを掲載**して、特によく出題されている問題には、「←よく出る」マークをつけました。

さらに「学科」で掲載している内容は「実技」ではカットして、そのぶん実技試験独自の問題を多数収録してあります。

※資格試験の分析をしていると同じ問題がとても多いことに気づかされます。これは当然のことで、必要な知識が毎回変わってしまうような資格試験では、信頼性が損なわれてしまいます。また、突然、出題傾向が変わって合格率が大きく違っては問題になります。5〜6年の単位では同じ傾向、同じ問題がほとんどで、FP検定の場合、法改正、社会変化、経済情勢等によって、少しずつ問題が差し替わっていきます。新しい試験での新傾向、新問題の割合は0〜10％の範囲内です。本書では、過去問になくても新しい法改正、新制度に係わる問題は追加してあります。

覚えるべき知識、語句、数値が一目でわかる紙面!!

試験勉強では、空欄に入る語句や数字、選択肢で正誤の判定基準になる知識を覚えておくことが最も重要です。参考書や問題集を選ぶとき、紙面の中で「**どれが覚えるべき知識で、どれが覚えなくてもよい知識なのか**」がはっきり区分けされていない本を購入してしまうと、**いくら勉強しても点が取れないムダな学習**になってしまいます。

従って、FP検定対策では、**どこが試験に出るのかがはっきりわかる本**を購入することが**最重要の第一歩**となります。本書では、問題・解説文中に試験対策に不要な知識はいっさいありません。さらに**覚えるべき重要な語句、知識は太文字、または赤文字にして区別**してあります。

赤文字は赤シートで消えるので、**解説文を使ったチェック学習**までできます。

【凡例】

再現例題…実際の試験に準じた問題形式の過去問です。枠内右下に解答があります。

出題DATA…各項目内でベスト3の頻出問題とその出題率が示されています。

TOP60…頻出項目です。計算上、この項目を覚えるだけで合格点に届くように設計してあります。ただし確実な合格を目指すには、全項目を学習する方がよいことは言うまでもありません。このマークの項目は、別冊に収録してあります。

テ●ページ…『史上最強のFP3級テキスト』の対応ページです。本書は試験別に掲載されているため、テキストの項目名・順番とは異なる場合があります。

よく出る…出題率が高い問題です。

ウラ技…暗記するための標語や語呂合わせ、また、問題文の語句から正解を導くウラ技を紹介しました。言葉や頭の中で繰り返すことで、記憶を定着させましょう。

覚えよう…まとめて覚えておきたい知識を囲みで掲載しました。

3級の受検概要

◆ 実施団体

FP技能検定は、次の2つの団体が実施しています。

- **一般社団法人金融財政事情研究会**（以下、金財）
URL https://www.kinzai.or.jp　☎03-3358-0771（検定センター）

- **NPO法人日本ファイナンシャル・プランナーズ協会**（以下、日本FP協会）
URL https://www.jafp.or.jp　☎03-5403-9890（試験業務部）

◆ 受検資格

受検資格は、金財、日本FP協会共通で以下のとおりです。

3級 ▶ FP業務に従事している者または従事しようとしている者

◆ 試験科目

FP技能士の資格取得には、学科試験と実技試験の両方に合格することが必要です。

学科試験は金財と日本FP協会で共通の内容です。実技試験は3科目から**1科目を選択**します。

等級	試験科目		実施機関
3級	◎学科試験		共通
	実技試験	◎個人資産相談業務	金財
		◎保険顧客資産相談業務	
		◎資産設計提案業務	日本FP協会

※本書は、◎印のある試験に対応しています。

学科試験・実技試験で出題される分野は、次の通りです。

↓学科試験出題分野	個人（金財）	保険（金財）	資産（日本FP協会）
ライフプランニングと資金計画	○	○	◎
リスク管理	×	◎	○
金融資産運用	○	×	○
タックスプランニング	○	○	○
不動産	○	×	○
相続・事業承継	○	○	○

※○は出題される分野、◎は頻出分野、×は出題されない分野です。

◆ 出題形式・合格基準

全科目とも、**60%の得点が合格ライン**です。

等級	科目	出題形式（筆記）	問題数	制限時間	合格基準
3級	学科	CBT○×式、三答択一式	60問	90分	36点以上（60点満点）
	実技	CBT事例形式	5題〈金財〉	60分	30点以上（50点満点）
		CBT多肢選択式	20問〈日本FP協会〉		60点以上（100点満点）

◆ 法令基準日と一部合格による試験免除

3級試験は、CBT方式（テストセンターのパソコンに表示される試験問題にマウスやキーボードを使って解答する方式）により通年実施されます。

3級の法令基準日は、2024年6月～2025年5月実施分は2024年4月1日です。2025年6月～2026年5月実施分は2025年4月1日です。

一部合格（学科試験のみの合格、または実技試験のみの合格）は、合格した学科試験または実技試験の実施日の翌々年度末までに行われる技能検定に限り、当該合格した学科試験または実技試験が、**申請により免除**されます。

◆ 受検手数料

受検手数料は、以下のとおりです（学科または実技のみの受検も可能）。

等級	学科	実技	学科と実技
3級	4,000円	4,000円	8,000円

◆ 受検申請方法

実施団体のホームページの指示に従って受検申請します。

受検サポートセンター：金財 ☎03-4553-8021、日本FP協会 ☎03-4553-8270

※最新の情報は、金財または日本FP協会のホームページでご確認ください。

CONTENTS

FP学習の新基準 史上最強のカバー率問題集 … iii
3級の受検概要 … viii

勉強時間が必ず報われる。
FP対策本の基準を変えた
「カバー率」問題集！

学科 ［金財・FP協会共通］

TOP 60 T▶Tのマークのある見出し内に出題ランキング上位60%の問題があります。本文では【TOP60】のマークがついています。

❶ ライフプランニングと資金計画

1 FP業務の基礎知識 ● 再現例題 ▶▶▶ 2
T▶ 1 FPの倫理と関連法規 … 2 2 ライフプランニング … 6
T▶ 3 係数の活用 … 8

2 住宅取得のプランニング ● 再現例題 ▶▶▶ 12
T▶ 1 フラット35 … 12 2 住宅ローンの金利 … 14
3 住宅ローンの返済方法 … 16 4 繰上げ返済 … 18

3 教育資金のプランニング ● 再現例題 ▶▶▶ 20
T▶ 1 教育一般貸付 … 20 2 日本学生支援機構の奨学金 … 22
3 学資（こども）保険 … 22

4 社会保険（年金保険以外） ● 再現例題 ▶▶▶ 24
1 任意継続被保険者 … 24 T▶ 2 傷病手当金と出産育児一時金 … 26
3 後期高齢者医療制度 … 26 T▶ 4 公的介護保険 … 28
5 労働者災害補償保険 … 28 T▶ 6 雇用保険 … 30

5 年金制度 ● 再現例題 ▶▶▶ 32
1 国民年金 … 32 2 老齢基礎年金 … 34
T▶ 3 老齢厚生年金 … 34 4 障害基礎年金 … 36
T▶ 5 遺族年金 … 38 T▶ 6 確定拠出年金（DC）… 38

❷ リスク管理

1 保険契約の基礎知識 ● 再現例題 ▶▶▶ 40
T▶ 1 生命保険の契約者保護 … 40 T▶ 2 保険業法と保険法 … 42
T▶ 3 保険料の算定 … 44 4 貸付と転換のための制度 … 46
T▶ 5 払済保険と延長保険 … 48

2 生命保険　　　　　　　　　　　　●再現例題▶▶▶50

T▶1 生命保険の種類と特徴 … 50　　　**2** 個人年金保険 … 52
T▶3 生命保険の特約 … 54　　　　　　**T▶4** 生命保険の税務 … 54
　　　5 死亡保険金の税務 … 56

3 損害保険　　　　　　　　　　　　●再現例題▶▶▶58

　　　1 保険金額と保険価額 … 58　　　**2** 火災保険 … 60
T▶3 地震保険 … 60　　　　　　　　　**T▶4** 自動車損害賠償責任保険 … 64
　　　5 自動車保険(任意保険) … 64　　**T▶6** 賠償責任保険 … 66
T▶7 傷害保険 … 68

❸ 金融資産運用

1 経済・金融の基礎知識　　　　　　●再現例題▶▶▶70

T▶1 経済指標 … 70　　　　　　　　　**2** インフレとデフレ … 72
T▶3 金融政策と金融市場 … 74　　　　**4** 預金保険制度 … 76
　　　5 金融サービス提供法 … 76　　　**6** 金融商品取引法 … 78
　　　7 その他の金融規制法 … 78

2 金融資産　　　　　　　　　　　　●再現例題▶▶▶80

　　　1 元利合計額の計算 … 80　　　　**2** 債券の仕組み … 82
T▶3 債券の利回り … 84　　　　　　　**4** 個人向け国債 … 86
　　　5 株式取引の仕組み … 88　　　　**6** 株価指数 … 90
T▶7 株式の投資指標 … 90　　　　　　**T▶8** 投資信託の仕組みと種類 … 92
　　　9 投資信託の運用手法 … 94　　　**10** NISA … 94
T▶11 ポートフォリオとデリバティブ取引 … 96　　**12** 株式と税金 … 98
　　　13 投資信託と税金 … 98

3 外貨建て金融商品　　　　　　　　●再現例題▶▶▶100

　　　1 外国為替 … 100　　　　　　　**2** 外貨預金 … 102
　　　3 外貨建てMMF … 102

❹ タックスプランニング

1 所得税の基礎知識　　　　　　　　●再現例題▶▶▶104

T▶1 所得税の基礎知識 … 104　　　　**T▶2** 利子所得／事業所得／減価償却 … 106
　　　3 不動産所得 … 108　　　　　　**4** 給与所得／雑所得 … 108
T▶5 退職所得 … 110　　　　　　　　**T▶6** 譲渡所得と取得費 … 112
　　　7 一時所得 … 112

2 総所得金額の算出　　　　　　　　　　　　　●再現例題▶▶▶114

T▶**1** 損益通算 … 114　　　　　　T▶**2** 基礎控除／扶養控除／配偶者控除… 116
T▶**3** 医療費控除ほか … 118　　　　　**4** 総所得金額 … 118

3 所得税額の算出と申告・納付　　　　　　　　●再現例題▶▶▶120

　　1 所得税額の算出 … 120　　　　**2** 配当控除 … 122
T▶**3** 住宅借入金等特別控除 … 124　T▶**4** 給与所得者の確定申告 … 124
T▶**5** 青色申告 … 126

5 不動産

1 不動産の登記と評価　　　　　　　　　　　　●再現例題▶▶▶128

T▶**1** 不動産登記記録 … 128　　　　**2** 不動産の価格と鑑定評価 … 130
T▶**3** 不動産の取引と媒介契約 … 130　T▶**4** 借地権／借家権 … 132

2 不動産に関する法令　　　　　　　　　　　　●再現例題▶▶▶134

T▶**1** 都市計画法／開発許可制度 … 134　T▶**2** 用途制限／接道義務／2項道路 … 136
　　3 建蔽率 … 136　　　　　　　　**4** 容積率／延べ面積／防火規制 … 138
T▶**5** 区分所有法 … 138　　　　　　　**6** 農地の転用 … 138

3 不動産の税金・活用法　　　　　　　　　　　●再現例題▶▶▶140

T▶**1** 不動産の取得・保有にかかる税金 … 140　T▶**2** 固定資産税 … 142
　　3 不動産の譲渡・賃貸にかかる税金 … 142　T▶**4** 居住用財産の譲渡所得の特別控除 … 144
T▶**5** 土地活用と不動産投資 … 146

6 相続

1 贈与税　　　　　　　　　　　　　　　　　　●再現例題▶▶▶148

T▶**1** 贈与契約 … 148　　　　　　　T▶**2** 贈与税の基礎知識 … 150
T▶**3** 贈与税の配偶者控除 … 152　　T▶**4** 相続時精算課税 … 152
　　5 直系尊属からの贈与の特例 … 152

2 相続のしくみ／相続税の算出　　　　　　　　●再現例題▶▶▶154

T▶**1** 相続の承認と放棄 … 154　　　T▶**2** 法定相続人と法定相続分 … 156
　　3 養子縁組／遺産分割方法／成年後見制度… 158　T▶**4** 遺言書 … 160
　　5 遺留分 … 160　　　　　　　　T▶**6** 相続財産の種類 … 162
　　7 遺産に係る基礎控除額 … 164　　**8** 2割加算 … 164
　　9 配偶者に対する相続税額の軽減 … 166　　**10** 相続税の申告と納付 … 166

3 相続財産の評価　　　　　　　　　　　　　　●再現例題▶▶▶168

T▶**1** 土地・建物・株式等の相続税評価額 … 168　T▶**2** 小規模宅地等の評価減の特例 … 172

実技 [金財]

個人資産相談業務

1 社会保険と公的年金　　　　　　　　　　●再現例題▶▶▶176

T▶**1** 退職後の健康保険 … 178　　　　　　**2** 雇用保険 … 178

T▶**3** 国民年金の納付と手続き … 180　　　T▶**4** 老齢基礎年金の支給額 … 182

T▶**5** 特別支給の老齢厚生年金 … 182　　　T▶**6** 年金の繰上げ・繰下げと増額 … 186

T▶**7** 障害年金と遺族年金 … 186

2 金融資産運用　　　　　　　　　　　　●再現例題▶▶▶188

T▶**1** 債券の仕組み … 190　　　　　　　　T▶**2** 株式 … 192

　3 投資信託 … 194　　　　　　　　　　T▶**4** 外貨建て金融商品 … 196

3 タックスプランニング　　　　　　　　●再現例題▶▶▶198

　1 退職所得 … 200　　　　　　　　　　T▶**2** 総所得金額の算出 … 202

T▶**3** 所得控除 … 204　　　　　　　　　　**4** 住宅借入金等特別控除 … 206

T▶**5** 給与所得者の確定申告 … 208　　　　**6** 源泉徴収票の見方 … 210

4 不動産　　　　　　　　　　　　　　　●再現例題▶▶▶212

T▶**1** 不動産登記記録 … 214　　　　　　　**2** 宅地建物取引業 … 216

T▶**3** 借家契約 … 218　　　　　　　　　　T▶**4** 建蔽率／延べ面積 … 220

　5 用途制限／防火規制 … 220　　　　　T▶**6** 不動産の取得・保有にかかる税金 … 222

T▶**7** 不動産の譲渡・賃貸にかかる税金 … 224　**8** 不動産の有効活用 … 226

　9 区分所有法 … 226

5 相続　　　　　　　　　　　　　　　　●再現例題▶▶▶220

　1 贈与税の配偶者控除 … 230　　　　　**2** 相続時精算課税 … 232

　3 贈与税の特例 … 234　　　　　　　　T▶**4** 法定相続人と法定相続分 … 236

T▶**5** 遺言書 … 238　　　　　　　　　　　**6** 遺留分 … 238

T▶**7** 相続税のしくみと計算 … 238　　　　T▶**8** 小規模宅地等の評価減の特例 … 242

受けたい実技だけを
勉強すればいいから
すごく効率的だね！

実技 [金財]

TOP 60 T▶Tのマークのある見出し内に出題ランキング上位60%の問題があります。本文では【TOP60】のマークがついています。

保険顧客資産相談業務

1 社会保険と公的年金　　　●再現例題▶▶▶246

1 退職後の公的医療保険 … 248　　　2 療養、出産に関する給付 … 248
T▶3 公的介護保険 … 250　　　4 国民年金 … 250
T▶5 老齢基礎年金 … 252　　　T▶6 年金の繰上げ・繰下げと増額 … 252
T▶7 老齢厚生年金 … 256　　　T▶8 遺族年金 … 256

2 個人の保険　　　●再現例題▶▶▶258

1 個人の保険の商品性 … 260　　　2 個人の保険の保障内容 … 262
T▶3 必要保障額の計算 … 264　　　T▶4 個人の保険の見直し … 266
5 個人の保険の税務 … 268

3 法人の保険　　　●再現例題▶▶▶270

T▶1 生命保険の経理処理/退職金の準備 … 272　　T▶2 長期平準定期保険 … 276
T▶3 ハーフタックスプラン … 278

4 タックスプランニング　　　●再現例題▶▶▶280

T▶1 退職所得 … 282　　　T▶2 総所得金額の算出 … 282
T▶3 扶養控除/配偶者控除ほか … 284　　　4 医療費控除/生命保険料控除 … 288
5 住宅借入金等特別控除 … 290　　　T▶6 給与所得者の確定申告/青色申告 … 290
7 源泉徴収票の見方 … 292

5 相続　　　●再現例題▶▶▶294

1 贈与税の控除と特例 … 296　　　T▶2 遺言と遺留分 … 296
T▶3 相続税の課税・非課税財産 … 298　　　T▶4 相続税の計算 … 302

「学科」で学習済みの内容は原則カット！合格へ一直線だよ！

実技 [FP協会]

TOP 60 T▶Tのマークのある見出し内に出題ランキング上位60%の問題があります。本文では【TOP60】のマークがついています。

資産設計提案業務

1 ライフプランニングと資金計画 ●再現例題▶▶▶308

T▶1 FPの倫理と関連法規 … 310 　　T▶2 バランスシート … 310
T▶3 キャッシュフロー表 … 312 　　T▶4 係数の活用 … 314
　5 財形住宅貯蓄… 316 　　T▶6 住宅ローンの金利と返済方法 … 316
　7 社会保険… 318 　　T▶8 公的年金… 320

2 リスク管理 ●再現例題▶▶▶322

T▶1 死亡保険金の総額計算 …324 　　2 個人年金保険 …324
T▶3 生命保険の税務 …326 　　T▶4 火災保険と地震保険 …328
　5 自動車損害賠償責任保険 …328 　　T▶6 普通傷害保険 …330
T▶7 医療保険 …330

3 金融資産運用 ●再現例題▶▶▶332

T▶1 経済指標 … 334 　　2 株価欄の見方ほか … 336
T▶3 預金保険制度 … 338 　　T▶4 株式の投資指標 … 338
T▶5 投資信託 … 340

4 タックスプランニング ●再現例題▶▶▶342

　1 各所得金額の算出 … 344 　　2 所得控除 … 348
　3 給与所得者の確定申告 … 352 　　T▶4 住宅借入金等特別控除 … 354
　5 源泉徴収票の見方 … 354

5 不動産 ●再現例題▶▶▶356

T▶1 不動産登記記録 … 358 　　T▶2 容積率／延べ面積／建蔽率 … 358
　3 接道義務・2項道路 … 360

6 相続 ●再現例題▶▶▶362

　1 贈与税の控除と特例 … 364 　　T▶2 法定相続人と法定相続分 … 366
T▶3 遺言書 … 370 　　4 宅地の評価 … 370

学科の出題ランキング

順位	項目名	出題率	質問数
1	地震保険	2.17%	54
2	法定相続人と法定相続分	1.77%	44
2	小規模宅地等の評価減の特例	1.77%	44
4	土地・建物・株式等の相続税評価額	1.73%	43
5	投資信託の仕組みと種類	1.65%	41
6	相続財産の種類	1.57%	39
6	ポートフォリオとデリバティブ取引	1.57%	39
8	賠償責任保険	1.49%	37
8	傷害保険	1.49%	37
8	不動産登記記録	1.49%	37
8	借地権・借家権	1.49%	37
12	譲渡所得と取得費	1.45%	36
12	住宅借入金等特別控除	1.45%	36
12	株式の投資指標	1.45%	36
15	係数の活用	1.41%	35
15	生命保険の特約	1.41%	35
15	用途制限／接道義務／2項道路	1.41%	35
15	給与所得者の確定申告	1.41%	35
15	贈与税の基礎知識	1.41%	35
20	FPの倫理と関連法規	1.37%	34
21	基礎控除／扶養控除／配偶者控除	1.33%	33
21	不動産の取引と媒介契約	1.33%	33
21	生命保険の契約者保護	1.33%	33
24	保険料の算定	1.29%	32
24	債券の利回り	1.29%	32
26	生命保険の種類と特徴	1.25%	31
26	経済指標	1.25%	31
28	自動車損害賠償責任保険	1.21%	30
29	遺言書	1.17%	29
29	利子所得／事業所得／減価償却	1.17%	29
31	フラット35	1.12%	28
31	保険業法と保険法	1.12%	28
33	居住用財産の譲渡所得の特別控除	1.08%	27
34	傷病手当金と出産育児一時金	1.04%	26
34	老齢厚生年金	1.04%	26
34	所得税の基礎知識	1.04%	26
34	確定拠出年金（DC）	1.04%	26
34	青色申告	1.04%	26
34	土地活用と不動産投資	1.04%	26
40	雇用保険	1.00%	25

順位	項目名	出題率	質問数	TOP 60
40	不動産の取得・保有にかかる税金	1.00%	25	
40	医療費控除ほか	1.00%	25	
43	教育一般貸付	0.96%	24	
43	金融政策と金融市場	0.96%	24	
43	損益通算	0.96%	24	
43	都市計画法／開発許可制度	0.96%	24	
43	贈与契約	0.96%	24	
43	贈与税の配偶者控除	0.96%	24	
49	公的介護保険	0.92%	23	
49	払済保険と延長保険	0.92%	23	
49	退職所得	0.92%	23	
49	区分所有法	0.92%	23	
49	固定資産税	0.92%	23	
54	遺族年金	0.88%	22	
54	相続時精算課税	0.88%	22	
56	相続の承認と放棄	0.84%	21	
56	生命保険の税務	0.84%	21	
58	投資信託の運用手法	0.80%	20	69.95%
58	直系尊属からの贈与の特例	0.80%	20	▲
60	住宅ローンの返済方法	0.76%	19	別冊に収録
60	老齢基礎年金	0.76%	19	

> 60%以上で合格圏。余裕を見て、69.95%までをTOP60に入れて、別冊に収録したよ！

出題率…過去13年間の学科試験2,489問中の出題割合。
出題率＝各項目の質問数÷全質問数2,489×100
質問数…項目ごとに過去13年間全問題の空欄や個々に正誤判定が必要な選択肢の数を集計した数。複数項目の知識が必要な質問では、重複計測したものもある。
TOP60…全質問数の60%以上（69.95%）を占める項目。問題横にマークをつけて、別冊に収録。 ©オフィス海

学科

[金財・FP協会共通]

TOP 60 過去問の頻出項目にTOP60マークがついています。
TOP60だけで、過去問全体の69.95%をカバーしています。

解説文は、赤シートで赤文字が消えるから、チェックテストとして活用できるよ。

TOP60は、別冊で復習!!

❶ ライフプランニングと資金計画
1 FP業務の基礎知識
2 住宅取得のプランニング
3 教育資金のプランニング
4 社会保険（年金保険以外）
5 年金制度

❷ リスク管理
1 保険契約の基礎知識
2 生命保険
3 損害保険

❸ 金融資産運用
1 経済・金融の基礎知識
2 金融資産
3 外貨建て金融商品

❹ タックスプランニング
1 所得税の基礎知識
2 総所得金額の算出
3 所得税額の算出と申告・納付

❺ 不動産
1 不動産の登記と評価
2 不動産に関する法令
3 不動産の税金・活用法

❻ 相続
1 贈与税
2 相続のしくみ／相続税の算出
3 相続財産の評価

1 FP業務の基礎知識

再現例題

【第1問】 次の文章の（ ）内にあてはまる最も適切な文章、語句、数字またはそれらの組み合わせを1）〜3）のなかから選び、その番号を解答用紙にマークしなさい。 2022年5月

毎年一定金額を積み立てながら、一定の利率で複利運用した場合の一定期間経過後の元利合計額を試算する際、毎年の積立額に乗じる係数は、（ ）である。

1）減債基金係数　　2）資本回収係数　　3）年金終価係数

解答　①　②　③

【第2問】 次の文章を読んで、正しいものまたは適切なものには①を、誤っているものまたは不適切なものには②を、解答用紙にマークしなさい。 2020年1月

ファイナンシャル・プランナーは、顧客の依頼を受けたとしても、公正証書遺言の作成時に証人となることはできない。

解答　①　②

TOP60 1 FPの倫理と関連法規

次の各文章を読んで、正しいものまたは適切なものには○を、誤っているものまたは不適切なものには×をしなさい。

☐ ❶ 税理士資格を有しないファイナンシャル・プランナーが、顧客に対し、税制の一般的な説明をすることは、税理士法に抵触する。←よく出る

☐ ❷ 税理士資格を有しないファイナンシャル・プランナーが、顧客のために確定申告書の作成を行っても、その行為が無償であれば税理士法に抵触しない。

☐ ❸ 税理士資格を有しないファイナンシャル・プランナーのAさんは、顧客から税務相談を受けたとき、個別具体的な税額計算などは税理士に委ねている。

過去13年間 **出題 DATA**

👑1 係数の活用…出題率1.41%［35問］

👑2 FPの倫理と関連法規…出題率1.37%［34問］

👑3 ライフプランニング…出題率0.60%［15問］

※出題率は、過去13年間の学科試験2,489問中の出題割合［質問数］を示しています。

【FP業務の基礎知識】の出題傾向

頻出順に「係数の活用」、「FPの倫理と関連法規」、「ライフプランニング」に関する問題が出題されています。

1 係数の活用…終価係数、現価係数、減債基金係数、資本回収係数、年金終価係数、年金現価係数という6つの係数についての問題です。それぞれの係数の使い方の違いを覚えましょう。

2 FPの倫理と関連法規…税理士と弁護士の業務に関わる問題が頻出します。誰にでも許されている一般的な行為なら適切、他の専門家の独占業務の具体的な行為なら不適切と覚えておくだけで、5割は得点できるでしょう。

3 ライフプランニング…可処分所得に関する問題が頻出です。

▼ 再現例題の解説と解答

1 毎年の積立金が最終的にいくらになるかを試算する係数は年金終価係数です。 ③

2 遺言者の身内や未成年でなければ、公正証書遺言の証人になれます。 ②

▼ 解説（赤シートで消える語句をチェックできます）　　🔖2・4ページ　▼ 正解

Point 大別すると、資格不要で一般的な行為なら〇、他の専門家の独占業務の領域を侵す行為なら ✕ となります。

税制の**一般的な説明**をすることは、**誰にでも許されている一般的な行為**です。法に抵触しません。🤚**ウラ技**「一般的な説明」はできる	✕
確定申告書の作成は税理士の職務領域です。FPが他の専門家の独占業務の領域を侵す行為は、**有償無償にかかわらず、法に抵触**します。	✕
FPは、顧客の**個別具体的な税額計算**などは**でき**ません。税理士に委ねることは適切な行為です。ただし、**公的年金の受給見込額の計算**は許されています。	〇

☐ ❹ 弁護士資格を有しないファイナンシャル・プランナーが、その顧客の任意後見受任者となることは、弁護士法に抵触する。◀よく出る

☐ ❺ 弁護士資格を有しないファイナンシャル・プランナーは、業として、報酬を得る目的により、顧客の遺産分割調停手続を行うことができない。

☐ ❻ 弁護士資格を有しないファイナンシャル・プランナーが、遺産分割をめぐって係争中の顧客から相談を受け、報酬を得る目的で相続人間の利害調整に係る法律事務を取り扱った。この行為が顧客利益を優先して行ったものである場合、弁護士法に抵触しない。

☐ ❼ 弁護士資格を有しないファイナンシャル・プランナーのAさんは、顧客から法律相談を受けた際には、一般的な説明を行うにとどめ、具体的な法律事務や権利関係の処理については弁護士に委ねることにしている。

☐ ❽ 保険業法上、生命保険募集人の登録を受けていないファイナンシャル・プランナーが、顧客に生命保険商品の商品性を説明することは禁止されていない。

☐ ❾ ファイナンシャル・プランニング技能士の資格を有する者は、生命保険募集人の登録を受けたとみなされて、生命保険の募集を行うことができる。

☐ ❿ 金融商品取引業の登録を受けていないファイナンシャル・プランナーが、資産運用を検討している顧客に対し、NISA（少額投資非課税制度）の一般的な仕組みを説明することは禁止されている。

☐ ⓫ ファイナンシャル・プランナーが顧客と投資顧問契約を締結し、その契約に基づき投資助言・代理業を行うには、金融商品取引業者として内閣総理大臣の登録を受けなければならない。

☐ ⓬ ファイナンシャル・プランナーとして業務を行う者は、職業倫理上、顧客の個人情報に関する守秘義務を遵守することが求められる。

☐ ⓭ 公表された他人の著作物を自分の著作物に引用する場合、自らが作成する部分と引用する部分を区別できないようにまとめて表現する必要がある。

任意後見制度は、本人の判断能力が低下したときのライフプランを立てて、プランを実行するための代理人（任意後見受任者・任意後見人）を定めておく制度です。特別な資格は不要で、**任意後見受任者になることはでき**ます。　✕

弁護士資格のない者が、法律を取り扱う業務を行うことは禁止されています。**有償無償にかかわらず、FPが遺産分割調停手続を行うことはでき**ません。　○

弁護士資格を有しないFPは、**相続人間の利害調整**、**遺言書の作成指導**など、法律事務を取り扱うことは、**無償でも、顧客利益を優先して行ったものでも、弁護士法に抵触**します。なお、弁護士でなくても、顧客の任意後見受任者となること、また**公正証書遺言の**証人となることはできます。　✕

一般的な説明は誰でも行うことはできますが、具体的な法律事務や権利関係の処理はできないので、**弁護士に委ねることは**適切です。　○

生命保険商品の商品性や保険証券の見方を説明することは、誰にでも許されている一般的な行為です。**FPであっても一般的な行為はでき**ます。　○

生命保険募集人の登録を受けていないFPは、**生命保険の募集、販売、勧誘を行うことができ**ません。なお、**顧客の必要保障額の計算**はできます。　✕

NISA（少額投資非課税制度）の一般的な仕組みを説明することは、誰にでも許されている一般的な行為です。**FPでも一般的な行為はでき**ます。　✕
ウラ技「一般的な説明」は禁止されていない

FPが顧客と投資顧問契約を結んで、投資の助言や代理を行うためには、**金融商品取引業者として内閣総理大臣の**登録を受ける必要があります。　○

FPの職業倫理には、顧客の個人情報に対する守秘義務があるので、顧客の許可なく個人情報を第三者に漏らしてはいけません。　○

著作権法違反とならない適法な引用とするためには、①**引用元が明記され**ていること、②**自ら作成する部分が「主」、引用部分が「従」の関係である**こと、③**引用部分が他の部分と区別**されていること、④引用の必要性があり、**引用の目的に照らして正当な範囲内**であること、⑤**引用した部分を改変していない**こと、以上の5つの要件を満たす必要があります。　✕

2 ライフプランニング

次の各文章を読んで、正しいものには○を、誤っているものには×をしなさい。
（　）のある文章では、適切な語句を選びなさい。

☐ ❶ 個人のライフプランニングにおけるバランスシート（貸借対照表）は、顧客やその家族の結婚・進学・住宅取得等のライフイベントに関するプランを時系列でひとつの表にまとめたものである。

☐ ❷ 個人のライフプランニングにおけるキャッシュフロー表は、現在の収支状況や今後のライフプランをもとに、将来の収支状況や貯蓄残高などの推移を表形式にまとめたものである。

☐ ❸ 個人のライフプランニングにおいて、キャッシュフロー表に記入する金額は、物価変動等が予測されるものについては、その変動を加味した、いわゆる将来価値で表すことが望ましい。

☐ ❹ 【可処分所得】下記の〈資料〉によれば、Aさんのライフプランニング上の可処分所得の金額は、（　）である。←よく出る

〈資料〉 Aさんの収入等
給与収入：800万円（給与所得は600万円）
所得税・住民税：80万円
社会保険料：100万円
生命保険料：10万円

1）420万円
2）610万円
3）620万円

Point 顧客のライフプランを作るツールには、ライフイベント表、キャッシュフロー表、バランスシートがあります。それぞれの特徴を覚えておきましょう。

結婚・進学・住宅取得等のライフイベントに関するプランを時系列でまとめたものは<u>ライフイベント表</u>です。個人の<u>バランスシート</u>は、顧客や家族の現在の資産と負債を表にまとめたもので、不動産などの資産を**取得金額**ではなくて、<u>時価</u>（現時点で売る、もしくは売った場合の金額）で記入します。

✕

個人の<u>キャッシュフロー表</u>は、現在の収支状況・貯蓄（金融資産）残高と、入学・結婚・出産など、今後のライフイベントで発生する収支の推移を表形式にまとめたものです。

◯

キャッシュフロー表に記入する金額のうち、物価変動や定期昇給が予測されるものは、その変動率を加味した<u>将来価値</u>で表します。

> 将来価値の計算
>
> 現在の給与収入が500万円、定期昇給する給与収入の**変動率1%**の場合
>
> ● **n年後の額＝今年の額×（1＋変動率)^n**
>
> 1年後…500×(<u>1+0.01</u>)＝505万円
>
> 2年後…500×(<u>1+0.01</u>)^2＝510.05万円
>
> 3年後…500×(<u>1+0.01</u>)^3＝515.1505万円

◯

キャッシュフロー表の収入は、**可処分所得**（手取り）で記載します。可処分所得とは、**年収から所得税・住民税と<u>社会</u>保険料を控除した（引いた）金額**になります。サラリーマンの場合の年収は、**給与収入**です。

> 可処分所得の計算
>
> **可処分所得の金額＝年収－（所得税＋住民税＋<u>社会</u>保険料）**
>
> Aさんの可処分所得…800万円－（80万円＋<u>100</u>万円）＝<u>620</u>万円

3)

問題文の〈資料〉にある**給与所得**とは、給与収入（年収）から給与所得控除額を差し引いたものです。給与所得控除額は、簡単に言えば、会社員の経費にあたるもので、年収に応じた金額が定められています。

給与所得＝給与収入－給与所得控除額

3 係数の活用

次の各文章の（ ）内にあてはまる最も適切な語句を選びなさい。

□ **❶** 利率（年率）1％で複利運用しながら毎年一定額を積み立て、15年後に800万円を準備する場合、毎年の積立金額は、下記〈資料〉の係数を使用して算出すると（ ）となる。←よく出る

〈資料〉利率（年率）1％・期間15年の各種係数
現価係数　　　：0.8613
資本回収係数：0.0721
減債基金係数：0.0621

　1）45万9,360円
　2）49万6,800円
　3）57万6,800円

□ **❷** 利率（年率）2％で複利運用しながら5年後に100万円を用意する場合、係数表を使って現在必要な元本の額を算出するには、100万円に利率2％・期間5年の（ ）を乗ずる。
　1）現価係数　　2）年金現価係数　　3）年金終価係数

□ **❸** 利率（年率）2％で複利運用しながら、毎年40万円を20年間にわたって受け取る場合に必要な原資は、下記の〈資料〉の係数を使用して算出すれば、（ ）となる。

〈資料〉利率（年率）2％・期間20年の各種係数
現価係数　　　：0.6730
年金終価係数：24.2974
年金現価係数：16.3514

　1）5,384,000円
　2）6,540,560円
　3）9,718,960円

Point　ライフプランニングでは、6種類の係数を使い分けます。3級の学科試験では、減債基金係数と年金現価係数がよく出題されます。

> **覚えよう**
>
> ライフプランニングで用いる6つの係数と計算結果
>
> 終価係数…元金（元本）を複利運用すると、最終的にいくらになるか
>
> 現価係数…複利運用して目標額にするために必要な元金の額（現在の価）
>
> 減債基金係数…目標額にするために必要な毎年の積立金額はいくらか
>
> 資本回収係数…元金を複利運用しながら取り崩す場合の毎年の受取金額（資本の回収額）。毎年の元利均等返済額を計算する際にも用いる
>
> 年金終価係数…毎年の積立金を複利運用すると、最終的にいくらになるか
>
> 年金現価係数…一定の年金を受け取るために必要な元金の額（年金の現価）

2)

毎年の積立金額（積み立て基金）の計算なので減債基金係数です。

目標額×減債基金係数＝毎年の積立額

8,000,000 × 0.0621 ＝ 496,800円

複利運用しながら目標額100万円にするために、**現在必要な元金の額（現在の価）**を計算するので現価係数です。

目標額×現価係数＝元金

1)

複利運用しながら目標の年金額40万円を毎年受け取るために、**現在必要な元金の額（年金の現価）**を計算するので「年金現価係数」です。

目標年金額×年金現価係数＝元金

400,000 × 16.3514 ＝ 6,540,560 円

> そもそも「複利」とは一定期間ごとに支払われる利息を元本に含めて、これを新しい元金として利息を計算する方式のこと。
> 再投資される期間によって、1ヵ月複利、半年複利、1年複利という種類があり、利率や期間など他の条件が同じなら、利息の再投資期間が短い方が満期時の元利合計は多くなるよ！

2)

学科①

ライフプランニングと資金計画

❹ 利率（年率）3％の複利で6年間にわたって毎年40万円を返済する計画により、自動車ローンを組む場合、借入可能額は、（　）となる。なお、計算にあたっては下記の〈資料〉を利用するものとする。

〈資料〉利率（年率）3％・期間6年の各種係数
年金現価係数：5.4172
年金終価係数：6.4684
終価係数：1.1941

1）2,166,880円
2）2,587,360円
3）2,865,840円

❺ 元金1,000万円を、利率（年率）1％で複利運用しながら10年にわたって毎年均等に取り崩して受け取る場合、毎年の受取金額は、下記〈資料〉の係数を使用して算出すると（　）となる。

〈資料〉利率（年率）1％・期間10年の各種係数
終価係数　　：1.1046
減債基金係数：0.0956
資本回収係数：0.1056

1）956,000円
2）1,056,000円
3）1,104,600円

❻ 利率（年率）2％で複利運用しながら10年間にわたって毎年500,000円ずつ積み立てた場合の10年後の元利合計額は、下記の〈資料〉を利用して計算すると、（　）となる。

〈資料〉利率（年率）2％・期間10年の各種係数
終価係数　　　：1.2190
年金現価係数：8.9826
年金終価係数：10.9497

1）4,491,300円
2）5,474,850円
3）6,095,000円

「3％の複利で6年間にわたって毎年40万円を返済する」を、「3％の複利で6年間にわたって毎年40万円を受け取る」と読みかえます。つまり、複利運用しながら目標の年金額40万円を毎年受け取るためには、現在いくら必要かを計算する問題と考えます。目標の年金額を受け取るために**現在必要な元本の額（年金の現価）を計算するので**年金現価**係数**です。

目標返済額（目標年金額）×年金現価係数＝借入可能額（元金）

$400{,}000 \times 5.4172 = 2{,}166{,}880$ 円

1)

元本1,000万円を複利運用しながら取り崩していく場合の**毎年の受取金額（資本の回収額）の計算なので、資本回収係数**を用います。

元金×資本回収係数＝毎年の受取金額

$10{,}000{,}000 \times 0.1056 = 1{,}056{,}000$ 円

2)

毎年の積立金（年金）を複利運用していったときの、**最終的な金額（年金の終価）の計算なので**年金終価**係数**を用います。

毎年の積立額×年金終価係数＝将来の積立額合計

$500{,}000 \times 10.9497 = 5{,}474{,}850$ 円

2)

2 住宅取得のプランニング

問題数019

再現例題

【第1問】 次の文章を読んで、正しいものまたは適切なものには①を、誤っているものまたは不適切なものには②を、解答用紙にマークしなさい。

2022年5月（改）

住宅金融支援機構と民間金融機関が提携した住宅ローンであるフラット35（買取型）の融資金利は変動金利であり、借入れをする際には、保証人が必要である。

解答　①　②

【第2問】 次の文章の（　）内にあてはまる最も適切な文章、語句、数字またはそれらの組み合わせを1）～3）のなかから選び、その番号を解答用紙にマークしなさい。　　2015年1月、2016年5月、2023年5月

長期固定金利住宅ローンのフラット35（買取型）の借入金利は、（　）時点の金利が適用される。◀よく出る

1）借入申込
2）居住開始
3）融資実行

解答　①　②　③

TOP60 ❶ フラット35

次の各文章を読んで、正しいものには○を、誤っているものには×をしなさい。（　）のある文章では、適切な語句を選びなさい。

☐ ❶ フラット35（買取型）では、中古住宅は融資対象とならない。

☐ ❷ フラット35の借入金利は、取扱金融機関が独自に定めているため、利用する金融機関によって異なる場合がある。

☐ ❸ フラット35（買取型）では、所定の要件を満たせば、申込本人の子や孫等を後継者として親子リレー返済が可能である。

出題DATA 過去13年間

👑1 フラット35…出題率1.12% ［28問］

👑2 住宅ローンの返済方法…出題率0.76% ［19問］

👑3 繰上げ返済…出題率0.32% ［8問］

※出題率は、過去13年間の学科試験2,489問中の出題割合［質問数］を示しています。

【住宅取得のプランニング】の出題傾向

頻出順に、「フラット35」、「住宅ローンの返済方法」、「繰上げ返済」に関する問題が出題されます。

1 フラット35…住宅金融支援機構が、民間金融機関と提携して提供している最長35年の固定金利型住宅ローンです。融資額の上限は8,000万円、融資実行時点での金利を適用するという2点がよく出題されます。

2 住宅ローンの返済方法…元利均等返済、元金均等返済の2つがあります。

3 繰上げ返済…返済期間短縮型と返済額軽減型の違いを覚えておきましょう。

▼ 再現例題の解説と解答

1 フラット35は変動金利ではなく固定金利です。また、借り入れに保証人は不要です。　②

2 フラット35は、融資実行時点での金利を適用します。　③

▼ 解説（赤シートで消える語句をチェックできます）　📖15ページ　▼ 正解

Point 3級学科の「フラット35」は、かなり細かい点まで出題される超頻出項目です。以下の解説は必ず覚えておきましょう。

フラット35の融資対象は新築、中古、借換えで、増改築が対象外です。	✕
フラット35の借入金利は金融機関ごとに決めていますから、利用する金融機関によって金利が異なる場合があります。	○
フラット35には、融資申込み時の年齢が満70歳未満という制限がありますが、親のローンを子や孫が引き継ぐ親子リレー返済の場合は、申込者（親）が満70歳以上でも申込みができます。	○

学科① ライフプランニングと資金計画

13

☐ ❹ 長期固定金利住宅ローンのフラット35（買取型）の融資金額は、100万円以上（　）以下で、建設費または購入価額（非住宅部分に関するものを除く）以内とされている。←よく出る
1）8,000万円　　2）9,000万円　　3）1億円

☐ ❺ フラット35（買取型）において、融資率（フラット35の借入額÷住宅の建設費または購入価額）が（　）を超える場合は、融資率が（　）以下の場合と比較して、通常、借入額全体の金利が高く設定されている。
1）70%　　2）80%　　3）90%

☐ ❻ 長期固定金利住宅ローンのフラット35を申込む際の条件として、年収に占めるすべての借入（フラット35を含む）の年間合計返済額の割合は、年収400万円未満の場合は30%以下、年収400万円以上の場合は（　）以下でなければならない。
1）35%　　2）40%　　3）45%

☐ ❼ 住宅金融支援機構のフラット35（買取型）では、繰上返済手数料は無料とされている。

❷ 住宅ローンの金利

次の各文章を読んで、正しいものには○を、誤っているものには×をしなさい。（　）のある文章では、適切な語句を選びなさい。

☐ ❶ 民間の金融機関が取り扱う変動金利型の住宅ローンでは、一般に、借入金利は（　）ごとに見直される。
1）1カ月　　2）半年　　3）1年

☐ ❷ 民間の金融機関が取り扱う変動金利型の住宅ローンでは、一般に、返済額は（　）ごとに見直される。
1）1年　　2）3年　　3）5年

☐ ❸ 借入当初から一定期間までが固定金利である「固定金利選択型」の住宅ローンでは、他の条件が同一であれば、固定期間が長期のものほど、固定期間が短期のものに比べ、当初に適用される金利水準は低くなる傾向がある。

フラット35の**融資額は100万円以上**8,000**万円以下**、融資率（借入額÷住宅の建設費または購入価額）は100%までです。住宅の建設費・購入価額に制限はありませんが、投資目的の物件の融資はできません。

1)

フラット35の金利は金融機関ごとに決めますが、**融資率**90%を超える場合には、通常、金利が高く設定されています。

ウラ技 フラット35は7（70歳未満）、8（上限8,000万円）、9（90%超は金利が高い）、10（100%まで融資）

3)

年収に占めるすべての借入金の年間合計返済額の割合（総返済負担率）が、
年収400万円未満…30%**以下**
年収400万円以上…35%**以下**
であることが必要です。

1)

フラット35の繰上返済は、**インターネット利用で最低**10**万円、窓口では最低100万円から**です。**繰上返済手数料は**無料です。

〇

▼ 解説（赤シートで消える語句をチェックできます）　☞16ページ　▼ 正解

Point 住宅ローンの金利タイプには、固定金利型、変動金利型、固定金利選択型の3つがあります。3級の出題は、変動金利型と固定金利選択型がほとんどです。

変動金利型の住宅ローンでは、借入金利の見直しは半年ごとに行われます。

2)

変動金利型の住宅ローンでは、返済額の見直しは5年ごとに行われます。

3)

固定金利選択型は、借入当初の一定期間が固定金利で、その後は固定か変動かを選択できるローンです。**当初の固定金利期間が長いほど金利は**高くなります。

✕

❸ 住宅ローンの返済方法

次の各文章を読んで、正しいものには○を、誤っているものには×をしなさい。
（ ）のある文章では、適切な語句の組み合わせを選びなさい。

☐ ❶ 元利均等返済方式による住宅ローンの返済においては、返済期間の経過に
従って、毎回の返済金額が減少する。

☐ ❷ 住宅ローンの返済方法において、元利均等返済方式と元金均等返済方式を比
較した場合、返済期間や金利などの他の条件が同一であれば、通常、利息を
含めた総返済金額が少ないのは元利均等返済方式である。←よく出る

☐ ❸ 下図は、住宅ローンの返済方法をイメージ図で表したものであるが、A図は
（ ① ）返済方式を、B図は（ ② ）返済方式を、両図のCの部分は（ ③ ）部
分をそれぞれ示している。

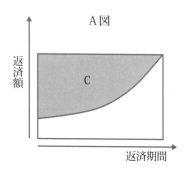
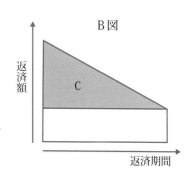

1)① 元金均等　② 元利均等　③ 利息
2)① 元利均等　② 元金均等　③ 利息
3)① 元金均等　② 元利均等　③ 元金

Point 住宅ローンの返済方法には、元利均等返済と元金均等返済の2つがあります。それぞれの特徴を覚えておきましょう。

元利均等返済は、毎回の返済金額が一定です。元金均等返済は、返済期間の経過に従って、毎回の利息と返済金額が減っていきます。

元利均等返済よりも元金均等返済の方が、総返済金額（総支払利息）が少なくなります。「金（元金均等返済）が得」と覚える

> **覚えよう**
>
> 元利均等返済
> - 毎回の返済金額（元金＋利息）が一定
> - 当初は利息部分の返済が多くて、後になるほど元金の返済部分が多くなる。
>
> 元金均等返済
> - 元金の返済金額だけが一定
> - 利息は元金の残高に対してかかるので、後になるほど利息と返済金額が減っていく。
> - 元利均等返済に比べて、当初の返済金額は多いが、総返済金額（総支払利息）は少なくなる。

2)

A図…元金と利息を合わせた返済金額が一定なので、元利均等返済です。
B図…返済金額が少なくなっていくので、元金均等返済です。

> 問題文にあるイメージ図では、下の土台（A・B図の白い部分）が元本で、上に乗っている部分（C：グレーの部分）が利息を表しています。

ライフプランニングと資金計画　学科①

4 繰上げ返済

次の各文章を読んで、正しいものまたは適切なものには○を、誤っているもの
または不適切なものには×をしなさい。

☐ ❶ 住宅ローン（全期間固定金利型）の一部繰上げ返済は、一般に、その実行時期が早いほど、元利金総返済額を減少させる効果が大きい。←よく出る

☐ ❷ 住宅ローンの一部繰上げ返済を行う際に「期間短縮型」を選択した場合、一般に、繰上げ返済後の毎回の返済額は増額となるが、残りの返済期間は短くなる。

☐ ❸ 住宅ローンの一部繰上げ返済には、返済期間短縮型と返済額軽減型の方法があるが、一般に、返済期間短縮型よりも返済額軽減型の方が利息の軽減効果が大きい。

☐ ❹ 住宅ローンの一部繰上げ返済には、その後の返済方法により、一般に、毎月の返済額を変更せずに残りの返済期間を短くする返済期間短縮型と、返済期間を変更せずに毎月の返済額を減額する返済額軽減型がある。

Point 住宅ローンの繰上げ返済には、返済期間短縮型と返済額軽減型の２つがあります。それぞれの特徴を覚えておきましょう。

繰上げ返済額は、住宅ローンの元金部分に充当されます。利息は元金に対してかかるため、**繰上げ返済時期が早いほど元利金総返済額が**減ります。

○

返済期間短縮型は、毎回の返済額は変えないで返済期間を短縮します。

×

返済期間短縮型は、**返済額軽減型**より利息の軽減効果が大きくなります。

×

ライフプランニングと資金計画 学科①

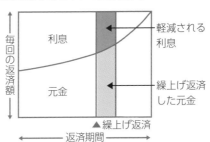

返済期間短縮型
- 毎回の返済額は変えずに、返済期間を短くする返済方法。
- 繰り上げした分の元金にかかる利息がなくなるので、返済額軽減型よりも**利息軽減効果が**大きい。

覚えよう

毎回の返済額　利息　元金

軽減される利息
繰上げ返済した元金
▲繰上げ返済
返済期間

返済額軽減型
- 返済期間は変えずに、毎回の返済額を減らす返済方法。

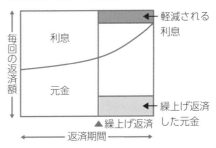

毎回の返済額　利息　元金

軽減される利息
繰上げ返済した元金
▲繰上げ返済
返済期間

○

3 教育資金のプランニング

問題数009

再現例題

【第1問】 次の文章を読んで、正しいものまたは適切なものには①を、誤っている
ものまたは不適切なものには②を、解答用紙にマークしなさい。

2021年9月

日本政策金融公庫の教育一般貸付（国の教育ローン）は、日本学生支援機構の奨
学金制度と重複して利用することができない。　　　　解答　①　②

【第2問】 次の文章の（　）内にあてはまる最も適切な文章、語句、数字またはそ
れらの組み合わせを1）～3）のなかから選び、その番号を解答用紙にマ
ークしなさい。

2020年1月

日本学生支援機構が取り扱う奨学金には、（①）第一種奨学金と（②）第二種奨
学金がある。

1）①　利息付（在学中は無利息）の　　②　利息付（在学中も有利息）の
2）①　無利息の　　　　　　　　　　②　利息付（在学中は無利息）の
3）①　返済義務のない　　　　　　　②　無利息の

解答　①　②　③

TOP60 1 教育一般貸付

次の各文章を読んで、正しいものまたは適切なものには○を、誤っているもの
または不適切なものには×をしなさい。

☐ **❶** 日本政策金融公庫の教育一般貸付の融資限度額は、海外留学など、一定要件
に該当する場合を除き、原則、進学・在学する子1人につき350万円である。

☐ **❷** 国が日本政策金融公庫を通じて行う「教育一般貸付（国の教育ローン）」の
融資金利は変動金利であり、返済期間は最長で18年以内となっている。
←よく出る

1 教育一般貸付…出題率0.96%［24問］

2 日本学生支援機構の奨学金…出題率0.72%［18問］

3 学資(こども)保険…出題率0.28%［7問］

※出題率は、過去13年間の学科試験2,489問中の出題割合［質問数］を示しています。

【教育資金のプランニング】の出題傾向

【教育資金のプランニング】分野で出題されるのは、「教育一般貸付」、「日本学生支援機構の奨学金」、「学資（こども）保険」の3項目です。

1 **教育一般貸付**…国（日本政策金融公庫）が行っている公的な教育ローンです。限度額は学生・生徒1人につき350万円です。

2 **日本学生支援機構の奨学金**…第一種奨学金と第二種奨学金の貸与条件の違いが頻出しています。

3 **学資(こども)保険**…契約者(親)が死亡、高度障害となった場合には、契約者死亡以降の保険料払込みが免除されます。

▼ 再現例題の解説と解答

1 同一世帯内で重複利用可能。教育一般貸付は保護者の借入金、日本学生支援機構の奨学金は学生本人の借入金となります。 ②

2 無利息の第一種奨学金と卒業後に利息付の第二種奨学金があります。 ②

▼ 解説（ポシートで消える語句をチェックできます）　　　☞23ページ　▼ 正解

Point　教育一般貸付の問題は、質問内容が非常に限られています。「上限350万円、固定金利で返済18年」を覚えておけば得点できます。

教育一般貸付（国の教育ローン）の融資限度額は、進学・在学する子1人につき350万円以内（自宅外通学、大学院、海外留学などの一定要件を満たす場合は450万円以内）です。	○
「変動金利」が誤りです。教育一般貸付の融資金利は固定金利です。返済期間は最長で18年以内です。貸付金は、学費（学校納付金）のほか、受験費用、学生の家賃、通学費用、教材費、学生の国民年金保険料などに利用できます。	×

2 日本学生支援機構の奨学金

次の各文章を読んで、正しいものまたは適切なものには○を、誤っているものまたは不適切なものには×をしなさい。

□ ❶ 独立行政法人日本学生支援機構が取り扱う奨学金のうち、第一種奨学金は、第二種奨学金に比べ、本人の学力や家計の収入等に係る基準がゆるやかに設定されている。←よく出る

□ ❷ 日本学生支援機構には、住民税非課税世帯（準ずる世帯）の学生を対象に給付型奨学金に加えて、授業料・入学金の免除・減額ができる制度がある。

3 学資(こども)保険

次の各文章を読んで、正しいものまたは適切なものには○を、誤っているものまたは不適切なものには×をしなさい。

□ ❶ 学資（こども）保険には、出生前加入特則の付加により、被保険者となる子が出生する前であっても加入できるものがある。

□ ❷ 学資（こども）保険では、保険期間中に契約者が死亡した場合、一般に、死亡時点における解約返戻金相当額および満期祝金が支払われて保険契約が消滅する。

□ ❸ 契約者（＝保険料負担者）を父親、被保険者を子とする学資（こども）保険において、保険期間中に子が死亡した場合、一般に、以後の保険料の払込みが免除されたうえで保険契約が継続し、契約時に定めた学資祝金や満期祝金が支払われる。

▼ 解説（赤シートで消える語句をチェックできます）　☞23ページ　▼ 正解

Point 日本学生支援機構の奨学金制度が頻出していますが、質問内容は、毎年ほぼ変わりません。「第二種だけ卒業後に利息」と覚えておきましょう。

日本学生支援機構の奨学金には、**給付型奨学金**と、**貸与型奨学金**があります。貸与型には、条件が厳しい**第一種奨学金**と条件がゆるやかな**第二種奨学金**があります。

> **覚えよう**
>
> **第一種奨学金**…学業優秀[※]で経済的理由で修学困難な者に**貸与**。
> 　　　　　　　　**在学中・卒業後ともに無利息**
> **第二種奨学金**…**貸与中（在学中）は無利息、卒業後に利息が付く**

日本学生支援機構では、2020年4月から「**授業料・入学金の免除・減額＋給付型奨学金の支給**」という新制度がスタートしています。

○

※住民税非課税世帯の場合には、学力基準は問われない。

▼ 解説（赤シートで消える語句をチェックできます）　☞22ページ　▼ 正解

Point 「学資保険」「こども保険」という名称がありますが、同じものです。学科試験では「学資（こども）保険」の名称で出題されています。

学資（こども）保険には、15歳満期、17歳満期、18歳満期、22歳満期など満期年齢が異なるタイプがあります。また、被保険者となる子の**出生前**でも加入できる**出生前加入特例**があります。

○

契約者（親）が死亡、高度障害となった場合…契約者死亡以降の保険料払込みが**免除**されて、満期祝金や入学祝金は契約のとおりに受け取ることができます。さらに満期まで育英年金が受け取れるタイプもあります。

被保険者（子）が死亡した場合…**死亡保険金**が受取人に支払われ、保険契約は**消滅**します。

×

学科①　ライフプランニングと資金計画

4 社会保険（年金保険以外）

問題数018

再現例題

【第1問】 次の文章を読んで、正しいものまたは適切なものには①を、誤っている
ものまたは不適切なものには②を、解答用紙にマークしなさい。

2021年1月

　雇用保険の基本手当を受給するためには、倒産、解雇および雇止めなどの場合を除き、
原則として、離職の日以前1年間に被保険者期間が通算して6カ月以上あることな
どの要件を満たす必要がある。　　　　　　　　　　　　　　解答　①　　②

【第2問】 次の記述の（　）内にあてはまる最も適切な文章、語句、数字またはそ
れらの組合せを1～3のなかから選びなさい。　　　　　2023年5月

　後期高齢者医療制度の被保険者は、後期高齢者医療広域連合の区域内に住所を有
する（①）以上の者、または（②）の者であって一定の障害の状態にある旨の認定
を受けたものである。　　　　　　　　　　　　　　　　　　←よく出る

1．①65歳　　②40歳以上65歳未満
2．①70歳　　②60歳以上70歳未満
3．①75歳　　②65歳以上75歳未満　　　　　解答　①　②　③

1 任意継続被保険者

　次の各文章を読んで、正しいものには○を、誤っているものには×をしなさい。
（　）のある文章では、適切な語句の組み合わせを選びなさい。

☐ ❶　健康保険に任意継続被保険者として加入できる期間は、最長で3年である。

☐ ❷　健康保険の被保険者資格喪失の日の前日まで継続して（①）以上の被保険者
期間を有する者が任意継続被保険者となるための申出をする場合、当該申出
は、原則として、資格喪失の日から（②）以内にしなければならない。

　1）①　1カ月　　②　20日
　2）①　2カ月　　②　20日
　3）①　2カ月　　②　30日

【社会保険（年金保険以外）】の出題傾向

頻出順に、「傷病手当金と出産育児一時金」、「公的介護保険」、「雇用保険」、「任意継続被保険者」が出題されています。

1　**傷病手当金と出産育児一時金**…傷病手当金の支給額は日額の<u>3分の2</u>です。

2　**雇用保険**…雇用保険の基本手当の受給資格は、離職の日以前<u>2年間</u>に被保険者期間が通算<u>12カ月以上</u>あることです。

3　**公的介護保険**…公的介護保険は、加齢によって介護が必要になった場合に、<u>市町村（または特別区）</u>から認定を受けることで給付が受けられます。

4　**任意継続被保険者**…健康保険では、退職後、<u>最長2年間</u>は以前の会社の任意継続被保険者となることができます。

▼ 再現例題の解説と解答

1　離職の日以前2年間に被保険者期間が通算12カ月以上必要です。　②

2　後期高齢者医療制度の被保険者となるのは、75歳からです。　③

▼ 解説（赤シートで消える語句をチェックできます）　☞34ページ　　▼ 正解

Point　健康保険の任意継続被保険者に関する問題は、質問内容がほぼ決まっています。次の問題、解説を覚えておけば得点できるでしょう。

任意継続被保険者の加入期間は最長で<u>2年間</u>で、保険料は<u>全額自己負担</u>です。	✕

退職後に任意継続被保険者となるための条件は、被保険者期間が継続して<u>2カ月以上</u>あること、退職日の翌日（資格喪失日）から<u>20日以内</u>に申請することです。任意継続被保険者である間は、在職中の被保険者が受けられる保険給付と同様の給付を原則として受けることができますが、傷病手当金・出産手当金は支給されません。[※]また、**本人の申し出により資格喪失**ができます。　2)

 ウラ技　「最長2年・2カ月以上・20日以内」←「任意は2」と覚える

※資格喪失後の継続給付に該当する場合には、任意継続被保険者であっても傷病手当金・出産手当金を受けることができる。

2 傷病手当金と出産育児一時金

次の各文章を読んで、正しいものには○を、誤っているものには×をしなさい。
（ ）のある文章では、適切な語句の組み合わせを選びなさい。

☐ ❶ 健康保険の被保険者（任意継続被保険者を除く）が業務外の事由による負傷
または疾病の療養のため仕事を（ ① ）以上休み、休業した期間について報酬
を受けられなかった場合、傷病手当金が、（ ① ）目以降の労務に服すること
ができない日から通算して（ ② ）支給される。←よく出る
1）① 4日　② 1年6カ月
2）① 7日　② 1年6カ月
3）① 7日　② 150日

☐ ❷ 全国健康保険協会管掌健康保険の被保険者に支給される傷病手当金の額は、
1日につき、原則として、「支給開始日以前の継続した12カ月間の各月の標
準報酬月額の平均額÷30日」の4分の3相当額である。←よく出る

☐ ❸ 全国健康保険協会管掌健康保険の被保険者が、産科医療補償制度に加入する
医療機関で2024年6月に出産したときの出産育児一時金の額は、1児につ
き（ ）である。←よく出る
1）45万円　　2）50万円　　3）55万円

3 後期高齢者医療制度

次の文章の（ ）内にあてはまる最も適切な語句の組み合わせを 1）〜3）のな
かから選びなさい。

☐ 後期高齢者医療制度の被保険者は、後期高齢者医療広域連合の区域内に住所
を有する（ ① ）以上の者、または当該連合の区域内に住所を有する（ ② ）
の者であって所定の障害の状態にある旨の当該連合の認定を受けたものであ
る。
1）① 70歳　② 65歳以上70歳未満
2）① 75歳　② 65歳以上75歳未満
3）① 80歳　② 70歳以上80歳未満

Point 健康保険の給付には、療養の給付のほか様々な給付がありますが、3級の学科でよく出題されるのは、傷病手当金と出産育児一時金です。

傷病手当金は、業務外の事由による病気やケガの療養のため仕事を休んだ日から連続する**3日間（待期期間）**の後、休業**4日目以降**の給与の支払いがない日に対して**通算して1年6カ月**にわたって支給されます。待期期間には、有給休暇、土日・祝日等の公休日も含まれるため、給与の支払いがあったかどうかは関係ありません。

1)

傷病手当金の額は、1日につき「支給開始日以前の継続した12カ月間の各月の標準報酬月額の平均額÷30日」の**3分の2相当額**です。

産科医療補償制度に加入する医療機関で出産したときの出産育児一時金は1児につき**50万円**です。産科医療補償制度に加入していない病院で出産した場合は、1児につき48.8万円です。

2)

Point 75歳になると、健康保険や国民健康保険から脱退して後期高齢者医療制度に加入します。後期高齢者医療制度では、年齢に関する問題がほとんどです。

後期高齢者医療制度は、**75歳以上**の人、または**65歳以上75歳未満**で一定の障害の状態にある人が加入対象です。
75歳未満の人が会社員として働いている場合は健康保険に加入、75歳未満の人が退職する場合には、次の3つの方法で公的な保険に加入します。
① 健康保険の**任意継続被保険者**となる
② **国民健康保険**の被保険者となる
③ 子や配偶者の健康保険の**被扶養者**となる

2)

4 公的介護保険

次の各文章を読んで、正しいものには○を、誤っているものには×をしなさい。
（　）のある文章では、適切な語句や語句の組み合わせを選びなさい。

☐ ❶ 公的介護保険の被保険者は2つに区分され、（ ① ）以上の者は第1号被保険者、（ ② ）の公的医療保険加入者は第2号被保険者となる。
　1）① 60歳　② 40歳以上60歳未満
　2）① 65歳　② 40歳以上65歳未満
　3）① 65歳　② 45歳以上65歳未満

☐ ❷ 公的介護保険の保険給付は、保険者（市町村・特別区）から要介護状態または要支援状態にある旨の認定を受けた被保険者に対して行われるが、第1号被保険者については、要介護状態または要支援状態となった原因を問わない。

☐ ❸ 公的介護保険による保険給付の対象となるサービスを受けた者（合計所得金額が160万円未満の人）は、原則として、そのサービスに要した費用（食費、居住費等を除く）の（　）を負担する。

　1）1割　　2）2割　　3）3割

5 労働者災害補償保険

次の各文章を読んで、正しいものまたは適切なものには○を、誤っているものまたは不適切なものには×をしなさい。

☐ ❶ 労働者災害補償保険（労災保険）の保険料は、その全額を事業主が負担する。

☐ ❷ 労働者災害補償保険（労災保険）は、労働者の業務災害に対して必要な保険給付を行うものであり、通勤災害については保険給付の対象とならない。

☐ ❸ 労働者の業務上の負傷または疾病が治癒し、身体に一定の障害が残り、その障害の程度が労働者災害補償保険法で規定する障害等級に該当する場合は、所定の手続により、当該労働者に障害補償給付が支給される。

Point 公的介護保険では、第1号被保険者と第2号被保険者の年齢や受給要件の違いを覚えておくことが必要です。

公的介護保険の認定は、市町村または特別区から受けます。
● 65歳以上の者が第1号被保険者で、要介護者（1〜5段階）、要支援者（1〜2段階）が給付を受けられます。第1号被保険者の保険料納付方法は、原則として年金からの天引き（特別徴収）です。　**2)**
● 40歳以上65歳未満の者が第2号被保険者です。

第1号被保険者については、要介護状態または要支援状態となった原因を問いません。第2号被保険者については、加齢を原因とする特定疾病によって要介護者、要支援者となった場合に限り給付されます。　**○**

公的介護保険での自己負担割合は原則1割、第1号被保険者で、前年の年金収入等280万円以上の人は2割、340万円以上の人は3割です。※
なお、健康保険、国民健康保険の自己負担割合は、70歳未満が3割（小学校入学前は2割）で、同月内に同一の医療機関等で支払った医療費の一部負担金等の額から自己負担限度額を引いた分が高額療養費として支給されます。　**1)**

※自己負担額合計が同月に一定の金額を超えると、「高額介護サービス費制度」によって、超過分が支給される。

Point 労働者災害補償保険（労災保険）の保険料は全額が事業主負担で、治療費は労災保険から全額が支給されます（自己負担はありません）。

労災保険は、全事業所が加入する制度で、経営者や役員を除くすべての労働者が対象になります。保険料は、**全額を事業主が負担**します。※　**○**

通勤災害とは、通勤途中のケガ、障害、病気、死亡のことで、労災保険の対象となります。　**✕**

労災保険の障害補償給付では、業務上の負傷等が治ったときに障害が残った場合、障害等級に応じた額が給付されます。治るまでは障害認定されないため給付もありません。　**○**

※労災保険は、雇用形態・労働時間・国籍などに関係なく全員が適用対象となる。

6 雇用保険

次の各文章の（　）内にあてはまる最も適切な語句や語句の組み合わせを 1)〜
3) のなかから選びなさい。

☐ ❶ 雇用保険の基本手当の原則的な受給資格要件は、離職の日以前（ ① ）に雇用
保険の一般被保険者期間が通算して（ ② ）以上あることである。←よく出る
1) ① 2年間　② 12カ月
2) ① 3年間　② 12カ月
3) ① 3年間　② 18カ月

☐ ❷ 雇用保険の一般被保険者が38年間勤めた勤務先を60歳で定年退職し、退職
後に基本手当を受給する場合の所定給付日数は、その者が就職困難者に該当
する場合を除き、最長で（　）である。←よく出る
1) 120日　　2) 150日　　3) 180日

☐ ❸ 雇用保険の高年齢雇用継続基本給付金は、原則として60歳到達時点に比べ
て、賃金額が（　）未満に低下した状態で就労している60歳以上65歳未満
の雇用保険の一般被保険者で、一定の要件を満たす者に対して支給される。
1) 75%
2) 80%
3) 85%

☐ ❹ 雇用保険の教育訓練給付金のうち、一般教育訓練に係る教育訓練給付金の額
は、教育訓練施設に支払った教育訓練経費の20%相当額であるが、その額が
（　）を超える場合は、（　）が支給される。
1) 10万円
2) 15万円
3) 20万円

Point 雇用保険の「受給資格要件」と定年退職した場合の最長の「所定給付日数」を問う問題が頻出しています。

雇用保険は、政府管掌の強制保険制度で、**1週間の所定労働時間が20時間以上**、同一の事業主の適用事業に**継続して31日以上雇用**される見込みがあれば加入対象となります。なお、65歳以上は「高年齢被保険者」として雇用保険に加入します。**雇用保険の基本手当**の受給資格は、**離職の日以前2年間に雇用保険の被保険者期間が通算12カ月以上**あることです。

1)

被保険者期間が20年以上ある一般の離職者（定年退職、期間満了、自己都合退職等）の場合、**所定給付日数は最長150日**です（就職困難者等を除く）。なお、倒産、解雇による離職の場合には、**最長330日**です。

2)

高年齢雇用継続基本給付金は、60歳到達時の賃金より**75%未満**の賃金で働いている60歳以上65歳未満（60歳到達月から65歳到達月まで）の一般被保険者に給付されます。高年齢雇用継続給付は、雇用保険の雇用継続給付（雇用の継続を促すことを目的とする給付）です。

雇用継続給付には、高年齢雇用継続給付のほか、**育児休業給付、介護休業給付**（介護対象家族1人につき通算93日まで、3回を上限に分割取得可能。休業開始時賃金日額の**67%**を支給）があります。

1)

ウラ技 高年齢雇用継続給付で泣こう（7 5）

教育訓練給付は、厚生労働大臣指定の教育訓練講座を受講、修了した場合に、受講者が支払った訓練経費の一定割合の金額が支給される制度で**一般教育訓練**、特定一般教育訓練、**専門実践教育訓練**の3種類があります。一般教育訓練に係る教育訓練給付金の額は、教育訓練施設に支払った教育訓練経費の**20%相当額**で、上限は**10万円**です。専門実践教育訓練では、教育訓練経費の**50%相当額**で、上限は**年40万円**（最長3年）ですが、修了後に資格取得等をし、1年以内に被保険者として雇用された場合は**20%**を追加支給して最大**70%相当額**で、上限が**年56万円**となっています。

1)

5 年金制度

問題数023

再現例題

【第1問】 次の文章を読んで、正しいものまたは適切なものには①を、誤っているものまたは不適切なものには②を、解答用紙にマークしなさい。

2023年1月

確定拠出年金の個人型年金の加入者が国民年金の第1号被保険者である場合、原則として、掛金の拠出限度額は年額816,000円である。

解答 ① ②

【第2問】 次の文章の（ ）内にあてはまる最も適切な語句を1）～3）のなかから選び、その番号を解答用紙にマークしなさい。 2020年1月（改）

2024年3月31日時点で60歳未満の人が、60歳に達してから老齢基礎年金を繰り上げて受給する予定の場合、老齢基礎年金の年金額は繰上げ1カ月当たり（ ）が減額される。

1） 0.3%

2） 0.4%

3） 0.7%

解答 ① ② ③

1 国民年金

次の各文章を読んで、正しいものには○を、誤っているものには×をしなさい。
（ ）のある文章では、語句の組み合わせを選びなさい。

❶ 国民年金の（①）被保険者によって生計を維持されている配偶者で、20歳以上60歳未満の者は、国民年金の（②）被保険者となる。
（②）被保険者となるためには、年収130万円未満で、被保険者と同居の場合は年収が被保険者の年収の（③）未満、同居していない場合は年収が被保険者の援助額より少ないことという要件がある。
1）① 第1号 ② 第2号 ③ 2分の1
2）① 第2号 ② 第3号 ③ 3分の1
3）① 第2号 ② 第3号 ③ 2分の1

出題DATA 過去13年間

👑1 老齢厚生年金…出題率 1.04% ［26問］

👑1 確定拠出年金（DC）…出題率 1.04% ［26問］

🏅3 遺族年金…出題率 0.88% ［22問］

※出題率は、過去 13 年間の学科試験 2,489 問中の出題割合［質問数］を示しています。

【年金制度】の出題傾向

頻出順に「老齢厚生年金」「確定拠出年金（DC）」「遺族年金」が出題されています。

1 老齢厚生年金…厚生年金保険の老齢厚生年金は、国民年金の老齢基礎年金に加えて 65 歳から支給されます。以前は 60 歳からの支給でしたが、それを段階的に解消するために特別支給の老齢厚生年金があります。

1 確定拠出年金(DC)…企業年金には、給付額が確定している確定給付型と、掛金の額が確定している確定拠出型があります。確定拠出型が頻出です。

3 遺族年金…国民年金では遺族基礎年金が、厚生年金では遺族厚生年金が支給されます。よく出題されるのは、遺族厚生年金です。

▼ 再現例題の解説と解答

1 確定拠出年金の第 1 号加入者の拠出限度額は、国民年金基金の掛金と合わせて原則、年額 816,000 円です。 ①

2 老齢年金の繰上げ受給では、繰上げ月数×0.4%が減額されます。 ②

▼ 解説（赤シートで消える語句をチェックできます）　🖝47ページ　▼ 正解

Point 国民年金の被保険者には、第 1 号〜第 3 号まであります。それぞれの被保険者資格は、必ず覚えておきましょう。

国内に居住する 20 歳以上 60 歳未満で、厚生年金保険に加入していない人は、国民年金の第 1 号または第 3 号被保険者となります。外国籍も対象です。

国民年金の被保険者資格　　覚えよう

第 1 号被保険者	第 2 号被保険者	第 3 号被保険者
第 2 号被保険者、第 3 号被保険者以外の者（20 歳以上 60 歳未満）	厚生年金保険の加入者	第 2 号被保険者に扶養されている配偶者（20 歳以上 60 歳未満）

3)

☐ ❷ 国民年金の学生納付特例期間は、その期間に係る保険料の追納がない場合、老齢基礎年金の受給資格期間に算入されるが、年金額には反映されない。

☐ ❸ 国民年金の保険料免除期間を有する者は、当該期間に係る保険料について、厚生労働大臣の承認を受けることにより、その承認の日の属する月前10年以内の期間に係るものに限り、追納することができる。

❷ 老齢基礎年金

次の各文章を読んで、正しいものまたは適切なものには○を、誤っているものまたは不適切なものには×をしなさい。

☐ ❶ 老齢基礎年金は、原則として、保険料納付済期間と保険料免除期間の合計が20年ある者が65歳に達したときに、その者に支給される。

☐ ❷ 老齢基礎年金を繰り上げて受給する場合は、老齢厚生年金と一緒に行わなければならない。

☐ ❸ 国民年金の付加年金の額は、400円に付加保険料に係る保険料納付済期間の月数を乗じて得た額である。

TOP 60 ❸ 老齢厚生年金

次の各文章を読んで、正しいものには○を、誤っているものには×をしなさい。（　）のある文章では、適切な語句を選びなさい。

☐ ❶ 厚生年金保険の保険料率は、2017年9月に（　）に到達し、以後は同率で固定された。
1）13.9%　　2）16.0%　　3）18.3%

☐ ❷ 老齢基礎年金や老齢厚生年金を繰り下げて受給する場合、繰下げによる加算額を算出する際の増額率は、最大30%である。

学生納付特例期間（納付が猶予された期間）で、その後に追納がない場合、老齢基礎年金の受給資格期間に算入されますが、年金額には反映されません。　○

保険料免除期間（学生納付特例期間含む）の保険料は、過去10年までさかのぼって追納できます。免除ではなく、保険料を滞納した未納分については、納付期限から2年以内の後納ができます。※　○

※第1号被保険者の国民年金保険料が免除される産前産後期免除期間（出産月の前月から4カ月間）については、保険料納付済期間に算入されるため、追納は不要。

▼ 解説（赤シートで消える語句をチェックできます）　㋫52ページ　▼ 正解

Point 老齢基礎年金は、65歳になったときから給付される年金です。会社員は厚生年金にも加入しているため、老齢基礎年金と老齢厚生年金を受給できます。

老齢基礎年金は、受給資格期間（保険料納付済期間＋保険料免除・猶予期間等）が10年以上ある人が65歳になったときから支給される終身型の年金です。　✕

繰上げ受給（60歳〜64歳受給開始）は老齢基礎年金と老齢厚生年金を一緒にしますが、繰下げ受給（66歳〜75歳受給開始）は一方だけでもできます。　○

第1号被保険者が月額400円を付加年金として上乗せ納付すると、付加年金納付月数×200円が老齢基礎年金に付加されます。付加年金は、年金と同じ増減率で繰上げ、繰下げされます。付加年金と国民年金基金※は併用不可です。　✕

※国民年金基金：国民年金の第1号被保険者を対象に、老齢基礎年金に上乗せする年金を支給する任意加入の年金制度。公的な法人が掛金を運用する。掛金は所得税において社会保険料控除の対象となる。また、自己都合で任意に脱退することはできない。

▼ 解説（赤シートで消える語句をチェックできます）　㋫58ページ　▼ 正解

Point 特別支給の老齢厚生年金の支給要件と、特別支給の老齢厚生年金の報酬比例部分が支給されなくなる年代がよく出題されます。

厚生年金保険料の額は、標準報酬月額×保険料率で計算されます。2017年9月以後、保険料率は18.3%に固定されました。
ウラ技 人はみんな保険料率18.3%　3)

繰下げ受給は、繰下げ月数×0.7%が増額されて一生涯続きます。最大10年繰り下げて75歳から受給開始なら、増額率は10×12×0.7＝84%です。繰上げ受給は、繰上げ月数×0.4%が減額です。※　✕

※1952年4月1日以前生まれ、または2017年3月31日以前に受給権発生日がある人の繰下げ上限年齢は70歳。1962年4月1日以前生まれの人の繰上げ受給は0.5%の減額。

☐ ❸ 老齢厚生年金に加給年金額が加算されるためには、受給権者自身に厚生年金保険の被保険者期間が原則として（　　）以上なければならない。
1）10年
2）20年
3）25年

☐ ❹ 特別支給の老齢厚生年金は、厚生年金保険の被保険者期間を（　　）以上有し、かつ、老齢基礎年金の受給資格期間を満たしている者が支給開始年齢に達したときに支給される。←よく出る
1）1カ月　　2）6カ月　　3）12カ月

☐ ❺ 特別支給の老齢厚生年金（報酬比例部分）は、原則として、（　　）4月2日以後に生まれた男性には支給されない。←よく出る
1）1956年
2）1958年
3）1961年

☐ ❻ 60歳以上65歳未満の厚生年金保険の被保険者に支給される老齢厚生年金は、その者の総報酬月額相当額と基本月額の合計額が50万円を超える場合、年金額の一部または全部が支給停止となる。

4 障害基礎年金

　次の各文章を読んで、正しいものまたは適切なものには○を、誤っているものまたは不適切なものには×をしなさい。

☐ ❶ 障害基礎年金の受給要件は、原則として、初診日の前日において、初診日の属する月の前々月までの国民年金の被保険者期間のうち、保険料納付済期間（保険料免除期間含む）が3分の2以上あることである。

☐ ❷ 障害等級1級に該当する者に支給される障害基礎年金の額は、障害等級2級に該当する者に支給される障害基礎年金の額の1.5倍に相当する額である。

加給年金は、厚生年金の加入期間が20年以上ある加入者（夫とする）に生計を維持している65歳未満の配偶者（妻とする）または18歳到達年度の末日（3月31日）までの子がいると、**加入者（夫）の65歳以降の老齢厚生年金**（または特別支給の老齢厚生年金の定額部分）に上乗せされます。配偶者（妻）が65歳になり老齢基礎年金が支給されると、加給年金は終わり、今度は**配偶者の老齢基礎年金に**配偶者の生年月日に応じた額の**振替加算**が上乗せされます。

2)

老齢厚生年金の支給要件は、老齢基礎年金の受給資格期間10年を満たし、かつ厚生年金保険の被保険者期間が1カ月以上あることです。

特別支給の老齢厚生年金の支給要件は、老齢基礎年金の受給資格期間を満たし、かつ厚生年金保険の被保険者期間が1年（12カ月）以上あることです。

3)

特別支給の老齢厚生年金には、**定額部分**と**報酬比例部分**の2つがあり、検定では、報酬比例部分が出題されています。

〈男性の報酬比例部分の支給開始年齢〉（女性は生まれ年が各5年遅れ）

・1957年4月2日〜1959年4月1日生まれ……63歳 から支給
・1959年4月2日〜1961年4月1日生まれ……64歳 から支給

男性は1961年、女性は1966年の4月2日以降の生まれから、特別支給の老齢厚生年金がなくなります。　**ウラ技** 特別支給なくなり苦労する人
　　　　　　　　　　　　　　　　　　　　　　　　　　９　６　　　１

3)

60歳以上65歳未満では総報酬月額相当額（月額換算の賃金）と年金の基本月額の合計が50万円※（65歳以上70未満でも50万円）を超えると、**在職老齢年金の仕組みにより、年金額の一部または全部が支給停止**となります。

○

※2024年4月から在職老齢年金制度の支給停止基準額が50万円に変更になった。

▼ 解説（赤シートで消える語句をチェックできます）　　　　**⇨64ページ**　　▼ 正解

Point 障害基礎年金では、2級は「816,000円（満額の老齢基礎年金と同額）＋子の加算額」、1級は「816,000円×1.25＋子の加算額」が支給されます。

障害基礎年金は国民年金の被保険者が障害者となった場合に支給されます。初診日前日において前々月までの被保険者期間のうち**保険料納付済期間（保険料免除期間含む）**が3分の2以上あることが必要です。配偶者加算はありません。

○

障害基礎年金の支給額は、障害等級2級の場合は満額の老齢基礎年金と同額。1級の場合は2級（満額の老齢基礎年金）の 1.25 倍です。

×

5　遺族年金

　次の各文章を読んで、正しいものには○を、誤っているものには×をしなさい。
（　）のある文章では、適切な語句を選びなさい。

☐ ❶　遺族基礎年金を受給することができる遺族は、国民年金の被保険者等の死亡の当時、その者によって生計を維持され、かつ、所定の要件を満たす妻および子に限られる。

☐ ❷　遺族厚生年金を受けることができる遺族の範囲は、被保険者等の死亡当時、その者に生計を維持されていた配偶者、子、父母、孫または兄弟姉妹である。

☐ ❸　遺族厚生年金の年金額（中高齢寡婦加算等を考慮しない）は、原則として、死亡した者の厚生年金保険の被保険者期間を基礎として計算した老齢厚生年金の報酬比例部分の額の（　）相当額である。
　　1）3分の1　　2）3分の2　　3）4分の3

☐ ❹　遺族厚生年金の中高齢寡婦加算の支給に係る妻の年齢要件は、夫の死亡の当時、子のない妻の場合、40歳以上（　）であることとされている。
　　1）60歳未満　　2）65歳未満　　3）70歳未満

6　確定拠出年金（DC）

　次の各文章を読んで、正しいものまたは適切なものには○を、誤っているものまたは不適切なものには×をしなさい。

☐ ❶　確定拠出年金では、加入者自らが自己責任で掛金の運用指図を行い、その運用結果に応じて将来の受取額が変動する。←よく出る

☐ ❷　確定拠出年金の個人型年金には、企業年金を実施している企業の従業員や公務員、専業主婦等も加入できる。

☐ ❸　確定拠出年金では、事業主の掛金は経費として全額が損金算入、加入者の掛金は半額が所得控除の対象となる。

▼ 解説（赤シートで消える語句をチェックできます）　🔑68ページ　▼ 正解

Point 遺族年金では、遺族基礎年金、遺族厚生年金、中高齢寡婦加算の受給要件を覚えておきましょう。「配偶者」は、妻だけでなく夫も含むことに注意します。

遺族基礎年金は、国民年金被保険者に生計を維持されていた**子のある配偶者（夫・妻）、または子**（18歳到達年度の末日［3月31日］を経過していない子、20歳未満で障害年金の障害等級1級または2級の子）です。

✕

遺族厚生年金は、厚生年金被保険者に生計を維持されていた**配偶者、子、父母、孫または祖父母**に支給されます。兄弟姉妹は受けることができません。

✕

遺族厚生年金の年金額は、原則として、死亡した者の老齢厚生年金の報酬比例部分の額の**4分の3相当額**です。

3)

夫の死亡時に子がない妻は、遺族基礎年金が受給できません。その救済として**40歳～65歳未満の子のない妻**（または遺族基礎年金を失権した妻）の遺族厚生年金に**中高齢寡婦加算**が上乗せされます。

2)

▼ 解説（赤シートで消える語句をチェックできます）　🔑74ページ　▼ 正解

Point 確定拠出年金には、企業型年金（企業型DC）と個人型年金（iDeCo）があります。

確定拠出年金（DC）は、**加入者自ら**が運用指図を行い、その運用結果に応じて受取額が変動します。受取額に**最低保障は**ありません。

○

個人型年金には、**65歳未満の国民年金被保険者**（第1号・第3号被保険者は60歳未満）が加入できます。**企業型年金には、70歳未満が加入**できます（企業によって加入できる年齢などが異なります）。

○

確定拠出年金では、事業主の掛金は経費として全額が損金算入されます。**加入者の掛金は、マッチング拠出**※の加入者の掛金も含めて、**全額が小規模企業共済等掛金控除**の対象です。個人型年金では、運用益も非課税で、老齢給付金の**年金は公的年金等控除、一時金は退職所得控除**の対象です。

✕

※企業型年金で、加入者も一定の範囲内で事業主の掛金に上乗せ拠出できる制度。

1 保険契約の基礎知識

問題数026

再現例題

【第1問】 次の文章を読んで、正しいものまたは適切なものには①を、誤っている
ものまたは不適切なものには②を、解答用紙にマークしなさい。

2015年10月

生命保険募集人は、保険契約者等に対して、将来における契約者配当金等の金額
が不確実なものについて断定的な判断を示したり、確実であると誤解させるおそれ
のあることを告げたりしてはならない。　　　　　　　　　解答　①　②

【第2問】 次の文章の（　）内にあてはまる最も適切な文章、語句、数字またはそ
れらの組み合わせを1）～3）のなかから選び、その番号を解答用紙にマ
ークしなさい。

2016年1月

生命保険会社は、将来の保険金・年金・給付金等の支払に備えるために、保険料
の一部などを財源として積み立てており、この準備金を（　）という。

1）契約者配当準備金　　2）支払準備金　　3）責任準備金

解答　①　②　③

TOP60 ❶ 生命保険の契約者保護

次の各文章を読んで、正しいものには○を、誤っているものには×をしなさい。
（　）のある文章では、適切な語句を選びなさい。

□ ❶ ソルベンシー・マージン比率は、保険会社の保険金等の支払余力がどの程度
あるかを示す指標であり、この値が（　）を下回った場合には、監督当局に
よる早期是正措置の対象となる。◀よく出る
1）200%　　2）300%　　3）400%

□ ❷ 銀行の窓口において加入した個人年金保険は、生命保険契約者保護機構の保
護の対象とはならない。

出題
DATA
過去13年間

1 生命保険の契約者保護…出題率1.33%［33問］
2 保険料の算定…出題率1.29%［32問］
3 保険業法と保険法…出題率1.12%［28問］

※出題率は、過去13年間の学科試験2,489問中の出題割合［質問数］を示しています。

【保険契約の基礎知識】の出題傾向

頻出順に、「生命保険の契約者保護」、「保険料の算定」、「保険業法と保険法」に関する問題が出題されます。

1 生命保険の契約者保護…生命保険の契約者を保護する生命保険契約者保護機構に関する問題です。補償の範囲とソルベンシー・マージン比率が頻出です。

2 保険料の算定…生命保険の算定について、予定死亡率、予定利率、予定事業費率を覚えておきましょう。

3 保険業法と保険法…保険業法は保険会社や保険募集人の日常業務の監督（免許の内容、業務の内容の規制、罰則等）について定める法律、保険法は契約当事者間の契約ルールについて定める法律です。

▼ 再現例題の解説と解答

1 生命保険募集人は、「～は確実」と断定する言い方はできません。 ①
2 生命保険会社が支払いに備える財源は、責任準備金です。 ③

▼ 解説（赤シートで消える語句をチェックできます）　☞78ページ　▼ 正解

Point 生命保険の契約者を保護する法人が生命保険契約者保護機構です。補償される範囲が「責任準備金の90%」ということを覚えておきましょう。

大災害など、通常の予測を超えるリスクに対する保険会社の支払余力（支払能力）を見る指標を**ソルベンシー・マージン比率**といいます。ソルベンシー・マージン比率は、200%以上であれば健全性が高いとされています。200%未満になると金融庁から早期是正措置が発動されます。

1)

銀行の窓口など代理店で契約した生命保険（個人年金保険も生命保険の一種）は、生命保険契約者保護機構が補償します。銀行は保険の単なる代理店であって、保険契約は保険会社と結ぶからです。

×

□ ❸ 少額短期保険業者が取り扱うことができる生命保険商品は「少額・短期・掛捨て」に限定され、1人の被保険者から引き受ける保険金額の総額は、原則として（　）を超えてはならない。

1）300万円　　2）500万円　　3）1,000万円

□ ❹ 生命保険会社が破綻した場合、生命保険契約者保護機構により、破綻時点における補償対象契約の（　）の90％（高予定利率契約を除く）までが補償される。←よく出る

1）解約返戻金額　　2）死亡保険金額　　3）責任準備金等

TOP 60　❷　保険業法と保険法

次の各文章を読んで、正しいものには○を、誤っているものには×をしなさい。
（　）のある文章では、適切な語句や語句の組み合わせを選びなさい。

□ ❶ 保険業法によれば、保険契約の申込者等が保険契約の申込の撤回等に関する事項を記載した書面を交付された場合、原則として、その交付日と申込日のいずれか遅い日から起算して（ ① ）以内であれば、（ ② ）により申込の撤回等をすることができる。←よく出る

1）① 8日　　② 書面
2）① 8日　　② 書面または口頭
3）① 10日　　② 書面または口頭

□ ❷ 保険業法の規定によれば、保険会社等が、保険契約者や被保険者に対して不利益となるべき事実を告げずに、すでに成立している保険契約を消滅させて、新たな保険契約の申込みをさせる行為を禁止している。

□ ❸ 生命保険募集人が、保険契約者または被保険者に対して、保険料の割引、割戻し、保険料の立替払いその他特別の利益の提供を約束する行為は、保険業法により禁止されている。

□ ❹ 生命保険募集人が生命保険を募集する際に、他の保険契約との比較において保険契約者等に誤解させるおそれのある比較表示や説明を行うことは、保険業法で禁止されている。

国内の保険会社は、保護機構の加入が義務づけられていますが、**少額短期保険業者**（保険金額が少額、短期、掛捨てで、**保険金額の上限1,000万円**）や共済に加入義務はありません。

3)

保険契約者保護機構は、保険会社が破綻したときに契約者を保護する法人で、**生命保険契約者保護機構**と**損害保険契約者保護機構**があります。**生命保険契約者保護機構**では、破綻時点での補償対象契約（高予定利率契約を除く）の**責任準備金の90%**まで補償されます。

3)

▼ 解説（赤シートで消える語句をチェックできます）　　　⇨79ページ　　▼ 正解

Point 保険業法に関する問題がよく出ます。常識で考えて、消費者側の不利益になる行いは禁止と覚えておけば正解できるでしょう。

保険業法は保険会社や保険募集人の日常業務の監督（免許の内容、業務の内容の規制、罰則等）について定めるものです。一方、**保険法**は契約当事者間の契約ルールについて定めるものです。保険業法に関する問題が頻出です。保険契約の申込者等からの契約の撤回・解除は、「交付日（契約申込みの撤回等に関する事項を記載した書面を受け取った日）」・「契約申込日」いずれかの**遅い方の日から8日以内に書面**（消印のある封書・ハガキ、または電磁的記録）で行います。これを**クーリング・オフ**といいます。

1)

契約者や被保険者に不利益となる事実を告げずに、現在の保険を解約して新契約に加入させることは**保険業法で禁止**されています。

ウラ技 「契約者の不利益につながる行為は禁止」と覚える

◯

顧客個々に特別な利益の提供をすることは、**保険業法で禁止**されています。

ウラ技 「保険契約者への特別扱いは禁止」と覚える

◯

契約者や被保険者を誤解させるような比較表示や説明は、**保険業法で禁止**されています。**ウラ技** 問題文に「保険業法で禁止」とあったら、ほぼ◯　FP検定で、契約者の不利益になる行為をよしとする問題はまず出題されません。「顧客側が不利益になることは禁止」と覚えておけば大丈夫です。

◯

□ ❺ 生命保険の募集に際し、生命保険募集人が保険契約者等に対して不実の告知をすることを勧めた場合、原則として、保険会社は告知義務違反を理由としてその保険契約を解除することができない。

□ ❻ 保険募集において、代理とは、保険募集人が保険契約の勧誘のみを行って保険契約の成立は保険会社の承諾に委ねる形態を指し、媒介とは、保険募集人が保険契約の承諾をすればその契約が成立する形態を指す。

□ ❼ 保険法の規定によれば、保険契約者や被保険者に告知義務違反があった場合、保険者は原則として保険契約を解除できるが、この解除権は、保険者が解除の原因があることを知った時から（　　）行使しないときは消滅する。
1）1カ月間　　2）2カ月間　　3）3カ月間

TOP60 ❸ 保険料の算定

次の各文章を読んで、正しいものには○を、誤っているものには×をしなさい。（　）のある文章では、適切な語句を選びなさい。

□ ❶ 生命保険の保険料は、保険契約者が負担する保険料と支払われる保険金とのバランスが取れるよう、（　　）と収支相等の原則に基づいて算出される。

1）利得禁止の原則　　2）大数の法則　　3）適合性の原則

□ ❷ 生命保険の保険料は、予定死亡率、（　　）、予定事業費率の3つの予定基礎率に基づいて計算される。
1）予定利率　　2）予定配当率　　3）予定生存率

□ ❸ 生命保険の3利源のうち、実際の事業費が予定事業費率によって見込まれた事業費を下回った場合に生じる利益を利差益という。←よく出る

生命保険募集人が、顧客に**不実の告知**（事実と異なることを告げること）を勧めた場合、保険会社は告知義務違反を理由に、その保険契約を解除することができません。

○

問題文は**代理**と媒介が逆。**代理**は、保険募集人が保険契約の承諾をすればその契約が成立する形態（保険募集人は保険会社の代理）。媒介は、保険募集人が保険契約の勧誘のみを行って契約の成立は保険会社の承諾に委ねる形態。

×

保険法の規定によれば、保険契約者や被保険者に告知義務違反があった場合、**保険者（保険会社）は契約を解除**できます。ただし、保険者が解除の原因があることを知った時から**1カ月**を経過しても解除をしなかったとき、**または保険契約締結から5年**を経過したときは解除することができません。

1)

ASIDE

▼ 解説（赤シートで消える語句をチェックできます）　🖘82ページ　▼ 正解

Point 大数の法則、収支相等の原則、3つの予定基礎率、3利源、純保険料と付加保険料など、覚えるべき基本用語がたくさんあります。

覚えよう

大数の法則…数多くのケースを見れば一定の法則があること。
　男女別死亡率、年代別死亡率などから予測して保険料を算出
収支相等の原則…保険会社の収入（保険料総額）と、保険会社の支出（保険金総額）が等しくなるように保険料を算出
給付・反対給付均等の原則（公平の原則）…損害**保険**で、保険料と保険事故発生の際に支払われる保険金の数学的期待値が等しいことを示す原則

2)

生命保険の保険料は、**予定死亡率**、**予定利率**、**予定事業費率**で算出されます。

1)

覚えよう

3利源	
死差益	実際の死亡率が、予定死亡率より低くなった場合に生じる利益
利差益	運用による実際の運用収益が、予定利率に基づく収益を上回った場合に生じる利益
費差益	実際の事業費が、予定事業費率によって見込まれた事業費を下回った場合に生じる利益

×

ASIDE

ASIDE
ASIDE

ASIDE
リスク管理

学科②

ASIDE

ASIDE

ASIDE

ASIDE

ASIDE

ASIDE

ASIDE

ASIDE

ASIDE

ASIDE

ASIDE

☐ ❹ 生命保険の保険料の計算において、一般に、（　）を高く見積もるほど、保険料が低くなる。

1）予定死亡率　　2）予定利率　　3）予定事業費率

☐ ❺ 生命保険の保険料は純保険料と付加保険料に大別することができるが、このうち付加保険料は（　）に基づいて算出される。

1）予定死亡率　　2）予定利率　　3）予定事業費率

４ 貸付と転換のための制度

次の各文章を読んで、正しいものには○を、誤っているものには×をしなさい。（　）のある文章では、適切な語句や語句の組み合わせを選びなさい。

☐ ❶ 一般に、月払契約の生命保険の保険料払込猶予期間は、払込期月が2024年12月である場合、2025年1月1日から（　）末日までである。

1）1月　　2）3月　　3）6月

☐ ❷ 生命保険契約において、保険料の払込みがないまま払込猶予期間を経過した場合に、その契約の（①）の一定範囲内で保険会社が自動的に保険料を立て替えて契約を有効に継続させる制度を（②）という。

1）① 責任準備金　　② 復活

2）① 責任準備金　　② 自動振替貸付

3）① 解約返戻金　　② 自動振替貸付

☐ ❸ 生命保険の契約者貸付制度は、契約者が、保険契約の（　）の一定範囲内で、保険会社から貸付を受けることができる制度である。

1）払込保険料　　2）解約返戻金　　3）死亡保険金

3つの予定基礎率 覚えよう

予定死亡率	過去の統計に基づく男女別、年齢別の死亡率。予定死亡率が高いほど、保険料は高くなる
予定利率	保険会社が見込んでいる運用利回り。予定利率が高いほど、契約者が払う保険料は低くなる
予定事業費率	保険会社が事業を運営するのに必要な費用の保険料に対する割合。予定事業費率が高いほど、保険料は高くなる

2)

純保険料…保険金の財源。予定死亡率、予定利率をもとに算定される。

付加保険料…保険の運営・維持費用。予定事業費率をもとに算定される。

3)

▼ 解説（赤シートで消える語句をチェックできます）　　　　☞86ページ　　▼ 正解

Point　「払込猶予期間」、「自動振替貸付」、「契約者貸付制度」、「契約転換制度」、「保険契約の復活」という5項目をまとめてあります。

保険料の払込みには一定の猶予期間があり、猶予期間内に発生した保険事故に対する保険金は支払われます。払込猶予期間は次のとおりです。

月払契約…払込日の**翌月初日～翌月末**。払込日が1月20日→2月1日～**2月末日**

半年・年払契約…払込日の**翌月初日～翌々月の応当日**（各月・半年ごとの契約日に当たる日付）。払込日が1月20日→2月1日～**3月20日**

1)

自動振替貸付は、払込猶予期間に払込みがなかった場合、保険会社が**解約返戻金の範囲内で自動的に保険料を立て替えて契約を継続させる制度**です。立て替える保険料とその利息が**解約返戻金**（解約返戻金から以前の自動振替貸付、契約者貸付の元利合計額を差し引いた額）を上回る場合には、自動振替貸付は適用されず、契約が失効します。

🔧ウラ技　問題文に「自動」とあるのがヒントになる

3)

契約者貸付制度は、**解約返戻金の一定範囲内（70～90%）で保険会社から貸付を受けられる制度**です。契約期間内いつでも返済可能です。

2)

❹ 契約転換制度は、現在加入している生命保険の責任準備金等を同じ保険会社の新しい保険契約の一部に充当するもので、転換する際には告知・診査が不要である。

❺ 保険料が払い込まれずに失効した生命保険契約について、失効してから一定期間内に所定の手続を経て保険会社の承諾を得ることにより当該契約を復活する場合、復活後の保険料は（ ① ）の保険料率が適用され、失効期間中の保険料については（ ② ）。
　1）① 失効前　　② まとめて支払わなければならない
　2）① 復活時　　② まとめて支払わなければならない
　3）① 復活時　　② 支払が一部免除される

---

５ 払済保険と延長保険

次の各文章を読んで、正しいものには○を、誤っているものには×をしなさい。
（　）のある文章では、適切な語句の組み合わせを選びなさい。

❶ 払済保険は、現在契約している生命保険の以後の保険料の払込みを中止し、その時点での（ ① ）をもとに、元の契約の（ ② ）を変えずに、元の主契約と同じ種類の保険（または養老保険等）に変更するものをいう。◀よく出る
　1）① 責任準備金　　② 保険金額
　2）① 解約返戻金　　② 保険期間
　3）① 払込済保険料　　② 保険金額

❷ 現在有効に継続している生命保険の以後の保険料の払込みを中止し、その時点での（ ① ）をもとに、元の契約の保険金額を変えないで、一時払の定期保険に変更したものを（ ② ）という。◀よく出る

　1）① 責任準備金　　② 払済保険
　2）① 基本保険金　　② 転換保険
　3）① 解約返戻金　　② 延長保険

❸ 入院特約が付加されている終身保険を払済保険に変更した場合、その入院特約は消滅せずに保険期間満了まで有効である。◀よく出る

契約転換制度は現在契約している保険の責任準備金と積立配当金を「転換（下取り）価格」として、新しい契約の一部に充当する方法です。保険料は転換時の年齢・保険料率により新たに計算されるため、**契約転換には告知と医師の診査が**必要です。

猶予期間を過ぎても、保険料払込みがなく、自動振替貸付もできない場合、保険契約が失効しますが、失効期間中の保険料・利息を一括して払い込むことで、失効前と同じ保険料率、保険金額の保険契約を復活できます。**契約復活には告知と医師の診査が**必要です。

1）

▼ 解説（赤シートで消える語句をチェックできます）　☞87ページ　▼ 正解

Point 保険料の払込みを中止し、解約返戻金をもとにして契約を継続できる制度に、払済保険と 延長（定期）保険があります

責任準備金は、将来、保険契約者に支払う保険金を支払うために、保険会社が保険料のなかから積み立てるお金のことです。
解約返戻金は、生命保険契約を解約したときに契約者に払い戻されるお金のこと。責任準備金から保険会社のコストなどを差し引いたものが解約返戻金。契約者の保険料の払込みが滞った場合、契約を持続させるための資金になるのは、解約返戻金です。払済保険では、保険期間は変わりません。

2）

保険継続のための制度　

払済保険…解約返戻金をもとに一時払保険（一時払養老保険）に変更。
　保険期間は変えずに、保険金額が下がります。
延長（定期）保険…解約返戻金をもとに一時払いの定期保険に変更。
　保険金額は変えず、保険期間が短くなります。

3）

払済保険や延長（定期）保険に変更した場合、特約は消滅します。実技試験でも非常によく出る問題です。

2 生命保険

問題数024

再現例題

【第1問】 次の文章を読んで、正しいものまたは適切なものには①を、誤っている
ものまたは不適切なものには②を、解答用紙にマークしなさい。

2017年9月

必要保障額（遺族に必要な生活資金等の総額から遺族の収入見込金額を差し引い
た金額）は、通常、子どもの成長とともに逓増する。

解答 ① ②

【第2問】 次の文章の（　）内にあてはまる最も適切な文章、語句、数字またはそ
れらの組み合わせを1）〜3）のなかから選び、その番号を解答用紙にマー
クしなさい。

2020年1月

団体を契約者（＝保険料負担者）とし、その所属員を被保険者とする1年更新の
定期保険であり、福利厚生規程等による保障の支払財源の確保を目的とした保険は、
（　　）である。

1）団体定期保険（Bグループ保険）　　2）団体信用生命保険

3）総合福祉団体定期保険

解答 ① ② ③

TOP60 1 生命保険の種類と特徴

次の各文章を読んで、正しいものには○を、誤っているものには×をしなさい。
（　）のある文章では、適切な語句を選びなさい。

- ❶ 一時払終身保険は、解約時期にかかわらず、解約返戻金が払込保険料を下回
ることはない。←よく出る

- ❷ 【定期保険】定期保険は、被保険者が保険期間中に死亡または高度障害状態
になった場合に保険金が支払われ、保険期間満了時に被保険者が生存してい
ても満期保険金は支払われない。←よく出る

出題DATA 過去13年間

👑1 生命保険の特約…出題率1.41%［35問］
👑2 生命保険の種類と特徴…出題率1.25%［31問］
👑3 生命保険の税務…出題率0.84%［21問］

※出題率は、過去13年間の学科試験2,489問中の出題割合［質問数］を示しています。

【生命保険】の出題傾向

頻出順に、「生命保険の特約」、「生命保険の種類と特徴」、「生命保険の税務」、「死亡保険金の税務」に関する問題が出題されます。

1 **生命保険の特約**…特定（3大）疾病保障定期保険特約の問題が頻出です。

2 **生命保険の種類と特徴**…主に、終身保険、定期保険、養老保険、収入保障保険が出題されます。

3 **生命保険の税務**…生命保険の控除に関する問題が頻出です。

4 **死亡保険金の税務**…契約者（＝保険料負担者）と受取人が同じ場合、死亡保険金は一時所得として所得税の課税対象となることを覚えておきましょう。

▼ 再現例題の解説と解答

1 必要保障額（＝死亡後の総支出−総収入）は、死亡保険で準備しておきたいお金の目安になります。末子の成長につれて必要保障額は逓減します。 ②
2 総合福祉団体定期保険は、死亡退職金等の財源確保が目的の保険です。 ③

▼ 解説（赤シートで消える語句をチェックできます）　　🔗92ページ　　▼ 正解

Point 「終身保険」、「定期保険」、「養老保険」、「収入保障保険」という4項目をまとめてあります。

一時払終身保険は、保険料を最初にまとめて払い込む終身保険です。当然ながら、解約返戻金は一時払保険料を下回ることがあります。　　✕

生命保険は、終身保険・定期保険・養老保険の3つに大別できます。

終身保険…保険料払込期間が終わると保険料負担なしで一生涯保障が続きます。

定期保険…いわゆる掛捨ての保険で、定められた期間中に死亡または高度障害状態になった場合、保険金が支払われます。定期保険には、満期保険金（保険期間終了まで生存した場合の保険金）の支払いがありません。　　◯

□ ❸ 養老保険は、一般に満期保険金の額と死亡・高度障害保険金の額が同額であり、生死混合保険に分類される。

□ ❹ 長期平準定期保険は、死亡保障が確保できることに加え、当該解約返戻金を役員退職金の原資として活用することができる生命保険である。

□ ❺ 定期保険特約付終身保険（更新型）では、定期保険特約の保険金額を同額で自動更新すると、更新後の保険料は、通常、更新前と変わらない。

□ ❻ 被保険者が保険期間中に死亡した場合、（　）では、年金を、毎月（または毎年）、一定期間（または保険期間満了時まで）受け取ることができる。
1）収入保障保険　2）生存給付金付定期保険　3）定期保険特約付養老保険

2 個人年金保険

次の各文章の（　）内にあてはまる最も適切な語句や語句の組み合わせを1）～3）のなかから選びなさい。

□ ❶ 個人年金保険を年金の受取方法で分類すると、被保険者が生存している限り年金が支払われる（①）年金、被保険者の生死に関係なく所定の年金支払期間内であれば年金が支払われる（②）年金、保証期間中は被保険者の生死に関係なく年金が支払われ、保証期間経過後は被保険者が生きている限り年金が支払われる（③）年金などがある。

1）① 終身　② 確定　③ 保証期間付終身
2）① 確定　② 有期　③ 保証期間付終身
3）① 終身　② 有期　③ 保証期間付有期

□ ❷ 一時払変額個人年金保険は、特別勘定の運用実績に基づいて保険金額等が変動する。一般に、（　）については最低保証がある。
1）解約返戻金　2）死亡給付金　3）年金額

養老保険…被保険者が死亡すると**死亡保険金**が、保険期間満了まで生存すると死亡保険金と同額の**満期保険金**が支払われる**生死混合保険**です。

○

長期平準定期保険の解約返戻金は役員退職金の原資として活用できます。保険には、**保険金額が変わらない平準定期保険**、**保険金額が増えていく逓増定期保険**、**保険金額が減っていく逓減定期保険**があり、いずれも**保険料は一定**です。

○

定期保険特約付終身保険には、定期保険期間が主契約の保険料払込期間と同じ全期型と、保険料払込期間より短い契約期間で更新していく更新型があります。更新型は**更新時に保険料が再計算されて**高くなります。

×

収入保障保険は、掛捨ての定期保険の一種です。世帯主などの被保険者が死亡・高度障害状態となった場合、年金（給付金）が支払われる保険です。**一時金で受け取ることもできますが、年金より受取額が少なくなります。**

1)

▼ 解説（赤シートで消える語句をチェックできます）　　　☞96ページ　　▼ 正解

Point 個人年金保険は、年金の受け取り方法によっていくつかの種類に分かれています。保証期間中と保証期間経過後の違いを覚えておきましょう。

> **覚えよう**
>
> 個人年金保険の受取方法
>
> 終身**年金**…被保険者が生きている限り年金が支払われる。
>
> **保証期間付**終身**年金（定額個人年金保険）**…保証期間中は被保険者の生死にかかわらず、保証期間経過後は被保険者が生きている限り年金が支払われる。
>
> 確定**年金**…10年、20年など契約時に定めた一定の期間中、被保険者の生死にかかわらず年金が支払われる。
>
> 有期**年金**…10年、20年など契約時に定めた一定の期間中、生存中の被保険者に年金が支払われ、被保険者が死亡した場合、その後の年金の支払いはない。
>
> **保証期間付**有期**年金**…保証期間中は、被保険者の生死にかかわらず、保証期間経過後は、被保険者が生きている限り、一定期間まで年金が支払われる。
>
> ※年金で受け取ると雑**所得**、一時金として一括で受け取ると一時**所得**となる。

1)

変額個人年金保険…保険料が**特別勘定（ファンド）**で運用される保険で、運用実績によって死亡保険金や解約返戻金、年金額が変動します。**死亡給付金**に最低保証がありますが、**解約返戻金**に最低保証はありません。

2)

3 生命保険の特約

次の各文章を読んで、正しいものまたは適切なものには○を、誤っているもの
または不適切なものには×をしなさい。

□ ❶ 特定疾病保障定期保険特約は、一般に、被保険者が保険期間中にがん・急性
心筋梗塞・脳卒中により所定の状態に該当した場合、何度でも保険金が支払
われる。

□ ❷ 特定疾病保障定期保険特約では、一般に、被保険者が保険期間中に特定疾病
以外の原因により死亡した場合、保険金は支払われない。←よく出る

□ ❸ 医療保険等に付加される先進医療特約の対象となる先進医療とは、契約時に
おいて厚生労働大臣が承認しているものである。

□ ❹ リビング・ニーズ特約は、病気やケガの種類を問わず余命が6カ月以内と判
断された場合、死亡保険金の一部または全部が生前に支払われる特約である。

□ ❺ 傷害特約は、不慮の事故により所定の身体障害状態に該当した場合に障害の
程度に応じた障害給付金が支払われる特約であり、死亡は保障対象外である。

□ ❻ 生命保険の災害割増特約では、被保険者が不慮の事故による傷害を直接の原
因として、その事故の日から起算して12カ月以内に死亡または高度障害状
態となった場合、災害割増保険金が支払われる。←よく出る

□ ❼ がん保険やがん保証特約では、一般に、責任開始日前に30日程度の免責期
間が設けられている。

4 生命保険の税務

次の各文章を読んで、正しいものには○を、誤っているものには×をしなさい。
（　）のある文章では、適切な語句を選びなさい。

□ ❶ 所得税において、2012年1月1日以後に締結した保険契約の保険料に係る
「一般の生命保険料控除」「介護医療保険料控除」「個人年金保険料控除」に
ついて、それぞれ控除額の最高は、4万円である。←よく出る

Point「特定（3大）疾病保障定期保険特約」、「先進医療特約」、「リビング・ニーズ特約」、「傷害特約」、「災害割増特約」、「がん保証特約」をまとめてあります。

特定（3大）疾病保障定期保険特約は、がん・急性心筋梗塞・脳卒中で所定の状態と診断された場合に死亡保険金と同額の保険金が支払われる特約です。3大疾病に加えて、肝臓・腎臓病や糖尿病等になった際に給付金が支払われる重度疾病保障特約もあります。いずれも保険金の支払いは1度だけです。

特定疾病保障定期保険特約では、被保険者が特定（3大）疾病以外の事由（交通事故など）により死亡した場合にも保険金が支払われます。

先進医療特約は、（契約時点でなく）療養を受けた時点に承認されている先進医療治療を受けた場合に給付されます。介護医療保険料控除の対象です。

リビング・ニーズ特約は、余命6カ月以内と診断された場合に、保険金を生前に受け取ることができる無料の特約です。

傷害特約は、不慮の事故が原因で180日以内に死亡・高度障害、または所定の身体障害に該当した場合に保険金（給付金）が支払われる特約です。

災害割増特約は、災害や事故が原因で180日以内に死亡、または高度障害状態になった場合に保険金が支払われる特約です。180日以内は、生命保険、傷害保険、医療保険などでも同様です。

がん保険、がん保証特約には、契約日から3カ月（90日）の免責期間（待機期間）があり、免責期間内にがんと診断された場合、契約は無効となります。

Point「保険料控除」、「非課税となる保険金」、「満期保険金への課税」という3項目をまとめてあります。生命保険料控除の最高額4万円は必ず覚えておきましょう。

生命保険料の控除は、2011年以前と2012年以降の契約で異なります。2012以降の契約で年間払込保険料が「8万円超の場合の所得税の控除限度額各4万円（住民税の限度額は各2万8,000円）」が超頻出です。

☐ ❷ 身体の傷害に基因して支払われる保険金はもちろん、公的介護保険制度に連動して保険金が支払われる保険商品から支払われる保険金は、所得税では非課税所得とされる。

☐ ❸ 個人が一時払養老保険（10年満期）の満期保険金を受け取った場合、金融類似商品として、満期保険金と正味払込保険料との差益が源泉分離課税の対象となる。

☐ ❹ いわゆる「金融類似商品」に該当する一時払養老保険の差益については、所得税（復興特別所得税含む）・住民税あわせて（　）の税率による源泉分離課税が適用される。

1）10.315%　　2）15.315%　　3）20.315%

⑤ 死亡保険金の税務

次の各文章を読んで、正しいものには○を、誤っているものには×をしなさい。（　）のある文章では、適切な語句を選びなさい。

☐ ❶ 生命保険契約において、契約者（＝保険料負担者）および保険金受取人が夫、被保険者が妻である場合、妻の死亡により夫が受け取る死亡保険金は、（　）の課税対象となる。←よく出る
1）贈与税　　2）相続税　　3）所得税

☐ ❷ 生命保険契約において、契約者（＝保険料負担者）がAさん、被保険者がAさんの配偶者、死亡保険金受取人がAさんの子である場合、Aさんの子が受け取る死亡保険金は（　）の課税対象となる。←よく出る
1）所得税　　2）相続税　　3）贈与税

☐ ❸ 契約者（＝保険料負担者）および被保険者が同一人である生命保険契約において、相続人以外の者が死亡保険金を受け取った場合、その保険金は贈与税の課税対象となる。

入院給付金、手術給付金、特定疾病（3大疾病）保険金、リビング・ニーズ
特約保険金等、公的介護保険の要介護認定に連動して支払われる民間の介護
保険の保険金など、**入院・手術・通院等の「身体の傷害に基因」した給付金
や保険金は非課税**です。　○

保険期間が**5年超**の養老保険の満期保険金は、**払込保険料との差益が一時所
得として総合課税の対象**です。　×

保険期間が**5年以下**（5年以内に解約した場合も含む）の一時払いの養老保険、
損害保険、個人年金保険の差益については、**金融類似商品**の収益とみなされて
20.315%の源泉分離課税となります。**復興特別所得税**は、基準所得税額に
2.1%を乗じた額で、**所得税15%× 0.021 ＝ 0.315%**です。従って、（所
得税15 ＋復興特別所得税0.315 ＋住民税5 ＝）**20.315%**になります。　3)

▼ 解説（赤シートで消える語句をチェックできます）　🔗105ページ　▼ 正解

Point　死亡保険金を受け取ったときの税務で出題されるのは、契約者（＝保険料
負担者）が夫の場合がほとんどです。

契約者（＝保険料負担者）**と受取人が同じ**場合、満期保険金や死亡保険金は
一時所得として**所得税の課税対象**となります。　3)

契約者（＝保険料負担者）**が夫、被保険者が妻、死亡保険金受取人が子**とい
う生命保険では、保険金は**夫から子への贈与**とみなされます。この場合、**子
が受け取る死亡保険金は贈与税の課税対象**となります。　3)

契約者と被保険者が同一の生命保険では、死亡保険金を**相続人**が受け取ると
相続税の課税対象となり、**死亡保険金の非課税**（**500万円×法定相続人の
数**）の適用となります。死亡保険金を**相続人以外の人**が受け取ると全額が**遺
贈**として**相続税の課税対象**となり、死亡保険金の非課税の適用はありません。　×

3 損害保険

問題数035

再現例題

【第1問】 次の文章の（ ）内にあてはまる最も適切な文章、語句、数字またはそれらの組み合わせを1）～3）のなかから選び、その番号を解答用紙にマークしなさい。

2019年1月

地震保険の保険料の割引制度には、「建築年割引」「耐震等級割引」「免震建築物割引」「耐震診断割引」があり、割引率は「耐震等級割引（耐震等級3）」および「免震建築物割引」の（ ① ）が最大となる。なお、それぞれの割引制度の重複適用は（ ② ）。

1）①30%　②できない　　2）①50%　②できない　　3）①50%　②できる

解答　①　②　③

【第2問】 次の文章を読んで、正しいものまたは適切なものには①を、誤っているものまたは不適切なものには②を、解答用紙にマークしなさい。

2022年5月

国内旅行傷害保険では、一般に、国内旅行中にかかった細菌性食中毒は補償の対象とならない。

解答　　

■ 保険金額と保険価額

次の各文章を読んで、正しいものには○を、誤っているものには×をしなさい。（ ）のある文章では、適切な語句を選びなさい。

□ ❶ 損害保険において、（ ）とは、保険の対象の評価額を示すものであり、保険事故が生じたときに被保険者が被る損害の最高見積額のことである。
　　1）保険金額　　2）保険価額　　3）保険の目的

□ ❷ 火災保険等の損害保険において、保険価額が保険金額より大きい保険を超過保険という。

□ ❸ 損害保険の一部保険の場合、保険金が保険金額の保険価額に対する割合に応じて支払われることを比例てん補という。

👑**1** 地震保険…出題率2.17%［54問］

👑**2** 賠償責任保険…出題率1.49%［37問］

👑**2** 傷害保険…出題率1.49%［37問］

※出題率は、過去13年間の学科試験2,489問中の出題割合［質問数］を示しています。

【損害保険】の出題傾向

【損害保険】は、3級学科試験の「リスク管理」で最もよく出題される分野です。なかでも「地震保険」は、3級学科試験の出題率1位の項目です。

1 地震保険…地震保険については、補償対象、保険金限度額、控除額など、細かいところまで出題されます。

2 賠償責任保険…個人賠償責任保険、生産物賠償責任保険（PL保険）、受託者賠償責任保険、施設所有（管理）者賠償責任保険の賠償範囲を覚えておきましょう。

2 傷害保険…普通傷害保険、家族傷害保険、海外旅行保険が出題されます。

▼ 再現例題の解説と解答

1 地震保険は最大50%の割引制度があり、重複適用できません。 ②

2 国内旅行傷害保険は国内旅行中の怪我のほか、細菌性・ウイルス性の食中毒も補償対象です。普通傷害保険では細菌性食中毒は対象外です。 ②

▼ 解説（赤シートで消える語句をチェックできます） 🔑116ページ **▼ 正解**

Point 保険価額・保険金額、一部保険・全部保険・超過保険、比例てん補・実損てん補の意味の違いを覚えておけば確実に正解できます。

保険価額は**保険対象の評価額＝損害の最高見積額**です。**保険金額**は保険会社が支払う**保険金の限度額**です。なお、保険の対象と同等のものを再築または再取得するために必要な金額のことを再調達価額といいます。 **2)**

保険価額が保険金額より大きい保険は一部**保険**、保険金額と保険価額が等しい保険は全部**保険**、保険金額が保険価額より大きい保険は超過**保険**です。 **×**

保険金額の保険価額に対する割合に比例した支払いを比例てん補、保険価額を限度に実際の損害額が全部支払われることを実損てん補といいます。 **〇**

❷ 火災保険

次の各文章を読んで、正しいものまたは適切なものには○を、誤っているもの
または不適切なものには×をしなさい。

☐ ❶ 火災保険では、突風によって住宅の窓ガラスや屋根が破損し、一定の損害が
生じた場合、補償の対象となる。

☐ ❷ 住宅総合保険は、住宅火災保険の補償範囲に加えて、水災（浸水や水漏れ）、
盗難による家財の損害も補償される。

☐ ❸ 失火責任法において、借家人が軽過失によって火事を起こし、借家と隣家を
焼失させた場合、隣家の所有者に対しては損害賠償責任を負わない。

TOP 60 ❸ 地震保険

次の各文章を読んで、正しいものには○を、誤っているものには×をしなさい。
（　）のある文章では、適切な語句や語句の組み合わせを選びなさい。

☐ ❶ 地震保険は、居住用建物および家財（生活用動産）を保険の目的とし、地震
もしくは噴火またはこれらによる津波を直接または間接の原因とする火災、
損壊、埋没または流失による損害を補償する保険である。

☐ ❷ 地震保険の基本料率は、建物の構造と建築年によって決まり、耐震等級など
による最大50％までの割引がある。

☐ ❸ 地震保険の保険金額は、主契約である火災保険等の保険金額の30％から
（　）の範囲内での設定となり、建物、生活用動産のそれぞれに限度額が定
められている。◀よく出る
1）50％　　2）60％　　3）70％

Point 火災保険は、それほど出題されていません。火災だけでなく、地震を除く（地震は特約）自然災害まで補償されることを覚えておきましょう。

火災保険は、火災による損害以外に、風災（突風・竜巻等）、雪災、落雷などによる建物と家財の損害についても補償されます。地震は補償対象外です。　〇

住宅火災保険と住宅総合保険		覚えよう

住宅火災保険	火災、爆発、破裂、風災（突風・竜巻等）、雪災、ひょう災、落雷などが補償される。地震は補償されない。
住宅総合保険	住宅火災保険の補償範囲に加えて、水災（洪水による浸水や給排水設備の水漏れ等）、盗難、外部からの落下・衝突・飛来による損害、持ち出し（旅行、買い物中の破損、盗難など）による家財の損害も補償される。地震は補償されない。

（〇 〇）

失火責任法では、軽過失によるの場合、失火者は借家の宿主に対しては損害賠償責任を負いますが、隣家の所有者に対しては損害賠償責任を負いません。　〇

Point 地震保険は、3級学科試験のなかで最も頻出している項目です。次に挙げる解説は必ず覚えておきましょう。

地震保険は、住居のみに使用される居住用建物（店舗併用住宅は可）と家財が補償対象です。地震・噴火・津波、およびそれらを原因とする火災、損壊、埋没または流失による被害を補償します。　〇

地震保険の基本料率は、建物の構造と所在地によって決まります。また建築年や耐震等級などによる最大50%までの4種類の割引があります。4種類の割引の重複適用はできません。　✕

地震保険は、住宅総合保険などの火災保険契約に付帯して契約するものであり、単独契約はできません。契約できる保険金額は、主契約である火災保険金額の30～50%の範囲内です。　1)

リスク管理 学科②

☐ ❹ 地震保険の保険金額は、火災保険等の主契約の保険金額の一定範囲内で定められるが、居住用建物については（①）、生活用動産については（②）の上限が設けられている。←よく出る
1) ① 3,000万円 ② 1,500万円
2) ① 3,000万円 ② 1,000万円
3) ① 5,000万円 ② 1,000万円

☐ ❺ 地震保険の補償の対象は居住用建物および生活用動産であり、1個または1組の価額が（ ）を超える貴金属、宝石、美術品等を補償の対象とすることはできない。
1) 10万円
2) 20万円
3) 30万円

☐ ❻ 地震保険において、建物の基礎や柱などの主要構造部の損害額が時価の（①）以上50％未満である場合、損害区分は「大半損」に該当し、保険金額の（②）に相当する金額が支払われる。
1) ① 20％ ② 50％
2) ① 20％ ② 60％
3) ① 40％ ② 60％

☐ ❼ 地震保険において、補償の対象である建物が受けた損害が「一部損」に該当する場合、原則として、保険金額の（ ）相当額の保険金が支払われる。
1) 5％
2) 20％
3) 30％

☐ ❽ 地震保険料控除の控除限度額（年間）は、所得税では（①）、住民税では（②）である。←よく出る
1) ① 4万円 ② 2万5,000円
2) ① 5万円 ② 2万5,000円
3) ① 5万円 ② 2万8,000円

地震保険の保険金額の上限は、次のとおり。

- 居住用建物…**5,000万円**
- 生活用動産（家財）…**1,000万円**

家5,000万、家財1,000万 これ超頻出！

3)

地震保険では、現金、有価証券、1個（または1組）の価格が**30万円**を超える貴金属や絵画、自動車は生活用動産に含まれないので、補償の対象外です。

3)

地震保険の損害区分

	主要構造部の損害額	支払い割合
全　損	時価の**50**%以上	保険金額の100%
大半損	時価の40%以上50%未満	保険金額の**60**%
小半損	時価の20%以上40%未満	保険金額の**30**%
一部損	時価の3%以上20%未満	保険金額の**5**%

覚えよう

60、30、5…

3)

前問の解説のとおり、**一部損では保険金額の5%**が支払われます。
なお、火災保険や地震保険など、損害保険契約に基づき支払いを受ける保険金で、突発的な事故により加えられた資産の損害に基因して取得する保険金は非課税となります。

1)

1年間（1月1日～12月31日）に払った地震保険の保険料は、地震保険料控除としてその年の所得から控除できます。控除できるのは、

- 所得税…地震保険料の全額（**限度額は5万円**）
- 住民税…地震保険料の半額（**限度額は2万5,000円**）

となっています。

ウラ技 地震保険は5が多い！ 保険金額は主契約の火災保険の50%で5,000万円まで。全損は時価の50%、一部損5%、所得税控除額5万円

2)

4 自動車損害賠償責任保険

次の各文章を読んで、正しいものには○を、誤っているものには×をしなさい。
（　）のある文章では、適切な語句や語句の組み合わせを選びなさい。

☐ ❶ 自動車損害賠償責任保険（自賠責保険）は、（　）を補償の対象としている。
1) 対人賠償事故のみ
2) 対物賠償事故のみ
3) 対人賠償事故および対物賠償事故

☐ ❷ 自動車を運行中にハンドル操作を誤ってガードレールに衝突し、運転者がケガを負った場合、自動車損害賠償責任保険による補償の対象となる。

☐ ❸ 自動車損害賠償責任保険における保険金の支払限度額は、被害者1人につき、死亡による損害については（①）、傷害による損害については（②）、後遺障害についてはその程度に応じて75万円から4,000万円である。←よく出る
1) ① 3,000万円　　② 120万円
2) ① 5,000万円　　② 120万円
3) ① 5,000万円　　② 290万円

☐ ❹ 自動車損害賠償保障法では、自動車の運行による人身事故について、運行供用者に無過失責任に近い賠償責任を課している。

5 自動車保険（任意保険）

次の各文章を読んで、正しいものまたは適切なものには○を、誤っているものまたは不適切なものには×をしなさい。

☐ ❶ 自動車保険（任意保険）の対人賠償保険では、自動車事故により他人を死傷させ、法律上の損害賠償責任を負った場合、自動車損害賠償責任保険（自賠責保険）から支払われる金額を超える部分に対して保険金が支払われる。

☐ ❷ 人身傷害保険の被保険者が自動車事故により死傷した場合、過失相殺による減額をせずに、治療費など実際の損害額が保険金支払の対象となる。

Point　自動車損害賠償責任保険（自賠責保険）のポイントは、対人賠償であること、死亡事故の補償が1人3,000万円までであることです。

自賠責保険は、自動車、二輪自動車（原動機付自転車を含む）の所有者と運転者に加入義務が課されています。対人賠償事故（人の身体や生命に傷害を与えた場合の事故）保険なので、対物賠償事故は対象外です。なお、**損害保険の保険金や賠償金は、利益が出たわけではないため非課税**となります。

1)

自賠責保険は、他人の身体や生命に傷害を与えた場合の保険なので、運転者本人のケガ、自損事故は**対象外**です。

✕

自賠責保険での保険金の支払限度額	
死亡事故	被害者1人当たり3,000万円
傷害事故	被害者1人当たり120万円 後遺障害の場合は75万円から4,000万円

1)

自動車損害賠償保障法では、自動車を運転していて人身事故を起こした場合、無過失責任（故意・過失がなくても、損害賠償責任を負うこと）に近い賠償責任を課しています。

◯

Point　自動車保険はいわゆる任意保険（自分で加入するかしないかを選べる保険）です。対人賠償保険と人身傷害保険（人身傷害補償保険）がよく出題されます。

自動車保険（任意保険）の対人賠償保険は、**自賠責保険で支払われる限度額（死亡事故3,000万円、傷害事故120万円）を超える部分**に対して支払われます。

◯

人身傷害**保険**は、自動車事故で、被保険者本人、車に乗っている家族、あるいは他人が死傷した場合、**自身の過失部分（操縦ミスなど）も含めて**示談を待たずに**損害額全額（治療費、休業補償、慰謝料など）**が支払われます。

◯

☐ ❸ 自動車保険の車両保険（一般条件）では、自宅敷地内の駐車場で運転を誤って自損事故を起こし、被保険自動車が被った損害は補償の対象とならない。

☐ ❹ リスク細分型自動車保険は、性別、年齢、運転歴、地域、使用目的、年間走行距離その他の属性によって保険料を算定するもので、一般に、保険料を比較すると、通勤使用よりもレジャー使用の方が割高になる。

TOP 60 🄶 賠償責任保険

次の各文章の（　）内にあてはまる最も適切な語句を 1) ～ 3) のなかから選びなさい。

☐ ❶ 個人賠償責任保険では、（　）場合、補償の対象となる。←よく出る
1) 被保険者の自動車の運転で他人を死傷させた
2) 友人から借りた物品を誤って破損した
3) 被保険者の子どもが店の陳列商品を壊した

☐ ❷ 自社で製造した製品に起因して他人の生命や身体を害し、自社が法律上の損害賠償責任を負担することによって被る損害に備え、（　）に加入した。
←よく出る
1) 受託者賠償責任保険　　2) 施設賠償責任保険　　3) 生産物賠償責任保険

☐ ❸ レストランを運営する企業が、顧客から預かった衣類や荷物の紛失や盗難により、企業が法律上の損害賠償責任を負担した場合に被る損害に備え、（　）に加入した。
1) 受託者賠償責任保険
2) 生産物賠償責任保険
3) 施設所有（管理）者賠償責任保険

☐ ❹ 遊園地を運営する企業が、来園者が遊具から転落してケガをし、企業が法律上の損害賠償責任を負担した場合に被る損害に備え、（　）に加入した。
1) 生産物賠償責任保険
2) 企業費用・利益総合保険
3) 施設所有（管理）者賠償責任保険

車両保険は、盗難、衝突、火災、爆発、台風、洪水などの事故による契約車両の損害に対する保険で、**自宅敷地内での自損事故**は補償され<u>ます</u>。 ✕

リスク細分型自動車保険は、性別、年齢、運転歴、地域、使用目的、年間走行距離その他の属性によって保険料を算定する保険です。一般に、**通勤使用よりもレジャー使用の方が**割<u>安</u>になります。 ✕

▼ 解説（赤シートで消える語句をチェックできます）　　🔖123ページ　　▼ 正解

Point 個人賠償責任保険、生産物賠償責任保険（PL保険）、受託者賠償責任保険、施設所有（管理）者賠償責任保険がよく出題されています。

個人賠償責任保険では、**生計を共にする家族やペットが起こした事故**は**補償対象となり**<u>ます</u>。人から預かった物や借りた物、業務上の事故、自動車の運行・管理等の賠償責任については**補償対象となり**<u>ません</u>。 3)

<u>生産物賠償</u>**責任保険（**<u>PL保険</u>**）**は、企業等が製造・販売した商品などに起因する損害賠償を補償します。製造・販売した食品で**食中毒が発生した場合の賠償**、工事の不備が原因の事故による賠償などが補償範囲です。なお、施設賠償責任保険は、施設所有（管理）者賠償責任保険という名称でも出題されます。 3)

<u>受託者賠償</u>**責任保険**は、**他人から預かった物に対する損害賠償責任**を補償します。「受託」とは、「頼まれて引き受けること。また、頼まれて金銭や物品を預かること」です。 1)

<u>施設所有（管理）者</u>**賠償責任保険**は、**施設の管理の不備、または従業員等の業務活動中のミスによる損害賠償責任**を補償します。
2)の**企業費用・利益総合保険（利益保険）**は、店舗や工場が、火災、爆発、その他特定の事故で営業が中断するなどして売上や生産が減少した場合に、**営業継続のための追加費用、**<u>利益</u>**の減少を補償する保険**です。 3)

67

7 傷害保険

次の各文章を読んで、正しいものには○を、誤っているものには×をしなさい。
（ ）のある文章では、適切な語句を選びなさい。

□ ❶ 普通傷害保険では、被保険者が（ ）場合、補償の対象とならない。←よく出る
　　1）海外旅行中、駅の階段で転倒して骨折した
　　2）家族でボール遊び中に転倒して生じた捻挫
　　3）公園でランニングをして靴ずれが生じた

□ ❷ 普通傷害保険において、被保険者が（ ）により通院した場合は、通常、保険金支払の対象となる。
　　1）疲労性の腰痛
　　2）料理中の火傷
　　3）地震の揺れで転倒してケガ

□ ❸ 家族傷害保険の被保険者の範囲には、被保険者本人と生計を共にしている別居の未婚の子は含まれない。←よく出る

□ ❹ 家族傷害保険契約に基づき、契約者（＝保険料負担者）と同居の子がケガで入院したことにより契約者が受け取る入院保険金は、（ ）とされる。
　　1）一時所得　　2）雑所得　　3）非課税

□ ❺ 海外旅行保険で保険金支払の対象となるケガには、海外滞在中に負ったケガだけでなく、日本国内において、海外旅行のために自宅を出発してから帰宅するまでの間に負ったケガも含まれる。

□ ❻ 海外旅行保険では、地震もしくは噴火またはこれらによる津波を原因とするケガは、補償の対象となる。

□ ❼ 傷害保険の後遺障害保険金は、一般に、補償の対象となる事故によるケガが原因で、事故の発生日からその日を含めて180日以内に所定の後遺障害が生じた場合に支払われる。

Point 傷害保険は、頻出順に、普通傷害保険、家族傷害保険、海外旅行保険が出題されています。普通傷害保険の補償対象は必ず覚えておきましょう。

普通傷害保険は、**急激かつ偶然な外来**の<u>事故</u>による**傷害（ケガ）** を補償します。家庭内、職場内、また日本国内、海外を問わず、補償対象としています。**病気、日射病、靴ずれ**などは**補償対象となり**ません。なお、傷害保険では、**被保険者本人**の<u>職業・職務</u>（職種級別・区分）に応じて保険料が決まります。

3)

料理中の火傷は、「**急激かつ偶然な外来**の<u>事故</u>による**傷害**」といえます。

> 普通傷害保険の補償対象とならない事例　　**覚えよう**
> ● 疲労性の腰痛、細菌性・ウイルス性<u>食</u>中毒、虫垂炎、<u>日射病</u>、<u>靴ずれ</u>
> ● <u>地震</u>・噴火・津波による傷害

2)

家族傷害保険は普通傷害保険と同じ補償を、**本人および配偶者、本人または配偶者と生計を共にする同居の親族**[※]、本人または配偶者と生計を共にする**別居の未婚の子（契約締結後に誕生した子含む）** も受けられます。

×

通院・手術・**入院**など、「**身体**の**傷害**に**基因**」して支払われる**保険金・給付金は非課税**です。なお、家族傷害保険契約で非課税になるのは、受取人が被保険者本人・配偶者・直系血族・生計同一の親族の場合です。

3)

海外旅行（傷害）保険は、海外旅行のために<u>自宅</u>を**出発してから帰宅するまで**の間に負った**ケガ、病気**（細菌性食中毒、ウイルス性食中毒、虫垂炎など）を補償する保険です。

○

海外旅行（傷害）保険では、地震・噴火・津波は補償の対象と<u>なります</u>。
国内旅行（傷害）保険では、地震・噴火・津波は補償の対象と<u>なりません</u>。

○

傷害保険（傷害特約）の後遺障害保険金や給付金は、事故の発生日からその日を含めて<u>180日以内</u>の後遺障害に支払われます。

ウラ技 事故の人は全部補償

○

※親族とは、本人の**6親等以内の血族**および**3親等以内の姻族**（婚姻によってできた親戚）をいう。配偶者は0親等扱いのため、配偶者の父母は1親等の姻族、配偶者の兄弟姉妹は2親等の姻族となる。

リスク管理 学科②

1 経済・金融の基礎知識

問題数028

【第1問】　次の文章を読んで、正しいものまたは適切なものには①を、誤っている
　　　　　ものまたは不適切なものには②を、解答用紙にマークしなさい。

2022年5月（改）

　わが国の経済指標において、一定期間内に国内で生産された財やサービスの付加
価値の合計額を国内総生産（GDP）といい、その統計は日本銀行が作成、公表している。

解答　①　②

【第2問】　次の文章の（　）内にあてはまる最も適切な文章、語句、数字またはそ
　　　　　れらの組み合わせを1）〜3）のなかから選び、その番号を解答用紙にマー
　　　　　クしなさい。

2022年9月

　景気動向指数において、有効求人倍率（除学卒）は、（　）に採用されている。

1）先行系列
2）一致系列
3）遅行系列

解答　①　②　③

TOP60 1 経済指標

　次の各文章を読んで、正しいものには○を、誤っているものには×をしなさい。
（　）のある文章では、適切な語句や語句の組み合わせを選びなさい。

❶　一定期間内に国内で生産された財やサービスの付加価値の合計額から物価変
　　動の影響を取り除いた指標を、名目GDPという。

❷　景気動向指数において、コンポジット・インデックス（CI）は、主として景
　　気変動の大きさやテンポ（量感）の測定を目的とした指標である。

👑1 経済指標…出題率1.25%［31問］
👑2 金融政策と金融市場…出題率0.96%［24問］
👑3 預金保険制度…出題率0.68%［17問］

※出題率は、過去13年間の学科試験2,489問中の出題割合［質問数］を示しています。

【経済・金融の基礎知識】の出題傾向

頻出順に「経済指標」「金融政策と金融市場」「預金保険制度」が出題されています。

1　経済指標…毎年出題されている頻出分野です。GDP、各種指数について覚えておきましょう。

2　金融政策と金融市場…金融緩和と金融引締めの違いが頻出です。

3　預金保険制度…金融機関が破綻したときに預金者を保護する制度です。預貯金は1,000万円（＋利子）まで保護されます。

▼ 再現例題の解説と解答

1 一定期間に国内で生産された財やサービスなどの付加価値の総額であるGDP（国内総生産）は、内閣府が発表します。　　②

2 景気動向指数とは景気の現状や予測をするために使われる指標です。有効求人倍率は全国のハローワークの求職者数、求人数をもとに算出され、景気の動向とほぼ一致するため、一致係数です。　　②

▼ 解説（赤シートで消える語句をチェックできます）　　🔗138ページ　　**▼ 正解**

Point「国内総生産（GDP）」、「日銀短観」、「景気動向指数」、「企業物価指数」、「消費者物価指数」をまとめてあります。それぞれの出題率は高くありません。

国内総生産（GDP）は一定期間内に国内で生産された財やサービスの付加価値の総額です。**日本企業でも「外国で」生産された付加価値は含みません。** 実際に市場で取引された価格に基づく、物価変動の影響を受けたままの指標が名目GDP、そこから物価変動の影響を取り除いた指標が実質GDPです。

景気動向指数にはコンポジット・インデックス（CI）とデフュージョン・インデックス（DI）があります。CIは構成する指標の動きを合成することで景気変動の大きさやテンポ（量感）を表します。

□ ❸ 一般に、景気動向指数のコンポジット・インデックス（CI）の一致指数が上昇しているときは、景気の拡張局面といえる。

□ ❹ 全国企業短期経済観測調査は、内閣府が毎年4月と10月に実施する民間企業への業況調査である。

□ ❺ 総務省が公表する（　　）は、全国の世帯が購入する家計に係る財およびサービスの価格等を総合した物価の変動を時系列的に測定するものである。
1）家計消費指数　　2）企業物価指数　　3）消費者物価指数

□ ❻ 原油価格などの商品市況や為替相場の影響は、企業物価指数に先行して、消費者物価指数に現れる傾向がある。

□ ❼ マネーストック統計は、基本的に、（①）が保有する（②）の残高である。
1）① 通貨保有主体　　② 通貨量
2）① 金融機関　　　② 預金量
3）① 国　　　　　　② 日本銀行当座預金

🔟 インフレとデフレ

次の各文章を読んで、正しいものには○を、誤っているものには×をしなさい。（　）のある文章では、適切な語句の組み合わせを選びなさい。

□ ❶ 物価が継続的に下落して、相対的に通貨価値が上昇する（①）の経済状況下においては、一般に、資金需要の減少による市中金利の（②）がみられる。←よく出る
1）① インフレーション　　② 低下
2）① デフレーション　　　② 低下
3）① デフレーション　　　② 上昇

□ ❷ 物価が継続的な下落傾向（デフレーション）にある場合、名目金利の方が実質金利よりも高くなる。

コンポジット・インデックス（CI）の一致指数の上昇は景気拡張、低下は景気後退の局面といえます。　　**○**

全国企業短期経済観測調査とは、日銀短観のことで、日銀が年４回、約１万社を対象に実施する、短期の業況についてのアンケート調査です。　　**×**

総務省が公表する、一般消費者（家計）が購入する商品・サービスの価格変動を表した指数を消費者物価指数といいます。全国の世帯が購入する家計に係る財、サービスの価格等を総合した物価の変動を時系列的に測定します。　　**3)**

企業物価指数は、企業間の取引や貿易取引における商品の価格変動を表した指数です。原油価格などの商品市況や為替相場の影響は、消費者物価指数より先に企業物価指数に現れます。　　**×**

マネーストック統計は、中央政府や金融機関を除く経済主体（一般法人、個人、地方公共団体等）が保有する通貨量の残高を集計したものです。日本銀行が毎月公表しています。　　**1)**

▼ 解説（赤シートで消える語句をチェックできます）　　→139ページ　　▼ 正解

Point インフレーション（インフレ）は物価と金利上昇・貨幣価値低下、デフレーション（デフレ）はその反対と覚えておけば良いでしょう。

●**インフレーション**…物価が上がって貨幣価値が低下し、資金需要が増大して、一般に市中金利（住宅ローンや預金の金利）が上昇します。
●**デフレーション**…物価が下がって貨幣価値が上昇し、資金需要が減少して市中金利が低下する傾向がみられます。　　**2)**

名目金利とは市中金利（住宅ローンや預金の金利）のことで、実質金利とは名目金利から物価上昇率（インフレ率）を差し引いた金利のことです。
実質金利＝名目金利－インフレ率
デフレでは、物価が下がるためインフレ率はマイナスになるため、実質金利の方が名目金利より高くなります。　　**×**

🔢 金融政策と金融市場

次の各文章を読んで、正しいものには○を、誤っているものには×をしなさい。
（　）のある文章では、適切な語句の組み合わせを選びなさい。

☐ ❶ わが国の中央銀行である日本銀行は、物価の安定や雇用の最大化を図ることを目的としている。

☐ ❷ 日本銀行は、景気後退局面においては、通常、政策金利を高めに誘導するなどの金融緩和政策を採用する。

☐ ❸ 日本銀行によるマネタリーベースを増加させる金融調節には、市場金利の低下を通じて金融を引き締める効果がある。

☐ ❹ 日本銀行の（①）によって行われる資金供給のオペレーションでは、日本銀行が金融機関の保有する有価証券等を買い入れることにより、市中に出回る資金量が（②）する。←よく出る
　　1）① 預金準備率操作　② 増加
　　2）① 公開市場操作　　② 増加
　　3）① 公開市場操作　　② 減少

☐ ❺ 短期金融市場のうち、金融機関、事業法人や地方公共団体等が参加し、コール取引などが行われている市場をインターバンク市場という。

☐ ❻ 無担保コール翌日物金利は、オープン市場の代表的な金利である。

Point 日本銀行の行う金融緩和（通貨量を増やし金利を低めへ誘導）と金融引締め（通貨量を減らし金利を高めへ誘導）の違いについての問題が頻出です。

日本銀行の目的は、物価の安定を図ることと、**金融システムの安定**に貢献することです。財政の健全化と雇用の最大化は、日本では**政府の役割**となっています。

> **覚えよう**
>
> 日本銀行の金融政策
> - **景気後退局面**では、市場資金を増やす金融緩和政策で金利を低めに誘導し、投資意欲を上昇させて景気回復を目指します。
> - **景気過熱局面**では、市場資金を減らす金融引締め政策で金利を高めに誘導し、投資意欲を抑制して景気抑制を目指します。

マネタリーベースとは、「日本銀行が供給する通貨」のことです。
マネタリーベース＝日本銀行券発行高＋貨幣流通高＋日銀当座預金
マネタリーベースを増加させる金融調節により、**市場の資金量が増える**ので、お金が借りやすくなって**市場金利が**低下します。これは**金融**緩和政策です。

日本銀行の**公開市場操作**には、次の2つがあります。
買いオペレーション（買いオペ）…金融機関の保有する有価証券等を買い取り、市場の資金量を増やして**市場金利を**低下させます。
売りオペレーション（売りオペ）…日銀が保有する有価証券等を民間金融機関に売却し、市場の資金量を減らして**市場金利を**上昇させます。

2)

金融市場には、短期金融市場（1年未満の短期資金の市場）と長期金融市場（1年以上の長期資金の市場）があります。コール市場（1カ月未満の短期資金の貸借）は短期金融市場のインターバンク市場にあります。**インターバンク市場**には銀行、保険会社、証券会社等の金融機関だけが参加できます。

無担保コール翌日物金利は、無担保（担保無しの信用貸し）で、電話やネットワーク上で取引（コール）する返済期日が翌日の金利で、**インターバンク市場の代表的な金利**です。オープン市場は一般企業も参加できる市場です。

4 預金保険制度

次の各文章を読んで、正しいものには○を、誤っているものには×をしなさい。（　）のある文章では、適切な語句を選びなさい。

- ☐ ❶ 預金保険制度により、利息のつく普通預金や定期預金等（一般預金等）は、預金者1人当たり、1金融機関ごとに合算して元本1,000万円までとその利息等が保護される。←よく出る

- ☐ ❷ 日本国内に本店のある銀行が取り扱う外貨預金は、元本の円貨換算額1,000万円までとその利息等の合計額が預金保険制度の保護の対象となる。

- ☐ ❸ 預金保険制度の対象金融機関に預け入れた（　）は、預入金額にかかわらず、その全額が預金保険制度による保護の対象となる。
  1）譲渡性預金　　2）大口定期預金　　3）決済用預金

5 金融サービス提供法

次の各文章を読んで、正しいものまたは適切なものには○を、誤っているものまたは不適切なものには×をしなさい。

- ☐ ❶ 金融サービス提供法（金融サービスの提供及び利用環境の整備等に関する法律）によれば、金融商品販売業者等は、金融商品の販売について、当該金融商品の販売業者等の業務または財産の状況の変化を直接の原因として元本欠損が生ずるおそれがあるときは、顧客に対し、その旨などについて説明をしなければならないとされている。

- ☐ ❷ 金融サービス提供法の規定によれば、金融商品販売業者等は、金融商品の販売に際し顧客に対して重要事項の説明をしなければならない場合においてその説明をしなかったときは、これによって生じた顧客の損害を賠償する責任を負う。

- ☐ ❸ 金融サービス提供法では、金融商品販売業者等の断定的判断の提供等の禁止に関する規定は、一定の投資経験を有する顧客に対する金融商品の販売等には適用されない。

Point 預金保険制度は、金融機関が破綻したときに預金者を保護する制度。預貯金は元本1,000万円（＋利子）まで、決済用預金は全額が保護されます。

預金保険制度は、定期預金、普通預金、金融債など、元本保証型の預貯金を金融機関ごとに預金者１人当たり**元本 1,000万円**とその利息まで保護します。保険は、銀行の窓口で契約しても、預金保険制度の保護対象ではありません。　**○**

外貨預金は、**預金保険制度で保護されません**。　**✕**

当座預金、無利息型普通預金など、「無利息・要求払い・決済サービス」を提供する決済用預金は、その全額が預金保険制度で保護されます。なお、金融市場で自由に売却できる譲渡性預金は、預金保険制度で**保護されません**。　**3)**

Point 金融サービス提供法では、金融商品販売業者等の損害賠償責任について定められていることを覚えておきましょう。

金融サービス提供法では、元本欠損が生ずるおそれがある金融商品（預貯金・株式・債券・投資信託等）を販売するときは、元本割れのリスク等について顧客に説明するよう義務付けられています。
ウラ技 「顧客の不利益になる行為」を適切とする問題は出ない　**○**

金融サービス提供法では、業者が「顧客に対して重要事項の説明（元本欠損が生ずるリスクなどの説明）をしなかったこと」あるいは「断定的判断の提供等（「絶対に損しません」などと断定して、販売すること）を行ったこと」により、顧客に損害が生じた場合の損害賠償責任について定められています。　**○**

断定的判断の提供等の禁止は、一定の投資経験のある投資家に対しても**適用されます**。なお、重要事項の説明義務については、説明不要と意思表示した顧客や機関投資家等（特定顧客）には**適用されません**。　**✕**

6 金融商品取引法

次の各文章の（　）内にあてはまる最も適切な語句を 1)〜3) のなかから選びなさい。

☐ ❶ 金融商品取引法では、同法で定める金融商品取引業を行うには（　）の登録を受けなければならないとされている。

1）内閣総理大臣　　2）財務大臣　　3）都道府県知事

☐ ❷ 金融商品取引法では、金融商品取引業者等は、顧客の知識、経験、財産の状況および金融商品取引契約を締結する目的に照らして不適当と認められる勧誘を行ってはならないとしているが、これを（　）の原則という。←よく出る

1）適合性　　2）経済合理性　　3）投資者の自己責任

7 その他の金融規制法

次の各文章を読んで、正しいものまたは適切なものには○を、誤っているものまたは不適切なものには×をしなさい。

☐ ❶ 金融ADR制度（金融分野における裁判外紛争解決制度）において、内閣総理大臣が指定する指定紛争解決機関には、全国銀行協会、証券・金融商品あっせん相談センター、生命保険協会、日本損害保険協会などがある。

☐ ❷ 貸金業法の総量規制により、個人が貸金業者による個人向け貸付を利用する場合、原則として、年収の2分の1を超える借入はできない。

☐ ❸ ゆうちょ銀行においては、従来、通常貯金と定期性貯金を合わせて 1,300 万円が預入限度額となっていたが、2019 年 4 月 1 日から、それぞれ 2,000 万円に変更された。

▼ 解説（赤シートで消える語句をチェックできます）　　　🔤143ページ　　▼ 正解

Point ここでは「金融商品取引法」に関する問題を掲載します。出題知識は多くないため、確実に得点したい分野です。

金融商品取引法では、**金融商品取引業は内閣総理大臣の登録**を受けた者でなければ行うことができないとしています。

1)

金融商品取引業者は、顧客の知識、経験、財産の状況、取引目的を確認し、顧客に適当な勧誘・販売を行うことが必要とされています。これを適合性**の原則**といい、この原則に外れる勧誘は金融商品取引法で禁止されています。

1)

▼ 解説（赤シートで消える語句をチェックできます）　　　🔤142ページ　　▼ 正解

Point 金融 ADR 制度、貸金業法の総量規制、ゆうちょ銀行の預入限度額など、他の項目に入らない、比較的最近の問題を掲載します。

金融ADR制度は、金融機関と利用者の間の紛争を、訴訟・裁判によらずに解決する裁判外紛争解決手続きのことです。内閣総理大臣が指定・監督する**指定紛争解決機関（金融ADR機関）**が和解案を提示し、解決に努めます。

○

貸金業法の総量規制により、個人が貸金業者による**個人向け貸付**を利用する場合には、原則として、年収の**3分の1**を超える借入はできません。

×

従来は「通常貯金と定期貯金等の合計で1,300万円まで」でしたが、2019年4月1日から、「**通常貯金と定期性貯金のそれぞれで1,300万円まで、合計で2,600万円まで**」に変更されています。

×

2 金融資産

再現例題

【第1問】 次の文章を読んで、正しいものまたは適切なものには①を、誤っているものまたは不適切なものには②を、解答用紙にマークしなさい。

2023年1月（改）

ベンチマークとなる指数の上昇局面で、先物やオプションを利用し上昇幅の2倍、3倍等の投資成果を目指すファンドはベア型ファンドである。　解答　①　②

【第2問】 次の文章の（　）内にあてはまる最も適切な文章、語句、数字またはそれらの組み合わせを1）〜3）のなかから選び、その番号を解答用紙にマークしなさい。

2020年1月

追加型株式投資信託を基準価額1万800円で1万口購入した後、最初の決算時に1万口当たり300円の収益分配金が支払われ、分配落ち後の基準価額が1万600円となった場合、その収益分配金のうち、普通分配金は（①）であり、元本払戻金（特別分配金）は（②）となる。

1）①100円　②200円　　2）①200円　②100円　　3）①300円　②0円

解答　①　②　③

1 元利合計額の計算

次の各文章の（　）内にあてはまる最も適切な語句を1)〜3)のなかから選びなさい。

❶ 6カ月満期、利率（年率）1％の定期預金に1,000,000円を預け入れた場合、税金や手数料等を考慮しなければ、満期時の元利合計額は（　）となる。なお、6カ月は0.5年として計算している。

1）1,005,000円
2）1,010,000円
3）1,020,000円

出題DATA 過去13年間

👑1 投資信託の仕組みと種類…出題率 1.65% ［41問］

👑2 ポートフォリオとデリバティブ取引…出題率 1.57% ［39問］

👑3 株式の投資指標…出題率 1.45% ［36問］

※出題率は、過去13年間の学科試験2,489問中の出題割合［質問数］を示しています。

学科③ 金融資産運用

【金融資産】の出題傾向

頻出ベスト3の以下の項目は、いずれも学科試験のTOP60に入る頻出問題です。

1 投資信託の仕組みと種類…投資信託のコストに関する問題が頻出です。信託財産留保額と信託報酬の違いを掴んでおきましょう。

2 ポートフォリオとデリバティブ取引…相関係数は、＋1のときは同じ値動きなのでリスク低減効果がないことを覚えておきます。

3 株式の投資指標…PER、PBR、ROEの違いを覚えましょう。

▼ 再現例題の解説と解答

1 ベンチマークの指数が上昇するとその数倍に上昇するように設計されているものは「ブル型」ファンドです。指数の「下降」局面において上昇するのが「ベア型」ファンドです。　②

2 購入時10,800円、収益分配金支払後（分配落ち後）が10,600円なので、その差200円が元本払戻金、残り100円が普通分配金となります。　①

▼ 解説（赤シートで消える語句をチェックできます）　　　　🔗146ページ　　▼ 正解

Point 預貯金などの元利合計額を求める計算です。単利と複利があり、複利での計算がよく出題されます。

満期時の元利合計額（単利）は、次の計算で求められます。

元利合計額＝元本×（1＋年利率×預入期間）

元金1,000,000円を、年利1％で0.5年間運用なので、

満期時の元利合計額＝1,000,000×（1＋0.01×0.5）

＝1,000,000×1.005＝1,005,000円

1）

利息＝元本×年利率×預入期間と元本を合計する計算方法もあります。

満期時の利息＝1,000,000×0.01×0.5＝5,000円

満期時の元利合計額＝1,000,000＋5,000＝1,005,000円

81

❷ 元金5,000,000円を、年利2％（1年複利）で3年間運用した場合の元利合計金額は、税金や手数料等を考慮しない場合、（　）である。←よく出る

   1）5,202,000円
   2）5,300,000円
   3）5,306,040円

❷ 債券の仕組み

　次の各文章を読んで、正しいものまたは適切なものには○を、誤っているものまたは不適切なものには×をしなさい。

❶ 債券を発行時に購入する場合は額面金額で、債券を途中購入する場合は時価（購入価格）で取引される。

❷ 利子はない代わりに額面金額から利子相当分を割り引いた価格で発行され、満期時に額面で償還される債券を割引債という。

❸ 一般的な固定利付債券では、通常、市中金利が上昇すると債券価格は下落する。←よく出る

❹ 短期利付債と長期利付債を比較した場合、他の条件が同じであれば、一般に長期利付債の方が金利変動に伴う債券価格の変動が大きい。

複利は、途中で支払われていく利子も元本に含めて、その時点での「元本＋利子」を元本とみなして利子計算をする方法です。利子が付く期間によって、半年複利、1年複利などがあります。1年複利の場合、元利合計額は、次の計算で求められます。

元利合計＝元本×（1＋年利率）^{年数}

元金5,000,000円を、年利2％（1年複利）で3年間運用なので、

元利合計＝5,000,000×（1＋0.02）^{3}＝5,306,040円

3)

📖149・154ページ

▼ 解説（赤シートで消える語句をチェックできます）　　📖149・154ページ　　▼ 正解

Point 債券とは、発行者（国、地方公共団体、企業）が資金を借りる際に発行する借用証書のこと。「債券の基礎知識」「債券の格付け」などをまとめてあります。

債券の取引価格は、発行時には額面金額ではなく発行**価格、途中購入の場合は**時価（購入価格）**となります。**額面金額10万円で額面金額100円当たりの発行価格100.25円の債券の購入には、100,000÷100×100.25＝100,250円が必要となります。

×

債券には定期的に利子が付く利付債と、利子はない代わりに額面金額から利子相当分を割り引いた価格で発行され、償還時（満期時）に額面で償還される割引債（ゼロクーポン債）があります。利付債において、額面に対して1年間にどれぐらいの割合の利子が支払われるかを示したものを**表面利率（クーポンレート）**といい、％で表示されます。

○

市場金利が上昇**すると、**上昇前の低い固定金利の債券は不人気になり価格が下落します。**市場金利が**低下**すると、**低下前の高い固定金利の債券は人気が出て価格が上昇します。　👷ウラ技 市場金利と債券価格はシーソーの関係

○

長期債は、短期債より金利変動の影響を受ける期間が長いため、金利変動に伴う債券価格の変動が大きくなります。
債券価格は償還期間の長さと市場金利で決まります。例えば、償還期間10年と1年の債券では、償還期間10年の債券の方が償還までに受け取る**利子**が多くなるので価格が高くなります。また、今後10年間金利変動の影響を受けるので、債券価格の変動も大きくなります。

○

金融資産運用　学科③

❺ 債券の信用格付とは、格付機関（信用格付業者）が、債券や債券の発行体の信用評価の結果を記号等で示したものであり、一般に、トリプルB（BBB）以上の格付で投資適格債券、ダブルB（BB）以下の格付で「投機的格付」とされる。

❻ 残存期間や表面利率等の他の条件が同一であれば、通常、高い信用格付を付された債券は、低い信用格付を付された債券に比べて利回りが高く、債券価格が低い。

TOP 60　❸　債券の利回り

次の各文章の（　）内にあてはまる最も適切な語句を 1)〜3) のなかから選びなさい。

❶ 表面利率（クーポンレート）0.10％、残存期間5年の固定利付債券を、額面100円当たり101.65円で購入した場合の単利最終利回りは（　）である。なお、答は表示単位の小数点以下第3位を四捨五入している。←よく出る

　　1) −0.32％　　2) −0.23％　　3) 0.23％

利回りの計算の仕組みを覚えておこう。

①（売却価格−購入価格）÷所有期間←差益：年あたりの利子以外の儲け

② 表面利率と①をたす←年あたりの利子＋利子以外の儲け

③ ②を購入価格で割って、100を掛ける←利回り：投資額に対する利益

❷ 表面利率（クーポンレート）2.0％、残存期間4年の固定利付債券を、額面100円当たり98円で購入した場合の単利最終利回りは（　）である。なお、答は表示単位の小数点以下第3位を四捨五入している。←よく出る

　　1) 0.53％　　2) 2.55％　　3) 4.08％

債券の信用格付では、AAA（トリプルA）〜BBB（トリプルB）を**投資適格**、BB（ダブルB）以下（B：シングルB、CCC：トリプルCなど）を**投機的**（非投資適格債券、投資不適格債券、ジャンク債、ハイ・イールドボンド）といいます。**投機的格付債券は「ジャンク」と呼ばれ**、信用リスク（デフォルトリスク）が高いため、**表面利率（クーポンレート）が**高めに設定されます。

〇

信用格付が高い（＝信用リスクが低い）ほど、債券価格が高く、利回りは低くなります。逆に**信用格付が低い（＝信用リスクが高い）**ほど、債券価格が安く、利回りは高くなります。

✕

▼ 解説（赤シートで消える語句をチェックできます）　　🔖150ページ　▼ 正解

Point 債券の利回りを計算する問題で、主に最終利回りの問題が出題されます。学科だけでなく、実技でもよく出題されるので、計算方法を覚えておきましょう。

利回りは、「購入価格」に対する「1年間の収益合計（利子＋差益)」の割合。
- 直接利回り…購入価格に対する年間の利子の割合
- 応募者利回り…発行時に購入し、満期まで所有した場合の利回り
- 所有期間利回り…償還の前に売却した場合の利回り
- 最終利回り…時価で途中購入し、満期まで所有した場合の利回り

の4つがあります。満期まで所有すると、**額面金額＝売却**価格となります。

2)

（覚えよう）

$$\text{最終利回り (\%)} = \frac{\text{表面利率} + \dfrac{\text{額面金額} - \text{購入価格}}{\text{残存期間}}}{\text{購入価格}} \times 100$$

① （額面金額－購入価格）÷残存期間＝（100－101.65）÷5＝－0.33
② 表面利率と差益（①）の合計を購入価格で割る。
　　最終利回り＝（0.10－0.33）÷101.65×100＝－0.226≒－0.23％

満期時には**額面**100円で償還されるため、最終利回りの売却価額は額面100円になります。また、**残存期間と所有期間**は同じ期間です。

① （売却価格－購入価格）÷所有期間
　　＝（100－98）÷4＝0.5　←差益：年あたりの利子以外の儲け
② 利回り（％）＝（2.0＋0.5）÷98×100＝2.551≒2.55％

2)

☐ ❸ 表面利率（クーポンレート）1.0%、残存期間3年の固定利付債券を、額面100円につき98円で買い付け、2年後に99円で売却したときの単利所有期間利回りは（　）である。なお、答は%表示の小数点以下第3位を四捨五入している。←よく出る

1）1.36%　　2）1.50%　　3）1.53%

4 個人向け国債

次の各文章を読んで、正しいものには○を、誤っているものには×をしなさい。（　）のある文章では、適切な語句や語句の組み合わせを選びなさい。

☐ ❶ 「個人向け国債・（①）3年」の利率（年率）は、基準金利から（②）を差し引いて算出される。ただし、利率がマイナス、あるいはゼロとなることがないよう、所定の最低利率が保証されている。

1）① 変動　　② 0.80%
2）① 変動　　② 0.05%
3）① 固定　　② 0.03%

☐ ❷ 個人向け国債の適用利率は、取扱金融機関によって異なる。

☐ ❸ 個人向け国債は、原則として、第2期利子支払日（発行から1年経過）以降、一部または全部を中途換金することができる。

☐ ❹ 10年満期・変動金利型の個人向け国債の金利は、（　）ごとに見直される。
1）6カ月　　2）1年　　3）2年

☐ ❺ 国債や地方債などの特定公社債の利子は、所得税において、申告分離課税を選ぶことができる。

所有期間利回りは、償還前に売却した場合の利回り。償還時は**額面金額** 100 円で売却しますが、**所有期間利回りの売却価格は** 100 円とは限りません。

$$所有期間利回り（\%）＝\dfrac{表面利率＋\dfrac{売却価格－購入価格}{所有期間}}{購入価格}×100$$

3)

① （売却価格－購入価格）÷所有期間

 ＝(99－98)÷2=0.5　←差益：年あたりの利子以外の儲け

② 利回り（%）＝(1.0＋0.5)÷98×100＝1.530 ≒ 1.53%

▼ 解説（赤シートで消える語句をチェックできます）　🔗153ページ　▼ 正解

Point 国債は、日本国政府が発行する、発行額が最も多い債券です。個人向け国債は、種類、金利、換金時期、金利の見直し時期を覚えておけば得点できます。

個人向け国債は **10年変動**金利型、**5年固定**金利型、**3年固定**金利型の3種類です。購入額面は**最低** 1 万円からで、適用利率の下限が**年** 0.05%とされています。

> **個人向け国債の金利　（いずれも最低0.05%の金利が保証）** 〔覚えよう〕
>
> 変動10年…**基準金利**×0.66
> ※基準金利は、10年固定利付国債の平均落札価格を基に計算される複利利回りの値
>
> 固定5年…**基準金利**－0.05%
> ※基準金利は、市場における利回りを基に計算した5年固定利付国債の想定利回り
>
> 固定3年…**基準金利**－0.03%
> ※基準金利は、市場における利回りを基に計算した3年固定利付国債の想定利回り

3)

ウラ技 3年は－0.03%、5年は－0.05%

個人向け国債の適用利率や中途換金時の換金額は、取扱金融機関によって異なりません。

×

個人向け国債は、国が元本と満期までの利払いを保証します。**発行から** 1 年経過以降、換金が可能です。換金時は国が**額面金額**で買い取ります。

○

個人向け国債での**利子の受取りは半年**ごとなので、**10年変動の金利も半年**ごとに見直されます。

1)

国債や地方債などの**特定公社債の利子**は、利子所得で **20.315%が源泉徴収**されて申告不要ですが、**確定申告（申告分離課税）を選ぶこともできます**。※

○

※申告分離課税を選ぶことで、上場株式等との損益通算、繰越控除が可能になる。

5 株式取引の仕組み

次の各文章を読んで、正しいものまたは適切なものには○を、誤っているものまたは不適切なものには×をしなさい。

☐ ❶ 国内の証券取引所を通じた株式取引において、株価が大幅に変動した場合、投資家に不測の損害を与える可能性があることから、1日の値幅を所定の範囲内に制限する制度（値幅制限）がある。

☐ ❷ 証券取引所を通じた上場株式の売買において、指値注文で買付けを行った場合、指値と同値あるいは指値よりも高い株価で約定する。

☐ ❸ 証券取引所において、同一銘柄の株式について、売注文1,000株と買注文1,000株の売買が成立したときの売買高（出来高）は、2,000株である。

☐ ❹ 国内の金融商品取引所において、上場株式を普通取引で売買した場合、売買が成立した日から起算して3営業日目に受渡しが行われる。←よく出る

☐ ❺ 普通株式に比べて剰余金の配当や残余財産の分配について優先的取扱いを受ける株式を、優先株式という。

☐ ❻ 上場株式への投資において、一般に、市場に流通している株式数や売買高が少ない銘柄ほど、流動性リスクが低いといえる。

Point「株式の注文」、「約定日」など、株式取引の基本事項に関する問題をまとめてあります。

値幅制限…株価が大幅に変動すると投資家に不測の損害を与える可能性があるため、１日の値幅を所定範囲内に制限する制度。値幅制限の上限まで上昇するとストップ高、下限まで下落するとストップ安といいます。

○

株式の注文 覚えよう

- 指値注文…売買価格を指定する注文方法。買う場合は買いたい価格の上限（これ以上なら買わない）、売る場合は売りたい価格の下限（これ以下では売らない）を指定します。指値注文の買付けでは指値と同じか指値より低い価格で成立します。同一銘柄について複数の買いの指値注文がある場合には、価格の高い注文から優先して成立します。
- 成行注文…売買価格を指定しないで、銘柄と売り買いの別、数量を指定する注文方法。いくらでもいいので早く売りたい、買いたいというときに用います。約定価格が想定外の価格になることもあります。同一銘柄の成行注文は指値注文に優先して売買が成立します（成行優先の原則）。

✕

売注文 1,000 株と買注文 1,000 株の売買が成立したときの売買高（出来高）は 1,000 株です。

✕

株式売買が約定すると、約定日（売買が成立した日）を含めて３営業日目（約定日から２営業日後）に決済（受渡し）が行われます。例えば、３月１日（月）が約定日なら、３月３日（水）が受渡日です。

○

優先株式は、普通株式よりも剰余金の配当や残余財産の分配について優先的取扱いを受けます。

○

流動性リスクは、換金したいときにすぐ売れなかったり、希望価格で売れなかったりするリスクです。市場に流通している株式数や売買高が少ない銘柄ほど、すぐに買い手が見つからないため、流動性リスクが高いといえます。

✕

6 株価指数

次の各文章を読んで、正しいものまたは適切なものには○を、誤っているものまたは不適切なものには×をしなさい。

- ☐ ❶ 東証株価指数（TOPIX）は、東京証券取引所が選定する内国普通株式銘柄を対象として算出される株価指数である。

- ☐ ❷ 日経平均株価は、東京証券取引所プライム市場に上場している代表的な225銘柄を対象とした修正平均株価である。

- ☐ ❸ 株式分割は株式を一定の比率で分割することであり、ある企業が1株を2株に分割した場合、その企業の株式を1,000株保有している投資家の保有株式数は、500株となる。

TOP60 7 株式の投資指標

次の各文章を読んで、正しいものまたは適切なものには○を、誤っているものまたは不適切なものには×をしなさい。

- ☐ ❶ 株式の配当金は、発行会社の業績等の要因により、支払われないことやその額が増減することがある。

- ☐ ❷ 配当利回り（%）は、「1株当たり年間配当金÷株価×100」の算式により算出される。←よく出る

- ☐ ❸ ある企業の株価が1,200円、1株当たり純利益が36円、1株当たり年間配当金が24円である場合、その企業の株式の配当利回りは3%である。

- ☐ ❹ PER（株価収益率）は、株価を1株当たり配当金で除して算出する。

- ☐ ❺ 株式の投資指標の1つであるPBRは、株価を1株当たり純資産で除して求められ、PBRが低いほど株価は割安であると判断できる。

- ☐ ❻ ROEは、株主の投資額（自己資本＝純資産）を使って、どれだけ効率的に利益を獲得したかという割合（%）を示す指標である。

▼ 解説 （赤シートで消える語句をチェックできます）　🔗161ページ　▼ 正解

Point 東証株価指数と日経平均株価の違いを問う問題がほとんどです。覚えることは非常に少ないので、確実に得点したい分野です。

東証株価指数（TOPIX）は、**東京証券取引所**が選定する**銘柄（内国普通株式）** の時価総額を**加重平均**して算出した株価指数です。時価総額の高い企業の株価の影響が**大きく**なる指数です。　**〇**

日経平均株価（日経平均）は、東京証券取引所プライム市場に上場する**代表的な225銘柄**を対象とした修正平均株価です。**株価の高い**銘柄（値がさ株）の値動きによる影響が**大きく**なる指数です。　**〇**

株式分割…資本金を変えないで1株を一定比率で分割すること。1株当たりの価格が下がるため、自社株式の流動性を高めることを目的に行われます。1株を2株に分割すると、投資家が保有する株式数は**2倍**になります。　**✕**

※ 2022年4月の東証再編に伴い、市場区分の再編、TOPIX構成銘柄の見直しなどが行われた。

▼ 解説 （赤シートで消える語句をチェックできます）　🔗162ページ　▼ 正解

Point 「配当利回り」、「PER（株価収益率）」、「PBR（株価純資産倍率）」、「ROE（自己資本利益率）」に関する問題が出題されます。

配当金は、企業の業績や経営方針等によって増減し、支払われないこともあります。なお、当期純利益のうち配当に回した割合を**配当性向**といいます。　**〇**

配当利回り＝1株当たり年間配当金÷株価×100
株価が**下落**すると、配当利回りは上昇します。　**〇**

1株当たり**年間配当金24円**を株価1,200円で割って100をかけます。
24 ÷ 1,200 × 100 ＝ **2**%　**✕**

株価収益率（PER）＝株価÷1株当たり純利益（EPS）
PERが高いほど株価は**割高**、PERが低いほど株価は**割安**といえます。　**✕**

PBR(株価純資産倍率)＝株価÷1株当たり純資産(BPS)
PBRが高いほど株価は**割高**、PBRが低いほど株価は**割安**といえます。　**〇**

ROE(自己資本利益率)＝当期純利益÷自己資本×100
ROEが高いほど**収益力**が高い会社だといえます。　**〇**

8 投資信託の仕組みと種類

次の各文章を読んで、正しいものには○を、誤っているものには×をしなさい。
（ ）のある文章では、適切な語句を選びなさい。

☐ ❶ 投資信託とは、運用の専門家（委託会社）が、投資家から集めた資金を株式、債券、不動産などに分散投資し、収益を分配金として支払う商品で、元本保証があるので預金保険制度で保護される。

☐ ❷ 投資信託の評価は、通常、運用実績などの数値的側面から評価する定性評価に、運用方針や投資哲学などの側面から評価する定量評価を加味して行う。

☐ ❸ 証券投資信託のコストのうち、解約時に換金代金から控除される（ ）は、組入証券等の換金に係る費用等を解約する投資家に負担させ、受益者間の公平性を保とうとするものである。←よく出る

　　1）信託財産留保額
　　2）信託報酬
　　3）管理報酬

☐ ❹ 公社債投資信託は、その運用対象に株式を組み入れることはできない。
　　←よく出る

☐ ❺ MRF（マネー・リザーブ・ファンド）は、安全性が高い短期公社債などを運用対象としているが、投資元本は保証されていない。←よく出る

☐ ❻ 上場されている不動産投資信託（J-REIT）は、上場株式と同様に、成行注文や指値注文によって取引することができる。

Point 投資信託の仕組みや種類に関する問題をまとめてあります。「信託財産留保額」とは何かを覚えておきましょう。

投資信託は元本保証がないので、預金保険制度では**保護されません**。証券会社などの金融商品取引業者が経営破綻したときは、日本投資者保護基金により、1人1,000万円まで補償されます。　　**✕**

● **定量評価**…個々のファンドの運用実績など、数値的**側面**からの評価
● **定性評価**…運用方針や投資哲学など、数値ではない側面からの評価　　**✕**

投資信託のコスト　　*覚えよう*

購入時手数料（販売手数料）	購入時に販売会社に支払う費用で販売会社で異なる。手数料無料のノーロード型（ノーロードファンド）もある。
信託報酬（運用管理費用）	投資信託の運用や管理の対価として、投資信託の保有期間中、信託財産から日々差し引かれる費用。
信託財産留保額	投資信託を解約（中途換金）する際に支払う費用（まれに購入時に支払うこともある）。証券等の換金に係る費用等を解約する投資家にも負担させ、受益者間の公平性を保とうとするもの。留保額は信託財産内に留保される。

1)

● **株式投資信託**…**株式を組み入れることができる投資信託**です。株式を組み入れなくてもよいし、また、公社債を組み入れることが**でき**ます。
● **公社債投資信託**…株式を組み入れることができない投資信託です。国債、地方債などの公社債が運用の中心になります。　　**〇**

公社債投資信託には、MRF（マネー・リザーブ・ファンド）やMMF（マネー・マネジメント・ファンド）があります。この2つは、安全性が高い短期公社債などが運用対象ですが、元本は保証されません。　　**〇**

上場して証券取引所を通じて取引できる投資信託のことを**ETF（上場投資信託）**といい、指値**注文**や成行**注文**などによって市場で売買でき、**TOPIX等の株価指数や金価格等の商品指数などに連動**して運用されます。また、**上場不動産投資信託（J-REIT）**は、**不動産**や賃借権に**投資**して、運用益を投資者に分配するもので、流動性（換金性）が高く**少額から投資**ができます。　　**〇**

9 投資信託の運用手法

次の各文章の（　）内にあてはまる最も適切な語句や語句の組み合わせを 1)〜3) のなかから選びなさい。

☐ ❶ 投資信託の運用手法のうち、（ ① ）運用は、特定の指標に連動するように運用する手法をいい、（ ② ）運用は、特定の指標を上回るリターンを目指す手法をいう。◀よく出る

　　1) ① パッシブ　② アクティブ　　2) ① ボトムアップ　② ベンチマーク
　　3) ① ボトムアップ　② トップダウン

☐ ❷ 株式投資信託の運用手法のうち、（　）・アプローチでは、金利や為替、景気動向といった広い視点から分析を開始し、その見通しに沿って投資する資産や業種の配分等を決め、最後に個別銘柄の選定をするという手順をとる。

　　1) トップダウン
　　2) ボトムアップ
　　3) インデックス

10 NISA

次の各文章を読んで、正しいものまたは適切なものには○を、誤っているものまたは不適切なものには×をしなさい。

☐ ❶ NISA口座の成長投資枠で受け入れることができる上場株式等には、公募株式投資信託のほかに、公募公社債投資信託が含まれる。◀よく出る

☐ ❷ 特定口座を開設している金融機関に、NISA口座を開設した場合、特定口座内の株式投資信託をNISA口座に移管することができる。

☐ ❸ NISA口座内で生じた上場株式の譲渡損失の金額は、他の口座内の上場株式の譲渡益の金額と損益を通算することができる。

☐ ❹ 新NISAの年間の非課税投資枠は、つみたて投資枠が120万円、成長投資枠が240万円。2つの枠を合わせて360万円（併用可能）となっている。

Point 投資信託の代表的な運用方法であるパッシブ運用とアクティブ運用の違いを覚えておきましょう。

投資信託の運用手法は、パッシブ運用とアクティブ運用とに分かれます。

パッシブ運用（インデックス運用）…日経平均株価や東証株価指数など、あらかじめ定めたベンチマークに連動することを目指す運用スタイルです。

アクティブ運用…ベンチマークを上回る運用成果を目指す運用スタイルで、一般に、パッシブ運用より運用費用が高いという特徴があります。

1)

覚えよう

アクティブ運用の4つの手法

トップダウン・アプローチ	経済・金利・為替など、マクロ経済の動向から判断し、個別の銘柄選別を行う運用手法。上から下へいく手法
ボトムアップ・アプローチ	個別企業の調査・分析に基づいて企業の将来性を判断し、投資判断をする運用手法。下から積み上げていく手法
グロース投資	グロース（成長）が期待できる企業に投資する手法
バリュー投資	バリュー（価値）がある企業に投資する手法。割安と判断される株式に投資する

1)

Point 2024年に新NISAが始まりました。[*] 新NISAは18歳以上の成人を対象とする保有期間無期限の非課税制度で、つみたて投資枠と成長投資枠があります。

上場株式、公募株式投資信託、ETF（上場投資信託）、上場不動産投資信託（J-REIT）が対象。公社債（債券）、公社債投資信託、保険は対象外です。

✕

特定口座からNISA口座へ移管することはできません。NISA口座内の上場株式や株式投信等は特定口座や一般口座に移管できます。

✕

NISA口座内で生じた譲渡損失は同じNISA口座内や他の一般口座や特定口座内の、上場株式等の配当金等や譲渡益と損益通算できません。

✕

つみたて投資枠120万円、成長投資枠240万円。2つを併用すると360万円、非課税保有限度額は1,800万円（成長投資枠が1,200万円）です。

○

※旧NISAで保有している商品は、新NISAの非課税限度額に含まれない。そのまま非課税で保有できて、売却も自由。非課税期間終了後、新NISAへの移管（ロールオーバー）はできない。

⓫ ポートフォリオとデリバティブ取引

次の各文章を読んで、正しいものには○を、誤っているものには×をしなさい。
（　）のある文章では、（　）内にあてはまる最も適切な語句、数字またはそれらの組み合わせを 1)〜3) のなかから選びなさい。

☐ ❶ 2資産で構成されるポートフォリオにおいて、相関係数が（①）である場合、両資産が（②）値動きをするため、理論上、分散投資によるリスク低減効果が得られない。←よく出る

1)① ＋1　　② 同じ
2)① 0　　② 同じ
3)① －1　　② 逆の

☐ ❷ 異なる2資産からなるポートフォリオにおいて、2資産間の相関係数が（　）である場合、ポートフォリオを組成することによる分散投資の効果（リスクの軽減）は最大となる。←よく出る

1) －1　　2) 0　　3) ＋1

☐ ❸ オプション取引において、特定の商品を将来の一定期日にあらかじめ決められた価格で買う権利のことをコール・オプションといい、他の条件が同じであれば、一般に、満期までの残存期間が長いほど、プレミアム（オプション料）は高くなる。

☐ ❹ オプション取引において、オプションの買い手は、原資産の市場価格が特定の価格（権利行使価格）よりも値下がりした場合、その権利を放棄することができる。

☐ ❺ A資産の期待収益率が3.0％、B資産の期待収益率が2.0％の場合に、A資産を80％、B資産を20％の割合で組み入れたポートフォリオの期待収益率は、2.4％となる。

Point 専門用語が並ぶ難しい分野ですが、出題される内容は決まっていますから暗記してしまいましょう。

分散された資産の組み合わせのことを**ポートフォリオ**、また、性格の異なる複数の金融商品に投資することによって、安定した運用を行うことを**ポートフォリオ運用**といいます。ポートフォリオに組み入れる資産や銘柄の値動きの関連性を表す指標を**相関係数**といいます。相関係数は、値動きの相関関係を－1（逆の**値動き**）から＋1（同じ**値動き**）までの数値で表したものです。相関係数＋1のときは、同じ値動きなのでリスク低減効果は得られません。

1)

相関係数とリスク　　　**覚えよう**

$$-1 \longleftarrow 0 \longrightarrow +1$$

| 2つの資産の値動きが逆。リスク低減効果が最大 | 2つの資産の値動きには関係がない | 2つの資産の値動きが同じ。リスク低減効果はない |

1)

株式や債券などの現物市場と連動して価格が変動する商品（金融派生商品）を対象にした取引を**デリバティブ取引**といいます。これには、**先物取引**や**オプション取引**があります。オプション取引は、**買う権利をコール・オプション**、**売る権利をプット・オプション**といいます。オプション取引の際、買い手は売り手にプレミアム（オプション料）を支払います。満期までの残存期間が長いほど、買い手に有利なため、プレミアムは高くなります。

○

買う権利は**コール・オプション**です。オプション取引では、

● オプションの買い手はその権利を行使するか放棄するかを選べます。

● オプションの売り手は、当初プレミアムを手に入れる代わりに、買い手の権利行使に応じる義務を放棄できません。

○

ポートフォリオの期待収益率＝（各資産の構成比×各資産の収益率）の合計

資産A：構成比80%×期待収益率3.0%＝2.4%

資産B：構成比20%×期待収益率2.0%＝0.4%

本文のポートフォリオの期待収益率＝2.4%＋0.4%＝2.8%

✕

12 株式と税金

次の各文章を読んで、正しいものには○を、誤っているものには×をしなさい。

☐ ❶ 所得税において、上場株式等の譲渡により生じた損失の金額は、総合課税を選択した上場株式等に係る配当所得の金額から控除することができる。

☐ ❷ 上場株式の譲渡による損失の金額は、確定申告を要件として、不動産所得などの他の所得金額と損益通算することができる。←よく出る

☐ ❸ 所得税において、上場株式等の譲渡により生じた損失の金額のうち、その年に控除しきれない金額については、確定申告により、翌年以後最長5年間にわたって繰り越すことができる。

☐ ❹ 所得税において、上場不動産投資信託（J-REIT）の分配金に係る配当所得は、配当控除の適用を受けることができる。

13 投資信託と税金

次の各文章を読んで、正しいものには○を、誤っているものには×をしなさい。
（ ）のある文章では、適切な語句を選びなさい。

☐ ❶ 居住者である個人が国内公募株式投資信託を換金したときの所得は、配当所得に区分される。

☐ ❷ 追加型の国内公募株式投資信託の収益分配金のうち、元本払戻金（特別分配金）は非課税となる。←よく出る

Point 株式の譲渡損失が、他の所得と損益通算できるかできないかを問う問題が頻出しています。損益通算は課税方法が同じ場合にだけできます。

上場株式の譲渡損失は、確定申告することで、同一年の上場株式の譲渡所得や申告分離課税を選択した上場株式の配当所得と損益通算（損が出たときに、他口座の利益と合算〈通算〉して利益を減らし、税金を少なくできる仕組み）できます。総合課税を選択した上場株式の配当所得とは損益通算できません。

上場株式の譲渡損失は、確定申告することで、申告分離課税を選択した上場株式の配当所得と損益通算できますが、総合課税を選択した上場株式の配当所得、また総合課税の対象である不動産所得・給与所得・利子所得とは損益通算できません。なお、譲渡所得（売却益）は、税率20.315%（所得税15%＋復興特別所得税0.315%＋住民税5%）の申告分離課税です。

上場株式の譲渡損失は、同一年の上場株式の譲渡所得や申告分離課税を選択した配当所得と損益通算できます。そのうえで損失が上回る場合は、確定申告することで翌年以降3年間その損失額を繰り越せます。

上場不動産投資信託（J-REIT）の分配金は配当所得になりますが、**配当控除は適用されません。**

Point 投資信託の税金に関する問題です。3級の学科では次の2問を覚えておきましょう。元本払戻金が非課税であることは実技でも頻出します。

株式投資信託の償還・解約・売却差益は、株式の譲渡所得と同じく、譲渡所得として20.315%（復興特別所得税含む）の申告分離課税です。

株式投資信託の収益分配金のうち、分配落ち後の基準価額が分配落ち前の個別元本（購入時の基準価格）を下回った部分は、利益が出ているわけではないので、**元本払戻金（特別分配金）として非課税**になります。それ以外は**普通分配金**になり、**配当所得として20.315%（復興特別所得税含む）**が源泉徴収されます。

3 外貨建て金融商品

問題数012

再現例題

【第1問】 次の文章を読んで、正しいものまたは適切なものには①を、誤っている
ものまたは不適切なものには②を、解答用紙にマークしなさい。

2020年9月

　米国の市場金利が上昇し、同時に日本の市場金利が低下することは、米ドルと円
の為替相場においては、一般に、米ドル安、円高の要因となる。

解答　①　②

【第2問】 次の文章の（ ）内にあてはまる最も適切な文章、語句、数字またはそ
れらの組み合わせを1）～3）のなかから選び、その番号を解答用紙にマ
ークしなさい。

2022年9月

　為替予約を締結していない外貨定期預金において、満期時の為替レートが預入時の
為替レートに比べて（ ① ）になれば、当該外貨定期預金の円換算の利回りは（ ② ）なる。

1）① 円高　② 高く　　　2）① 円安　② 高く　　3）① 円安　② 低く

解答　①　②　③

1 外国為替

　次の各文章を読んで、正しいものまたは適切なものには○を、誤っているもの
または不適切なものには×をしなさい。

□ ❶ 　為替市場全体の動向として、米ドルを売って日本円を買う取引が増加すると、
　　円高・米ドル安の要因となる。

□ ❷ 　為替が円安・外貨高に進んだ場合、円ベースの輸入価格の上昇要因となる。

□ ❸ 　金（ゴールド）の国際価格は米ドル建てで決まるため、日本円で金地金に投
　　資する場合、金価格そのものの変動以外に外国為替相場の影響も受ける。

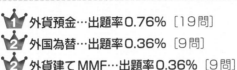

※出題率は、過去13年間の学科試験2,489問中の出題割合［質問数］を示しています。

金融資産運用

学科③

【外貨建て金融商品】の出題傾向

「外貨預金」、「外貨建てMMF」、「外国為替」が出題されます。いずれも学科での出題率は低い分野です。

1 **外貨預金**…預入時に必要な円貨の額を計算する問題が最頻出です。

2 **外国為替**…為替に関する基本的な知識を問う問題が出題されます。

2 **外貨建てMMF**…外貨建てMMFは、外国籍の公社債投資信託のことです。主な特徴が幅広く出題されます。

▼ 再現例題の解説と解答

1 米国の金利が上昇、日本の市場金利が低下して、米国と日本の金利差が拡大していくと、高金利が見込まれる米国通貨の需要が増大していくため、円安が進みやすくなります。　　②

2 預入時より満期時の為替レートが円安・外貨高のときは為替差益が発生し利回りは高くなります。　　②

▼ 解説（赤シートで消える語句をチェックできます）　　☞181ページ　　▼ 正解

Point 円安・円高の要因に関する問題が出題されます。原則として円が買われれば円高、売られれば円安となることを覚えておきましょう。

通貨は原則として買われれば高く、売られれば安くなります。**米ドル売り・円買い**の取引が増加すると、**円高・米ドル安**の要因となります。　　○

円安・外貨高は、**円ベースの輸入価格の上昇要因**です。1ドル＝110円が1ドル＝130円になれば、1ドルの商品の輸入価格は130円に上がります。　　○

金（ゴールド）の国際価格は**米ドル建て**ですから、日本では為替相場の影響を受けます。金価格や外貨建て債券の価格は、為替レートが円安になれば**上昇**、円高になれば**下落**します。これを**為替（変動）リスク**といいます。　　○

2 外貨預金

次の各文章を読んで、正しいものには○を、誤っているものには×をしなさい。
（　）のある文章では、適切な語句を選びなさい。

☐ ❶ 為替先物予約を付さない外貨定期預金において、満期時の為替レートが預入時の為替レートに比べて円高になれば、円換算の投資利回りは向上する。

☐ ❷ 下記の〈為替レート〉によって、円をユーロに換えて、ユーロ建て外貨預金に1万ユーロ預け入れる場合、預入時に必要な円貨の額は（　）である。
←よく出る
〈為替レート〉TTS = 162.34円、TTM = 161.84円、TTB = 160.34円

1）160万3,400円　　2）161万8,400円　　3）162万3,400円

☐ ❸ 為替レートがTTS = 149円、TTM = 148円、TTB = 147円のとき、米ドル建て外貨預金10,000ドルを円貨にすると、1,470,000円になる。

☐ ❹ 所得税において、為替予約を締結していない外貨定期預金の満期による為替差益は、雑所得として総合課税の対象となる。

3 外貨建てMMF

次の各文章を読んで、正しいものまたは適切なものには○を、誤っているものまたは不適切なものには×をしなさい。

☐ ❶ 外貨建てMMFは、高い信用格付けが付された短期債券等を主な投資対象とした米ドル建ての公社債投資信託であり、ユーロ建てや豪ドル建てのものはない。

☐ ❷ 円貨を用いて外貨建てMMFを購入する際には、購入時手数料および為替手数料を負担する必要がある。

☐ ❸ 外貨建てMMFは、毎日決算が行われ、毎年末に分配金が再投資される。

▼ 解説（赤シートで消える語句をチェックできます）　　　🔖180ページ　　▼ 正解

Point 外貨預金は、外貨で行う預金のことです。預入時に必要な円貨の額を問う問題が、学科だけでなく「実技…個人資産相談業務」でよく出ます。

外貨預金では、預入時に比べて満期時の**為替レート**が**円高**になると、為替差損が発生して円換算の**投資利回りは低下**します。**円安**になると、為替差益が発生して円換算の**投資利回りは向上**します。なお、先物為替予約付外貨預金（満期時の為替レートを予約した外貨預金）は、為替の影響を受けません。　　**✕**

為替レート

TTS…円を外貨に換えるレート。顧客が円売りなのでSelling（売る）

TTB…外貨を円に換えるレート。顧客が円買いなので、Buying（買う）

TTM…基準となる真ん中（Middle）のレート。仲値。

※為替レートと為替手数料は、金融機関ごとに異なります

3)

10,000 × 162.34 = 1,623,400円

10,000ドルを円貨に交換する（顧客が円を買う）ので、為替レートは**TTB** = 147円となります。**10,000 × 147 = 1,470,000円**　　**○**

為替予約（満期時に円換算するレートを事前に決めておく特約）をしていない**外貨定期預金**の**為替差益**は**雑所得**として総合課税の対象です。　　**○**

▼ 解説（赤シートで消える語句をチェックできます）　　　🔖182ページ　　▼ 正解

Point 外貨建てMMFは外国籍の公社債投資信託のことで、証券会社に保管の委託をしていれば日本投資者保護基金の補償の対象となります。

外貨建てMMFは、**株式を組み入れることができません**。**米ドル建て**に限らず、ユーロ建てや豪ドル建てもあります。外貨建てMMFは、高い信用格付けの短期債券等が主な投資対象ですが、**元本保証**はありません。　　**✕**

外貨建てMMFは、**購入時手数料**や**信託財産留保額**の負担はありません。ただし、**為替手数料**はかかります。　　**✕**

外貨建てMMFは**毎日**決算が行われ、**月末**に分配金が**再投資**されます。　　**✕**

---

1 所得税の基礎知識

問題数033

再現例題

【第1問】 次の文章を読んで、正しいものまたは適切なものには①を、誤っている
ものまたは不適切なものには②を、解答用紙にマークしなさい。

2016年5月

法律上の納税義務者と実際に税金を負担する者が異なる税を間接税といい、間接
税の例の1つとして、消費税が挙げられる。

解答 ① ②

【第2問】 次の文章を読んで、正しいものまたは適切なものには①を、誤っている
ものまたは不適切なものには②を、解答用紙にマークしなさい。

2021年1月（改）

Aさんが、取得日が2019年10月1日の土地を譲渡する場合、その譲渡日が
2024年1月1日以降であれば、当該譲渡は、所得税における長期譲渡所得に区分
される。

解答 ① ②

TOP60 1 所得税の基礎知識

次の各文章を読んで、正しいものまたは適切なものには○を、誤っているもの
または不適切なものには×をしなさい。

❶ 税金は国税と地方税に区分できるが、事業税や固定資産税は国税であり、法
人税は地方税である。

❷ 所得税は、原則として、毎年4月1日から翌年3月31日までの期間に生じ
た個人の所得に対して課される税金である。

出題
DATA
過去13年間

👑1 譲渡所得と取得費…出題率1.45%［36問］

👑2 利子所得／事業所得／減価償却…出題率1.17%［29問］

👑3 所得税の基礎知識…出題率1.04%［26問］

※出題率は、過去13年間の学科試験2,489問中の出題割合［質問数］を示しています。

【所得税の基礎知識】の出題傾向

「譲渡所得と取得費」「利子所得／事業所得／減価償却」「所得税の基礎知識」は、どれも出題ランキングのTOP60に入る超頻出項目です。

1 譲渡所得と取得費…短期譲渡所得なら税率39.63%、長期譲渡所得なら税率20.315%（所得税＋復興特別所得税＋住民税）が課されます。

2 利子所得／事業所得／減価償却…各所得の税率を覚えておきましょう。

3 所得税の基礎知識…所得税の申告と納付、納税義務者、課税方法の違いなど、広く浅く出題されます。

▼ 再現例題の解説と解答

1 消費税が間接税であるという問題が過去に6回出題されています。　①

2 譲渡した年の1月1日時点での所有期間が5年超で長期譲渡所得、5年以下で短期譲渡所得です。問題の取得日は2019年10月1日なので、5年後は2024年10月1日。つまり2024年1月1日時点では5年未満なので短期譲渡所得に該当します。長期譲渡所得となるのは2025年1月1日以降です。　②

▼ 解説（赤シートで消える語句をチェックできます）　☞188ページ　▼ 正解

Point　「国税と地方税」、「直接税と間接税」、「所得税の課税期間」、「所得税の納税義務者」、「非課税所得」という5項目をまとめています。

税金の種類　覚えよう

	直接税	間接税
国　税	所得税、法人税、相続税、贈与税	消費税
地方税	事業税、固定資産税、都市計画税、住民税	地方消費税

個人が**1年間**（**1月1日〜12月31日**）に得た総収入金額から、必要経費を引いた金額が**所得**です。この所得に課税される税金が所得**税（国税）**です。

☐ **❸** 所得税における所得金額の計算で、計上すべき収入金額は、その年に実際に収入した金額に限られるため、未収となっている売上代金は含まれない。

☐ **❹** 所得税法における居住者（非永住者を除く）は、原則として、国内外で生じたすべての所得について所得税の納税義務があり、非居住者は、国内源泉所得以外については納税義務を負わない。

☐ **❺** 生命保険契約の入院特約に基づき被保険者本人が受け取る入院給付金は、所得税では非課税所得となる。

☐ **❻** 所得税において、自己の生活の用に供する家具や衣服（骨とうや美術工芸品等には該当しない）を譲渡したことによる所得は、課税所得とされる。

☐ **❼** 所得税法において、相続、遺贈または個人からの贈与により取得するものは、非課税所得とされる。

TOP 60 **🄰 利子所得／事業所得／減価償却**

次の各文章を読んで、正しいものには○を、誤っているものには×をしなさい。（　）のある文章では、適切な語句や語句の組合せを選びなさい。

☐ **❶** 所得税において、個人向け国債の利子を受け取ったことによる所得は、配当所得となる。

☐ **❷** 国内において支払を受ける預貯金の利子は、原則として、国税（復興特別所得税を含む）と地方税を合わせて（　①　）の税率により（　②　）とされる。
1)　① 15.315%　　② 申告分離課税
2)　① 20.315%　　② 源泉分離課税
3)　① 20.315%　　② 申告分離課税

☐ **❸** 物品販売業を営む個人事業主の事業所得の金額の計算において、商品の売上原価は、（　）の算式により求められる。
1)　年初（期首）棚卸高＋年間仕入高＋年末（期末）棚卸高
2)　年初（期首）棚卸高＋年間仕入高－年末（期末）棚卸高
3)　年初（期首）棚卸高－年間仕入高＋年末（期末）棚卸高

所得税の計算上、収入金額には、その年に実際に収入として確定した金額に加え、**未収の売上代金も含**まれます。	✕
居住者は、「日本国内に住所がある、または現在まで引き続き1年以上居所を有する個人」、非居住者は「居住者以外の個人」です。非居住者は国内の所得のみに納税義務があるため、国内源泉所得以外は**納税義務を負い**ません。	〇
入院・手術・通院・診断等の「身体の傷害に基因」して支払われる給付金は、**非課税所得**です。	〇
所得税を課すことが適当でないとされる所得は非課税となります。**生活用の家具や衣類といった生活用動産を売却して得た所得**は非課税所得です。	✕
相続・遺贈または個人からの贈与により取得するものは、所得税では**非課税所得と**されます。所得税ではなく、相続税や贈与税の課税所得です。	〇

▼ 解説（赤シートで消える語句をチェックできます）　　🔖196・198ページ　▼ 正解

Point 利子所得、事業所得、減価償却に関する問題です。減価償却では、減価償却資産に含まれるものと含まれないものの問題がよく出ています。

個人向け国債や預貯金などの利子による所得は利子所得であり、**配当所得**ではありません。	✕
利子所得は、**一律20.315%**（所得税〈国税〉15％＋復興特別所得税〈国税〉0.315％＋住民税〈地方税〉5％）の税率で、源泉徴収される源泉分離課税です。 ●申告分離課税…他の所得と合算せず、分離して税額を計算し、**確定申告**によって、その分の税金を納めます。 ●源泉分離課税…所得を得た時点で一定税率で税金が差し引かれて課税関係が完結します。**確定申告は**不要です。	2)
売上原価とは、**商品の仕入れや製造にかかった費用のこと**で、次の式で求められます。 **売上原価＝年初（期首）棚卸高＋年間仕入高－年末（期末）棚卸高** なお、事業所得は農業、漁業、製造業、卸売業、小売業、サービス業、その他事業による所得で、「総収入金額－必要経費」で計算します。	2)

☐ ❹ 所得税法において、業務用の建物や機械など、時の経過やその利用により価値が減少する資産について、その取得に要した金額を耐用年数にわたって各年分の必要経費に配分する手続を減損処理という。

☐ ❺ 所得税において、減価償却資産の範囲に含まれない固定資産の1つとして、土地が挙げられる。

☐ ❻ 所得税において、2024年中に取得した建物に係る減価償却の方法は、定額法である。

❸ 不動産所得

次の各文章を読んで、正しいものには○を、誤っているものには×をしなさい。（　）のある文章では、適切な語句の組合せを選びなさい。

☐ ❶ 不動産所得の金額の計算における総収入金額には、敷金や保証金などのうち、返還を要しないものが含まれる。

☐ ❷ 所得税における不動産所得の計算において、形式基準によれば、アパート等については貸与することができる独立した室数がおおむね（①）以上、独立家屋についてはおおむね（②）以上の貸付けであれば、特に反証がない限り、事業的規模として取り扱われることになっている。
1)①　5室　②　5棟　　2)①　5室　②　10棟　　3)①　10室　②　5棟

☐ ❸ 所得税において、事業的規模で行われている不動産の貸付けによる所得は、事業所得に該当する。

❹ 給与所得／雑所得

次の各文章を読んで、正しいものには○を、誤っているものには×をしなさい。（　）のある文章では、適切な語句を選びなさい。

☐ ❶ 給与所得者が通常の給与に加算して受ける通勤手当のうち、通常必要であると認められる部分の金額（電車・バス通勤者の場合は月額15万円が限度）は、非課税所得に該当する。

事業で使用する機械、建物などの資産は、時の経過、利用によって年々価値が減少します。価値が減少する資産について、その取得に要した金額を耐用年数にわたって各年分の**必要経費に配分する手続**を減価償却といいます。　　✕

土地や**骨董**などの資産は、時間の経過やその利用による価値の減少はないと見なされているため、**減価償却資産の範囲に含まれません**。　　○

毎年同額を減価償却費として計上する方法が**定額法**です。1998年4月1日以降に取得した建物の減価償却は**すべて定額法で行います**。　　○

▼ 解説（赤シートで消える語句をチェックできます）　　☞197ページ　　▼ 正解

Point 不動産所得は、総収入金額－必要経費（－青色申告特別控除額）の式で求められます。不動産の売却による収入は不動産所得ではなく、譲渡所得です。

敷金や保証金などのうち、不動産所得として、総収入金額に算入される（課税対象となる）のは、**後で返還しなくてもよい分の金額**です。　　○

事業的規模とは、アパート等は貸与可能な独立した室数が<u>10室以上</u>、独立家屋は**5棟以上**の貸付けをいいます。

これを「5棟10室基準」というよ。
事業的規模の収入でも不動産所得だよ。
事業所得と勘違いしないこと！

3)

不動産の貸付けによる所得は<u>不動産</u>**所得**で総合課税です。たとえその貸付けが事業的規模であったとしても、事業所得にはなりません。　　✕

▼ 解説（赤シートで消える語句をチェックできます）　　☞199・202ページ　　▼ 正解

Point 給与所得と雑所得、各所得金額の計算式は覚えておきましょう。雑所得では、公的年金等の雑所得の計算式がよく出題されています。

通勤手当（電車・バス通勤者の場合は**月額**<u>15万円</u>が限度）、**出張旅費**は**非課税所得**に該当します。　　○

☐ ❷ 給与所得の金額は、原則として、その年中の給与等の収入金額から給与所得控除額を控除した額である。

☐ ❸ 2024年分の給与所得の金額の計算において、給与等の収入金額が（　）を超える場合、給与所得控除額は上限である195万円が適用される。
1）850万円　　2）1,000万円　　3）1,200万円

☐ ❹ 公的年金等に係る雑所得の金額は、その年中の公的年金等の収入金額から公的年金等控除額を控除して算出する。

TOP60 ⑤ 退職所得

次の各文章を読んで、正しいものには○を、誤っているものには×をしなさい。（　）のある文章では、適切な語句を選びなさい。

☐ ❶ 退職所得の金額（特定役員退職手当等に係るものは除く）は、その年中の退職手当等の収入金額から退職所得控除額を控除した残額の2分の1に相当する金額である。

☐ ❷ 退職所得を有する者が「退職所得の受給に関する申告書」を提出し、すでに所得税の源泉徴収がされている場合、その退職所得に係る確定申告書の提出義務はない。

☐ ❸ 退職所得の金額の計算において、勤続年数10年で定年により退職した者の退職所得控除額は、「80万円×10年」の算式により求めることができる。

☐ ❹ 給与所得者が、34年9カ月間勤務した会社を定年退職し、退職金の支給を受けた。この場合、所得税の退職所得の金額を計算する際の退職所得控除額は、（　）となる。
1）800万円＋40万円×（35年－20年）＝1,400万円
2）800万円＋70万円×（34年－20年）＝1,780万円
3）800万円＋70万円×（35年－20年）＝1,850万円

1年間の給与等の収入金額から、給与所得控除額を引いた額が給与所得です。

給与所得＝給与収入金額－給与所得控除額（最低55万円）

〇

2024年分の給与所得控除額の上限は、給与等の収入金額が<u>850万円超</u>の場合で、<u>195万円</u>です。

1)

公的年金等の雑所得＝公的年金等の収入金額－公的年金等控除額[※]

・**公的年金等に係る雑所得**…国民年金、厚生年金、国民年金基金、厚生年金基金、確定拠出年金、老齢基礎年金、老齢厚生年金等の年金。

〇

※公的年金等に係る雑所得以外の所得に係る合計所得金額が1,000万円以下の場合の控除額の最低額は、65歳未満で年60万円、65歳以上で年110万円。

▼ 解説（赤シートで消える語句をチェックできます）　　　　🔗199ページ　▼ 正解

Point 退職所得控除額を求める問題が頻出します。退職所得控除額は勤続年数により、算出式が変わる点に注意しましょう。

退職所得金額は、その年中の退職手当等の収入金額から退職所得控除額を差し引いた残額に<u>2分の1</u>をかけて算出します。

・**退職所得＝（収入金額－退職所得控除額）×** $1/2$[※]

〇

退職時に「退職所得の受給に関する申告書」を提出した場合は、**源泉徴収**によって課税関係が終了しているため、**確定申告は**<u>不要</u>です。申告書を提出しなかった場合は、退職手当等の支給に<u>20.42%</u>の税率で源泉徴収されますが、確定申告をすることで税金の還付を受けられる可能性があります。

〇

勤続年数が<u>20年以下</u>の場合の退職所得控除額は、「<u>40万円×勤続年数</u>」で算出します。勤続年数10年ならば、<u>40万円×10年＝400万円</u>です。

✕

勤続年数が<u>20年を超える</u>場合の退職所得控除額は、「<u>800万円＋70万円×（勤続年数－20年）</u>」で算出します。勤続年数の1年未満の端数は**切り上げ**て1年とするため、34年9カ月は<u>35年</u>として計算します。

● 退職所得控除額

勤続年数	退職所得控除額（勤続年数に応じる）
20年以下の場合	**40万円×勤続年数**（最低控除額80万円）
20年超の場合	**800万円＋70万円×（勤続年数－20年）**

3)

※2022年分以後の所得税について、役員等以外の者としての勤続年数が5年以下である者に対する退職手当等のうち、退職所得控除額を控除した残額の300万円を超える部分については2分の1課税を適用しない。

6 **譲渡所得と取得費**

次の各文章を読んで、正しいものまたは適切なものには○を、誤っているもの
または不適切なものには×をしなさい。

☐ **❶** 個人が賃貸アパートの敷地および建物を売却したことにより生じた所得は、
不動産所得となる。

☐ **❷** 所得税において、土地・建物の譲渡に係る譲渡所得の金額は、分離課税の対
象となる。

☐ **❸** 一般の土地・建物の短期譲渡所得に対する税額は、課税短期譲渡所得金額に
39.63％の税率を乗じて求められる。 ←よく出る

☐ **❹** 土地・建物の長期譲渡所得に係る税額は、課税長期譲渡所得金額に25％の税
率を乗じて求められる。 ←よく出る

☐ **❺** 土地・建物を譲渡した場合の譲渡所得の金額の計算上控除することができる
取得費には、取得の日以後譲渡の日までに納付した固定資産税が含まれる。

☐ **❻** 譲渡所得の金額の計算上、譲渡した土地・建物の取得費が不明な場合、譲渡
収入金額の10％相当額を取得費とすることができる。 ←よく出る

7 **一時所得**

次の文章の（ ）内にあてはまる最も適切な語句を 1)～ 3) のなかから選びな
さい。

☐ 契約者（＝保険料負担者）・被保険者・満期保険金受取人がいずれもAさん
である一時払養老保険（保険期間10年、正味払込済保険料500万円）が満
期となり、満期保険金600万円を一時金で受け取った場合、一時所得の金額
は（ ）となり、その2分の1相当額が総所得金額に算入される。
1) 25万円 2) 50万円 3) 100万円

Point 譲渡所得と概算取得費についての問題です。譲渡所得の税率は、「土地・建物」、「株式」、「土地・建物・株式以外」でそれぞれ異なります。

賃貸アパートの敷地・建物の<u>譲渡（売却）による所得</u>はすべて<u>譲渡</u>所得です。　　✕

<u>土地・建物・株式の譲渡所得</u>は、<u>分離課税</u>の対象です。土地・建物・株式以外の譲渡所得は、他の所得と合算して課税する<u>総合課税</u>の対象になります。　　○

土地・建物の<u>短期譲渡所得</u>（所有期間<u>5</u>年以下）には、<u>税率39.63%</u>（所得税<u>30</u>%＋復興特別所得税<u>0.63</u>%＋住民税<u>9</u>%）が課されます。
ウラ技 短期サンキュー、ロクさん（39.63%）　　○

土地・建物の<u>長期譲渡所得</u>（所有期間<u>5</u>年超）には、<u>税率20.315%</u>（所得税<u>15</u>%＋復興特別所得税<u>0.315</u>%＋住民税<u>5</u>%）が課されます。
ウラ技 長期ニジュウ産のイチゴ（20.315%）　　✕

<u>取得費</u>とは、譲渡した<u>資産の購入費や付随費用</u>（仲介手数料・登録免許税・印紙代など）の合計金額をいいます。固定資産税など、資産の維持・管理にかかった費用は、取得費にも譲渡費用にも<u>含まれません</u>。　　✕

取得費が不明な場合は、譲渡収入金額の<u>5%相当額</u>を取得費とすることができます。これを<u>概算取得費</u>といいます。　　✕

Point 一時所得では、特別控除として50万円が控除されます。また、総所得金額を計算する際、その2分の1の金額を算入します。

一時所得＝<u>一時所得の総収入金額</u>－収入を得るために支出した金額－特別控除額（最高<u>50</u>万円）なので、一時所得＝<u>600</u>万円－<u>500</u>万円－特別控除額<u>50</u>万円＝<u>50</u>万円　このうち<u>2</u>分の<u>1</u>が総所得金額に参入されます。なお、契約から<u>5</u>年以内に解約した一時払の養老保険、変額保険、個人年金保険、変額個人年金保険は、金融類似商品とみなされ<u>20.315</u>%の源泉分離課税です。　　2)

2 総所得金額の算出

問題数015

再現例題

【第1問】 次の文章の（　）内にあてはまる最も適切な語句、数字またはそれらの
組合せを1）～3）のなかから選び、その番号を解答用紙にマークしなさ
い。 2021年9月

下記の〈資料〉において、所得税における不動産所得の金額の計算上生じた損失
の金額のうち、他の所得の金額と損益通算が可能な金額は、（　）である。

〈資料〉不動産所得に関する資料
総収入金額：150万円
必要経費（土地等を取得するために要した負債の利子の額10万円を含む）：300万円

1）140万円　　2）150万円　　3）300万円　　解答 ①　②　③

【第2問】 次の文章の（　）内にあてはまる最も適切な文章、語句、数字またはそ
れらの組合せを1）～3）のなかから選び、その番号を解答用紙にマーク
しなさい。 2020年1月

所得税において、合計所得金額が950万円である納税者が配偶者控除の適用を受
ける場合、控除対象配偶者のその年12月31日現在の年齢が70歳未満であるときは、
控除額は（　）となる。

1）13万円　　2）26万円　　3）38万円　　解答 ①　②　③

TOP60 1 損益通算

次の各文章を読んで、正しいものには○を、誤っているものには×をしなさい。
（　）のある文章では、適切な語句を選びなさい。

☐ **❶** 所得税の計算において、不動産所得、（　）、山林所得、譲渡所得の金額の計
算上生じた損失の金額は、一定の場合を除き、他の所得の金額と通算するこ
とができる。←よく出る
1）雑所得　　　2）一時所得　　　3）事業所得

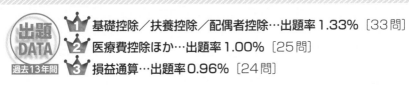

出題DATA 過去13年間

1 基礎控除／扶養控除／配偶者控除…出題率1.33%［33問］

2 医療費控除ほか…出題率1.00%［25問］

3 損益通算…出題率0.96%［24問］

※出題率は、過去13年間の学科試験2,489問中の出題割合［質問数］を示しています。

学科④ タックスプランニング

【総所得金額の算出】の出題傾向

頻出順に次の問題が出題されています。

1 基礎控除／扶養控除／配偶者控除…扶養親族の年齢区分とそれぞれの控除額は必ず覚えておきましょう。

2 医療費控除ほか…医療費控除では、特に「人間ドックの検査費用」は間違いやすい要注意事項です。

3 損益通算…損益通算ができる4つの所得の損失のうち、不動産所得の損失の場合、土地の取得に要した借入金の負債利子は損益通算の対象外です。

▼ 再現例題の解説と解答

1 土地等を取得するための負債の利子は他の所得と損益通算ができないため、損失分から差し引きます。必要経費300万円のうち、負債利子10万円分を除いた、290万円が必要経費となるので、

不動産所得の損失＝150万円－290万円＝－140万円　①

2 納税者の合計所得金額が900万円超950万円以下で、配偶者が70歳未満の控除対象配偶者であった場合、控除額は26万円です。　②

▼ 解説（赤シートで消える語句をチェックできます）　🔄206ページ　▼ 正解

Point 「所得税の損益通算」、「不動産所得の損益通算」という2項目をまとめてあります。

損益通算とは、所得の損失（赤字）と、他の所得の利益（黒字）を通算（相殺）するしくみです。損益通算できる所得は、<u>不動産</u>**所得**、<u>事業</u>**所得**、<u>山林</u>**所得**、<u>譲渡</u>**所得**の4種類です。一時所得、配当所得、雑所得、給与所得の4つは、損益通算できません。😊**ウラ技** 富士山上（不事山譲）で損益通算。いっぱい雑（一配雑）で急（給）にはできない

3)

☐ ❷ 保養目的で所有する別荘など、生活に通常必要でない資産を譲渡したことに
よって生じた損失の金額は、他の所得の金額と損益通算できない。

☐ ❸ 所得税において、不動産所得の金額の計算上生じた損失のうち、土地を取得
するために要した負債の利子の額に相当する金額については、損益通算の対
象となる。

TOP 60 ❷ 基礎控除／扶養控除／配偶者控除

次の各文章を読んで、正しいものには○を、誤っているものには×をしなさい。
（　）のある文章では、適切な語句を選びなさい。

☐ ❶ 所得税における基礎控除の額は、一律38万円である。

☐ ❷ 所得税において、納税者の控除対象扶養親族のうち、その年の12月31日時
点で（　）である者は、特定扶養親族に区分される。
1）16歳以上19歳未満
2）16歳以上23歳未満
3）19歳以上23歳未満

次の各文章を読んで、正しいものには○を、誤っているものには×をしなさい。

☐ ❸ 所得税において、配偶者控除の適用を受けるためには、生計を一にする配偶
者の合計所得金額が48万円以下でなければならない。

☐ ❹ 納税者の合計所得金額が1,000万円を超えている場合、配偶者の合計所得金
額の多寡にかかわらず、所得税の配偶者特別控除の適用は受けられない。

別荘や宝石、ゴルフ会員権など、生活に必要のない資産の譲渡損失は、**損益通算**できません。

○

不動産所得の損失のうち、<u>土地</u>の取得に要した**借入金の負債利子**は**損益通算の対象外**です。ただし、<u>建物</u>の取得に要した**借入金の負債利子**は損益通算の対象となります。

×

▼ 解説（赤シートで消える語句をチェックできます）　　　🖝210ページ　▼ 正解

Point　扶養親族のうち、控除を受ける年の12月31日現在の年齢が16歳以上の人が控除対象扶養親族です。16歳未満ならば、扶養控除の対象になりません。

基礎控除は、納税者の合計所得金額<u>2,400</u>万円以下で<u>48</u>万円（2,450万円以下32万円、2,500万円以下16万円）で、<u>2,500</u>万円超は**適用外**です。

×

納税者に、**生計を一にする**<u>配偶者</u>以外の**扶養親族**がいる場合に**扶養控除**が適用されます。**扶養親族の合計所得金額**が<u>48万円以下</u>である必要があります。

● 控除対象扶養親族の区分と控除額

区分（適用年齢は12月31日時点）		控除額
一般の扶養親族：<u>16</u>歳以上		<u>38</u>万円
特定扶養親族：<u>19</u>歳以上<u>23</u>歳未満		<u>63</u>万円
老人扶養親族：70歳以上	同居老親等以外の者	48万円
	同居老親等	58万円

3)

Point　「配偶者控除」や「基礎控除」では、適用要件となる納税者本人や配偶者の合計所得金額をしっかりと把握しておきましょう。

納税者（合計所得金額が<u>1,000</u>万円以下）に生計を一にする<u>配偶者</u>がいる場合、**配偶者控除**が適用されます（控除額最高<u>38</u>万円[※1]）。適用には、控除対象配偶者が青色申告者または白色申告者の事業専従者でないこと、**配偶者の合計所得金額**が<u>48</u>万円[※2]（**年収**<u>103</u>万円）**以下**であることが必要です。

配偶者特別控除は、合計所得金額が<u>1,000</u>万円以下の納税者に適用されます。適用には、**配偶者の合計所得金額**が<u>48</u>万円超～<u>133</u>万円以下（年収103万円超～201.6万円未満）である必要があります。

※1 配偶者が70歳未満の場合、配偶者控除額は納税者本人の合計所得金額が900万円以下で38万円。900万円超950万円以下で26万円。950万円超1,000万円以下で13万円。
※2 配偶者の年収103万円から給与所得控除額55万円を差し引くと48万円。

3 医療費控除ほか

次の各文章を読んで、正しいものには○を、誤っているものには×をしなさい。
（　）のある文章では、適切な語句を選びなさい。

☐ ❶ 納税者Aさんの総所得金額等が400万円である場合、所得税の医療費控除の控除額は、その年中に支払った医療費の金額から、保険金等で補てんされる金額および20万円を控除して算出する。

☐ ❷ 所得税において、（　　）は、医療費控除の対象とならない。
　　1）医師の診療を受けるためのバス代等の通院費用
　　2）入院の際の洗面具等の身の回り品の購入費用
　　3）風邪の治療に必要な風邪薬の購入費用

☐ ❸ 所得税において、人間ドックの受診費用は、その人間ドックによって特に異常が発見されなかった場合であっても、医療費控除の対象となる。←よく出る

☐ ❹ 所得税において、納税者がスイッチOTC医薬品を購入した場合、所定の要件を満たせば、88,000円を限度として、その購入費用の全額を医療費控除として総所得金額から控除することができる。

☐ ❺ 納税者が本人と生計を一にする配偶者その他の親族の負担すべき社会保険料を支払った場合であっても、社会保険料控除として、その支払った金額を総所得金額等から控除することができない。

4 総所得金額

次の文章を読んで、正しいものまたは適切なものには○を、誤っているものまたは不適切なものには×をしなさい。

☐ 　Aさんの2024年分の各種所得の金額が〈資料〉のとおりであった場合、損益通算後の総所得金額は650万円である。

※▲は損失を表す。

〈資料〉Aさんの2024年分の各種所得の金額
不動産所得の金額：800万円
雑所得の金額　　：▲50万円
事業所得の金額　：▲100万円

Point 「医療費控除」では、控除の対象になるもの、ならないものの区別を確実に理解しておきましょう。また、「社会保険料控除」からも出題されています。

タックスプランニング　学科④

医療費控除額＝その年中に支払った医療費－保険金等での補てん金額－10万円
この式で控除される10万円は、総所得金額が200万円以上の場合です。200万円未満の場合は、総所得金額の5％の金額となります。　✕

入院の際の身の回り品の購入費用は**医療費控除の対象と**なりません。対象となる主なものには、①**通院費**（**タクシー代**や通院に使用した自家用車の**ガソリン代**は対象外。ただし緊急時のタクシー代は対象となる）②**眼鏡・コンタクトレンズ**（斜視・白内障など医師の治療・診療用のもの）があります。　2)

人間ドックの検査費用は、基本、医療費控除の**対象外**です。ただし、重大な疾病が見つかり、そのための治療を行った場合には控除対象となります。　✕

セルフメディケーション税制[*]（医療費控除の特例）の年に支払ったスイッチOTC医薬品等（特定一般用医薬品）の金額が、1万2,000円を超える場合、その超える部分の金額（**上限8万8,000円**）が所得控除の対象となります。　✕

社会保険料控除は、納税者本人分だけでなく生計を一にする配偶者その他の親族にかかる社会保険料を支払った場合にも適用することができ、全額が納税者のその年分の総所得金額等から控除されます。**控除対象は国民年金保険料、国民健康保険料、厚生年金保険料、介護保険料、国民年金基金の掛金**等です。　✕

※2017年1月1日から2026年12月31日までの間に購入した医薬品を対象とする時限措置。

Point 提示された資料から、総合課税の所得を合算し、損益通算できる金額を差し引くなど、手順に従って総所得金額を出す計算問題が出ます。

総所得金額は、総合課税の所得を合計し、損益通算や繰越控除を行ったあとの金額のことです。設問より、不動産所得の800万円から、損益通算できる事業所得の損失金額100万円を差し引きます。**雑所得の損失**は他の所得と損益通算できないため、差し引くことはできません。従って、
総所得金額＝800万円－100万円＝700万円　となります。　✕

3 所得税額の算出と申告・納付

問題数019

再現例題

【第1問】 次の文章の（　）内にあてはまる最も適切な文章、語句、数字またはそれらの組合せを1）～3）のなかから選び、その番号を解答用紙にマークしなさい。

2021年1月

住宅ローンを利用してマンションを取得し、所得税における住宅借入金等特別控除の適用を受ける場合、借入金の償還期間は、最低（　）以上なければならない。

1）10年　　　2）20年　　　3）25年

解答　

【第2問】 次の文章を読んで、正しいものまたは適切なものには①を、誤っているものまたは不適切なものには②を、解答用紙にマークしなさい。

2021年1月

不動産所得のみを有する青色申告者は、その事業の規模にかかわらず、最高65万円の青色申告特別控除の適用を受けることができる。

解答　

1　所得税額の算出

次の各文章を読んで、正しいものには○を、誤っているものには×をしなさい。（　）のある文章では、適切な語句や語句の組合せを選びなさい。

☐ ❶　所得税において総合課税の対象となる所得に係る税率は、原則として課税標準が大きくなるに応じて税率が高くなる（　）となっている。

　　1）累進税率　　　2）比例税率　　　3）制限税率

☐ ❷　復興特別所得税は、基準所得税額に2.1％の税率を乗じて計算される。

出題
DATA
過去13年間

👑 1 住宅借入金等特別控除…出題率1.45%［36問］

👑 2 給与所得者の確定申告…出題率1.41%［35問］

👑 3 青色申告…出題率1.04%［26問］

※出題率は、過去13年間の学科試験2,489問中の出題割合［質問数］を示しています。

学科④

タックスプランニング

【所得税額の算出と申告・納付】の出題傾向

頻出順に次の問題が出題されています。

1 住宅借入金等特別控除…住宅借入金等特別控除（住宅ローン控除）は所得税額から一定額を差し引く「税額控除」の1つであり、超頻出問題です。

2 給与所得者の確定申告…本来、確定申告が不要である給与所得者のうち、確定申告が必要な場合、条件等が出題されます。

3 青色申告…青色申告特別控除の特典を受けるための要件が出題されます。

▼ 再現例題の解説と解答

1 住宅借入金等特別控除の適用要件は、借入金の償還期間10年以上です。借入期間が10年未満となると、この控除を受けることはできません。 ①

2「事業の規模にかかわらず」が誤りです。不動産所得に対する青色申告特別控除で最高65万円の控除を受けるためには、事業的規模を満たすことが必要です（127ページ参照）。 ②

▼ 解説（赤シートで消える語句をチェックできます）　　🔗219ページ　　▼ 正解

Point 総合課税の税額計算に関する問題が出題されます。所得税額＝課税総所得金額×税率−控除額の式で求めます。

課税標準（総所得金額）は、税額を算出する際の基礎となるもので、所得控除額を引く前の金額です。総合課税の税額計算は「累進税率」で行います。特に、課税標準が一定額を超えた場合に、その超えた金額に対してのみ、税率が高くなる課税方式（超過累進税率）が採用されています。 1)

復興特別所得税は、基準所得税額に2.1%を乗じた額が課税されます。例えば、所得税15%の場合、復興特別所得税を含んだ税率は、15%×1.021＝15.315%となります。 ○

※不動産の貸付規模が、独立した家屋では5棟以上、アパート等では10室以上（**5棟10室基準**）であることを**事業的規模**という。

121

☐ ❸ 課税総所得金額が250万円であるBさんの所得税額（復興特別所得税額を含まない）は、下記の〈資料〉を使用して（　）となる。

〈資料〉所得税の速算表（一部抜粋）

課税総所得金額	195万円超　330万円以下
税率	10%
控除額	97,500円

1）97,500円　　　2）152,500円　　　3）240,250円

2 配当控除

次の各文章を読んで、正しいものには○を、誤っているものには×をしなさい。（　）のある文章では、適切な語句を選びなさい。

☐ ❶ 所得税において、配当控除は、所得控除に該当する。←よく出る

☐ ❷ 上場株式の配当について配当控除の適用を受ける場合、配当所得について（　）を選択して所得税の確定申告をしなければならない。

1）総合課税　　　2）申告分離課税　　　3）源泉分離課税

☐ ❸ 内国法人から支払を受けた剰余金の分配に係る配当所得の金額が100万円で、課税総所得金額が600万円である居住者の所得税における配当控除の金額を計算すると、（　）である。

1）100万円×3％＝3万円
2）100万円×5％＝5万円
3）100万円×10％＝10万円

課税総所得金額とは、総所得金額（総合課税の所得の合計額）から、所得控除額を引いたあとの金額で、課税対象となる金額のことです。

所得税額は次の式で求められます。

所得税額＝課税総所得金額×税率－控除額

税率と控除額は、所得税の速算表に照らして計算します。

Bさんの所得税額＝ <u>250万円</u> × <u>10</u> ％ － <u>97,500円</u> ＝ <u>152,500円</u>

2)

> 所得税額の計算式はしっかり覚えておこう。
> ただし、速算表の数値そのものは、検定で提示されるので、覚える必要はないよ。

▼ 解説（赤シートで消える語句をチェックできます）　⊃222ページ　▼ 正解

Point　配当所得がある場合、確定申告を行うことで、一定の金額の税額控除の適用を受けられます。これが**配当控除**です。

配当控除は、税額控除のうちの１つであり、所得控除には該当しません。

✕

配当所得は、原則、総合課税の対象ですが、申告分離課税や確定申告不要制度も選択できます。上場株式等の配当所得の場合、配当控除の適用を受けるには、総合課税を選択して確定申告を行う必要があります。総合課税以外を選択した場合は、配当控除は受けられません。なお非上場株式の配当所得の場合、1銘柄1回の配当金が**10万円以下の少額配当**なら確定申告不要です。

1)

配当控除の金額は、課税総所得金額により、計算式が異なります。

配当控除の金額の計算		覚えよう
課税総所得金額が**1,000万円以下**	配当所得金額×10％	
課税総所得金額が**1,000万円超**	1,000万円超の部分に含まれる配当金額×5％	
	1,000万円以下の部分に含まれる配当金額×10％	

3)

課税総所得金額が600万円（1,000万円以下）なので、

配当控除の金額＝ <u>100万円</u> × <u>10</u> ％ ＝ <u>10万円</u>

> 過去13年間では1,000万円超の出題はなし！

3 住宅借入金等特別控除

次の各文章を読んで、正しいものには○を、誤っているものには×をしなさい。
（　）のある文章では、適切な語句や語句の組合せを選びなさい。

☐ ❶ 給与所得者が所得税の住宅借入金等特別控除の適用を受ける場合、その適用を受ける最初の年分については、年末調整の対象者であっても、確定申告をしなければならない。

☐ ❷ 所得税における住宅借入金等特別控除は、適用を受けようとする者の合計所得金額が（　）を超える年分は、適用を受けることができない。（ただし家屋の床面積を50㎡以上とする）
1）1,000万円　　　2）2,000万円　　　3）3,000万円

☐ ❸ 所得税の住宅借入金等特別控除の適用を受けるためには、原則として取得等した家屋の床面積の3分の2以上に相当する部分が専ら自己の居住の用に供されるものでなければならない。

☐ ❹ 住宅ローンを利用してマンションを取得し、所得税の住宅借入金等特別控除の適用を受ける場合、借入金の償還期間は、（　）以上でなければならない。
1）10年　　　　　2）20年　　　　　3）25年

4 給与所得者の確定申告

次の各文章を読んで、正しいものには○を、誤っているものには×をしなさい。
（　）のある文章では、適切な語句や語句の組合せを選びなさい。

☐ ❶ 給与所得者のうち、その年中に支払を受ける給与等の金額が1,500万円を超える者は、必ず所得税の確定申告をしなければならない。

☐ ❷ 1カ所から給与等の支払を受けている者で、その給与等の額が一定額以下のため年末調整により所得税が精算されている者であっても、その年中の給与所得および退職所得以外の所得金額の合計額が10万円を超える場合は、所得税の確定申告をしなければならない。

▼ 解説（赤シートで消える語句をチェックできます）　　☞220ページ　　▼ 正解

Point 住宅借入金等特別控除（以下、住宅ローン控除）は覚えるべき項目は絞られています。以下を確実に覚えましょう。

給与所得者の場合、年末調整の対象者であっても、最初の年分は確定申告をしなければなりません。ただし、翌年分以降は年末調整によって適用を受けることができます。控除率は住宅ローン年末残高の0.7%です。

○

住宅借入金等特別控除の適用を受けるには、次の要件があります。

> **覚えよう**
>
> **住宅借入金等特別控除（住宅ローン控除）の主な要件と注意点**
> ● 控除を受ける年の**合計所得金額**が2,000万円以下（2022年1月1日以後の取得・入居に適用）であること。
> ● **床面積**（新築・中古の区別なし）が、原則、50㎡以上で、**床面積の2分の1以上が自己の居住用**であること（店舗併用可）。
> 　※ 2024年までに建築確認を受けた新築住宅で、適用を受けようとする年の合計所得金額が1,000万円以下であれば40㎡以上50㎡未満の住宅も適用可能。
> ● **償還（返済）期間が10年以上の分割**返済であること。繰上げ返済をして、返済期間が最初の返済月から10年未満となった場合、繰上げ返済した年以後については適用不可。
> ● 転居した場合、第三者へ賃貸した場合は適用不可。ただし、本人が転勤（転居）し、転勤後も家族が居住していた場合は適用可。

2)

×

1)

▼ 解説（赤シートで消える語句をチェックできます）　　☞228ページ　　▼ 正解

Point 納税者本人が所得税額を計算し、申告・納付する手続きが「確定申告」です。申告期限は所得の生じた年の翌年の2月16日から3月15日までです。

給与所得者で、給与等の金額が2,000万円を超える場合、所得税の**確定申告**が必要です。なお、申告書の提出先は、住所地の所轄税務署です。

×

通常、給与所得者の所得税は給与等から源泉徴収され、年末調整によって精算されるので、確定申告が不要です。ただし、給与を1カ所から受けていて、給与所得、退職所得以外の所得金額が20万円を超える場合は**確定申告が必要**となります。**年末調整**…給与支払者が、源泉徴収された給与所得者の税額を年末に計算し直して精算すること。

×

☐ ❸ 年末調整の対象となる給与所得者は、年末調整の際に、所定の書類を勤務先に提出することにより、（①）や（②）の適用を受けることができる。

1) ① 雑損控除 ② 寄附金控除
2) ① 生命保険料控除 ② 地震保険料控除
3) ① 地震保険料控除 ② 医療費控除

☐ ❹ 所得税のいわゆる準確定申告は、原則として、相続の開始があったことを知った日の翌日から（　）以内に行わなければならない。

1) 4カ月 2) 6カ月 3) 8カ月

5 青色申告

次の各文章を読んで、正しいものには○を、誤っているものには×をしなさい。
（　）のある文章では、適切な語句や語句の組合せを選びなさい。

☐ ❶ 所得税において、不動産所得または事業所得を生ずべき事業を営む青色申告者が一定の要件を満たした場合、青色申告特別控除として所得金額から控除することができる金額は、最高（　）である。

1) 38万円 2) 55万円 3) 65万円

☐ ❷ 青色申告者の所得税の計算において、損益通算してもなお控除しきれない損失の金額（純損失の金額）が生じた場合、その損失の金額を翌年以後5年間にわたって繰り越して、各年分の所得金額から控除することができる。

☐ ❸ 事業所得、不動産所得または山林所得を生ずべき業務を行う者のうち、青色申告の承認を受けようとする者は、原則として、青色申告書による申告をしようとする年の（①）までに、納税地の所轄税務署長に対して、所得税の青色申告承認申請書を提出し、備え付けるべき帳簿書類については、原則として（②）保存しなければならない。

1) ① 12月31日 ② 3年間
2) ① 3月15日 ② 7年間
3) ① 3月31日 ② 10年間

生命保険料控除や地震保険料控除は、給与所得者が、年末調整時に勤務先へ所定の書類を提出することにより適用を受けられる所得控除で、確定申告の必要はありません。**初年度の住宅ローン控除、医療費控除、ふるさと納税に係る寄附金控除**（納税ワンストップ特例制度は除く）は確定申告が必要です。

2)

😊**ウラ技** おセジ（生命・地震）は申告不要

準確定申告は、確定申告をすべき居住者が死亡した場合、その**相続人**が代わって行う確定申告のことです。**相続人**は、原則として相続の開始があったことを知った日の**翌日から4カ月以内**に確定申告を行わなければなりません。

1)

※謝礼として地方公共団体から受ける返礼品による経済的利益は一時所得として総合課税の対象。
　ふるさと納税ワンストップ特例制度で寄附する自治体数の上限は5自治体まで。

▼ 解説（赤シートで消える語句をチェックできます）　　　🔖229ページ　▼ 正解

Point 青色申告は、正規の簿記の原則に基づいて所得税を計算して申告する制度です。青色申告者（青色申告をした納税者）には、税法上の特典があります。

青色申告者は、次の要件で**最高65万円の青色申告特別控除**が適用されます。

控除額	必要な要件（55万円控除には①～③のすべてが必要）
55万円	① 不動産所得または事業所得を生ずべき事業を営んでいる ▲不動産所得者は、5棟10室基準を満たしていること（121ページ参照） ② 正規の簿記の原則（一般的には複式簿記）により記帳している ③ 確定申告期限（翌年3月15日）までに青色申告書を提出する
65万円	④ ①～③の要件に該当し、電子申告または電子帳簿保存を行っている
10万円	上記要件に該当しない青色申告者が受けられる

3)

純損失の繰越控除…純損失は、翌年以後**3年間**にわたって、繰り越して各年分の所得金額から控除することができます。

✕

その他の青色申告の特典　**覚えよう**

●**青色事業専従者給与の必要経費への算入**…青色事業専従者給与を支払った場合（6カ月超の従事が条件）、労務の対価として相当と認められる金額については**全額を必要経費に算入**できる。配偶者特別控除や扶養控除との併用不可。
●**純損失の繰戻還付**…純損失が生じたとき、前年も青色申告をしていれば前年の所得と通算して**繰戻還付**が受けられる。

青色申告をすることができる人は、**不動産**所得、**事業**所得、**山林**所得のある人です。**青色申告承認申請書**の提出期限は、申告する年の**3月15日**まで（その年の1月16日以後に新規に業務を開始した場合は、その業務を開始した日から**2カ月**以内）で、**帳簿書類の保存期間**は、**7年間**です。

2)

😊**ウラ技** 富士山（不動産・事業・山林）で青色申告

1 不動産の登記と評価

問題数020

再現例題

【第1問】 次の文章を読んで、正しいものまたは適切なものには①を、誤っているものまたは不適切なものには②を、解答用紙にマークしなさい。

2021年1月

不動産の登記事項証明書の交付を請求することができる者は、当該不動産の所有者に限られる。　　　　　解答　①　②

【第2問】 次の文章の（ ）内にあてはまる最も適切な文章、語句、数字またはそれらの組合せを1）～3）のなかから選び、その番号を解答用紙にマークしなさい。

2019年5月

土地の売買において、所有権の移転が発生したものの、手続上の要件が備わっていない場合、仮登記をすることができる。この仮登記をすることで、その後に行う本登記の順位は（ ① ）、所有権の移転を第三者に対抗すること（ ② ）。

1）　①保全され　　　　②ができる
2）　①保全されるが　　②はできない
3）　①保全されないが　②はできる　　　　解答　①　②　③

TOP60 1 不動産登記記録

次の各文章を読んで、正しいものまたは適切なものには○を、誤っているものまたは不適切なものには×をしなさい。

❶　土地の登記記録の表題部には、所在や地番など、その土地の表示に関する事項が、権利部（甲区）には、所有権に関する事項が記載される。

❷　不動産登記の記録上の権利者が真実の権利者と異なっている場合に登記記録を信頼して取引をしても、原則として法的に保護されない。

❸　登記すべき不動産の物権変動が発生しているものの、登記申請に必要な書類が提出できないなどの手続上の要件が備わっていない場合は、仮登記をすることでその後に行う本登記の順位を保全することができる。

出題DATA 過去13年間

👑1 不動産登記記録…出題率1.49%〔37問〕

👑1 借地権／借家権…出題率1.49%〔37問〕

👑3 不動産の取引と媒介契約…出題率1.33%〔33問〕

※出題率は、過去13年間の学科試験2,489問中の出題割合〔質問数〕を示しています。

【不動産の登記と評価】の出題傾向

頻出順に次の問題が出題されます。

1 不動産登記記録…不動産登記記録（登記簿）と登記事項証明書に関する問題です。表題部や権利部に記載される内容は把握しておきましょう。

1 借地権／借家権…定期借家契約や定期借地権に関する問題が頻出します。

3 不動産の取引と媒介契約…宅地建物取引業や手付金、解約手付について出題されます。新たに契約不適合責任の項目が加わりました。

▼ 再現例題の解説と解答

1 不動産の登記記録は、法務局で登記事項証明書の交付申請をすれば、誰でも記載事項を確認することができます。 （2）

2 仮登記とは、将来の本登記の順位を保全するためにあらかじめ行う登記のことです。その後に行う本登記の順位は保存されるものの、仮登記に対抗力はありません。 （2）

▼ 解説（赤シートで消える語句をチェックできます）　🔗236ページ　▼ 正解

Point 不動産の所在、所有者の住所・氏名などを公の帳簿に記載して公開し、権利関係を明らかにすることを「不動産登記」、その帳簿が「不動産登記記録」です。

不動産登記記録の表題部には、土地・建物の所在、地番、地目、地積、家屋番号、床面積など、表示（物理的状況）に関する事項が記載されています。	○
不動産の登記には公信力がないため、登記記録を正しいものと信用して取引を行っても、その内容が真実と異なっていた場合でも保護されません。	○
仮登記には第三者に対する対抗はありませんが、仮登記をすることによって、将来、本登記を行った場合、本登記の順位が仮登記の順位に従うことになり、本登記の順位を保全することができます。	○

☐ ❹ 区分建物に係る登記において、区分建物の床面積は、壁その他の区画の中心線で囲まれた部分の水平投影面積により算出される。

❷ 不動産の価格と鑑定評価

次の各文章を読んで、正しいものまたは適切なものには○を、誤っているものまたは不適切なものには×をしなさい。

☐ ❶ 公示価格は、地価公示法に基づいて、国土交通省の土地鑑定委員会が毎年4月1日を基準日（価格時点）として判定し、一般の土地の取引価格の指標等として官報で公表されている。

☐ ❷ 相続税路線価は、国税局長が毎年1月1日を価格判定の基準日として評価するもので、当該価格は地価公示の公示価格の70％を評価水準の目安として設定されている。

☐ ❸ 不動産の価格を求める鑑定評価の手法のうち、原価法は、価格時点における対象不動産の再調達原価を求め、この再調達原価について減価修正を行って対象不動産の試算価格を求める手法である。

❸ 不動産の取引と媒介契約

次の各文章を読んで、正しいものまたは適切なものには○を、誤っているものまたは不適切なものには×をしなさい。

☐ ❶ アパートやマンションの所有者が自ら当該建物の賃貸を業として行う行為は、宅地建物取引業法で規定する宅地建物取引業に該当しない。

☐ ❷ 宅地建物取引業者は、宅地・建物の売買または交換の媒介の契約を締結したときは、遅滞なく、媒介契約書を作成して記名押印し、依頼者にこれを交付しなければならない。

☐ ❸ 宅地建物取引業法の規定によれば、不動産取引に関する専任媒介契約の有効期間は、6カ月を超えることができない。

区分建物の**登記**では、マンションなどの床面積は、壁の中心線（**壁芯**）ではなく、壁の**内側**線で囲まれた部分の水平投影面積（**内法**面積）で算出されます。一方、不動産広告で表示（記載）されている面積は**壁芯面積**です。 ✕

▼ 解説（赤シートで消える語句をチェックできます） ☞238ページ ▼ 正解

Point 公的機関が発表する土地の価格は、公示価格、固定資産税評価額、相続税路線価、基準地価格の4つ。特に公示価格、相続税路線価が頻出しています。

公示価格は土地取引の指標となる1㎡当たりの価格のことで、**毎年**1月1日を**基準日**として**国土交通省**の土地鑑定委員会が3月中旬～下旬頃に公表します。また都道府県が毎年**7月1日**を基準日とする価格が**基準地価格**です。 ✕

相続税路線価（相続税評価額）とは、相続税や贈与税の計算の基準となる価格（道路に面する標準的な宅地1㎡当たりの価額）のことで、価格判定の基準日は**毎年**1月1日、**公示価格**の**80%**が評価水準の目安とされています。 ✕

対象不動産の**再調達原価**（現在時点で買い直す場合の価格）を試算し、**減価修正**（経年劣化等で価値が下がった分を減額）して不動産価格を計算する方法が**原価法**です。不動産価格を求める鑑定評価の基本的な手法には、ほかに**取引事例比較法、収益還元法**があります。 ○

▼ 解説（赤シートで消える語句をチェックできます） ☞242・244ページ ▼ 正解

Point 「宅地建物取引業」、「手付金・解約手付」、「契約不適合責任」という3項目をまとめてあります。

自分が所有する建物の入居者を**自分**で募集して賃貸契約を結ぶことは、**宅地建物取引業**に**該当しません**。なので、免許を取得する必要もありません。 ○

依頼者が宅地建物取引業者に、不動産の売買や交換を依頼する際には、**媒介契約**を結びます。このとき、宅地建物取引業者は、遅滞なく**媒介**契約書を作成、**記名押印**して、依頼者にこれを**交付**しなければなりません。 ○

媒介契約には**一般、専任、専属専任**の3種類があり、**専任契約と専属専任契約の有効期間は3カ月**です。**ウラ技** 専任・専属3カ月 ✕

☐ ❹ 宅地建物取引業者は、自ら売主となる宅地または建物の売買契約の締結に際して、取引の相手方が宅地建物取引業者でない場合、代金の額の10%を超える額の手付金を受領することができない。

☐ ❺ 民法の規定によれば、不動産の売買契約において、買主が売主に解約手付を交付した場合、買主が契約の履行に着手するまでは、売主は、手付金の倍額を償還して、契約を解除することができる。

☐ ❻ 不動産の売買契約において、買主が売主に対して、契約不適合責任を追及するには、不適合を知った時から半年の間に売主に不適合を通知する必要がある。

TOP 60 ❹ 借地権／借家権

次の各文章を読んで、正しいものには○を、誤っているものには×をしなさい。（　）のある文章では、適切な語句や語句の組合せを選びなさい。

☐ ❶ 借地借家法の規定によれば、借地権はその登記がなくても、土地の上に借地権者が登記されている建物を所有することで第三者に対抗することができる。

☐ ❷ 事業用定期借地権等は、もっぱら事業の用に供する建物の所有を目的とし、かつ、存続期間を10年以上30年未満として設定される借地権である。　←よく出る

☐ ❸ 借地借家法で規定される定期借地権等のうち、（①）の設定を目的とする契約は、（②）によって締結しなければならない。　←よく出る
　　1）① 一般定期借地権　　　② 口頭
　　2）① 事業用定期借地権　　② 公正証書
　　3）① 建物譲渡特約付借地権　② 公正証書

☐ ❹ 借地借家法の普通建物賃貸借契約において、貸主は、正当の事由があると認められる場合でなければ、借主からの更新の請求を拒むことができない。

☐ ❺ 賃貸借期間を1年未満とする定期建物賃貸借契約（定期借家契約）は、期間の定めがない賃貸借契約とみなされる。

手付金は、契約の成立を確認するために、買主から売主に支払われるお金のことです。売主が宅地建物取引業者で、取引相手がそうでない場合、売主は、**代金の額の2割（20%）**を超える額の手付金を受領することはできません。　×

契約を解除できるようにしておくための手付金が**解約手付**です。解約手付の交付後は、相手方が契約の履行に着手する（売主の物件引渡し、買主の代金支払い）までは、売主は**手付金の倍額を支払う**ことで**契約の解除が**できます。　○

売買の対象物である不動産が、契約の内容に適合しないものであるとき、売主が買主に対し負う責任を**契約不適合責任**といいます。買主が契約不適合責任を追及するには、不適合を知った時から**1年以内**に**通知**する必要があります。　×

▼ 解説（赤シートで消える語句をチェックできます）　⇨246ページ　▼ 正解

Point 借地権は、他人の土地を借りて使用する権利のことで、普通借地権と定期借地権があります。定期借地権のうち、事業用定期借地権の問題がよく出ます。

借地権者（借主）は、借地権の登記がなくても、その土地に自分名義の建物を所有していれば**第三者に対抗することが**できます。　○

事業用定期借地権は、定期借地権のうちの1つです。　×

覚えよう

定期借地権の主なポイント			
種類	一般定期借地権	事業用定期借地権	建物譲渡特約付借地権
契約の締結	書面で契約（公正証書以外も可）	公正証書のみ	口頭・書面（どちらでも可）
契約存続期間	50年以上	10年以上50年未満	30年以上
利用目的	制限なし	事業用の建物（居住用建物は不可）	制限なし

2)

普通建物賃貸借契約は借家権（他人の建物を借りて使用する権利）の1つで、貸主は正当な理由なしに借主からの契約更新請求を拒むことはできません。　○

1年未満の契約が**期間の定めがない賃貸借契約**とみなされるのは、普通借家契約です。定期借家契約では、1年未満の契約でも**契約期間として認められます**。　×

2 不動産に関する法令

再現例題

【第1問】 次の文章の（　）内にあてはまる最も適切な文章、語句、数字またはそれらの組合せを1）〜3）のなかから選び、その番号を解答用紙にマークしなさい。　2019年9月

　建築物が防火地域および準防火地域にわたる場合においては、原則として、その全部について（　）内の建築物に関する規定が適用される。←よく出る

1）防火地域　　　2）準防火地域　　　3）敷地の過半が属する地域

解答　① ② ③

【第2問】 次の文章の（　）内にあてはまる最も適切な文章、語句、数字またはそれらの組合せを1）〜3）のなかから選び、その番号を解答用紙にマークしなさい。　2023年9月（改）

　都市計画法によれば、市街化区域については、用途地域を定めるものとし、（　）については、原則として用途地域を定めないものとされている。←よく出る

1）線引き区域
2）市街化調整区域
3）非線引き区域

解答　① ② ③

TOP60 ① 都市計画法／開発許可制度

　次の各文章を読んで、正しいものまたは適切なものには○を、誤っているものまたは不適切なものには×をしなさい。

☐ ❶　都市計画法において、市街化区域は、既に市街地を形成している区域およびおおむね10年以内に優先的かつ計画的に市街化を図るべき区域とされている。

☐ ❷　都市計画法の規定では、都市計画区域または準都市計画区域内において開発行為をしようとする者は、原則として、あらかじめ内閣総理大臣の許可を受けなければならない。

出題DATA 過去13年間

👑1 用途制限／接道義務／2項道路…出題率 **1.41%**［35問］
👑2 都市計画法／開発許可制度…出題率 **0.96%**［24問］
👑3 区分所有法…出題率 **0.92%**［23問］

※出題率は、過去13年間の学科試験2,489問中の出題割合［質問数］を示しています。

【不動産に関する法令】の出題傾向

頻出順に次の問題が出題されます。

1 用途制限／接道義務／2項道路…用途制限では、特に商業系（商業地域・近隣商業地域）や工業系（工業地域・工業専用地域）の建築制限に着目。

2 都市計画法／開発許可制度…市街化区域と市街化調整区域の違いや開発許可制度の要件等をしっかり把握しておきましょう。

3 区分所有法…集会の議決権、敷地利用権などが出ます。区分所有法における、分離処分の禁止は頻出事項です。

▼ 再現例題の解説と解答

1 建築物が防火規制の異なる地域の土地にまたがる場合、防火規制が最も厳しい地域、この場合は防火地域の規制が適用されます。 ①

2 市街化調整区域には原則として用途地域を定めないとされています。線引き区域とは市街化区域と市街化調整区域のことで、非線引き区域はそれら以外の区域のことなので不適切です。 ②

▼ 解説（赤シートで消える語句をチェックできます）　📖250ページ　▼ 正解

Point 都市計画法で定められた2つの都市計画区域のうち、「市街化区域」は市街化を**促進**する区域、「市街化調整区域」は市街化を**抑制**する区域です。

正しい記載です。一方、「市街化調整区域」は、自然環境を残すために、**市街化を抑制**すべき区域のことで、原則として建物は建てられません。 ○
ウラ技「既に～」「おおむね～」は市街化区域

準都市計画区域とは、都市計画**区域外**の区域で、市街化が進行すると見込まれる区域のこと。都市計画区域または準都市計画区域内において、一定の規模以上の開発行為を行う場合は、都道府県知事等の開発許可が必要です。 ×

☐ ❸ 都市計画法において、市街化区域内で行う開発行為は、その規模にかかわらず、都道府県知事等の許可を受けなければならない。←よく出る

📊 ② 用途制限／接道義務／2項道路

次の各文章を読んで、正しいものまたは適切なものには○を、誤っているものまたは不適切なものには×をしなさい。

☐ ❶ 建築基準法の規定によれば、住宅は、工業専用地域内および工業地域内では建築することができないが、商業地域内では建築が可能である。

☐ ❷ 老人ホームは、原則、第一種低層住居専用地域内に建築することができる。

☐ ❸ 建築物の敷地が2つの異なる用途地域にわたる場合、その建築物またはその敷地の全部について、敷地の過半の属する用途地域の建築物の用途に関する規定が適用される。←よく出る

☐ ❹ 建築基準法では、都市計画区域および準都市計画区域内の建築物の敷地は、原則として、幅員4m以上の道路に3m以上接しなければならない。←よく出る

☐ ❺ 都市計画区域にある幅員4m未満の道で、特定行政庁の指定により建築基準法上の道路とみなされるもの（2項道路）については、原則、その中心線からの水平距離で4m後退した線がその道路の境界線とみなされる。←よく出る

---

③ 建蔽率

次の各文章を読んで、正しいものまたは適切なものには○を、誤っているものまたは不適切なものには×をしなさい。

☐ ❶ 幅員6mの市道に12m接し、面積が200㎡である敷地に、建築面積が80㎡、延べ面積が120㎡の2階建て住宅を建築する場合の建蔽率は、60%となる。

☐ ❷ 建築物の敷地が建蔽率の限度（指定建蔽率）の異なる地域にわたる場合、敷地全体について、敷地の過半の属する地域の指定建蔽率が適用される。

開発行為を行う場合、**市街化区域**であれば、1,000㎡以上の規模であるものは**都道府県知事の開発許可**が必要です。なお、市街化調整区域なら規模にかかわらず都道府県知事の開発許可が必要です。

×

▼ 解説（赤シートで消える語句をチェックできます）　　🔖251・252ページ　▼ 正解

Point　建築基準法の「用途制限」、「接道義務」、「2項道路」の3項目についてまとめてあります。

住宅は**工業専用地域**には**建てられません**。**工業地域**や**商業地域内**ならば建築が可能です。**ウラ技**　住宅が建てられないのは「工業専用地域」だけ

×

老人ホームや診療所は、**第一種低層住居専用地域内**に建築**できます**。

○

1つの敷地が異なる2つ以上の用途地域にわたる場合、その建築物や敷地全部に、**敷地の過半の属する用途地域の用途に関する規定**が**適用**されます。つまり、大きい面積の方の規定が適用されるというわけです。

○

幅員とは道幅のことです。建築物の敷地は、原則として**幅員4m以上の道路**に**2m以上接しなければなりません**。この制限を「**接道義務**」といいます。

×

2項道路では、道路の中心線から水平距離で**2m後退した線**が境界線とみなされます。みなし道路境界線と道までの部分（**セットバック部分**）は、**容積率や建蔽率の計算**の際、敷地面積に**算入されません**。

×

▼ 解説（赤シートで消える語句をチェックできます）　　🔖253ページ　▼ 正解

Point　敷地面積に対する建築面積の割合を建蔽率、用途地域ごとに決められた建蔽率を指定建蔽率（建蔽率の上限）といいます。

建蔽率は、**建蔽率＝建築面積÷敷地面積**の式で算出します。
建蔽率（%）＝建築面積80㎡÷敷地面積200㎡×100＝40%

×

指定建蔽率が異なる地域にわたる場合、建蔽率は**加重平均**（各土地の建築面積の合計を、敷地面積の合計で割った値）で計算します。

×

4 容積率／延べ面積／防火規制

次の各文章を読んで、正しいものには○を、誤っているものには×をしなさい。（　）のある文章では、適切な語句を選びなさい。

☐ ❶ 右記の2,000㎡の土地に建築物を建築する場合の最大延べ面積は、（　）である。
1) 1,100㎡
2) 3,000㎡
3) 4,000㎡

前面道路	幅員12m
1,000㎡	第一種中高層住宅専用地域 指定建蔽率60%・指定容積率200%
1,000㎡	第一種低層住宅専用地域 指定建蔽率50%・指定容積率100%

☐ ❷ 都市計画区域内の防火地域内に耐火建築物を建築する場合、建築基準法による建蔽率と容積率の双方の制限について緩和を受けることができる。

5 区分所有法

次の各文章を読んで、正しいものまたは適切なものには○を、誤っているものまたは不適切なものには×をしなさい。

☐ ❶ 「建物の区分所有等に関する法律」によると、敷地利用権が数人で有する所有権その他の権利である場合には、区分所有者は原則として、専有部分とその専有部分に係る敷地利用権とを分離して処分することができない。

☐ ❷ 建物の区分所有等に関する法律の規定によれば、共用部分に対する各区分所有者の共有持分は、原則としてその有する戸数の総戸数に占める割合となる。

6 農地の転用

次の文章を読んで、正しいものまたは適切なものには○を、誤っているものまたは不適切なものには×をしなさい。

☐ 農地法の規定によれば、市街化区域内にある一定の農地において、所有する農地を自宅の建築を目的として宅地に転用する場合、あらかじめ市町村長に届け出れば、都道府県知事等の許可なく転用することができる。 ←よく出る

Point 容積率は、延べ面積の敷地面積に対する割合のことです。また、延べ面積とは、建物各階の床面積を合計した面積をいいます。

最大延べ面積（延べ面積の上限）＝敷地面積×指定容積率（容積率の上限）
指定容積率が異なる2つの土地に建築物を建築する場合の最大延べ面積は「各敷地面積×各指定容積率」を合計します。
上半分の敷地の最大延べ面積＝1,000㎡×**指定容積率200%**＝2,000㎡
下半分の敷地の最大延べ面積＝1,000㎡×**指定容積率100%**＝1,000㎡
2,000㎡の土地の最大延べ面積＝2,000㎡＋1,000㎡＝3,000㎡

建蔽率、容積率には制限があります。防火地域内に耐火建築物を建築する場合、建蔽率の制限は**緩和**されますが、容積率は**緩和**されません。

✕

学科⑤
不動産

Point 集合住宅での管理や使用について定めた法律が区分所有法です。建物の取壊しには、集会において区分所有者と議決権の各5分の4以上の多数が必要です。

専有部分…住居、店舗、事務所など、独立性を備えている建物の部分。**敷地利用権**…その敷地を利用できる権利。全区分所有者で共有。区分所有者は原則、**専有部分とその専有部分に係る敷地利用権とを分離して処分**できません。

共用部分（共同玄関、エレベーター、階段など）に対する各区分所有者の共有持分は、原則、**各共有者が有する専有部分の床面積の割合**で決まります。

Point 農地法によれば、農地を農地以外に転用する場合、原則、都道府県知事の許可が必要です。許認可権者に関する問題がよく出ます。

農地を農地以外に転用する場合、原則、**都道府県知事等**※の許可が必要です。ただし、市街化区域内にある一定の農地については、あらかじめ、**農業委員会へ届出**をすれば、都道府県知事の許可は不要です。

※特定市町村の場合は、その市町村長が許認可権者です。

3 不動産の税金・活用法

問題数023

【第1問】 次の文章を読んで、正しいものまたは適切なものには①を、誤っている
ものまたは不適切なものには②を、解答用紙にマークしなさい。

2022年1月

不動産取得税は、相続人が不動産を相続により取得した場合には課されない。

解答　①　②

【第2問】 次の文章の（　）内にあてはまる最も適切な文章、語句、数字またはそれ
らの組み合わせを1）～3）のなかから選び、その番号を解答用紙にマーク
しなさい。

2021年1月

　自己が居住していた家屋を譲渡する場合、その家屋に自己が居住しなくなった日
から（①）を経過する日の属する年の（②）までの譲渡でなければ、「居住用財
産を譲渡した場合の3,000万円の特別控除」の適用を受けることができない。

1）　①1年　　　②12月31日
2）　①3年　　　②3月15日
3）　①3年　　　②12月31日

解答　①　②　③

TOP 60 ❶ 不動産の取得・保有にかかる税金

次の各文章を読んで、正しいものには○を、誤っているものには×をしなさい。

☐ ❶ 贈与により不動産を取得した場合、不動産取得税は課されない。 ←よく出る

☐ ❷ 相続による不動産の取得に起因して所有権移転登記を行う場合は、登録免許
税は課されない。

出題 DATA
過去13年間

👑1 居住用財産の譲渡所得の特別控除…**出題率1.08%**［27問］

👑2 土地活用と不動産投資…**出題率1.04%**［26問］

👑3 不動産の取得・保有にかかる税金…**出題率1.00%**［25問］

※出題率は、過去13年間の学科試験2,489問中の出題割合［質問数］を示しています。

学科⑤
不動産

【不動産の税金・活用法】の出題傾向

頻出順に次の問題が出題されています。

1 居住用財産の譲渡所得の特別控除…特別関係者への譲渡不可、譲渡期限、確定申告が必要、などの適用要件は必ず覚えておきましょう。

2 土地活用と不動産投資…「土地の有効活用方法」が頻出です。土地活用の事業方式について覚えましょう。

3 不動産の取得・保有にかかる税金…不動産取得税、登録免許税、都市計画税、消費税、印紙税について、出題されます。

▼ 再現例題の解説と解答

1 相続による取得は非課税です。ただし、購入・増改築・贈与などによる取得は不動産取得税の課税対象となります。　①

2 現在居住者のいない土地・建物でも、住まなくなった日から3年目の12月31日までに譲渡していれば、3,000万円の特別控除の特例の適用を受けることができます。　③

▼ 解説 （赤シートで消える語句をチェックできます）　📖260・263・265ページ　▼ 正解

Point 「不動産取得税」、「登録免許税」、「都市計画税」、「消費税」、「印紙税」という5項目をまとめています。

不動産取得税（標準税率<u>3%</u>※）は、土地や家屋の購入・新築・増改築や、贈与されたとき、取得者にかかる税金です。ただし<u>相続</u>により**不動産を取得したときには課されません**。　　✕

<u>登録免許税</u>は、不動産登記を行うときに課される税金です。**所有権移転登記**を行う場合、一定の要件に該当する場合を除き、**登録免許税が課**されます。　　✕

・**所有権移転登記**…不動産の売買、贈与、相続等で所有権が移転する際の登記。

※標準税率の本則は4%。3%は、2027年3月31日までに取得した場合の特例。

□ ❸ 都市計画税は、原則として、都市計画区域のうち市街化調整区域内に所在する土地・家屋の所有者に対して課される。←よく出る

□ ❹ 居住用としての家屋の貸付け（貸付期間が1カ月に満たないものを除く）に係る家賃には、消費税が課されない。←よく出る

□ ❺ 土地・建物の売買契約書を2通作成し、売主・買主がそれぞれ保管する場合の印紙税の納付は、売主または買主のいずれか一方の契約書に印紙を貼付して消印することにより完了する。

TOP60 ② 固定資産税

次の各文章を読んで、正しいものには○を、誤っているものには×をしなさい。（　）のある文章では、適切な語句を選びなさい。

□ ❶ 「住宅用地に対する固定資産税の課税標準の特例」により、小規模住宅用地（住宅1戸につき200㎡までの部分）については、固定資産税の課税標準となるべき価格の（　）の額が課税標準とされる。←よく出る
　　1）2分の1
　　2）4分の1
　　3）6分の1

□ ❷ 土地・家屋に係る固定資産税の課税標準となる価格は、原則として、5年ごとの基準年度において評価替えが行われる。←よく出る

③ 不動産の譲渡・賃貸にかかる税金

次の各文章を読んで、正しいものには○を、誤っているものには×をしなさい。（　）のある文章では、適切な語句を選びなさい。

□ ❶ 借地権（地下もしくは空間について上下の範囲を定めた借地権を除く）の設定の対価として支払を受ける権利金の額が、その土地の価額の3分の1を超える場合、原則として、その権利金の額は譲渡所得の対象となる。

都市計画税は、公園や道路などの都市計画事業の費用に充てるために課される地方税で、**市街化区域内の土地・建物の所有者**に対して課されます。　**✕**

貸付期間が1カ月以上の**居住用建物の貸付け**は**非課税取引**で、家賃には**消費税**が課されません。また、**土地の譲渡・貸付け**にも**消費税**が課されません。　**○**

学科⑤　不動産

印紙税は、不動産売買契約書等の課税文書を作成したときに課される国税です。土地・建物の売買契約書の原本を2通作成して売主・買主のそれぞれが所持する場合は、**双方の契約書に収入印紙を貼付し消印することが必要です**。　**✕**

▼ 解説（赤シートで消える語句をチェックできます）　🔖238・264ページ　▼ 正解

Point 固定資産税は毎年1月1日現在における土地・家屋の所有者として、固定資産課税台帳に登録されている者に対して課されます。

固定資産税は、不動産を取得した翌年度から課税される地方税です。「住宅用地に対する固定資産税の課税標準の特例」により、以下のとおり、**課税標準**（所得税の課税対象となる金額）※から、一定額が控除されます。　**3)**

● **小規模住宅用地**（住宅1戸につき200㎡以下の部分）…**課税標準×1/6**
● **一般住宅用地**（住宅1戸につき200㎡超の部分）…**課税標準×1/3**

※納税額は課税標準×税率**1.4%**（市町村の条例で**変更可**）。住宅用地は賃貸住宅地を含む。

固定資産税の課税標準となる価格（**固定資産税評価額**）は、基準年度の前年の1月1日を基準に、**3年**ごとに**評価替え**が行われます。**市町村**が決定し、**公示価格の70%**を目安に設定されます。　**✕**

▼ 解説（赤シートで消える語句をチェックできます）　🔖267ページ　▼ 正解

Point 不動産を譲渡（売却）すると譲渡所得として、貸し付けると不動産所得として、それぞれ所得税・住民税が課されます。

土地に**借地権**を設定し、対価として受け取った**権利金**などの一時金は、原則、**不動産所得**となります。ただし、権利金がその**土地の価額の2分の1**を超える場合、土地の一部分を譲渡したものと判断され、**譲渡所得**となります。　**✕**

☐ ❷ 「特定の居住用財産の買換えの場合の長期譲渡所得の課税の特例」の適用を
受けるためには、譲渡資産の譲渡対価の額が（　　）以下でなければならない。

1）6,000万円　　　2）1億円　　　3）1億5,000万円

☐ ❸ 「特定居住用財産の譲渡損失の損益通算および繰越控除の特例」の適用要件
の1つとして、譲渡資産の所有期間は、譲渡の年の1月1日で（　　）を超え
ていなければならない。

1）3年　　　　　　2）5年　　　　　　3）10年

☐ ❹ 「特定居住用財産の譲渡損失の損益通算および繰越控除の特例」の適用を受
けた場合、損益通算を行っても控除しきれなかった譲渡損失の金額について
は、譲渡の年の翌年以後5年内に繰り越して控除することができる。

☐ ❺ 「居住用財産を譲渡した場合の長期譲渡所得の課税の特例（軽減税率の特例）」
は、譲渡した日の属する年の3月15日において、土地等または建物等の所有
期間が5年を超えていなければ適用を受けることができない。

☐ ❻ 居住用財産の譲渡について、長期譲渡所得の課税の特例（軽減税率の特例）
の適用を受ける場合、課税長期譲渡所得金額が6,000万円以下であれば、所
得税および復興特別所得税の税率は（　　）で計算される。

1）10.21％　　　2）15.315％　　　3）20.315％

🅃🄾🄿 ❹ 居住用財産の譲渡所得の特別控除
60

次の各文章を読んで、正しいものには○を、誤っているものには×をしなさい。
（　　）のある文章では、適切な語句の組合せを選びなさい。

☐ ❶ 「居住用財産の譲渡所得の特別控除（居住用財産を譲渡した場合の3,000万
円の特別控除の特例）」は、居住用財産を居住の用に供さなくなった日から
（①）年を経過する日の属する年の（②）までに譲渡しなければ、適用を
受けることができない。

1）①5　②1月1日　　2）①2　②3月31日　　3）①3　②12月31日

所有期間が10年を超える居住用財産を買い換えた場合、譲渡益に対する税金を将来に繰り延べることができる特例です。要件として、譲渡資産の対価の額（旧宅の売却額）が1億円以下であることが必要です。

2)

「特定居住用財産の譲渡損失の損益通算および繰越控除の特例」は、居住用財産を譲渡して、新たに住宅ローンを利用した居住用財産に買い換えて損失が出た場合、他の所得との損益通算や繰越控除ができる特例です。譲渡資産の**所有期間**が**譲渡の年の**1月1日時点で5年を超えていなければなりません。

2)

この特例の適用を受けた場合、損益通算しても控除しきれなかった譲渡損失の金額は、**譲渡の年の翌年以後**3年内に繰り越して控除ができます。

ウラ技 5年持たなきゃ損、繰り越し3年できてお得！

×

居住用財産を譲渡した場合、「3,000万円の特別控除の特例」適用後の金額に、軽減税率が適用される特例です。要件として、**譲渡した日の属する年の**1月1日において、**所有期間が**10年を超えていなければ適用を受けられません。

×

譲渡年の1月1日現在において**所有期間**が10年を超える居住用財産を譲渡した場合、**軽減税率**が適用されます。所得税額は、次の式で求めます。

● 譲渡所得税額＝課税長期譲渡所得金額×税率

課税長期譲渡所得金額	所得税額（復興特別所得税を含む）
6,000万円以下の場合	課税長期譲渡所得金額×10.21%
6,000万円超の場合	（課税長期譲渡所得金額−6,000万円）×15.315%＋600万円

1)

▼ 解説（赤シートで消える語句をチェックできます）　　🔗268・270ページ　▼ 正解

Point 検定では「居住用財産の譲渡所得の特別控除」または「居住用財産を譲渡した場合の3,000万円の特別控除の特例」という名称で出題されます。

「居住用財産の譲渡所得の特別控除」（居住用財産を譲渡した場合の3,000万円の特別控除の特例）は、**居住用財産を譲渡**した場合に譲渡所得（譲渡益）から**最高**3,000万円を控除できる特例です。この特例は、住まなくなった日から3年を経過する日の属する年の12月31日までに譲渡しなければ適用を受けられません。この特例によって、譲渡所得が0円になる場合も、確定申告が必要です。

3)

☐ ❷ 「居住用財産を譲渡した場合の3,000万円の特別控除の特例」の適用を受けるためには、適用を受けようとする者のその年分の合計所得金額が3,000万円以下でなければならない。

☐ ❸ 自己が居住していた住宅を子に譲渡した場合、「居住用財産を譲渡した場合の3,000万円の特別控除の特例」の適用を受けることができない。

☐ ❹ 「被相続人の居住用財産（空き家）に係る譲渡所得の特別控除の特例」の適用を受けるためには、譲渡の対価の額が5,000万円以下でなければならない。

TOP 60 ⑤ 土地活用と不動産投資

次の各文章を読んで、正しいものには○を、誤っているものには×をしなさい。（ ）のある文章では、適切な語句や数字を選びなさい。

☐ ❶ 土地の有効活用方式のうち、一般に、土地所有者が土地の全部または一部を拠出し、デベロッパーが建設費等を拠出して、それぞれの出資比率に応じて土地・建物に係る権利を取得する方式を等価交換方式という。

☐ ❷ 土地の有効活用において、一般に、土地所有者が入居予定の事業会社から建設資金を借り受けて、事業会社の要望に沿った店舗等を建設し、その店舗等を事業会社に賃貸する手法を、事業用定期借地権方式という。

☐ ❸ 投資総額5,000万円の賃貸用不動産の年間収入の合計額が600万円、年間費用の合計額が400万円のとき、投資の純利回り（NOI利回り）は（ ）である。
←よく出る
1）4％ 　　2）8％ 　　3）12％

☐ ❹ 不動産投資の採算性（収益性）の評価において用いられる直接還元率は、不動産投資から得られる純収益（キャッシュフロー）の現在価値の総和が、投資額と等しくなる場合の割引率のことである。

「居住用財産の譲渡所得の特別控除」の適用を受けるための、**合計所得金額**に関する要件は<u>ありません</u>。合計所得金額が2,000万円以下という要件があるのは<u>住宅ローン</u>控除です。なお、この特別控除の適用を受けるための、**所有期間**に関する要件は<u>ありません</u>。なお、居住用財産を売却した年の<u>前年</u>や<u>前々年</u>に同じ特例を受けていた場合は適用不可です。	✕
「居住用財産の譲渡所得の特別控除」は、<u>配偶者</u>、<u>父母</u>、<u>子</u>、**生計を一にする**<u>親族</u>などに譲渡した場合、適用を受けられません。	〇
「空き家に係る譲渡所得の特別控除」は、家屋または取壊し後の土地の譲渡価額が<u>1億円以下</u>の場合、譲渡益から最高3,000万円を控除できる制度です。	✕

不動産⑤

▼ 解説（赤シートで消える語句をチェックできます）　　📖276ページ　　▼ 正解

Point 土地活用の事業方式では等価交換方式と建設協力金方式、投資の採算性に関する問題では、純利回り、単純利回り、内部収益率がよく出題されています。

土地所有者が土地を、デベロッパー（宅地造成、マンション分譲、開発事業などを行う企業）が建設費等を拠出し、**各出資比率に応じて土地・建物に係る権利を取得する方式**が<u>等価交換</u>方式です。なお、**土地所有者が建物を建設**し、その建物に入居予定のテナント等から預かった**保証金や建設協力金を建設資金の全部または一部に充当する**事業方式が<u>建設協力金</u>方式です。	〇
問題文は**建設協力金方式**の説明です。**定期借地権方式**とは、土地の所有者が土地に<u>定期借地権</u>を設定し、他者に貸すことで賃貸料を受け取る方式のことで、土地を手放すことなく、安定した地代収入を得ることができます。	✕
<u>純利回り</u>（<u>NOI</u>利回り、<u>ネット</u>利回り）は、<u>純収益</u>（年間賃料収入の合計額から手数料や税金などの年間費用の合計額を引いたもの）を<u>投資総額</u>で割って求めます。**純利回り(%)＝純収益（年間賃料収入－諸経費）÷投資額×100**（<u>600</u>万円－<u>400</u>万円）÷<u>5,000</u>万円×100＝<u>4</u>(%)	1)
不動産投資から得られる**純収益の現在価値の総和が投資額と等しくなる場合の割引率**のことを<u>内部収益率</u>といいます。内部収益率が大きければ、投資価値が<u>高い</u>と判断されます。	✕

147

1 贈与税

問題数020

再現例題

【第1問】 次の文章を読んで、正しいものまたは適切なものには①を、誤っている
ものまたは不適切なものには②を、解答用紙にマークしなさい。

2022年9月

死因贈与は、贈与者が財産を無償で与える意思を表示することのみで成立し、贈
与者の死亡によって効力を生じる。

解答 ① ②

【第2問】 次の文章の（ ）内にあてはまる最も適切な文章、語句、数字またはそ
れらの組合せを1）～3）のなかから選び、その番号を解答用紙にマーク
しなさい。

2022年9月

相続時精算課税の適用を受けた場合、2023年以前の贈与により取得する財産につい
て、特定贈与者ごとに特別控除額として累計（①）までの贈与には贈与税が課されず、
それを超えた贈与額に対しては一律（②）の税率を乗じて贈与税額が算出される。

1）① 2,000万円　　　② 25%
2）① 2,000万円　　　② 20%
3）① 2,500万円　　　② 20%

解答 ① ② ③

TOP 60 1 贈与契約

次の各文章を読んで、正しいものまたは適切なものには○を、誤っているもの
または不適切なものには×をしなさい。

❶ 書面による贈与において、財産の取得時期は、原則として当該贈与契約の効
力が発生した時とされる。

❷ 書面によらない贈与は、すでに履行が終わった部分を除き、各当事者が撤回
することができる。

👑**1** 贈与税の基礎知識…出題率1.41%［35問］

👑**2** 贈与契約…出題率0.96%［24問］

👑**2** 贈与税の配偶者控除…出題率0.96%［24問］

※出題率は、過去13年間の学科試験2,489問中の出題割合［質問数］を示しています。

【贈与税】の出題傾向

頻出順に次の問題が出題されています。

1 贈与税の基礎知識…贈与税の課税対象となる生命保険金や低額譲渡に関する問題や、贈与税の申告と納付に関する問題が頻出します。

2 贈与契約…贈与契約の基本知識と、贈与契約の種類をしっかりと理解しましょう。

2 贈与税の配偶者控除…要件として贈与時点の婚姻期間が20年以上であることや、基礎控除110万円との併用可などはしっかり覚えておきましょう。

▼ 再現例題の解説と解答

1 贈与は当事者間の合意で成立します。死因贈与でも贈与者の意思のみでは成立せず、受贈者の合意が必要です。 **②**

2 2023年以前の贈与では贈与財産の合計2,500万円までが非課税。非課税分を超えた贈与額には、一律20%を乗じた額が課税されます。ただし、2024年以降の贈与から110万円の基礎控除が創設される法改正が施行され、基礎控除110万円＋2,500万円まで非課税です。 **③**

▼ 解説（赤シートで消える語句をチェックできます）　　　🔗280ページ　　▼ 正解

Point 財産を無償でだれかに与える契約が贈与です。贈与する人を「**贈与者**」、贈与される人を「**受贈者**」といいます。

贈与は当事者間の合意で成立するため、**口頭**または**書面**のどちらでも契約は有効です。**書面による贈与**において、財産の取得時期は、**贈与契約の効力が発生した時**、つまり、**契約書に書かれた効力発生日**です。　　**○**

書面によらない贈与は、すでに履行が終わった部分を除き、**各当事者が**（贈与者または受贈者のどちらからでも）**撤回することができ**ます。　　**○**

☐ ❸ 贈与者の死亡によって効力を生ずる死因贈与によって取得した財産は、相続税の課税対象となる。

☐ ❹ 住宅ローンが残っているマンションを贈与し、受贈者がそのローン残高を引き継ぐといったように、受贈者に一定の債務を負担させる贈与契約を、負担付贈与契約という。

☐ ❺ 停止条件付贈与契約は、「大学に合格したら自動車を与える」というように、所定の条件が成就することによりその効力が生じる贈与契約のことである。

TOP 60 ❷ 贈与税の基礎知識

次の各文章を読んで、正しいものまたは適切なものには○を、誤っているものまたは不適切なものには×をしなさい。

☐ ❶ 子が父所有の土地を無償で借り受け、その土地の上に建物を建築した場合には、父から子へ借地権の贈与があったものとして贈与税の課税対象となる。

☐ ❷ 個人の間で著しく低い価額の対価で財産の譲渡があった場合、原則として、その対価と財産の時価との差額に相当する金額について、贈与があったものとみなされる。

☐ ❸ 法人から個人へと財産が贈与された場合、その財産の価額が、受贈者である個人の贈与税の課税価格に算入される。

☐ ❹ 贈与税について、受贈者は、原則として、贈与を受けた年の翌年の2月1日から3月15日までに贈与税の申告書をその者の住所地の所轄税務署長に提出し、その申告書の提出期限までに申告書に記載した贈与税額に相当する贈与税を納付しなければならない。

☐ ❺ 贈与税の納付は、金銭での一括納付のほか、延納または物納によることが認められている。

☐ ❻ 暦年課税における贈与税の計算において、1暦年間に複数人から贈与を受けた場合、それぞれの贈与者からの贈与財産の価額ごとに基礎控除額を控除して、贈与税額を算出する。

贈与者の死亡によって実現する契約を**死因贈与**と言います。**死因贈与は**相続税の課税対象です。 😊ウラ技 「死人」からもらうと相続税！

○

> **贈与契約の種類**　　　　　　　　　　　　　　　　　　**覚えよう**
>
> **負担付贈与**…受贈者に一定の債務を負わせることを条件にした贈与契約。
> **停止条件付贈与**…所定の条件が成就することでその効力が生じる契約。
> **死因贈与**…贈与者の死亡によって実現する契約。
> **定期贈与**…贈与者から受贈者に定期的に給付する贈与。贈与者か受贈者の
> 　　　　　　いずれかの死亡で効力を失う

○

○

▼ 解説（赤シートで消える語句をチェックできます）　　　☞281ページ　　▼ 正解

(Point)　贈与税の課税方法の1つが、暦年課税です。1年間（1月1日～12月31日）に取得した財産の合計額を課税対象とするもので、基礎控除額は110万円です。

親の土地を子が無償で借り受けてアパートなどを建てた場合の借地権は、贈与税の**非課税財産として、課税対象には**なりません。

✕

個人間で（時価と比較して）著しく低い対価で財産の譲渡があった場合、その低い対価と時価との差額が贈与とみなされます。これは**低額譲渡**とよばれるもので、実質的に贈与と同様の性質をもちます。

○

法人から個人への贈与は贈与税ではなく、所得税の課税価格に算入されます。

✕

受贈者は、贈与を受けた年の**翌年の2月1日から3月15日の間**に受贈者の居住地を管轄する**税務署長**に贈与税の申告書を提出し、納付しなくてはなりません。

○

贈与税の納付は、原則、申告期限までに**全額を金銭で一括**に納めます。所定の要件を満たせば延納はできますが、物納による納付は認められていません。

✕

暦年課税における贈与税の計算は、贈与**者ごとではなく**受贈**者ごとに行います**。そのため、1暦年間に複数人から贈与を受けた場合、**贈与財産を合計**した額から基礎控除額を控除して、贈与税額を算出します。

✕

^{TOP}₆₀ 3 贈与税の配偶者控除

次の文章を読んで、正しいものまたは適切なものには○を、誤っているものまたは不適切なものには×をしなさい。

☐   贈与税の配偶者控除の適用を受けるためには、贈与を受けた日において、贈与者との婚姻期間が20年以上なければならない。

^{TOP}₆₀ 4 相続時精算課税

次の各文章を読んで、正しいものまたは適切なものには○を、誤っているものまたは不適切なものには×をしなさい。

☐ ❶ 相続時精算課税制度の適用を受けた財産は、贈与者の相続に係る相続税の計算において、贈与時の価額によって相続税の課税価格に加算する。

☐ ❷ 相続時精算課税制度の適用要件のひとつとして、受贈者の年齢は、贈与を受けた年の1月1日時点で19歳以上でなければならない。

☐ ❸ 相続時精算課税を選択すると、その後、同一の贈与者（特定贈与者）からの贈与について、暦年課税を選択することができない。

5 直系尊属からの贈与の特例

次の各文章を読んで、正しいものまたは適切なものには○を、誤っているものまたは不適切なものには×をしなさい。

☐ ❶ 「直系尊属から住宅取得等資金の贈与を受けた場合の贈与税の非課税」では、2024年4月に受贈した住宅資金で省エネ等住宅用家屋を取得する場合は1,200万円、それ以外の住宅家屋であれば700万円が受贈者ごとに非課税となる。

☐ ❷ 「直系尊属から教育資金の一括贈与を受けた場合の贈与税の非課税」の特例における非課税拠出額の限度額は、受贈者1人につき1,200万円である。

☐ ❸ 「直系尊属から住宅取得等資金の贈与を受けた場合の贈与税の非課税」は、相続時精算課税と併用して適用を受けることができる。

▼ 解説（赤シートで消える語句をチェックできます）　⚡287ページ　▼ 正解

Point 居住用不動産、または居住用不動産を取得するための金銭の贈与で、贈与税の基礎控除（110万円）との併用が可能です。

贈与税の配偶者控除は、贈与時点の婚姻期間が**20年以上**（1年未満切捨て）が要件の1つであり、控除額は**最高2,000万円**です。また、納付する贈与税額がゼロであっても、**贈与税の申告書の提出**は必要です。

▼ 解説（赤シートで消える語句をチェックできます）　⚡288ページ　▼ 正解

Point 相続時精算課税制度は、贈与時点の贈与税を軽減し、後に相続が発生したときに贈与分と相続分を合算して相続税として支払う制度です。

相続時精算課税制度の適用を受けた財産は、**贈与**時の価額で**相続**税の課税価格に加算します。

相続時精算課税制度では、受贈者の年齢は**贈与を受けた年の1月1日時点で18歳以上**（2022年4月1日以後の相続・贈与で適用）**でなければなりません。**

相続時精算課税を選択すると、その後、**同一の贈与者（特定贈与者）**からの贈与について、**暦年課税を選択することはできません。**

▼ 解説（赤シートで消える語句をチェックできます）　⚡289・290ページ　▼ 正解

Point 直系尊属から「住宅購入資金」や「教育資金」の贈与を受けた場合に贈与税の一定額が非課税になる特例です。

「**住宅取得等資金の贈与税の特例**」は直系尊属から住宅取得等資金の贈与を受けた場合に**贈与税が非課税**となる制度です。**非課税限度額**は、**受贈者ごと**に**省エネ等住宅用家屋**1,000万円、**それ以外**は**500万円**です。[※1]

「**教育資金の一括贈与の特例**[※2]」の非課税拠出額の限度額は、受贈者ごとに**最大1,500万円**（学校等に支払う入学金や授業料等が1,500万円まで。塾など学校以外の教育サービス費用が**500万円**まで。合計1,500万円まで）です。

「**住宅取得等資金の贈与税の特例**」は、贈与税の暦年課税の基礎控除110万円、相続時精算課税に係る贈与税の特別控除2,500万円のいずれかと併用できます。 ○

※1 2024年1月1日以降に受贈した住宅資金にかかる贈与税に適用。適用期限は2026年12月31日。
※2 2019年4月以降、前年の合計所得金額が1,000万円超の受贈者に対する贈与は適用対象外。

2 相続のしくみ／相続税の算出

問題数031

再現例題

【第1問】 次の文章を読んで、正しいものまたは適切なものには①を、誤っている
ものまたは不適切なものには②を、解答用紙にマークしなさい。

2021年3月

法定相続人である被相続人の兄弟姉妹は、遺留分権利者とはならない。

解答 ① ②

【第2問】 次の文章の（ ）内にあてはまる最も適切な文章、語句、数字またはそ
れらの組合せを1）～3）のなかから選び、その番号を解答用紙にマーク
しなさい。

2021年1月

下記の〈親族関係図〉において、Aさんの相続における父Cさんの法定相続分は、
（ ）である。 ◀よく出る

〈親族関係図〉

1）6分の1
2）4分の1
3）3分の1

解答 ① ② ③

TOP 60 ① 相続の承認と放棄

次の各文章を読んで、正しいものには○を、誤っているものには×をしなさい。
（ ）のある文章では、適切な語句の組合せを選びなさい。

☐ ❶ 相続の放棄をしようとする者は、原則として、自己のために相続の開始が
あったことを知った時から（ ① ）以内に、その旨を（ ② ）に申述しなけれ
ばならない。◀よく出る

1）① 3カ月 ② 所轄税務署長
2）① 3カ月 ② 家庭裁判所
3）① 4カ月 ② 所轄税務署長

出題DATA 過去13年間

👑1 **法定相続人と法定相続分**…出題率**1.77%**［44問］

👑2 **相続財産の種類**…出題率**1.57%**［39問］

👑3 **遺言書**…出題率**1.17%**［29問］

※出題率は、過去13年間の学科試験2,489問中の出題割合［質問数］を示しています。

【相続のしくみ／相続税の算出】の出題傾向

頻出順に次の問題が出題されています。

1 法定相続人と法定相続分…出題ランキング4位の超頻出問題。法定相続人の順位と法定相続分の割合から、相続人の相続分を求める問題が頻出。

2 相続財産の種類…相続税が課せられる「みなし相続財産」にあたる生命保険金や死亡退職金、非課税財産となる弔慰金や葬祭料など、相続税がかかる財産と非課税の財産を整理しておきましょう。また、生前贈与加算についてや、生命保険金の非課税限度額を求める式も出題されます。

3 遺言書…遺言書の種類や、各遺言書ごとに、署名、押印、証人、家庭裁判所の検認の要・不要等を問う問題が頻出しています。

▼ 再現例題の解説と解答

1 遺留分権利者は、配偶者、子（子の代襲相続人含む）、父母のみです。　①

2 法定相続人が配偶者と、被相続人の父母（直系尊属）である場合、法定相続分は、配偶者が3分の2、父母が3分の1です。なお、父と母は、3分の1を2人で分けるので、6分の1ずつとなります。　①

▼ 解説（赤シートで消える語句をチェックできます）　　📖295ページ　　▼ 正解

Point 相続の放棄に関する問題では、「相続の開始があったことを知った時から○カ月以内に〜」という問と、申述先に関する問題でほぼ9割を占めます。

相続とは、**被相続人**（死亡した人）の財産（資産および負債）を、**相続人**（配偶者、子など）が引き継ぐことをいいます。相続人は、財産相続をどのようにするか（**承認**か**放棄**か）を選択できます。**相続の放棄**は、被相続人の資産および負債を**すべて相続しない**ということです。相続を放棄する場合、**相続の開始を知った時から3カ月以内**に、**家庭裁判所**に**申述**する必要があります。単独で申述できますが、一度放棄申請を行うと、原則、**撤回**はできません。

2)

❷ 相続人が複数人いる場合、相続の限定承認は、相続人全員が共同して行わなければならない。

TOP 60 ❷ 法定相続人と法定相続分

次の各文章の（　）内にあてはまる最も適切な文章、語句、数字を 1)〜3) のなかから選びなさい。

---

❶ 下記の〈親族関係図〉において、Aさんの相続における弟Bさんの法定相続分は、（　）である。

1)　4 分の 1
2)　3 分の 1
3)　2 分の 1

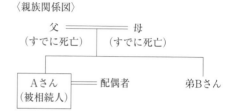

〈親族関係図〉

---

❷ 下記の〈親族関係図〉において、Aさんの相続における子Bさんの法定相続分は、（　）である。

1)　3 分の 1
2)　4 分の 1
3)　6 分の 1

〈親族関係図〉

相続の承認は、被相続人の資産および負債を**相続する**という意味で、**単純承認**と限定承認の2種類があります。**限定承認**は、被相続人の資産の範囲内で負債も相続するもので、相続開始を知った日から3カ月以内に、**相続人全員が共同**で家庭裁判所に申述する必要があります。

○

▼ 解説（赤シートで消える語句をチェックできます）　　🕮296ページ　▼ 正解

(Point) 法定相続人の順位と法定相続分の割合を把握しておけば解ける問題です。なお、養子の法定相続分は、実子と同額です。

民法上、被相続人の財産を相続する権利がある人を**法定相続人**といいます。法定相続人は、被相続人の配偶者と、一定の血族（尊属・卑属）に限られています。また、法定相続人には順位があります。複数の相続人が、遺産相続する割合を**相続分**といい、**指定相続分**（被相続人が遺言で指定する）と**法定相続分**（民法に規定がある）の2種類があります。

親族関係図から、Aさんの法定相続人は配偶者と弟Bさんの2人。法定相続分は、

配偶者…**4分の3**、
兄弟姉妹…**4分の1**

つまり、**弟Bさんの法定相続分は4分の1**です。

Aさんの法定相続人は、配偶者、3人の子どもの計4人。法定相続分は、配偶者が**2分の1**、子は、2分の1を3人で等分するので**6分の1**ずつ。つまり、**子Bさんの法定相続分は6分の1**です。なお、**養子の法定相続分は実子と同額**です。

1)

3)

> **覚えよう**
>
> **法定相続人の順位**
> ●**配偶者は常に法定相続人**。
> ●第1順位…**子**（養子、非嫡出子、胎児含む）
> 　　　　▲子が亡くなっている場合は孫、ひ孫
> ●第2順位…**直系尊属**（父母）
> 　　　　▲父母が亡くなっている場合は祖父母
> ●第3順位…**兄弟姉妹**
> 　　　　▲兄弟姉妹が亡くなっている場合は甥、姪
> ・上位の者がいる場合、下位の者は相続人になれない。
>
> **相続人と法定相続分**
> ●相続人が配偶者のみの場合
> 　…配偶者がすべて**相続**。
> ●相続人が配偶者と父母
> 　…配偶者**3分の2**、父母**3分の1**
> ●相続人が配偶者と子
> 　…配偶者**2分の1**、子**2分の1**
> ●相続人が配偶者と兄弟姉妹
> 　…配偶者**4分の3**、兄弟姉妹**4分の1**

❸ 下記の〈親族関係図〉において、孫Bの法定相続分は（　　）である。

1）6分の1
2）12分の1
3）0（法定相続分なし）

〈親族関係図〉

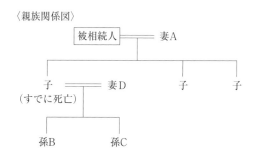

❸ 養子縁組／遺産分割方法／成年後見制度

次の各文章を読んで、正しいものまたは適切なものには○を、誤っているもの
または不適切なものには×をしなさい。

❶ 養子縁組（特別養子縁組ではない）によって養子となった者は、養親の嫡出
子として扱われ、養子縁組の成立と同時に、実方の父母との法律上の親族関
係は終了する。

❷ 協議分割による遺産の分割は、共同相続人全員の協議により分割する方法で
あり、その分割については、必ず法定相続分どおりに遺産を分割しなければ
ならない。

❸ 遺産分割において、相続人の1人または数人が、遺産の一部または全部を相
続により取得し、その財産を取得した者が他の共同相続人に対して債務を負
担する方法を代償分割という。

❹ 成年後見制度には法定後見制度と任意後見制度があり、法定後見制度の種類
には後見・保護・補助がある。

相続開始時に、法定相続人が死亡、欠格、廃除によって、相続権がなくなっている場合、その法定相続人の**直系卑属**（子や孫など）が**代わって相続すること**を**代襲相続**といいます。被相続人の兄弟姉妹が法定相続人で、相続開始時に相続権を失っている場合は、その子（被相続人の**甥・姪**）が代襲相続できます。法定相続人の配偶者は**代襲相続できません**。本問の法定相続人は、妻Aと子の３人。子のうちの１人はすでに死亡しているため、**孫Bと孫Cが代襲相続**します。つまり法定相続人は、**妻A、子2人、孫2人の計5人**。法定相続分は配偶者が**2分の1**。子２人は**2分の1**を**3人**で等分するので**6分の1**ずつ。孫BとCは子の１人分（6分の1）を**2人**で等分するので**12分の1**ずつ。

2）

▼ 解説（赤シートで消える語句をチェックできます）　⑦295・297・303ページ　▼ 正解

Point 養子縁組成立後の父母との親族関係について問う問題、遺産分割方法のうち、代償分割についての問題がよく出題されています。

養子には、普通養子と特別養子の２種類あり、**養子縁組**の成立によって、それぞれ実親・養親との親族関係が次のようになります。

● **普通養子**…実方の父母との法律上の**親族関係を存続**したまま、養親と親子関係を結ぶ（嫡出子の扱いとなる）。実親・養親両方の相続人になる。

● **特別養子**…実方の父母との**親族関係は終了**し、養親のみの相続人になる。

✕

相続財産を相続人で分けることを**遺産分割**といい、被相続人の遺言による指定**分割**と共同相続人（相続人が複数いる場合のすべての相続人）の協議で決める**協議分割**があります。また、複数の相続人が、遺産相続する割合を**相続分**といい、指定**相続分**（被相続人が遺言で指定する）と**法定相続分**（民法に規定がある）があります。協議分割では、分割の内容について、**共同相続人全員が合意**すれば、必ずしも法定相続分に従う必要は**ありません**。

✕

遺産分割には、**現物分割**、**換価分割**、**代償分割**の３つの方法があります。相続人の１人または数人が遺産を取得して、他の共同相続人に対して、自分の固有財産を分け与えるという**債務を負担する方法**が**代償分割**です。

○

成年後見制度は、判断能力の不十分な人が、財産管理や相続で不利益を被らないよう、その権利を保護する制度で、**後見・保佐・補助**の３種類あります。

✕

159

4 遺言書

次の各文章を読んで、正しいものには○を、誤っているものには×をしなさい。
（ ）のある文章では、適切な語句の組合せを選びなさい。

☐ ❶ 遺言は、遺言者の死亡の時からその効力を生ずる。

☐ ❷ 公正証書遺言は、証人（ ① ）以上の立会いのもと、遺言者が遺言の趣旨を公証人に口授し、公証人がそれを筆記して作成される遺言であり、相続開始後に家庭裁判所における検認手続が（ ② ）である。←よく出る
1）① 1人 ② 必要
2）① 2人 ② 必要
3）① 2人 ② 不要

☐ ❸ 自筆証書によって遺言をするには、遺言者が、その全文、日付および氏名を自書し（財産目録のみ自書以外での作成可）、これに印を押さなければならないが、証人の立ち会いは不要である。

☐ ❹ 自筆証書遺言の保管者や自筆証書遺言を発見した相続人は、相続の開始を知った後、遅滞なく、その遺言書を法務局に提出して、その検認を請求しなければならない。←よく出る

☐ ❺ 秘密証書遺言は、遺言者が遺言の内容を口述し、それを公証人が筆記して作成されるもので、作成された遺言書は公証人役場に保管される。

5 遺留分

次の文章の（ ）内にあてはまる最も適切な語句を1)～3)のなかから選びなさい。

☐ 遺留分算定の基礎となる財産の価額が1億8,000万円で、相続人が配偶者と子2人の合計3人である場合、子1人の遺留分の金額は（ ）となる。
←よく出る

1）2,250万円　　　2）4,500万円　　　3）6,000万円

▼ 解説（赤シートで消える語句をチェックできます）　🔁301ページ　▼ 正解

Point 遺言書ごとに、検認の要不要、証人の要・不要と人数、自筆や口述の可・不可、などをしっかり区別して覚えておきましょう。

自らの死後のために意思表示をすることを**遺言**と言います。遺言の<u>効力</u>は、遺言者の<u>死亡の時</u>から生じます。

○

遺言には、<u>自筆証書遺言</u>、<u>公正証書遺言</u>、<u>秘密証書遺言</u>の３つがあります。**公正証書遺言**は、公証人役場で**証人2名以上**の立会いのもとに作成される遺言です。遺言者が遺言の趣旨を公証人に口授し、公証人が筆記します。遺言者、証人、公証人の署名・押印は必要、相続開始後の**検認手続き**は<u>不要</u>です。また、原本は公証人役場に保管されます。**推定相続人や受遺者等**は証人になれません。**検認**…遺言書の偽造等を防止するための証拠保全手続き。

3)

自筆証書遺言は、遺言者が遺言、日付、氏名を<u>自書</u>し、押印する遺言です。ただし、財産目録だけは**自由書式（パソコン作成、通帳コピー等が可能）**です。**証人の立会い**は<u>不要</u>、相続開始後に家庭裁判所で検認の手続きは<u>必要</u>です。[※]

○

自筆証書遺言の**保管者**や**発見した相続人**は、相続の開始を知った後、その遺言書を法務局ではなく、<u>家庭裁判所に提出</u>して、その検認を請求しなければなりません。

×

秘密証書遺言は、遺言者が作成、署名押印、封印する遺言です。遺言者が口述して公証人が筆記するものでは<u>ありません</u>。また**遺言者**が保管します。

×

※自筆証書遺言の保管制度により、法務局（遺言書保管所）で保管されている遺言書については検認不要。

▼ 解説（赤シートで消える語句をチェックできます）　🔁302ページ　▼ 正解

Point 遺留分とは、遺留分権利者である「配偶者、子（代襲相続人を含む）、父母」が、最低限相続できる財産のことです。

遺留分の割合は、遺留分権利者が父母のみの場合は**3分の1**で、それ以外の場合には**2分の1**です。本問では「配偶者と子２人」なので、遺留分の割合は**2分の1**です。子１人の遺留分の金額は、「配偶者と子２人」の遺留分**2分の1**に、子１人の法定相続分**4分の1**を乗じて求めます。
1億8,000万円×1/2×1/4＝2,250**万円**

1)

6 相続財産の種類

次の各文章を読んで、正しいものには○を、誤っているものには×をしなさい。
（ ）のある文章では、適切な語句や語句の組合せを選びなさい。

☐ ❶ 相続または遺贈（遺言による財産の贈与）により財産を取得した者が、相続開始前3年以内に被相続人から贈与により財産を取得している場合、原則として、その財産の相続時における価額を相続税の課税価格に加算する。

☐ ❷ 被相続人の業務上の死亡により、被相続人の雇用主から相続人が受け取った弔慰金は、実質上退職手当金等に該当すると認められるものを除き、被相続人の死亡当時の普通給与の（ ）に相当する金額まで相続税の課税対象とならない。←よく出る
1) 半年分
2) 1年分
3) 3年分

☐ ❸ 被相続人の死亡後3年以内に支給が確定した死亡退職金は、勤務先から遺族へ直接支払われるため、相続税の対象とならない。

☐ ❹ 相続税の計算において、生命保険金の非課税限度額は、「（ ）×法定相続人の数」の算式により算出する。
1) 500万円
2) 600万円
3) 1,000万円

☐ ❺ 相続税の計算上、（ ① ）は債務として相続財産の価額から控除できる費用に含まれるが、控除できる費用に（ ② ）は含まれない。

1) ① 墓地や墓石の未払代金　　② 火葬や納骨の費用
2) ① 初七日や法事にかかった費用　　② 未払いの税金や医療費
3) ① 通夜・葬儀などの費用　　② 香典返戻費用

Point 相続財産には相続税の課税対象となるもの、非課税対象となるものがあります。生前贈与加算、死亡退職金などは課税、弔慰金や葬祭料などは非課税です。

原則、相続開始前7年以内に被相続人から贈与財産を取得している場合、贈与時における価額を相続税の課税価格に加算します（生前贈与加算）。

※ 2024年以降に贈与される財産は、相続税の対象になる期間が順次延長される（最終的に7年以内）。

✕

被相続人の業務上の死亡により、相続人が受け取った**弔慰金**は、被相続人の死亡当時の**普通給与の3年分**に相当する金額まで相続税の課税対象となりません。弔慰金の非課税の範囲は、死亡事由で異なります。

弔慰金の非課税の範囲

| 業務上の事由による死亡のとき | 死亡当時の普通給与の**3年分** |
| 業務外の事由による死亡のとき | 死亡当時の普通給与の**6カ月分** |

3)

死亡退職金は、被相続人の死亡により相続人に支払われる退職金で、被相続人の死後3年以内に支給が確定したものをいいます。死亡退職金は、相続財産とみなされ（みなし相続財産）、相続税の対象となります。

✕

相続人が受け取る生命保険金や死亡退職金の非課税限度額は、次の式で算出します。

非課税限度額＝500万円×法定相続人の数

1)

相続財産の価額から控除できる費用とできない費用

| 控除できるもの | ・債務（被相続人の借入金や未払いの税金、医療費）
・通夜・葬儀・火葬・納骨の費用 |
| 控除できないもの | ・被相続人が生前に購入した墓地、墓石の未払金
・香典返戻費用（香典返し）
・初七日・四十九日などの法会の費用 |

3)

7 遺産に係る基礎控除額

次の各文章を読んで、正しいものには○を、誤っているものには×をしなさい。
（　）のある文章では、適切な語句や語句の組合せを選びなさい。

☐ ❶ 2024年までに開始する相続において、相続税額の計算における遺産に係る基礎
控除額は「（①）＋（②）×法定相続人の数」の算式により求められる。

1）① 2,500万円　　② 500万円

2）① 3,000万円　　② 600万円

3）① 5,000万円　　② 1,000万円

☐ ❷ 相続税の「遺産に係る基礎控除額」を計算する際の法定相続人の数は、相続
人のうちに相続を放棄した者がいる場合、その放棄がなかったものとしたと
きの相続人の数となる。

☐ ❸ 相続税における遺産に係る基礎控除額の計算上、被相続人に1人の実子と3
人の養子がいる場合、「法定相続人の数」に被相続人の養子を（　）。

1）1人まで含めることができる

2）2人まで含めることができる

3）含めることはできない

8 2割加算

次の各文章を読んで、正しいものまたは適切なものには○を、誤っているもの
または不適切なものには×をしなさい。

☐ ❶ 被相続人の孫（代襲相続人ではない）が遺贈により不動産を取得した場合、
その孫は、相続税額の2割加算の対象者となる。

☐ ❷ 被相続人の兄弟姉妹が相続により財産を取得した場合、その兄弟姉妹は、い
わゆる相続税額の2割加算の対象者となる。

☐ ❸ 被相続人の孫が、すでに死亡している被相続人の子を代襲して相続人となっ
た場合、その孫は相続税額の2割加算の対象者となる。

Point 法定相続人の数に関する問題は、相続放棄者を人数に加えるかどうかがカギ。「相続放棄はなかったものとして加算する」と覚えておきましょう。

遺産に係る基礎控除額とは、相続税の基礎控除額のことです。次の式で算出します。

遺産に係る基礎控除額＝3,000万円＋600万円×法定相続人の数

2)

相続税の計算における法定相続人の数　覚えよう

・相続放棄者も法定相続人の数に含める。放棄はなかったものとする。
・被相続人に実子がいる場合、法定相続人に加える養子の数は1人まで。
・被相続人に実子がいない場合、法定相続人に加える養子の数は2人まで。
　次の場合は、実子とみなしてすべて法定相続人の数に含める。
・特別養子縁組により養子となっている者。
・代襲相続人で、かつ被相続人の養子となっている者。
・配偶者の実子で、かつ被相続人の養子となっている者。

○

1)

Point 2割加算の対象者を問う問題が出ます。孫は原則として2割加算の対象ですが、被相続人の子を代襲して相続人となった孫は2割加算の対象外です。

2割加算とは、相続または遺贈によって財産を取得した人が配偶者や1親等の血族（子、父母）以外の人である場合に、その人の相続税額にその相続税額の2割に相当する金額が加算されるものです。

○

兄弟姉妹（2親等）、祖父母（2親等）、甥・姪（3親等）は、相続税額の2割加算の対象者となります。

○

被相続人の孫がすでに死亡している被相続人の子を代襲して相続人となった場合、親子（1親等の血族）扱いになり、2割加算の対象者にはなりません。

✕

9 配偶者に対する相続税額の軽減

次の各文章を読んで、正しいものには○を、誤っているものには×をしなさい。
（　）のある文章では、適切な語句を選びなさい。

☐ ❶ 「配偶者に対する相続税額の軽減」の規定の適用を受けた場合、配偶者の取得する財産の価額が、相続税の課税価格の合計額に対する配偶者の法定相続分相当額、あるいは（　）までのいずれか多い金額までであれば、原則として、配偶者の納付すべき相続税額はないものとされる。◀よく出る

　　1）1億2,000万円
　　2）1億6,000万円
　　3）1億8,000万円

☐ ❷ 「配偶者に対する相続税額の軽減」の適用を受けるためには、相続税の申告書を提出しなければならない。

10 相続税の申告と納付

次の文章の（　）内にあてはまる最も適切な語句を 1)〜3) のなかから選びなさい。

☐ 　相続税の申告義務を有する者は、原則として、相続の開始があったことを知った日の翌日から（　）以内に、納税地の所轄税務署長に対して、相続税の申告書を提出しなければならない。◀よく出る

　　1）3カ月
　　2）6カ月
　　3）10カ月

▼ 解説（赤シートで消える語句をチェックできます）　　📞315ページ　　▼ 正解

Point 「配偶者に対する相続税額の軽減」では9割方が、控除される上限の金額の問題です。

「**配偶者に対する相続税額の軽減**」は、相続税の税額控除の1つで、配偶者（法律上の婚姻の届け出があることが条件。**内縁関係・事実婚は対象外**）が相続した財産の価額の**法定相続分相当額**、あるいは1億6,000万円までのいずれか多い金額まで、相続税が控除される制度です。

なお、相続税の申告期限までに配偶者に分割されていない財産はこの制度の対象になりません。ただし、相続税の申告書または更正の請求書に「申告期限後3年以内の分割見込書」を添付した上で、申告期限までに分割されなかった財産について申告期限から3年以内に分割したときは、税額軽減の対象になります。

2)

「**配偶者に対する相続税額の軽減**」の適用を受けるには、たとえ配偶者の納付すべき相続税額が0円になった場合でも、この規定の適用を受ける旨など一定の事項を記載した相続税の申告書を提出することが必要です。

〇

▼ 解説（赤シートで消える語句をチェックできます）　　📞316ページ　　▼ 正解

Point 相続税の申告書の提出は、その相続の開始があったことを知った日の翌日から何カ月以内かを覚えておきましょう。

> 覚えよう
>
> 相続税の申告
> ● 相続税の課税価格の合計額が基礎控除額以下の場合は申告不要。
> ● 配偶者に対する相続税額の軽減を受ける場合は納付額が0円でも申告が必要。
> ● 相続税の申告書の提出は、原則として、その相続の開始があったことを知った日の翌日から10カ月以内に行わなければならない。
> ● 申告書の提出先は、死亡した被相続人の納税地の所轄税務署長。
> ● 死亡した被相続人の分の確定申告（準確定申告）は、相続人が相続の開始があったことを知った日の翌日から4カ月以内に行わなければならない。

3)

3 相続財産の評価

再現例題

【第1問】 次の文章を読んで、正しいものまたは適切なものには①を、誤っている
ものまたは不適切なものには②を、解答用紙にマークしなさい。

2020年1月

　取引相場のない株式の相続税評価において、純資産価額方式とは、評価会社の株式の価額を、評価会社と事業内容が類似した上場会社の株価および配当金額、利益金額、純資産価額を基にして算出する方式である。　　　解答 ① ②

【第2問】 次の文章の（ ）内にあてはまる最も適切な算式を1）～3）のなかから選び、その番号を解答用紙にマークしなさい。　　　2020年9月

　賃貸アパート等の貸家の用に供されている家屋の相続税評価額は、（ ）の算式により算出される。

1）自用家屋としての評価額×（1－借家権割合×賃貸割合）
2）自用家屋としての評価額×（1－借地権割合×賃貸割合）
3）自用家屋としての評価額×（1－借地権割合×借家権割合×賃貸割合）

解答 ① ② ③

TOP 60 ❶ 土地・建物・株式等の相続税評価額

　次の各文章を読んで、正しいものには○を、誤っているものには×をしなさい。
（ ）のある文章では、適切な語句を選びなさい。

☐ ❶ 　自用地としての価額が1億円の宅地に賃貸マンションを建築し、貸家建付地として借地権割合が60％、借家権割合が30％、賃貸割合が100％とすると、当該宅地の相続税評価額は（ ）となる。

　1）　1億円×60％×30％×100％＝1,800万円
　2）　1億円×（1－60％）＝4,000万円
　3）　1億円×（1－60％×30％×100％）＝8,200万円

出題DATA 過去13年間

👑1 小規模宅地等の評価減の特例…出題率 1.77% ［44問］

👑2 土地・建物・株式等の相続税評価額…出題率 1.73% ［43問］

※出題率は、過去13年間の学科試験 2,489問中の出題割合［質問数］を示しています。

【相続財産の評価】の出題傾向

頻出順に次の問題が出題されています。

1 小規模宅地等の評価減の特例…特定居住用宅地等、特定事業用宅地等、貸付事業用宅地等の限度面積と減額割合についての問題が出ます。学科問題中、出題ランキング上位の超頻出問題です。

2 土地・建物・株式等の相続税評価額…土地の評価に関する問題中、もっともよく出題されているのが、「貸家建付地」の評価額です。算式が問われるので、しっかり覚えておきましょう。上場株式と、非上場株式では評価方法が違います。それぞれの評価方法も要チェックです。

▼ 再現例題の解説と解答

1 事業内容が類似した上場会社の株価・配当・利益・純資産価額をもとに算出する方式は、類似業種比準方式です。　②

2 貸家の評価額は、自用家屋としての評価額×（1－借家権割合×賃貸割合）の式で算出します。　①

▼ 解説（赤シートで消える語句をチェックできます）　📖321・323・324ページ　▼ 正解

Point 貸家建付地、貸宅地、借地権、貸家、上場株式、非上場株式のそれぞれの相続税評価額（全6項目）についてまとめてあります。

自用地（自己所有の土地）に自己所有の貸家を建てた場合、その土地を<u>貸家建付地</u>といいます。貸家建付地の相続税評価額は次の式で算出します。

自用地としての評価額×（1－借地権割合×借家権割合×賃貸割合）

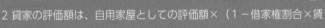

<u>賃貸割合</u>…貸している床面積割合　　<u>借家権割合</u>…全国一律で<u>30</u>％

1億円×（1－<u>60</u>％×<u>30</u>％×<u>100</u>％）＝8,200万円

3)

☐ ❷ 貸宅地（借地権の目的となっている宅地）の相続税評価額は、「自用地としての価額×借地権割合」の算式により求められる。

☐ ❸ 相続税評価において、借地権の価額は、原則として「自用地としての価額×（1−借地権割合）」の算式により算出する。

☐ ❹ アパート等の貸家の用に供されている家屋の相続税評価額は、（　）の算式により算定される。
1）家屋の固定資産税評価額×（1−借家権割合×賃貸割合）
2）家屋の固定資産税評価額×（1−借地権割合×賃貸割合）
3）家屋の固定資産税評価額×（1−貸宅地割合×賃貸割合）

☐ ❺ 2024年4月10日に死亡したAさんが所有していた上場株式Xの1株当たりの相続税評価額は、下記〈資料〉によれば（　）である。
〈資料〉上場株式Xの価格（すべて2024年のもの）
2月の毎日の最終価格の平均額：3,100円
3月の毎日の最終価格の平均額：3,000円
4月の毎日の最終価格の平均額：3,100円
4月10日の最終価格　　　　　：3,200円
1）3,000円　　　2）3,100円　　　3）3,200円

☐ ❻ 類似業種比準価額の比準要素は、1株当たりの配当金額、年利益金額および純資産価額（帳簿価額によって計算した金額）である。

☐ ❼ 取引相場のない株式の相続税評価において、同族株主以外の株主等が取得した株式については特例的評価方式である（　）により評価することができる。
1）配当還元方式　　　2）類似業種比準方式　　　3）純資産価額方式

☐ ❽ 相続財産の評価において、相続開始時に保険事故が発生していない生命保険契約に関する権利の価額は、原則として、（　）の額によって評価する。
1）既払込保険料相当額　　　2）死亡保険金　　　3）解約返戻金

☐ ❾ 国税庁が公表している路線価図において、路線に「300C」と付されている場合、「C」の記号は、借地権割合が70%であることを示している。

借地権が設定されている宅地を**貸宅地（底地）**といいます。評価額は、次の式で算出します。**貸宅地評価額＝自用地としての評価額×（1－借地権割合）**

✕

人から土地だけを借りて使用する権利を**借地権**といいます。借地権の評価額は、**借地権評価額＝自用地としての評価額×借地権割合**　の式で算出します。

✕

アパートなど、他人に貸している家屋（貸家）の評価額は、次の式で算出します。

家屋の固定資産税評価額×（1－借家権割合×賃貸割合）

1)

上場株式は、次の①〜④の4つの価額を比べて、そのうち最も低い価格を評価額とします。

> **上場株式の評価額（例：4月10日死亡）**　覚えよう
> ① 相続開始日（4月10日）の最終価格（4月10日の最終価格）
> ② 相続開始日の月の毎日の最終価格の平均額（4月の月平均額）
> ③ 相続開始日の前月の毎日の最終価格の平均額（3月の月平均額）
> ④ 相続開始日の前々月の毎日の最終価格の平均額（2月の月平均額）

1)

非上場株式の評価方式には、原則的評価方式（**類似業種比準方式**と**純資産価額方式**）、**特例的評価方式**（配当還元方式）の3種類があります。**類似業種比準方式**は、上場している類似の企業と比較し、配当金額、年利益金額、純資産価額の3つの要素を考え合わせて評価する方式です。

○

同族株主以外の株主等が持つ株式については、特例的評価方式である配当還元**方式**により評価できます。配当還元方式では、過去2年間の配当金の平均額から株価を算定します。

1)

相続開始時において保険事故が発生していない生命保険契約に関する権利の価額は、解約返戻金の額に基づいて評価します。

3)

路線価図の各路線上にある数字は路線価（1㎡当たり千円単位）、**アルファベット**は借地権割合を示しており、A：90％、B：80％、**C：70％**、D：60％、E：50％、F：40％、G：30％を表します。

○

2 小規模宅地等の評価減の特例

次の各文章の（　）内にあてはまる最も適切な文章、語句、数字またはそれらの組合せを1)〜3)のなかから選びなさい。

☐ **❶** 2024年中に開始する相続により取得した宅地（面積400㎡）が「小規模宅地等についての相続税の課税価格の計算の特例」における特定居住用宅地等に該当する場合、相続税の課税価格に算入すべき価額の計算上、減額される金額は、（　）の算式により算出される。

　　1）宅地の評価額×200/400×50％
　　2）宅地の評価額×330/400×80％
　　3）宅地の評価額×400/400×80％

☐ **❷** 相続人が相続により取得した宅地が「小規模宅地等についての相続税の課税価格の計算の特例」における特定事業用宅地等に該当する場合、（①）を限度面積として評価額の（②）を減額することができる。
　　1）① 200㎡　　② 80％　　　2）① 400㎡　　② 50％
　　3）① 400㎡　　② 80％

☐ **❸** 相続人が相続により取得した宅地が「小規模宅地等についての相続税の課税価格の計算の特例」における（①）に該当する場合、（②）㎡を限度面積として評価額の50％を減額することができる。
　　1）　① 貸付事業用宅地等　　② 330
　　2）　① 貸付事業用宅地等　　② 200
　　3）　① 特定事業用宅地等　　② 220

Point　「小規模宅地等の評価減の特例」は、配偶者には、被相続人との同居や相続後の居住継続といった適用要件に制限がなく、必ず適用されます。

被相続人の居住地や事業用地は、相続人が居住や事業を続けられるように評価額のうち一定割合が減額されます。これを、「**小規模宅地等についての相続税の課税価格の計算の特例**」（小規模宅地等の評価減の特例）といいます。

覚えよう

小規模宅地等の評価減の特例の対象限度面積と減額割合

	限度面積	減額割合
特定居住用宅地等	330㎡	80%
特定事業用宅地等	400㎡	80%
貸付事業用宅地等	200㎡	50%

小規模宅地等の評価減の特例により減額される金額の計算式
　宅地等の評価額×（**限度**面積／その宅地等の**敷地**面積）×減額割合

特定住居用宅地と併用する場合の適用対象限度面積
・**特定事業用宅地等**と併用する場合は、330 ＋ 400 ＝ 730㎡。
・**貸付事業用宅地等**と併用する場合は、特例を適用する敷地面積に応じて**適用対象面積の調整計算が必要**。

2)

特定居住用宅地等に該当する場合、減額される金額は、
宅地等の評価額× 330/400 × 80%　で算出されます。

「小規模宅地等についての相続税の課税価格の計算の特例」における**特定事業用宅地等**に該当する場合、上記「覚えよう」の表のとおり、400㎡を限度面積として評価額の80%を減額できます。

3)

「小規模宅地等についての相続税の課税価格の計算の特例」において、減額割合が50%に当たるのは、上記「覚えよう」の表にあるように、**貸付事業用宅地等**に該当した場合です。また、その場合、対象となる限度面積は200㎡です。

小規模宅地等の評価減の特例の適用には、相続税の申告が必要だよ。

2)

173

個人の出題ランキング

項目数	順位	項目名	出題率	質問数	TOP 60
1	1	株式の投資指標	5.50%	74	
2	1	基礎控除/扶養控除/配偶者控除	5.50%	74	
3	3	国民年金の納付と手続き	4.39%	59	
4	4	特別支給の老齢厚生年金	3.49%	47	
5	5	不動産登記記録	3.42%	46	
6	6	年金の繰上げ・繰下げと増額	3.20%	43	
7	7	NISA	3.12%	42	
8	7	給与所得者の確定申告	3.12%	42	
9	9	遺言書→学科カード	2.97%	40	
10	10	外貨預金	2.90%	39	
11	11	小規模宅地等の評価減の特例	2.68%	36	
12	12	総所得金額の算出	2.53%	34	
13	13	遺族年金→学科カード	2.30%	31	
14	13	老齢基礎年金の支給額	2.30%	31	
15	15	青色申告	2.16%	29	
16	15	延べ面積	2.16%	29	
17	17	退職後の健康保険	2.01%	27	
18	18	株式取引の仕組み	1.93%	26	
19	19	建蔽率	1.86%	25	
20	20	不動産の譲渡・賃貸にかかる税金	1.78%	24	
21	21	不動産の取得と保有にかかる税金→学科カード	1.64%	22	
22	21	遺産に係る基礎控除額	1.64%	22	
23	23	債券の仕組み	1.56%	21	
24	23	土地活用→学科カード	1.56%	21	
25	23	相続税の総額	1.56%	21	
26	26	公的介護保険→学科カード	1.49%	20	
27	27	借家契約	1.41%	19	
28	27	医療費控除→学科カード	1.41%	19	
29	27	相続税の申告と納付	1.41%	19	
30	27	法定相続人と法定相続分	1.41%	19	
31	27	土地・建物・株式等の相続税評価額→学科カード	1.41%	19	▲75.84%
32	32	投資信託の仕組みと種類	1.34%	18	▲別冊に収録

出題率…過去13年間の「個人」1,345問中の出題割合を表す。
出題率＝各項目の質問数÷全質問数1,345×100
質問数…項目ごとに過去13年間全問題の空欄や個々に正誤判定が必要な選択肢の数を
集計した数。複数項目の知識が必要な質問では、重複計測したものもある。
TOP60…全質問数の60%以上（75.84%）を占める項目。問題横にTOP60のマーク
をつけて、**別冊に収録**。©オフィス海

［←学科カード］と記載のある項目
は、別冊「学科カード」を参照。

実技 [金財]
個人資産相談業務

TOP 60 過去問の頻出項目にTOP60マークがついています。
TOP60だけで、過去問全体の75.84%をカバーしています。

 TOP60は、別冊で復習!!

 解説文は、赤シートで赤い文字が消える。チェックテストとして活用できるよ。

1 社会保険と公的年金
1 退職後の健康保険
2 雇用保険
3 国民年金の納付と手続き
4 老齢基礎年金の支給額
5 特別支給の老齢厚生年金
6 年金の繰上げ・繰下げと増額
7 障害年金と遺族年金

2 金融資産運用
1 債券の仕組み
2 株式
3 投資信託
4 外貨建て金融商品

3 タックスプランニング
1 退職所得
2 総所得金額の算出
3 所得控除
4 住宅借入金等特別控除
5 給与所得者の確定申告
6 源泉徴収票の見方

4 不動産
1 不動産登記記録
2 宅地建物取引業
3 借家契約
4 建蔽率／延べ面積
5 用途制限／防火規制
6 不動産の取得・保有にかかる税金
7 不動産の譲渡・賃貸にかかる税金
8 不動産の有効活用
9 区分所有法

5 相続
1 贈与税の配偶者控除
2 相続時精算課税
3 贈与税の特例
4 法定相続人と法定相続分
5 遺言書
6 遺留分
7 相続税のしくみと計算
8 小規模宅地等の評価減の特例

※本書の「学科」で学習済みの場合、実技では省略してある内容・項目もあります。

1 社会保険と公的年金

問題数026

再現例題

【第1問】次の設例に基づいて、下記の問に答えなさい。

2022年1月

《設 例》

Aさん（49歳）は、X株式会社を2021年10月末日に退職し、個人事業主として独立した。独立から2年以上が経過した現在、事業は軌道に乗り、収入は安定している。

Aさんは、まもなく50歳を迎えるにあたって、将来受給することができる公的年金の年金額や老後の年金収入を増やす各種制度について知りたいと思うようになった。

そこで、Aさんは、ファイナンシャル・プランナーのMさんに相談することにした。

＜Aさんに関する資料＞

（1）生年月日：1975年6月21日

（2）公的年金の加入歴：下図のとおり（60歳までの見込みを含む）

国民年金 未加入期間 34月	厚生年金保険 被保険者期間 283月	国民年金 保険料納付済期間 163月

※Aさんは、現在および将来においても、公的年金制度における障害等級に該当する障害の状態にないものとする。

※上記以外の条件は考慮せず、各問に従うこと。

Mさんは、老後の年金収入を増やすことができる各種制度について説明した。MさんのAさんに対する説明として、次のうち最も適切なものはどれか。

1) 「国民年金の付加保険料を納付することで、将来の年金収入を増やすことができます。仮に、Aさんが付加保険料を120月納付し、65歳から老齢基礎年金を受給する場合は、年額48,000円の付加年金を受給することができます」

2) 「国民年金基金は、国民年金の第1号被保険者の老齢基礎年金に上乗せする年金を支給する任意加入の年金制度です。加入は口数制となっており、1口目は2種類の終身年金（A型・B型）のいずれかを選択します」

3) 「Aさんが確定拠出年金の個人型年金に加入する場合、国民年金の付加保険料の納付および国民年金基金への加入はできません」

解答 ① ② ③

※本試験では、1つの《設例》について3問出題されます。

【第1問】の出題範囲

実技「個人」の【第1問】は、〈家族構成と公的年金の加入歴〉を説明した《設例》に基づいて、【社会保険と公的年金】に関する問題が3問出題されます。問題割合は、社会保険が2〜3割、公的年金が6〜7割です。

【第1問】の出題傾向

頻出順に次の問題が出題されています。

1 **国民年金の納付と手続き**…被保険者資格、納付期限、学生納付特例、前納、退職後の年金など、国民年金の納付と手続きに関する問題が頻出します。

2 **特別支給の老齢厚生年金**…厚生保険の老齢厚生年金は、以前は60歳からの支給で、それを段階的に解消するために特別支給の老齢厚生年金があります。

3 **年金の繰上げ・繰下げと増額**…公的年金の繰上げ（早くもらうこと）・繰下げ（遅くもらうこと）と年金の増額方法についての問題です。

> 学科と重複しない「個人」
> 独自の問題演習。だから、
> 確実に合格できるよ！

個人資産相談業務　実技

▼ 再現例題の解説と解答

1) 不適切です。付加年金は月額400円の納付で「200円×付加保険料納付済月数」分の年金額を老齢基礎年金に追加して受け取れます。付加保険料を120月納付すると200円×120月＝24,000円の上乗せです。

2) 適切です。国民年金基金は国民年金の第1号被保険者の老齢基礎年金に上乗せ支給する制度です。1口目は必ず終身年金となり、2口目以降は終身年金か確定年金かを選択できます。

3) 不適切です。確定拠出年金の個人型は付加年金、国民年金基金と同時加入ができます。ただし、国民年金基金と付加年金は同時加入できません。

解答　②

1 退職後の健康保険

次の各文章を読んで、正しいものには○を、誤っているものには×をしなさい。
（　）のある文章では、適切な語句を選びなさい。

☐ ❶ 退職後に国民健康保険の被保険者となった場合、医療費の自己負担割合は、70歳に達する日の属する月までは、原則として、かかった費用の3割である。

☐ ❷ 退職後、国民健康保険に加入する場合、国民健康保険の保険料率は、（　）や国民健康保険組合によって異なる。
1）都道府県　　2）市町村（特別区を含む）　　3）企業

☐ ❸ 任意継続被保険者は、資格喪失前と同様の保険給付を受けることができるが、（　）や出産手当金は受給できない。（資格喪失後の継続給付を除く）
1）出産育児一時金　　2）高額療養費　　3）傷病手当金

2 雇用保険

次の各文章を読んで、正しいものには○を、誤っているものには×をしなさい。
（　）のある文章では、適切な語句の組み合わせを選びなさい。

☐ ❶ 短時間就労者が雇用保険の被保険者となるには、同一の事業主の適用事業に継続して（①）以上雇用される見込みがあること、1週間の所定労働時間が（②）以上であることなどの要件を満たす必要がある。
1）①　31日　　　②　10時間
2）①　2カ月　　②　20時間
3）①　31日　　　②　20時間

☐ ❷ 勤続22年、60歳でX社を定年退職したAさんは、所定の手続により、雇用保険から基本手当を受給することができる。

☐ ❸ 被保険者期間が22年あるAさんが、定年退職後に雇用保険から基本手当を受給する場合、基本手当を受給することができる日数は最長で300日である。

☐ ❹ 雇用保険の高年齢雇用継続基本給付金の受給には、60歳到達時の賃金より85％未満の賃金で働いているという条件がある。◀よく出る

▼ 解説（赤シートで消える語句をチェックできます）　☞34ページ　▼ 正解

Point 退職後の健康保険には、「健康保険の任意継続被保険者となる」、「国民健康保険に入る」、「子や配偶者の被扶養者になる」という方法があります。

医療費の自己負担割合は、**70歳未満は原則3割**。**70歳以上75歳未満は原則2割、75歳以上は原則1割**です。ただし所得条件があります。※

○

国民健康保険には、保険者（保険制度の運用主体）が**都道府県・市町村（特別区を含む）**のものと国民健康保険組合のものがあります。前者の保険料率は、**市町村（特別区を含む）**によって異なります。

2)

任意継続被保険者には、原則として**傷病手当金や出産手当金は支給されません**。なお、傷病手当金や出産手当金は、国民健康保険、後期高齢者医療制度では任意給付（条例、規約の定めるところにより行うことができる）です。

3)

※70歳以上の現役並み所得者は3割。75歳以上の人で、一定以上の所得者（課税所得が28万円以上、かつ「年金収入＋その他の合計所得金額」が単身世帯で200万円以上など）は2割。

▼ 解説（赤シートで消える語句をチェックできます）　☞40・43ページ　▼ 正解

Point 雇用保険では、「基本手当」と「高年齢雇用継続給付」に関する問題がよく出題されています。「基本手当」は、いわゆる失業給付のことです。

> **覚えよう**
>
> 雇用保険の対象者となる要件
> ● 同一の事業主の適用事業に継続して**31日以上**雇用される見込みがあること。
> ● 1週間の所定労働時間が**20時間以上**であること。

3)

雇用保険の基本手当の受給資格は、離職の日以前2年間に、**被保険者期間が通算12カ月以上**あること。定年退職でも支給されます。

○

雇用保険の基本手当の所定給付日数は、**自己都合、定年退職で、被保険者期間が20年以上ある場合は150日**です。

×

高年齢雇用継続基本給付金は60歳到達時の賃金より**75%未満**の賃金で働いている場合、**60歳到達月から65歳到達月まで（最長5年間）**受給できます。

×

❸ 国民年金の納付と手続き

次の各文章を読んで、正しいものには○を、誤っているものには×をしなさい。
（　）のある文章では、適切な語句の組み合わせを選びなさい。

☐ ❶ 国民年金の保険料は、最大3年分の保険料の前納ができ、前納期間や納付方法に応じて保険料の割引が適用される。◀よく出る

☐ ❷ 出産予定日または出産日の月の前月から4カ月間（産前産後期間）の国民年金保険料は免除されて、保険料納付済期間に算入される。

☐ ❸ 20歳以上（①）未満の者は、原則として国民年金の被保険者となる。学生納付特例制度により納付が猶予された保険料は、所定の手続きにより、（②）前まで遡って追納することができるが、保険料を追納しなかった場合、納付が猶予された期間は、老齢基礎年金の（③）には反映されない。◀よく出る
1) ① 60歳　　　② 2年　　　③ 受給資格期間
2) ① 60歳　　　② 10年　　　③ 年金額
3) ① 65歳　　　② 10年　　　③ 受給資格期間

☐ ❹ 会社員の場合は、退職後、国民年金に（①）として加入し、国民年金の保険料を納付することになる。毎月の保険料の納期限は原則として（②）である。また、退職者に扶養されていた配偶者は、国民年金の（③）資格を喪失し、同様に（①）への種別変更の手続きが必要となる。◀よく出る
1) ① 第1号被保険者　　② 翌月末日　　③ 第2号被保険者
2) ① 第2号被保険者　　② 翌々月末日　③ 第3号被保険者
3) ① 第1号被保険者　　② 翌月末日　　③ 第3号被保険者

☐ ❺ 60歳で定年退職してから65歳になるまでの間、国民年金の任意未加入期間に相当する月数について、国民年金に任意加入して保険料を納付した場合、老齢基礎年金の年金額を増額させることができる。

Point 国民年金の納付や手続きに関する問題は、「個人資産相談業務」で最もよく出題される分野の1つ。「よく出る」マークの問題は必ず覚えておきましょう。

国民年金の保険料は、**最大2年分の前納**が可能で、一定額が割引されます（国民年金前納割引制度）。また滞納した保険料は、**2年以内の後納**が可能です。　✕

国民年金第1号被保険者は、出産月の前月から4カ月間（産前産後期間）の国民年金保険料が免除され、**保険料納付済期間に算入**されます。　◯

日本国内に住所がある**20歳以上60歳未満**の人は、すべて**国民年金（基礎年金制度）に強制加入**となります。**学生納付特例制度**は、20歳以上の学生で、**本人の所得**が一定以下の場合に、保険料納付が猶予されるものです。納付が猶予された保険料は、**10年前まで遡って追納**することができます。

納付が猶予（または免除）された期間は、保険料を追納しなかった場合、
- 老齢基礎年金の受給資格期間には算入されます。
- 老齢基礎年金の年金額（の計算の基礎となる期間）には算入されません。

2)

会社員等の**第2号被保険者**が退職で**第1号被保険者**になる場合、市区町村役場等で種別変更の手続きをします。また、退職者に扶養されていた配偶者は**第3号被保険者**資格を喪失するため、同様に**第1号被保険者**への種別変更をします。いずれの場合も、保険料は**翌月末日**までに納めることになります。

3)

覚えよう

国民年金の被保険者資格

第1号被保険者	第2号被保険者	第3号被保険者
第2号被保険者と第3号被保険者以外の者（20歳以上60歳未満）	厚生年金保険の被保険者	第2号被保険者に扶養されている配偶者（20歳以上60歳未満）

▲原則として、日本国内に居住していることが要件（第3号被保険者含む）。

老齢基礎年金額を増やしたい場合、**60歳以降65歳**になるまで国民年金に**任意加入**できます。また、**受給資格期間を満たしていない場合は70歳**になるまで加入できます。　◯

TOP 60 ④ 老齢基礎年金の支給額

次の各文章の（　）内にあてはまる最も適切な語句や式の組み合わせを 1)〜 3)
のなかから選びなさい。

☐ ❶ 老齢基礎年金の受給資格期間は、2017年8月以降、（ ① ）となっている。ま
た、老齢厚生年金を受給するためには、厚生年金保険の被保険者期間が（ ② ）
以上あり、かつ老齢基礎年金の受給資格期間を満たすことが必要である。

1)　①　10年　　②　6カ月　　2)　①　15年　　②　1年

3)　①　10年　　②　1カ月

☐ ❷　Aさん（個人事業主）　生年月日：1975年9月19日

〔公的年金の加入歴（見込みを含む）〕

1994年4月　2001年4月		2024年1月　　　　2035年9月
厚生年金保険 被保険者期間 84月	国民年金 保険料納付済期間： 237月 保険料全額免除期間：36月(2010年3月以前の期間分)	国民年金 (保険料納付予定) 140月
18歳　　　　　25歳		48歳　　　　　　60歳

上記のAさんが原則として65歳から受給することができる老齢基礎年金の
年金額を算出する計算式は（　）である。なお、老齢基礎年金の年金額は、
2024年4月時点の価額に基づいて計算する。◀よく出る

1)　816,000円×{(444月＋36月×1/3)/480月}

2)　816,000円×{(461月＋36月×1/3)/480月}

3)　816,000円×{(461月＋36月×1/2)/480月}

TOP 60 ⑤ 特別支給の老齢厚生年金

次の各文章を読んで、正しいものには○を、誤っているものには×をしなさい。
（　）のある文章では、適切な語句の組み合わせを選びなさい。

☐ ❶　特別支給の老齢厚生年金は、生年月日によって支給開始年齢が60歳〜64歳
まで段階的に引き上げられ、男性は1961年4月2日以降の生まれから特別
支給の厚生年金（報酬比例部分）がなくなる。◀よく出る

▼ 解説（赤シートで消える語句をチェックできます）　🔗53・54ページ　▼ 正解

Point 公的年金の加入歴をもとにして、老齢基礎年金の年金額の算出式を選ぶ問題が毎年のように出題されます。

老齢年金を受給するには、保険料納付済期間（国民年金の保険料納付済期間：厚生年金保険、共済組合等の加入期間を含む）と国民年金の保険料免除期間などを合算した資格期間が一定年数以上必要です。この期間を**受給資格期間**といいます。**老齢基礎年金の受給資格期間 10 年**を満たしたうえで、**厚生年金保険の被保険者期間が 1 カ月以上**あれば、**老齢厚生年金を受給**できます。

3)

老齢基礎年金の保険料納付済月数が **480 月（40 年）** を満たしていれば、老齢基礎年金の年金額は満額の **816,000 円**（2024 年度価額）になります。**480 月**に満たない場合には、年金額は次の計算式によって算出します。

> 老齢基礎年金の年金額の計算　　　　　　　　　覚えよう
>
> $$816{,}000 \text{円} \times \frac{\text{保険料納付済月数} + \text{全額免除月数} \times \frac{1}{3}}{480 \text{月}}$$

1)

老齢基礎年金の支給額は、**20 歳以上 60 歳未満の加入期間**がカウントされますから、Aさんの厚生年金加入期間のうち **20 歳未満は除外**します。Aさんの保険料納付済月数は、**20 歳〜60 歳までの 480 月**から**全額免除期間 36 月を引いて 444 月**となります。次に、**全額免除期間 36 月には 1/3 を乗じます**。※

※ 2009 年 4 月以降の全額免除期間には 1/2 を乗じる。

▼ 解説（赤シートで消える語句をチェックできます）　🔗41・58・60・71ページ　▼ 正解

Point 特別支給の老齢厚生年金（報酬比例部分）がなくなるのは、1961 年 4 月 2 日生まれから（男性）。学科や実技で毎年のように出題される内容です。

老齢厚生年金は、**65** 歳から国民年金の老齢基礎年金に加えて支給されますが、以前は 60 歳から支給されていました。それを段階的に解消するため、60 歳〜64 歳まで支給される**特別支給の老齢厚生年金**があります。**男性は 1961 年 4 月 2 日、女性は 5 年遅れで 1966 年 4 月 2 日以降の生まれ**から特別支給の厚生年金がなくなります。**復習** 老齢厚生年金▶34ページ

○

個人資産相談業務　実技

❷ 特別支給の老齢厚生年金の給付を受けるためには、年金事務所等に対して年金請求書を提出しなければならない。

❸ 定年退職後に雇用保険の基本手当の支給を受ける場合、当該基本手当と特別支給の老齢厚生年金の支給を同時に受けることができる。

❹ 特別支給の老齢厚生年金は、雑所得として所得税および住民税の課税対象となるが、公的年金等控除の適用がある。

❺ X社に勤務するAさん（1960年4月20日生まれ。63歳）は、妻Bさん（1962年5月3日生まれ。61歳）との2人暮らしである。〈2024年4月1日現在〉
・Aさんの公的年金の加入歴（見込みを含む）

国民年金 任意未加入期間 36月	厚生年金保険 被保険者期間 485月	厚生年金保険 被保険者期間 19月（加入見込み）

20歳　　　　23歳　　　　　　　　　　　　　　　63歳　　　　　65歳

・妻Bさん（専業主婦）は、高校卒業後から30歳でAさんと結婚するまでは厚生年金保険に加入。結婚後は第3号被保険者として国民年金に加入。
　Aさんおよび妻Bさんが受給する予定の公的年金制度からの老齢給付の概要を図示した次の図表の空欄に入る語句の組み合わせはどれか。←よく出る

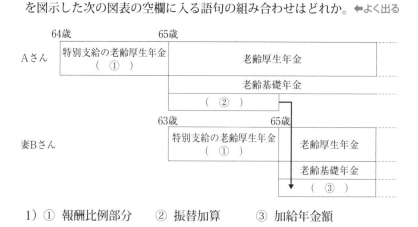

1) ① 報酬比例部分　② 振替加算　　③ 加給年金額
2) ① 報酬比例部分　② 加給年金額　③ 振替加算
3) ① 定額部分　　　② 加給年金額　③ 特別加算

支給開始年齢になると、日本年金機構から年金請求書が送られてきます。この年金請求書を年金事務所等に提出しなければ給付は受けられません。

○

雇用保険の基本手当と特別支給の老齢厚生年金は、**同時受給でき**ません。なお、老齢基礎年金や65歳以降に受給する老齢厚生年金は、雇用保険の基本手当を受給しても支給停止にはなりません。

×

特別支給の老齢厚生年金、老齢基礎年金、老齢厚生年金は、**公的年金等の雑所得として所得税・住民税の課税対象**になります。ただし公的年金等控除の適用があります。

○

特別支給の老齢厚生年金の受給には、**老齢基礎年金の受給資格期間を満たしていること**、および**厚生年金保険の被保険者期間1年以上**が必要で、Aさんと妻Bさんは条件を満たしており、Aさん（1960年4月20日生まれ）は、64歳から特別支給の老齢厚生年金（報酬比例部分のみ）を受給でき、65歳からは老齢基礎年金と老齢厚生年金を受給できます。妻Bさん（1962年5月3日生まれ）は、63歳から特別支給の老齢厚生年金（報酬比例部分のみ）を受給でき、65歳からは老齢基礎年金と老齢厚生年金を受給できます。

加給年金は、扶養手当のようなもので、**厚生年金の加入期間が20年以上ある加入者**に、**生計を維持している65歳未満の配偶者または18歳到達年度の末日（3月31日）までの子**がいると、加入者本人の65歳以降の老齢厚生年金に加算されます。配偶者が65歳になって老齢基礎年金が支給されるようになると、加給年金は終わります。その代わりに、今度は配偶者の老齢基礎年金に振替加算が給付されます。

2)

Aさんの厚生年金の被保険者期間は20年以上あり、65歳になって老齢厚生年金を受け取るとき、妻Bさんは63歳ですから、加給年金が支給されます。妻Bさんが65歳になったときには、振替加算として妻Bさんの年金に加算されるわけです。

① 「1959年4月2日～1961年4月1日生まれの男性」であるAさんには、64歳～65歳の間、特別支給の老齢厚生年金の報酬比例部分が支給されます。
② 妻が65歳になると給付がなくなっているので、加給年金とわかります。
③ Aさんの加給年金が終わったところから矢印が出て、妻Bさんに切り替わっているので、振替加算だとわかります。

6 年金の繰上げ・繰下げと増額

次の各文章を読んで、正しいものまたは適切なものには○を、誤っているもの
または不適切なものには×をしなさい。

☐ **❶** 58歳のAさんが60歳到達日以降に老齢基礎年金および老齢厚生年金の繰上
げ支給の請求をする場合、老齢基礎年金の年金額は繰上げ1カ月当たり0.5％
減額され、老齢厚生年金の年金額は繰上げ1カ月当たり0.7％減額される。

☐ **❷** 月額200円の付加保険料を納付すると、200円×付加保険料納付済月数が老
齢基礎年金に増額される。←よく出る

☐ **❸** 自営業者等の個人事業主は、国民年金基金に加入して掛金を支払うことによ
り、老齢年金を受給することができ、その掛金は、税法上、全額が所得控除
の対象となる。

☐ **❹** 確定拠出年金の個人型年金（iDeCo）には、自営業者、専業主婦（夫）、公務
員、会社員なども含め、60歳未満のほぼすべての国民が個人型に加入可能で、
掛金はその全額が社会保険料控除として所得控除の対象となる。

7 障害年金と遺族年金

次の各文章を読んで、正しいものまたは適切なものには○を、誤っているもの
または不適切なものには×をしなさい。

☐ **❶** 【障害年金】障害基礎年金は、原則として、国民年金の被保険者期間中に初
診日のある傷病により、障害認定日において障害等級に該当する程度の障害
の状態にある者に支給され、保険料納付要件は問われない。

☐ **❷** 【遺族年金】2024年度中に、受給要件を満たすAさんに万一のことがあった
場合、妻Bさん（長男：満16歳、二男：満12歳）に支給される遺族基礎年
金の年金額は、816,000円＋234,800円＋78,300円＝1,129,100円である。

Point 繰上げ受給は「繰上げ月数×0.4%減額」、繰下げ受給は「繰下げ月数×0.7%増額」を覚えておきます。

繰上げ受給は60歳〜64歳に受給を開始することで、繰上げ月数×0.4%減額（5年で24%）されます。繰下げ受給は66歳〜75歳に受給を開始することで、繰下げ月数×0.7%増額（10年で84%）されます。老齢基礎年金と老齢厚生年金の減額率・増額率は同じです。繰上げは、老齢基礎年金と老齢厚生年金を一緒にしなければいけません。繰下げは、一方だけでもできます。

付加年金は第1号被保険者だけの制度。国民年金保険料に月額400円を上乗せすると、200円×付加保険料納付済月数が老齢基礎年金に増額されます。

国民年金基金は、自営業者等の第1号被保険者が加入できる老齢基礎年金の上乗せ制度です。掛金の全額が所得控除（社会保険料控除）の対象となります。国民年金基金と付加年金は同時に加入することはできません。

個人型年金（iDeCo）には、自営業者、企業年金未加入企業の従業員のほか、公務員、企業型年金加入者、専業主婦（主夫）なども加入できます。掛金は全額が小規模企業共済等掛金控除の対象。運用益も非課税で、給付金も控除対象（一時金なら退職所得控除、年金なら公的年金等控除）です。

※1962年4月1日以前生まれの人の繰上げ受給は0.5%の減額。1952年4月1日以前生まれ、または2017年3月31日以前に受給権発生日がある人の繰下げ上限年齢は70歳。

Point 障害基礎年金と遺族基礎年金の受給要件に関する問題が出題されます。学科で学習済みの問題はカットしてあります。

障害基礎年金の受給には、「初診日が被保険者期間中（60歳以上65歳未満の人は国内居住期間中）」、「初診日前日時点で、初診月の前々月までの被保険者期間のうち、納付済期間と免除期間の合計が3分の2以上あること」、「障害認定日時点で、障害等級1級または2級状態であること」が必要です。

子の加算額は、第1子と第2子は各234,800円。第3子以降は各78,300円です。正しくは、
816,000円＋234,800円＋234,800円＝1,285,600円

個人資産相談業務　実技

187

2 金融資産運用

問題数026

再現例題

【第2問】次の設例に基づいて、下記の問に答えなさい。

2023年5月

《設 例》

　会社員のAさん（30歳）は、将来に向けた資産形成のため、株式による運用を考えている。Aさんは、これまで投資経験がなく、株式の銘柄を選ぶ際の判断材料や購入する際の留意点について知りたいと思っている。

　また、投資経験のある友人から勧められた上場不動産投資信託（J-REIT）にも興味を持っている。そこで、Aさんは、ファイナンシャル・プランナーのMさんに相談することにした。Mさんは、Aさんに対して、X社株式（東京証券取引所プライム市場上場銘柄）を例に、説明を行うことにした。

＜X社に関する資料＞

総資産	1兆6,000億円
自己資本（純資産）	9,500億円
当期純利益	750億円
年間配当金総額	120億円
発行済株式数	3億株
株価	2,500円

※ 決算期：2024年6月28日（金）（配当の権利が確定する決算期末）
※ 上記以外の条件は考慮せず、各問に従うこと。

　はじめに、Mさんは、X社株式の投資指標について説明した。MさんのAさんに対する説明として、次のうち最も不適切なものはどれか。

1)「株価の相対的な割高・割安を判断する指標として、PERがあります。＜X社に関する資料＞から算出されるX社株式のPERは、10倍です」

2)「株価に対する1株当たりの年間配当金の割合を示す指標を配当利回りといいます。＜X社に関する資料＞から算出されるX社株式の配当利回りは、1.6％です」

3)「PERとPBRは、一般に、どちらも数値が高いほど株式は割安と判断されますが、何倍程度が妥当であるかを検討する際は、同業他社の数値や業界平均値と比較して、相対的な数値として捉えることが重要です」

解答 ① ② ③

※本試験では、1つの《設例》について3問出題されます。

出題DATA
過去13年間

👑1 **株式の投資指標**…出題率**5.50%**［74問］
👑2 **NISA**…出題率**3.12%**［42問］
👑3 **外貨預金**…出題率**2.90%**［39問］

※出題率は、過去13年間の「個人資産相談業務」1,345問中の出題割合［質問数］を示しています。

【第2問】の出題範囲

「個人」の【第2問】では、〈資産運用先のデータ〉を説明した《設例》に基づいて、【金融資産運用】に関する問題が3問出題されます。

【第2問】の出題傾向

過去問は、株式、債券、外貨建て金融商品という3つのジャンルで9割以上を占めています。

1 **株式の投資指標**…PER（株価収益率）、PBR（株価純資産倍率）、ROE（自己資本利益率）などを求める問題が頻出です。

2 **NISA**…NISAの非課税枠、対象商品などが問われます。

3 **外貨預金**…外貨預金は、「外貨建て金融商品」のなかにある項目です。外貨預金の仕組みと税制の問題がよく出題されます。

4 **株式取引の仕組み**…学科88ページ［株式取引の仕組み］も合わせて復習しましょう。

▼ 再現例題の解説と解答

1) 適切。PER（株価収益率）は、「株価÷1株当たり純利益」で計算します。X社株式の株価は2,500円、1株当たり純利益は「750億円÷3億株＝250円」なので、PERは「2,500円÷250円＝10倍」。したがって正しい説明です。

2) 適切。配当利回り(%)は「1株当たり年間配当金÷株価×100」で求めます。1株当たり年間配当金は「120億円÷3億株＝40円」、株価は2,500円なので、配当利回りは「40円÷2,500円×100＝1.6%」。したがって正しい説明です。

3) 不適切。PER（株価収益率）とPBRはどちらも値が低いほど割安と評価されます。記述は「高いほど株価は割安」と説明しているので誤りです。**解答** ③

１ 債券の仕組み

次の各文章を読んで、正しいものには○を、誤っているものには×をしなさい。
（ ）のある文章では、適切な語句を選びなさい。

☐ ❶ Y社債を購入した場合の最終利回り（年率・単利）は、（ ）である。なお、
計算にあたっては税金や手数料等を考慮せず、答は％表示における小数点以
下第３位を四捨五入している。←よく出る
〈Y社債に関する資料〉
・表面利率：1.3%　　・残存期間：３年
・購入価格：101.5円（額面100円当たり）　・償還価格：100円
1）0.79%　　2）1.28%　　3）1.77%

☐ ❷ 社債の購入価格は、販売する会社により異なる場合がある。

☐ ❸ 社債の価格は、市場金利の情勢等により変動し、償還前に売却する場合、購
入価格よりも低い価格での売却になることもある。

☐ ❹ 残存期間やクーポンレート等の他の条件が同一であれば、一般的には格付が
高い社債ほど、最終利回りが高くなる。

☐ ❺ 個人向け国債の購入最低額面金額は１万円で、変動10年・固定５年・固定
３年の３種類が毎月発行されている。

☐ ❻ 個人向け国債は比較的安全性が高い債券とされているが、購入の際には価格
変動リスクや期限前償還リスクを十分に考慮する必要がある。

▼ 解説（赤シートで消える語句をチェックできます）　　　🔖149ページ　　▼ 正解

Point 利回りの計算問題と個人向け国債が頻出しています。学科と同じ内容の問題、毎年出題される問題が多いので、ここに掲載した問題で十分対策できます。

$$最終利回り(\%)=\frac{表面利率+\dfrac{額面金額-購入価格}{残存期間}}{購入価格}\times100$$

① 表面利率＝1.3

② （額面金額－購入価格）÷残存期間＝（100－101.5）÷3＝－0.5

③ 最終利回り(%)＝（1.3－0.5）÷101.5×100＝0.7881≒0.79%

1)

社債の購入価格は、手数料等が含まれており、販売会社によって異なります。　　　　　○

債券価格は、市場金利の影響を受けて変動します。一般に金利が上昇すると、債券価格は下落します。　　　　　○

一般に、格付が高い債券は市場価格が上昇（利回りが低下）し、格付が低い債券は市場価格が下落（利回りが上昇）します。　　　　　×

個人向け国債のポイント			覚えよう
種類	変動10年	固定5年	固定3年
金利設定方式	基準金利×0.66	基準金利－0.05%	基準金利－0.03%
金利の下限	最低0.05%の金利を保証		
利子の受取り	半年ごと（年2回）　※変動10年の金利は半年ごとに見直し		
購入単位	最低1万円から1万円単位		
販売価格	額面100円につき100円		
償還金額	額面100円につき100円（中途換金も同額）		
中途換金	発行後1年経過すれば、いつでも換金可能		
発行月	毎月（年12回）		
利子への税金	20.315%（所得税＋復興特別所得税＋住民税）の源泉分離課税		

○

個人向け国債は、購入者を個人に限定した国債です。国が元本と満期までの利払いを保証し、発行後1年経過後なら国が額面金額で買い取るため、価格変動リスクや期限前償還リスクがない、安全性の高い債券です。　　　　　×

個人資産相談業務

実技

2 株式

次の各文章を読んで、正しいものには○を、誤っているものには×をしなさい。
（ ）のある文章では、適切な語句や文またはその組み合わせを選びなさい。

☐ ❶ 【株式取引の仕組み】国内上場株式の売買では、証券会社に売買委託手数料
TOP 60 を支払うことになるが、この手数料はどの証券会社であっても同じ額である。

☐ ❷ 国内上場株式を買い付ける場合、成行注文は指値注文に優先するため、売買
の成立を優先する場合には、成行注文が適しているといえる。←よく出る

☐ ❸ X社は前期に1株当たり5円の配当金を支払っている。この配当金の額はX
社の業績等により変動することがある。←よく出る

☐ ❹ X社株式は業界で最も事業規模の大きい銘柄であるため、X社株式を購入す
るにあたっては、株価が大きく下落するリスクを考慮しなくてよい。

☐ ❺ X社は輸入中心の企業であるため、円高の進行は一般的に株価にとって好材
料となる。←よく出る

☐ ❻ 【株価の変動要因】一般に、日本の株式市場における株価の上昇要因は、次
のうち（ ）である。
　1）日本銀行による金融引締め政策
　2）所得税の減税
　3）業況判断DIの下落

☐ ❼ 【株式の投資指標】X社株式の投資指標に関する記述のうち、最も不適切な
TOP 60 ものは（ ）である。
　〈X社株式に関する資料〉
　　・株価：540円　　　　　　　　・当期純利益：60億円
　　・純資産（自己資本）：800億円　・総資産：1,200億円
　　・発行済株式数：2億株　　　　　・前期の配当金の額：5円（1株当たり）
　　1）PER（株価収益率）は、18倍である。←よく出る
　　2）PBR（株価純資産倍率）は、1.35倍である。←よく出る
　　3）ROE（自己資本利益率）は、5％である。←よく出る
　　4）配当性向は、16.7％である。（小数点以下四捨五入）

Point 「株式取引の仕組み」「株式の投資指標」「NISA」などの問題をまとめてあります。 **復習** 株式取引の仕組み▶88ページ

売買委託手数料は各証券会社が自由に設定できるので、証券会社によって異なります。一般にネット注文の方が手数料が割引されます。	✕
証券取引所における売買では、値段も時間も同じなら、<u>指値</u>注文より<u>成行</u>注文が優先される</u>ため、早く売買をしたい場合は<u>成行</u>注文が適しています。	〇
株式の配当金は、企業の業績等によって変動します。	〇
業界最大手の企業の株価が大きく下落することは<u>ありえます</u>。	✕
<u>円</u>高が進行すると、輸入中心の企業は海外の製品や原材料を安く調達できるため、業績や株価にとって好材料です。😊**ウラ技** 円高は輸入に有利！	〇

1) **金融引締め政策**は株価の下落要因、**金融緩和政策**は株価の上昇要因です。
2) 所得税の減税は、減税分が消費や投資に回り、企業の業績上昇が期待できますから、**株価の上昇要因**といえます。
3) **業況判断DI**は企業が今後の景気をどう考えているかの指数で、<u>下落</u>は株価下落の兆候。全国企業短期経済観測調査（日銀短観）で公表されます。

2)

1) **株価収益率（PER）=株価÷1株当たり純利益（EPS）**
   　1株当たり純利益（EPS）=当期純利益÷発行済株式数
   　従って、X社株式のPER=540円÷（60億円÷2億株）=18倍
2) **株価純資産倍率（PBR）=株価÷1株当たり純資産（BPS）**
   　1株当たり純資産（BPS）=純資産÷発行済株式数
   　従って、X社のPBR=540円÷（800億円÷2億株）=1.35倍
3) **自己資本利益率（ROE）=純利益÷純資産（自己資本）×100**
   　従って、X社のROE=60億円÷800億円×100=7.5%
4) **配当性向=1株当たり配当額÷1株当たり当期純利益×100**
   　従って、X社の配当性向=5÷（60÷2）×100=16.66…%

3)

個人資産相談業務　実技

☐ ❽ 【NISA】NISA口座には、年間で（①）までの上場株式等を受け入れることが

TOP 60 できるが、（②）は受入れの対象ではない。また、NISA口座内で譲渡損失が
生じた場合、特定口座などの他の口座で生じた公募株式投資信託を含む上場
株式等の譲渡益や配当金等と通算することが（③）。←よく出る

1) ① 240万円　② 公社債　③ できる
2) ① 360万円　② 上場不動産投資信託（J-REIT）　③ できる
3) ① 360万円　② 公社債　③ できない

3 投資信託

次の各文章を読んで、正しいものまたは適切なものには○を、誤っているもの
または不適切なものには×をしなさい。

☐ ❶ 【投資信託のリスク】信用リスクとは、投資対象である株式や債券などを、希
望する価格によって売却することができないリスクをいう。

☐ ❷ 為替変動リスクとは、為替相場の変動により、投資対象である外貨建て資産
の円換算における価値が変動するリスクをいう。

☐ ❸ 価格変動リスクとは、投資対象である株式や債券などの価格が、企業業績や
金利動向などにより変動するリスクをいう。

NISAのポイント　覚えよう

口座	国内で**1人1口座**。金融機関は**1年**ごとに変更できる
対象商品	**つみたて投資枠**…国が定めた基準を満たす**投資信託・ETF** **成長投資枠**…上場株式、**投資信託、ETF、J-REIT、外国株式等** ●公社債（債券）、公社債投資信託は、受け入れ対象外
非課税枠	1年間の**つみたて投資枠が120万円**で**成長投資枠が240万円**、**計360万円**（併用可）※
デメリット	NISA外の譲渡益や配当等と**損益通算**できない。NISA口座の損失は翌年以降**3年間の繰越控除**（利益から過年度の損失分を控除）の適用を受けられない。損失はなかったものとされる

3)

※ 生涯の非課税保有限度額は買付金額ベースで1,800万円、うち成長投資枠が1,200万円。保有商品を売却することで、翌年に買付額分の枠の再利用が可能となる。

▼ 解説（赤シートで消える語句をチェックできます）　　　　🔖166ページ　　▼ 正解

Point 投資信託については、学科「投資信託の仕組みと種類」と、ここに掲載した問題・解説を覚えておけば得点できます。

投資信託に組み入れられている資産のリスク　覚えよう

×

信用リスク	発行体の財務状態の悪化により、運用に損失が生じるリスク。 ●**信用リスクが低い**ほど**信用度が高い**。信用度が高い（格付けが高い）ほど、**価格が上がり**、**利回りは下がる** ●**信用リスクが高い**ほど**信用度が低い**。信用度が低い（格付けが低い）ほど、**価格が下がり**、**利回りは上がる**
価格変動リスク	市場金利の動向、経済情勢、発行体の信用状況の変化等により、売却価格が変動するリスク。 ●**市場金利が上昇**すると、低い金利で買った**債券価格は下落**する（価格が下落した債券の利回りは上昇する） ●**市場金利が低下**すると、高い金利で買った**債券価格は上昇**する（価格が上昇した債券の利回りは低下する）
流動性リスク	換金したいとき、買い手がいないためにすぐ売れなかったり、希望価格で売れなかったりするリスク
期限前償還リスク	途中償還リスクともいう。償還期日よりも前に償還されることで、予定していた運用収益が確保されなくなるリスク
為替変動リスク	為替レートの変動によって、**外貨建て資産の円換算における価値が変動**するリスク。外貨建て債券の価格は、通常、為替レートが円安になれば上昇、円高になれば下落する
カントリーリスク	債券の発行体が属する国の政治情勢や経済情勢などにより発生するリスク

O

O

☐ ❹ 【投資信託の仕組みと種類】信託財産留保額は投資信託を換金等する際に投資家が負担するコスト、また信託報酬（運用管理費用）は、投資信託の保有期間中、信託財産から日々差し引かれる費用のことである。

☐ ❺ NISAのつみたて投資枠を利用して購入した株式投資信託の普通分配金は、非課税となる。

☐ ❻ NISAのつみたて投資枠の対象となる公募株式投資信託は、購入時手数料がゼロであることが要件の1つとなっている。

❹ 外貨建て金融商品

次の各文章を読んで、正しいものには○を、誤っているものには×をしなさい。（　）のある文章では、適切な語句の組み合わせを選びなさい。

☐ ❶ 【外貨預金】外貨預金の種類には、普通預金、定期預金、通知預金などがあり、また預入できる通貨の種類は、取扱金融機関によって異なる。

TOP 60

☐ ❷ 外貨預金は、元本1,000万円までとその利息が預金保険制度による保護の対象となる。　←よく出る

☐ ❸ 外貨預金に係る利子所得が年間20万円を超えた場合、その利子所得について確定申告を行わなければならない。

☐ ❹ 外貨定期預金の満期時に為替差益を得た場合、その為替差益は雑所得として総合課税の対象となる。

☐ ❺ 外貨建てMMFは、高い信用格付が付された（　①　）の証券を中心に運用する公社債投資信託で、購入する際には購入時手数料が（　②　）。また、外貨建てMMFの分配金は（　③　）として所得税や住民税等の課税対象となる。
　　1)　① 短期　　② かかる　　　　③ 配当所得
　　2)　① 短期　　② かからない　　③ 利子所得
　　3)　① 長期　　② かからない　　③ 配当所得

信託財産留保額は中途換金時にかかる費用で、信託報酬（運用管理費用）は信託財産から日々差し引かれる費用です。

○

つみたて投資枠の利用限度額（非課税枠）は1人年間120万円で、配当金や譲渡益は非課税となります。

○

つみたて投資枠の対象は、販売手数料がゼロ、信託報酬（運用管理費）が一定水準以下、分配頻度が毎月でない、信託契約期間が無期限または20年以上等の条件を満たす長期の積立・分散投資に適した投資信託に限定されます。

○

▼ 解説（赤シートで消える語句をチェックできます）　　　⑯180ページ　　▼ 正解

Point 外貨預金と外貨建てMMFの問題です。学科と同じ問題が出ることが多いので、復習しておきましょう。

外貨預金には、普通預金、定期預金、通知預金などがあり、取扱金融機関によって預入できる通貨の種類が異なります。

○

外貨預金は、預金保険制度の保護の対象外です。

×

外貨預金の利子は、利子所得として一律20.315％の源泉分離課税の対象（源泉徴収で納税は完了）ですから、確定申告は不要です。

×

外貨預金の為替差益は、雑所得として総合課税の対象です。
復習 外貨預金▶102ページ

○

1）外貨建てMMFは、国債・地方債・社債などの短期の債券が投資対象で、株式は組み入れられません。

2）外貨建てMMFには、購入・換金時の手数料や信託財産留保額はかかりません。ただし為替手数料がかかります。

3）外貨建てMMFの分配金は、利子所得として所得税・復興特別所得税・住民税（計20.315％）の課税対象です。**復習** 外貨建てMMF▶102ページ

2）

3 タックスプランニング

問題数013

再現例題

【第3問】次の設例に基づいて、下記の問に答えなさい。

2023年1月（改）

《設例》

会社員のAさん（52歳）は、妻Bさん、長女Cさんおよび長男Dさんとの4人家族である。Aさんの2024年分の収入等に関する資料等は、以下のとおりである。

〈資料〉

〈Aさんの2024年分の収入等に関する資料〉

・給与収入の金額：820万円
・不動産所得の金額：30万円
・雑所得の金額（外貨定期預金に係る為替差損）：▲5万円

※Aさんは、2024年8月、国内銀行に預け入れていた外貨定期預金を満期時に円貨で払い戻しており、その際に為替差損が生じている。なお、雑所得の金額の前の「▲」は赤字であることを表している。

Aさんの2024年分の総所得金額は、次のうちどれか。なお、Aさんは青色申告の承認を受けておらず、記載の情報以外は考慮しないものとする。

〈資料〉 給与所得控除額

給与等の収入金額（年収）		給与所得控除額
	162.5万円以下	55万円
162.5万円超	180万円以下	収入金額×40％－10万円
180万円超	360万円以下	収入金額×30％＋8万円
360万円超	660万円以下	収入金額×20％＋44万円
660万円超	850万円以下	収入金額×10％＋110万円
850万円超		195万円（上限）

1) 653万円
2) 658万円
3) 663万円

解答 ① ② ③

※本試験では、1つの《設例》について3問出題されます。

👑1 基礎控除／扶養控除／配偶者控除…**出題率5.50%**［74問］

👑2 給与所得者の確定申告…**出題率3.12%**［42問］

👑3 総所得金額の算出…**出題率2.53%**［34問］

※出題率は、過去13年間の「個人資産相談業務」1,345問中の出題割合［質問数］を示しています。

【第3問】の出題範囲

「個人」の【第3問】は、家族構成、収入等を説明した《設例》に基づいて、「**タックスプランニング**」に関する問題が3問出題されます。各所得控除をまとめると約3割、給与所得者や青色申告者の確定申告に関する問題で3割弱、そのほかに総所得金額、源泉徴収票、住宅借入金等特別控除が各1割出ています。

【第3問】の頻出分野

頻出順に次の問題分野が出題されています。

1　**基礎控除／扶養控除／配偶者控除**…所得控除の問題のなかで、最も頻出するのが扶養控除です。控除対象扶養親族の年齢と控除額は、セットにして覚えておきましょう。特に19歳以上23歳未満である特定扶養親族に関する出題が頻出しています。また、学科の116ページを復習しておきましょう。

2　**給与所得者の確定申告**…給与所得者の確定申告に関する問題です。

3　**総所得金額の算出**…総所得金額を算出する問題と源泉徴収票に関する問題が同程度の頻出度で出題されます。

4　**青色申告**…学科の126ページを復習しましょう。

▼ 再現例題の解説と解答

Aさんの所得は給与所得、不動産所得、雑所得（損失）です。雑所得は損益通算ができない所得なので損失額は計算には考慮しません。

給与所得は次の式で求めます。

給与所得＝給与収入金額－給与所得控除額

Aさんの収入金額820万円に、資料の給与所得控除額を当てはめると、

給与所得＝820万円－（820万円×10％＋110万円）＝628万円

不動産所得は総合課税の対象となり総所得金額にそのまま加算します。

総所得金額＝628万円＋30万円＝658万円

解答　 ②

1 退職所得

次の各文章の（ ）内にあてはまる最も適切な文章、語句、数字またはそれらの組合せを 1) ～ 3) のなかから選びなさい。

☐ ❶ 退職金の支払を受ける時までに「退職所得の受給に関する申告書」を提出している者は、退職金の支払を受ける際に、この申告書に基づいた正規の税額が（ ① ）されるため、その退職金について、原則として所得税の確定申告が不要である。

一方、「退職所得の受給に関する申告書」を提出していない者は、退職金の支払を受ける際に、退職金の支払金額に一律（ ② ）の税率を乗じて計算した所得税および復興特別所得税が（ ① ）されるため、正規の税額との差額の精算を行うためには所得税の確定申告が必要である。また、この場合の確定申告書の提出先は、（ ③ ）の納税地の所轄税務署長となる。

1) ① 普通徴収　　② 10.21%　　③ 退職金の受給者
2) ① 源泉徴収　　② 10.21%　　③ 退職金の支払者
3) ① 源泉徴収　　② 20.42%　　③ 退職金の受給者

☐ ❷ Aさんは勤め先を勤続36年7カ月で退職する予定である。Aさんが退職に際して《資料》の条件のとおりに会社から2,600万円の退職金を受け取った場合、Aさんが受け取る退職金に係る退職所得の金額として、次のうち最も適切なものは（ ）である。

〈Aさんの2024年分の収入等に関する資料〉
・退職金の額：2,600万円
・給与収入の金額（1～10月分）：800万円
・勤続年：36年7カ月
・上記以外に退職手当等の収入はない。
・障害者になったことが退職の直接の原因ではない。

1) 〔2,600万円－｛800万円＋70万円×(37年－20年)｝〕×1/2＝305万円
2) 〔2,600万円－｛800万円＋60万円×(37年－20年)｝〕×1/2＝390万円
3) (2,600万円－40万円×37年)×1/2＝560万円

Point 退職所得の金額を算出する問題が頻出します。特に勤続年数によって2通りある退職所得控除額の計算式はしっかり覚えておきましょう。

① 退職所得は<u>分離</u>課税です。退職時に<u>退職所得の受給に関する申告書</u>を提出している者は、税額が<u>源泉徴収</u>されて課税関係が終了するため、確定申告は不要となります。

② 申告書を提出しない場合は、退職手当等の支給額に<u>20.42%</u>（所得税および復興特別所得税）が課せられ、源泉徴収されますが、確定申告をすることで税金の還付を受けられる可能性があります。

③ 確定申告の提出先は、<u>退職金受給者</u>の納税地の所轄税務署長となります。

復習 退職所得▶110ページ

3)

個人資産相談業務

実技

退職所得の金額は次の式で求めます。

退職所得＝(収入金額－退職所得控除額)×1/2[※]

※2022年分以後の所得税について、役員等以外の者としての勤続年数が5年以下である者に対する退職手当等のうち、退職所得控除額を控除した残額の300万円を超える部分については2分の1課税を適用しない。

退職所得控除額は勤続年数により、次の2通りに分かれます。

・勤続年数**20年以下**…**40万円×勤続年数（最低控除額80万円）**

・勤続年数**20年超**…**800万円＋70万円×（勤続年数－20年）**

勤続年数の1年未満の端数は切り上げて1年とするため、Aさんの勤続年数36年7カ月は37年です。退職所得の金額は、

[2,600万円－{800万円＋70万円×(37年－20年)}]×1/2＝305万円

1)

2 総所得金額の算出

次の各文章の（　）内にあてはまる最も適切な語句、数字を 1)〜3) のなかから選びなさい。

☐ **❶** Aさん（60歳）は、2024年12月末に、勤務していたX社を勤続40年9カ月で退職し、退職金を受け取る予定である。2024年分の総所得金額は、次のうちどれか。

〈Aさんの2024年分の収入等の状況〉
- 退職金の額：2,600万円
- 給与収入の金額：800万円
- 上場株式の譲渡損失の金額：100万円
- 医療費の支出額：25万円　※2024年中

〈資料〉給与所得控除額：抜粋（2024年分）

給与の収入金額（年収）	給与所得控除額
360万円超 〜 660万円以下	収入金額×20％ ＋ 44万円
660万円超 〜 850万円以下	収入金額×10％ ＋ 110万円
850万円超	195万円（上限）

1) 596万円
2) 605万円
3) 610万円

☐ **❷** 青果小売業を営むBさん（45歳）は2024年分の所得税からは青色申告を行う予定である。Bさんの2024年分の総所得金額は、次のうちどれか。

〈Bさんの2024年分の所得の状況〉
- 事業所得の金額　：　1,000万円
- 不動産所得の金額：▲120万円（不動産所得の金額の計算上、土地を取得するために要した借入金の利子20万円を必要経費に算入している）
※金額の前にある▲は赤字であることを示している。

1) 800万円　　　2) 880万円　　　3) 900万円

☐ **❸** Cさん（54歳）は、2024年中に、加入していた下記の生命保険を解約し、解約返戻金を受け取っている。Cさんの2024年分の収入等に関する資料等は、以下のとおりである。2024年分の総所得金額は、次のうちどれか。※給与所得控除額は、問❶の「〈資料〉給与所得控除額：抜粋」を参照。

- 給与収入の金額　　　：850万円
- 生命保険の解約返戻金：600万円
- 正味払込保険料　　　：500万円

1) 680万円　　　2) 700万円　　　3) 750万円

▼ 解説（赤シートで消える語句をチェックできます）　☞199・201・206ページ　　▼ 正解

Point 収入や損失などの金額が提示された資料から、総所得金額を算出する問題です。計算する際は、特別控除額や損益通算できる金額などに注意しましょう。

Aさんの総所得金額に含める所得は給与収入（800万円）のみです。

給与所得は次の式で求めます。

給与所得＝給与収入金額－給与所得控除額

給与所得控除額は、資料より「収入金額×10％＋110万円」なので、

Aさんの総所得金額 ＝800万円－（800万円×10％＋110万円）

＝800万円－190万円

＝610万円

3)

> 退職金と上場株式の譲渡損失の金額は、分離課税だから、総所得金額に含めてはいけないよ。

Bさんの所得は、事業所得（1,000万円）と不動産所得（－120万円）です。損益通算できる所得は、**不動産所得、事業所得、山林所得、譲渡所得の4種類**です。不動産所得は他の所得と**損益通算**して損失分は差し引きますが、土地を取得するために要した借入金の利子（20万円）は損益通算できません。

損益通算できる金額＝120万円－20万円＝100万円

Bさんの総所得金額＝1,000万円－100万円＝900万円

ウラ技 フ(不)ジ(事)サン(山)ジョウ(譲)で損益通算

3)

Cさんの所得は、給与収入（850万円）と一時所得の保険の解約返戻金（600万円）です。給与所得と一時所得をそれぞれ求めます。

給与所得＝給与収入金額－給与所得控除額

Cさんの給与所得＝850万円－（850万円×10％＋110万円）＝655万円

一時所得＝一時所得の総収入金額－収入を得るために支出した金額－特別控除額（最高50万円）なので、

Cさんの一時所得＝600万円－500万円－50万円＝50万円

総所得金額に算入するのは、一時所得の**2分の1の額**なので、25万円。

Cさんの総所得金額＝655万円＋25万円＝680万円

復習 総所得金額▶118ページ

1)

個人資産相談業務　実技

3 所得控除

次の各文章を読んで、正しいものには○を、誤っているものには×をしなさい。
（　）のある文章では、適切な文章や語句を選びなさい。

☐ ❶ 【配偶者控除／扶養控除】会社員のAさんは、妻、子ども2人の4人家族である。Aさんの2024年分の所得控除に関する次の記述のうち、最も適切なものは（　）である。

<small>TOP 60</small>

> 〈Aさんの家族構成〉
> ・Aさん（42歳）　：会社員（年収850万円）
> ・妻Bさん（40歳）：専業主婦。2024年中に給与収入80万円（パートタイム）
> ・長女Cさん　　　：（17歳）高校生。2024年中の収入なし
> ・長男Dさん　　　：（14歳）中学生。2024年中の収入なし

1）　妻Bさんは控除対象配偶者に該当するため、Aさんは、配偶者控除（控除額38万円）の適用を受けることができる。

2）　長女Cさんは特定扶養親族に該当するため、Aさんは、長女Cさんについて特定扶養控除（控除額63万円）の適用を受けることができる。

3）　長男Dさんは一般の控除対象扶養親族に該当するため、Aさんは、長男Dさんについて扶養控除（控除額38万円）の適用を受けることができる。

☐ ❷ 【医療費控除】会社員のAさんは2024年中に入院治療を受けた。Aさんの2024年分の医療費控除の金額は（　）である。

<small>TOP 60</small>

> 〈Aさんが2024年中に支払った医療費に関する資料〉
> ・Aさんの入院治療費の金額：20万円
> ※上記はすべて医療費控除の対象となる医療費である。また、Aさんはこの入院治療費について、医療保険から入院給付金7万円を受け取っている。
> ※なお、Aさんは2024年中に給与収入560万円を得ている。

1）　20万円－7万円－10万円＝3万円

2）　20万円－10万円＝10万円

3）　20万円－7万円＝13万円

Point 「扶養控除」、「配偶者控除」、「医療費控除」、「地震保険料控除」、「基礎控除」、「生命保険料控除」の6項目についてまとめてあります。

所得控除とは、所得金額から控除（差し引くこと）できるものをいいます。

主な所得控除に、「基礎控除」「扶養控除」「配偶者控除」「医療費控除」等があり、それぞれ、適用条件があります。

1）配偶者控除は、納税者（合計所得金額1,000万円以下、給与のみの年収なら1,195万円以下）と生計同一で年間の合計所得金額が48万円以下（年収103万円以下）の控除対象配偶者がいる場合、適用を受けられる制度です。また、納税者の収入により、控除額は38万円、26万円、13万円の3つに分けられます。Aさんの年収が850万円、妻Bさんの年収が103万円以下なので、Aさんは配偶者控除（控除額38万円）の適用を受けることができます。

2）特定扶養親族は19歳以上23歳未満の親族が対象なため、17歳の長女Cさんはこれに該当しません。従って、Aさんは、長女Cさんについて特定扶養控除（控除額63万円）の適用を受けることはできません。

3）扶養控除の適用対象となる一般扶養親族は16歳以上です。Aさんは、14歳の長男Dさんについて、扶養控除（控除額38万円）の適用を受けることはできません。所得税の基礎控除は最高48万円、合計所得金額が2,500万円超で控除適用外となります。

復習 控除対象扶養親族の区分と控除額 ▶ 117ページ

1）

医療費控除は次の式で計算します。

医療費控除額＝自己負担の医療費－保険金等での補てん金額－【10万円】※

※総所得金額が200万円未満の場合は、【総所得金額×5％】

設問のAさん（2024年の給与収入560万円）の医療費控除額は、

入院治療費(20万円)－入院給付金(7万円)－10万円＝3万円

なお、医療費控除は、治療期間にかかわらず、支払った年の医療費についてその年の控除の対象となります。たとえば、治療は2023年に終了していた場合でも、支払いが2024年なら、2024年分の医療費控除の対象になるというわけです。

1）

❸ 会社員のＡさんが、勤務先から受け取った2024年分の源泉徴収票の「地震保険料の控除額」は25,000円だった。これは、この年分の所得税の年末調整にあたり、同年中に支払った地震保険料の合計額が50,000円であったことを証明する地震保険料控除証明書を勤務先に提出したと推定できる。

❹ 会社員のＡさんは、2024年分の所得税の年末調整にあたり、同年中に新たに契約した生命保険に係る年間保険料の支払金額が200,000円であったことを証明する「一般の生命保険料控除証明書」を勤務先Ｘ社に提出している。Ｘ社が年末調整を行った結果、生命保険料の控除額は、次のうちどれか。なお、これ以外に生命保険料の支払はないものとする。

1) 40,000円
2) 50,000円
3) 100,000円

❹ 住宅借入金等特別控除

次の文章の（ ）内にあてはまる最も適切な数字を 1)〜 3) のなかから選びなさい。

会社員Ａさんは、住宅の建物および敷地を2024年6月に一括で取得し、同月中に入居し、その全部を住宅としている。2024年分の所得税における住宅借入金等特別控除（要件を満たすものとする）の控除額は、次のうちどれか。

〈Ａさんが取得した住宅に関する資料〉
住宅（建物）の取得価額　　　　　：　1,620万円（消費税額等10％込）
土地（住宅の敷地）の取得価額　　：　2,000万円
資金調達（自己資金）　　　　　　：　1,420万円
銀行借入金　　　　　　　　　　　：　2,200万円
（20年の割賦償還、2024年の年末残高は2,170万円）
住宅（建物）の床面積　　　　　　：　100㎡
土地（住宅の敷地）の面積　　　　：　130㎡
※取得した住宅は、認定住宅（新築）である。

1) 140,000円　　　2) 151,900円　　　3) 217,000円

地震保険料控除は、居住用家屋や生活用動産の地震保険料を払った場合に適用され、支払った保険料の**全額**が控除（上限**5万円**）されます。年間の支払保険料額が25,000円であれば、所得税の地震保険料控除額は**25,000円**です。適用には年末調整の際に勤務先へ地震保険料控除証明書の提出が必要です。

一般の生命保険料の年間支払額が**80,000円超**の場合に、所得税の控除限度額**40,000円**が控除されます。Aさんの生命保険料支払金額は200,000円なので、控除額は**40,000円**です。

● 2012年1月1日以降の契約（新契約）の控除限度額

	一般の生命保険	個人年金保険	介護医療保険	控除限度額
所得税	40,000円	40,000円	40,000円	120,000円
住民税	28,000円	28,000円	28,000円	70,000円

▲新契約では、身体の傷害のみに基因して保険金が支払われる傷害特約や災害割増特約などの保険料は、生命保険料控除の対象とはならない。

1)

▼ 解説（赤シートで消える語句をチェックできます）　　☞220ページ　　▼ 正解

Point 住宅借入金等特別控除（以下、住宅ローン控除）の年末残高の限度額、控除率（0.7%）、控除額の計算式など、控除の要件はしっかり覚えておきましょう。

住宅借入金等特別控除の控除率・控除期間は以下のとおりです。

	居住開始年	借入金等の年末残高の限度額	控除率	控除期間
認定住宅（新築）	2024・2025年	4,500万円[※1]	0.7%	13年
既存（中古）住宅	2022～2025年	2,000万・3,000万円		10年

※1 子育て世帯（子育て特例対象個人）は5,000万円（2024年までに入居）。

▲認定住宅…認定長期優良住宅・認定低炭素住宅のこと。ほかにZEH水準省エネ住宅（限度額3,500万円）・省エネ基準適合住宅（限度額3,000万円）、両方とも控除率0.7%、控除期間13年。

取得した住宅は認定住宅（新築）より、限度額は4,500万円。〈資料〉より、Aさんの取得住宅の2024年12月末時の借入残高は2,170万円なので、住宅借入金等特別控除の控除額は、（**2,170万円**）×**0.007**＝**151,900円**

なお、要件を満たすには合計所得金額が2000万円以下である必要があります。

復習 住宅借入金等特別控除（住宅ローン控除）の主な要件と注意点▶125ページ

2)

次の文章の（　）内にあてはまる最も適切な文章、語句、数字またはそれらの組合せを 1) ～ 3) のなかから選びなさい。

会社員のAさんは、2024年中に、加入していた下記の生命保険を解約し、解約返戻金を受け取っている。Aさんの2024年分の収入等に関する資料は、以下のとおりである。

〈Aさんの2024年分の収入等に関する資料〉
・給与収入の金額　　　　　　　：900万円
・生命保険の解約返戻金　　　　：600万円

〈Aさんが2024年中に解約した生命保険に関する資料〉
保険の種類　　　　　　　　　　：一時払変額個人年金保険
契約年月日　　　　　　　　　　：2015年5月1日
契約者（＝保険料負担者）　　　：Aさん
解約返戻金額　　　　　　　　　：600万円
正味払込保険料　　　　　　　　：500万円
※上記以外の条件は考慮せず、問に従うこと。

給与所得者の給与から源泉徴収された所得税は、勤務先で行う年末調整によって精算されるため、その年分の所得が給与所得だけであれば、通常、給与所得者は所得税の確定申告は不要である。しかし、その年分の給与収入の金額が（ ① ）を超える給与所得者は、年末調整の対象とならないため、所得税の確定申告をしなければならない。

Aさんの2024年分の給与収入の金額は900万円であり、（ ① ）を超えていないが、Aさんは2024年中に生命保険の解約返戻金を受け取っており、この解約返戻金に係る所得金額が（ ② ）を超えるため、Aさんは所得税の確定申告をしなければならない。なお、2024年分の所得税の確定申告書の提出期限は、原則として、2025年（ ③ ）である。

1)　① 1,500万円　　② 10万円　　③ 3月15日
2)　① 2,000万円　　② 20万円　　③ 3月15日
3)　① 2,000万円　　② 10万円　　③ 3月31日

Point 確定申告の問題では、一時所得や不動産所得など、給与所得以外の収入の算出式も覚えておく必要があります。

① 給与所得者のその年分の給与収入が**2,000万円**を越えると、年末調整の対象外となり、所得税の**確定申告**が必要になります。

② Aさんは給与収入以外に、生命保険の解約返戻金600万円を受け取っています。契約から5年を超えて解約した生命保険の解約返戻金は、**一時所得**に該当します。**一時所得**は、**一時所得の総収入金額－収入を得るために支出した金額－特別控除額（最高50万円）**

で求め、その**2分の1の額**を総所得金額へ算入します。

Aさんの一時所得の総収入金額は**600万円**、収入を得るために支出した金額は**500万円**（正味払込保険料）です。

Aさんの一時所得＝600万円－500万円－50万円＝50万円

総所得金額に算入するのは2分の1なので、Aさんの解約返戻金に係る所得金額は**25万円**になります。給与所得・退職所得以外の所得が**20万円超**なので、確定申告をしなければなりません。

③ 確定申告の提出期限は、収入のあった年（1月1日～12月31日）の翌年の**3月15日**です。

従って正解は、① 2,000万円　② 20万円　③ 3月15日

2)

> 確定申告が必要な給与所得者の要件　**覚えよう**
> ● 要件1：給与等の収入金額が**2,000**万円超の人
> ● 要件2：給与所得・退職所得以外の所得が**20**万円超の人

 ウラ技 東京五輪（2020年）で確定申告…2,000万円超と20万円超

> 一時所得とは、懸賞金付預貯金の懸賞金、競馬・競輪などの払戻金、生命保険の満期保険金や解約返戻金、損害保険の満期返戻金などのこと。

個人資産相談業務

実技

6 源泉徴収票の見方

会社員Aさんの源泉徴収票と資料を参考に、Aさんの2024（令和6）年分の所得税の年末調整に関する次の記述のうち、最も不適切なものを 1)〜3) のなかから選びなさい。

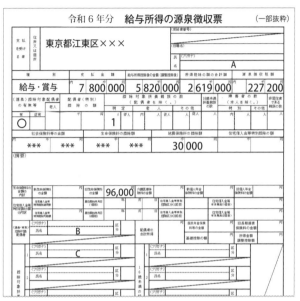

※問題の性質上、明らかにできない部分は＊で示してある。

〈資料1〉旧契約（2011年12月31日以前に締結した保険契約等）に基づく場合の控除額

年間支払保険料	控除額
25,000円以下	支払保険料の全額
25,000円超　50,000円以下	支払保険料×2分の1＋12,500円
50,000円超　100,000円以下	支払保険料×4分の1＋25,000円
100,000円超	50,000円

〈資料2〉新契約（2012年1月1日以後に締結した保険契約等）に基づく場合の控除額

年間支払保険料	控除額
20,000円以下	支払保険料の全額
20,000円超　40,000円以下	支払保険料×2分の1＋10,000円
40,000円超　80,000円以下	支払保険料×4分の1＋20,000円
80,000円超	40,000円

1) Aさんは、配偶者控除の適用を受けている。

2) Aさんは、子Cさんについて38万円の扶養控除の適用を受けている。

3) Aさんの2024年分の所得税の年末調整の際に控除された生命保険料控除額は、4万9,000円である。

Point 会社が発行する源泉徴収票には、1年間の給与の支払金額や源泉徴収税額、保険料などが記載されています。特定扶養控除額は必ず覚えておきましょう。

1）源泉徴収票の左にある「（源泉）控除対象配偶者の有無等」で「有」に「○」がついていて、控除対象配偶者の欄に「B」とあるので、控除対象配偶者（Bさん）がいることがわかります。Aさんは、配偶者控除の適用を受けています。

2）源泉徴収票の「控除対象扶養親族の数（配偶者を除く。）」の下にある「**特定**」に「1」と記されていて、「控除対象扶養親族」に「C」とあるので、**子Cさんが特定扶養親族**に該当することがわかります。**特定扶養親族**は、19歳以上23歳未満が対象で、控除額は**63万円**です。Aさんは、子Cさんについて**63万円**の扶養控除の適用を受けています。選択肢の38万円は、「一般の扶養親族：16歳以上」（源泉徴収票では「その他」）の控除額で、間違いです。

3）源泉徴収票の「旧生命保険料の金額」に**96,000円**と記されているので、「〈資料1〉旧契約に基づく場合の控除額」の速算表にあてはめます。

96,000円×1/4＋25,000円＝49,000円

Aさんの2024年分の所得税の年末調整の際に控除された生命保険料控除額は、**49,000円**です。

各保険の控除限度額は、次のとおりです。実技試験「個人」では、控除額の表が問題文に提示されますから、覚える必要はありません。赤字部分は、他の試験で出題されることがある知識です。

● 2011年12月31日以前の契約（旧契約）の生命保険の控除限度額

	各払込保険料	一般の生命保険	個人年金保険	介護医療保険	控除限度額
所得税	10万円超	50,000円	50,000円	—	100,000円
住民税	7万円超	35,000円	35,000円	—	70,000円

● 2012年1月1日以降の契約（新契約）の生命保険の控除限度額

	各払込保険料	一般の生命保険	個人年金保険	介護医療保険	控除限度額
所得税	8万円超	40,000円	40,000円	40,000円	120,000円
住民税	5.6万円超	28,000円	28,000円	28,000円	70,000円

▲各払込保険料は各保険の年間保険料。例えば、2012年1月1日以降の契約の個人年金保険の年間払込保険料が8万円超なら、所得税の控除額は4万円。

▲新契約では、身体の傷害のみに基因して保険金が支払われる傷害特約や災害割増特約などの保険料は、生命保険料控除の対象とはならない。

個人資産相談業務　実技

2）

4 不動産

再現例題

【第4問】次の設例に基づいて、下記の問に答えなさい。

2021年9月

《設 例》

Aさん（62歳）は、12年前に父親の相続により取得した自宅（建物およびその敷地である甲土地）を所有している。Aさんは自宅を売却し、駅前のタワーマンションを購入して移り住むことを検討している。甲土地に関する資料は、以下のとおりである。

〈甲土地に関する資料〉

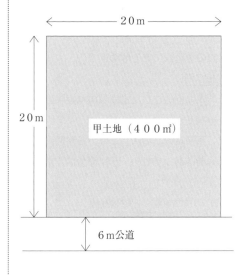

用途地域：近隣商業地域
指定建蔽率：80%
指定容積率：300%
前面道路幅員による容積率の制限

：前面道路幅員×$\frac{6}{10}$

防火規制：準防火地域

※指定建蔽率および指定容積率とは、それぞれ都市計画において定められた数値である。
※特定行政庁が都道府県都市計画審議会の議を経て指定する区域ではない。
※上記以外の条件は考慮せず、各問に従うこと。

甲土地に耐火建築物を建築する場合の（①）建蔽率の上限となる建築面積と（②）容積率の上限となる延べ面積の組合せとして、次のうち最も適切なものはどれか。

1) ① 360㎡ ② 1,440㎡

2) ① 360㎡ ② 1,200㎡

3) ① 400㎡ ② 1,200㎡

解答   ③

※本試験では、1つの《設例》について3問出題されます。

1 不動産登記記録…出題率**3.42%**［46問］

2 延べ面積…出題率**2.16%**［29問］

3 建蔽率（べい）…出題率**1.86%**［25問］

※出題率は、過去13年間の「個人資産相談業務」1,345問中の出題割合［質問数］を示しています。

【第4問】の出題範囲

「個人」の【第4問】は、不動産の概要を説明した《設例》に基づいて、**「不動産」**に関する問題が3問出題されます。出題割合は、不動産登記、不動産取引や規制等についてが2割強ずつ、残りが税金や控除等についてです。

【第4問】の出題傾向

頻出順に次の問題が出題されています。

1 **不動産登記記録**…登記簿や登記事項証明書に関する問題が頻出します。ほかには、不動産登記の効力、公図や表題登記についての問題などが出題されています。

2 **延べ面積**…延べ面積とは、建物各階の床面積を合計したものをいいます。再現例題のような最大延べ面積を求める問題がよく出題されています。

3 **建蔽率**…建物の敷地面積に対する建築面積の割合のことです。
建築面積の最高限度＝敷地面積×指定建蔽率
また、建蔽率が緩和される条件について覚えておきましょう。

▼ 再現例題の解説と解答

建築面積の上限を求める計算式は、敷地面積×建蔽率です。ただし、防火地域（建蔽率の上限80%の地域を除く）・準防火地域で耐火建築物を建築する場合、建蔽率が10%緩和されます。従って甲土地の建築面積の上限は、

$400㎡ × (80\% + 10\%) = 360㎡$

次に、甲土地は前面道路の幅員が6m（12m未満）の敷地、近隣商業地域なので、容積率に制限があり、前面道路幅×6/10の計算式で求めた値と、指定容積率を比べて、小さい方が容積率の上限となります。

$6m × 6/10 = 360\%$ ＞ 指定容積率300% 結果、容積率は300%なので、

延べ面積の上限 $= 400㎡ × 300\% = 1,200㎡$

解答 ②

次の各文章を読んで、正しいものには○を、誤っているものには×をしなさい。
（　）のある文章では、適切な語句や語句の組合せを選びなさい。

☐ **❶** 土地の購入にあたっては、（ ① ）で交付される（ ② ）の記載内容を確認する
ことにより、土地の権利関係等を調べることができる。また、（ ② ）のほか
に（ ③ ）の写しを取得してX土地の位置、隣地との関係等についても確認す
る必要がある。ただし、（ ③ ）は、形状、面積が正確ではない場合もあるの
で、地積測量図の写しも取得しておくことが望ましい。←よく出る

1)　① 市町村役場[※]　　② 固定資産評価証明書　　③ 都市計画図

2)　① 法務局　　② 登記事項証明書　　③ 公図

3)　① 市町村役場[※]　　② 登記事項証明書　　③ 公図

※特別区を含む

☐ **❷** 不動産登記記録は、原則、土地または建物ごとに作成され、「表題部」・「権
利部」で構成されている。「表題部」に記録事項のうち、土地については所
在、地番、地目、（ ① ）などが記載されている。また、「権利部」の、「甲区」
には（ ② ）に関する事項が、「乙区」には（ ② ）以外の権利に関する事項が
記載されている。マンションの専有面積は、広告では壁芯面積で記載されて
いるが、登記記録上の専有面積はこれよりも（ ③ ）なる。

1)　① 地積　　　② 所有権　　③ 小さく

2)　① 用途地域　　② 抵当権　　③ 大きく

3)　① 地積　　　② 抵当権　　③ 小さく

☐ **❸** 土地の登記に関する次の記述のうち、最も適切なものは（　）である。

1)　土地を取得するにあたって、登記情報を確認する場合は、法務局の窓
口で登記事項証明書等の交付を受けるほか、インターネット（登記情報提供
サービス）を利用して確認することができる。

2)　土地の登記事項証明書の交付申請を行う場合、その交付についての許可
を土地の所有者から得た旨の証明書を申請時に提出する必要がある。

3)　マンションの所有権に関する登記の登記事項は、不動産登記記録の権利
部甲区に記録されているが、不動産登記記録を法務局で閲覧できる者は司法
書士資格を有する者に限られる。

Point 「不動産登記記録（登記簿）」では表題部・権利部の主な内容について、「登記事項証明書」では交付先や交付条件などが出題されます。

土地の権利関係や土地の所在、地積、床面積などは、「不動産登記記録」に記載されており、①法務局に申請して交付される②登記事項証明書で、誰でもその内容を調べることができます。

また、法務局では③公図の写しを取得して土地の位置、形状、隣地との関係等について確認することもできます。

2)

登記事項証明書…登記記録に記載された事項の全部または一部を証明した書面。

公図…土地の形状や地番、道路、水路や隣接地との位置関係を記した土地の図面。法務局（登記所）が管理。

---

①②は下のとおりです。③マンションの専有部分は、広告で記載される壁芯面積より、内法面積で表示される登記上の面積のほうが小さくなります。

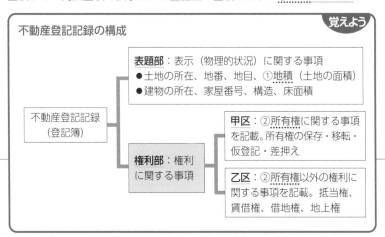

不動産登記記録の構成　　　　　　　　　　　　　　　　**覚えよう**

表題部：表示（物理的状況）に関する事項
- 土地の所在、地番、地目、①地積（土地の面積）
- 建物の所在、家屋番号、構造、床面積

不動産登記記録（登記簿）

権利部：権利に関する事項

甲区：②所有権に関する事項を記載。所有権の保存・移転・仮登記・差押え

乙区：②所有権以外の権利に関する事項を記載。抵当権、賃借権、借地権、地上権

1)

1）不動産登記情報は、インターネットでオンライン請求をして郵送、または窓口交付してもらうことができます。

1)

2）現在の所有者から交付許可を得る必要はありません。

3）不動産登記記録の閲覧が可能なのは、司法書士資格者に限りません。法務局で登記事項証明書の交付申請をすれば、誰でも閲覧可能です。

☐ **❹** 建築を検討している計画建物の建築規制については、その敷地の登記事項証明書により把握することができる。

☐ **❺** 登記事項証明書の表題部に記載されている面積と、土地家屋調査士等の資格のある者が作成した実測図に記載されている面積が異なる場合には、登記事項証明書に記載されている面積が正確であり、その面積を信用すべきである。

☐ **❻** 不動産登記に関する次の記述のうち、最も不適切なものは（　）である。

1）　マンションの売主が、買主（Aさん）のほかに第三者（Bさん）にも当該マンションを重ねて売却していた場合、Aさんは、Bさんより先に所有権移転の登記をすることで、当該マンションの所有権をBさんに対抗することができる。

2）　一般にマンションについては、専有部分について所有権の保存や移転の登記を行えば、専有部分に係る敷地権についても同様の登記がなされたものとしての効力を有する。

3）　建物を新築した日から所定の1週間以内に、新築建物に関する表題登記（新築後初めて行う登記）の申請をしなければならない。

2 宅地建物取引業

次の各文章を読んで、正しいものまたは適切なものには○を、誤っているものまたは不適切なものには×をしなさい。

☐ **❶** 弁護士資格を有していない宅地建物取引業者が、Aさんの賃貸アパートの賃借人の立退き交渉業務を請け負った場合、当該業者の行う行為は弁護士法に抵触する可能性がある。

☐ **❷** 宅地建物取引業者が不動産賃貸の媒介を行う場合、賃借人に対して重要事項の説明をしなければならないが、この説明を行う者は、宅地建物取引業者の社員であればよく、必ずしも宅地建物取引士である必要はない。

☐ **❸** 免許証番号、宅地建物取引業者の代表者の氏名および業務停止の処分の内容等が記載された宅地建物取引業者名簿が、国土交通省および都道府県に設置されており閲覧が可能であるため、その免許を受けた宅地建物取引業者について調査することができる。

建物の建築規制（用途地域や防火規制など）については、都市計画図に掲載されています。登記事項証明書により把握することはできません。 ✕

登記事項証明書に記載されている面積は、必ずしも正確ではありません。実測面積（実際に測量した面積）とは異なる場合もあるため、土地家屋調査士などによって実際に測量された実測図の面積を信用すべきとされています。 ✕

1）売主が物件を二重譲渡（複数の相手に譲渡すること）した場合、先に所有権移転の登記をした買主に所有権があります。Aさんは、Bさんより先に所有権移転の登記をすることで、当該マンションの所有権をBさんに対抗することができます。

ウラ技 不動産は登記優先！

2）マンションの専有部分について所有権の保存や移転の登記を行うと、専有部分に係る敷地権についても同様の効力を有します。

3）建物を新築した場合、建築後1カ月以内に表題登記の申請を行う必要があります。

3）

▼ 解説（赤シートで消える語句をチェックできます）　🔲242ページ　▼ 正解

Point 土地や建物の売買、交換、貸借の媒介（仲介）や代理を行う業務を宅地建物取引業（宅建業）といい、これを業として行う者を宅地建物取引業者といいます。

弁護士資格のない宅地建物取引業者が賃貸アパートの立退き交渉業務を行うことは、**弁護士法に抵触する可能性が**あります。 〇

賃借人に対する**重要事項の説明**は、宅地建物取引士（宅建士）の独占業務です。なお、宅地建物取引業者が賃貸借を媒介する際、貸主・借主双方から受け取る報酬限度額（仲介手数料の上限）は**賃料の1カ月分**＋消費税までです。 ✕

宅地建物取引業者名簿は、国土交通省や都道府県に設置されています。この名簿には、各業者の免許証番号、商号、宅地建物取引士の氏名、過去の処分や業務停止処分の内容等が記載されています。 〇

3 借家契約

次の各文章の（　）内にあてはまる最も適切な文章、語句、数字またはそれらの組合せを 1)～3) のなかから選びなさい。

☐ **❶** 借地借家法に規定される賃貸借契約について説明した、以下の文章の空欄①～③ に入る語句の組合せとして最も適切なものは、（　）である。

所有アパートを取り壊す予定がある場合、一定の期間で賃借人が明け渡すことを約定する（①）契約の締結が望ましい。（①）契約ではない一般的な建物賃貸借契約の契約期間は（②）以上とされているが、（①）契約では（②）未満の契約も認められている。また、（①）契約の契約期間が 1 年以上の場合には、賃貸人は、原則、期間の満了の 1 年前から（③）までの間に賃借人に対し期間の満了により賃貸借が終了する旨の通知をしなければならない。

1)　① 短期建物賃貸借　　② 1 年　　③ 1 カ月前
2)　① 定期建物賃貸借　　② 1 年　　③ 6 カ月前
3)　① 定期建物賃貸借　　② 2 年　　③ 1 カ月前

☐ **❷** 建物賃貸借契約についての次の記述のうち、①～③に当てはまる組合せは（　）である。

ⅰ）契約期間を 1 年未満とする契約は、（①）がない契約とみなされる。

ⅱ）賃貸人の同意を得て建物に付加した畳、建具その他の造作がある場合には、特約がない限り、賃借人は、賃貸借が満了または終了時に、賃貸人に対し、その造作を（②）で買い取るべきことを請求することができる。

ⅲ）定期建物賃貸借契約を締結する場合、賃貸人は、賃借人に対し、あらかじめ定期建物賃貸借契約であることを記載した書面を交付して説明しなければならないが、賃貸人がこの説明をしなかったときは、（③）が無効となる。

1)　① 期間の定め　② 時価　　　　③ 契約の更新がない旨の定め
2)　① 更新の定め　② 購入時の価格　③ 契約の終了に関する定め
3)　① 更新の定め　② 市場価格　　　③ 契約の更新がない旨の定め

Point 借家契約のうち、定期借家契約（定期建物賃貸借契約）に関する問題が頻出します。存続期間、更新の有無、解約条件を把握しておきましょう。

借地借家法で定められた、他人の建物を借りて使用する権利を借家権といいます。借家権には、普通借家権（普通借家契約）と定期借家権（定期借家契約）があります。一定期間だけの賃貸を希望する場合、原則、更新がない①定期建物賃貸借契約（定期借家契約）を結ぶことが望ましいといえます。

種類	普通借家契約 （建物賃貸借契約）	定期借家契約 （定期建物賃貸借契約）
存続期間	②1年以上。 1年未満の契約は「期間の定めがない賃貸借」とみなされる	制限なし。 1年未満の契約でも契約期間と認められる
更新	自動更新	更新なし（再契約はできる）
解約条件	賃貸人（貸主）が解約する場合は、期間満了の6カ月前までに正当な事由をもって賃借人（借主）に通知が必要	契約期間が1年以上の場合、貸主から借主へ期間満了の1年前から③6カ月前までに「契約の終了」の通知が必要

2)

ⅰ）契約期間が1年未満の普通借家契約（建物賃貸借契約）は、①期間の定めがない契約と見なされます。

ⅱ）賃借人（借主）は、賃貸人（貸主）の同意を得て、畳や建具、エアコンなどの造作を取り付けることができます。その場合、入居者は、特約がない限り、契約満了時に、大家にその造作を②時価で買い取るよう請求できます。これを造作買取請求権といいます。

ⅲ）賃貸人は、賃借人に対し、定期建物賃貸借契約であること（契約の更新がない旨の定め）を記載した書面を交付して説明しなければなりません。賃貸人がこの説明をしなかったときは、③「契約の更新がない旨の定め」が無効となります。

1)

4 建蔽率／延べ面積

次の各文章を読んで、正しいものには○を、誤っているものには×をしなさい。
（ ）のある文章では、適切な語句や語句の組合せを選びなさい。

☐ ❶ 建蔽率は、建築物の（①）の敷地面積に対する割合のことである。建蔽率
は、都市計画により上限が定められているが、所定の条件を満たすことによ
り、その上限が緩和されることがある。仮に、指定建蔽率が60％の地域で、
かつ、防火地域である土地の上に（②）を建築する場合、建蔽率の上限は緩
和され、指定建蔽率に（③）が加算される。

1) ① 建築面積　　② 耐火建築物　　③ 10％

2) ① 建築面積　　② 準耐火建築物　③ 20％

3) ① 延べ面積　　② 耐火建築物　　③ 20％

☐ ❷ 指定容積率が200％の地域で、敷地面積360㎡の土地に建物を建てる場合の
最大延べ面積は720㎡である。

5 用途制限／防火規制

次の文章を読んで、正しいものまたは適切なものには○を、誤っているものま
たは不適切なものには×をしなさい。

☐ 　右図の土地上に、計画建物の
配置どおりに賃貸アパートを
建築する場合、建物やその敷
地の全部について第一種低層
住宅専用地域の用途制限が適
用される。また、防火規制に
関しては、原則として、賃貸
アパートの建物の全部につい
て準防火地域内の建築物に関
する規定が適用される。

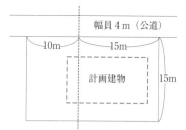

用途地域：第二種低層　　　　用途地域：第一種低層
住居専用地域　　　　　　　　住居専用地域
指定建蔽率：50％　　　　　　指定建蔽率：50％
指定容積率：100％　　　　　　指定容積率：100％
防火規制：防火地域　　　　　防火規制：準防火地域

Point 建蔽率の緩和規定のうち、防火地域内に耐火建築物を建てた場合の指定建蔽率に関する問題が頻出します。

建蔽率とは①建築面積の敷地面積に対する割合（建築面積÷敷地面積）のことで、「建築面積の上限＝敷地面積×建蔽率」として建築基準法で規制されています。建蔽率の上限80％以外の地域で防火地域の土地に②耐火建築物、および耐火建築物と同等以上の延焼防止性能の建築物を建築する場合、建蔽率の上限が緩和されて、③10％加算されます。なお上限80％の地域で防火地域内に耐火建築物および耐火建築物と同等以上の延焼防止性能の建築物を建てる場合、建蔽率の上限は100％（制限なし）です。

1)

延べ面積とは、建物各階の床面積を合計した面積をいいます。ある用途地域に建てる最大延べ面積（延べ面積の上限）は、**敷地面積**に用途地域の容積率を乗じて算出します。360㎡×200％＝720㎡

○

Point 建築物が防火地域および準防火地域にわたる場合、原則として、その全部について防火地域内の建築物に関する規定が適用されます。

本文のように、建築物の敷地が２つの異なる用途地域にわたる場合、その建築物またはその敷地の**全部**について、**敷地**の**過半の属する用途地域**の建築物の用途に関する規定が適用されます。本問では**第一種低層住居専用地域**の用途制限が適用されます。

なお、建築物が防火地域と準防火地域にわたる場合、原則、その全部について防火地域内の建築物に関する規定が適用されるので、敷地内において防火規制が**最も厳しい地域の規制**が適用されることになります。

✕

個人資産相談業務　実技

次の各文章を読んで、正しいものには○を、誤っているものには×をしなさい。
（　）のある文章では、適切な語句や語句の組合せを選びなさい。

☐ ❶ 新築の賃貸アパートが不動産取得税の課税標準の特例の要件を満たす場合、賃貸アパートの独立的に区画された1室ごとの固定資産税評価額から、所定金額を控除した額を不動産取得税の課税標準とすることができる。

☐ ❷ Hさんが購入した甲マンションの売却物件情報を資料として、以下の文章の空欄①〜③に入る語句の組合せとして最も適切なものは（　）である。

〈資料：甲マンションの売却物件情報〉（一部抜粋）

物件名	甲マンション801号室	価格	2,380万円
管理費	1万4,100円／月	修繕積立金	1万1,900円／月
所在地	東京都K区T3丁目	間取り	3LDK
交通	JR　S線　K駅　徒歩10分	専有面積	69.08m² （壁芯面積）
築年月	2001年12月	所在階	8階／13階建
総戸数	68戸	建物構造	鉄骨鉄筋コンクリート造
用途地域	第1種住居地域	土地権利	所有権
広告有効期限	2014年1月31日	取引態様	一般媒介

不動産取得税の納税義務者は、不動産の取得者であるHさんとなる。また、不動産取得税の課税標準は、原則としてその不動産の（①）であるが、甲マンションはその専有面積、構造、築年数等からみて不動産取得税の課税標準の特例の適用を受けることが（②）と想定できる。売買に伴い、法務局に申請して所有権移転登記をする場合、（③）登録免許税の納税義務者となるが、一般には、売買契約等により買主が負担する。

1)　① 取引価格　　　　② できない　　③ 売主と買主が連帯して
2)　① 固定資産税評価額　② できる　　　③ 売主と買主が連帯して
3)　① 固定資産税評価額　② できない　　③ 売主が

☐ ❸ 賃貸アパートを建築・保有する場合の税金に関する次の記述のうち、最も適切なものは（　）である。
1)　土地や家屋を購入した際の不動産取得税の標準税率は、5％である。
2)　新築賃貸物件について所有権の保存登記を行う場合登録免許税が課される。
3)　不動産取得税の課税標準の特例は、建物を新築した場合のみが適用対象となり、中古住宅の物件については適用を受けられない。

▼ 解説（赤シートで消える語句をチェックできます）　　🔖260・262・264ページ　　▼ 正解

Point 「不動産取得税」、「登録免許税」、「消費税」、「固定資産税」、の4項目についてまとめてあります。

不動産取得税の課税標準の特例（新築住宅）により、固定資産税評価額から、所定金額<u>1,200万円</u>を引いた額を課税標準とすることができます。課税標準は、税額を算出するうえで基礎となる課税対象のことをいいます。

○

不動産取得税の課税標準の特例は、新築住宅と中古住宅で異なります。

> **不動産取得税の課税標準の特例** 【覚えよう】
>
> ● 新築住宅…課税標準（固定資産税評価額）－<u>1,200万円</u>
>   ▲認定長期有料住宅は1,300万円。
>   主な要件…床面積<u>50㎡</u>（一戸建て以外の貸家住宅は1室<u>40㎡</u>）以上<u>240㎡</u>以下
>   不動産取得税＝（課税標準－1,200万円）×**税率3%**
>
> ● 中古住宅…課税標準（固定資産税評価額）－新築時期により異なる控除額
>   主な要件… 1　<u>床面積50㎡以上240㎡以下</u>
>   　　　　　 2　<u>1982年1月1日以降</u>に新築された住宅、
>   　　　　　 　　または一定の新耐震基準に適合した住宅
>   　　　　　 3　居住用、セカンドハウスに限る。賃貸住宅は適用不可

2)

資料より、甲マンションは、特例を受けることが②**できます**。
不動産の売買に伴い、所有権移転登記を行う場合、③<u>売主と買主が連帯して</u>登録免許税の納税義務者となります。

1）不動産取得税の標準税率は、2027年3月31日までの取得については、特例として<u>3%</u>（本則は4%）です。

2）**登録免許税**は、「**所有権の**<u>保存</u>**登記**」、「**所有権の**<u>移転</u>**登記**」、「**抵当権の設定登記**」等に課されます。**所有権の**<u>保存</u>**登記**とは、新築の建物を購入したときなど、**所有権を初めて登録するときの**登記のことです。

3）不動産取得税の課税標準の特例は、<u>中古住宅</u>の取得時にも適用されます。

2)

個人資産相談業務 ｜ 実技

☐ ❹ 会社員のＡさんが土地を購入、建築した賃貸アパートを、住宅として貸し付けた場合、原則として、その貸付けによる家賃に対して消費税が課される。

☐ ❺ 固定資産税の納税義務者は、毎年１月１日現在で所有者として固定資産課税台帳に登録されている者であるが、売買契約により、売主と買主の間で固定資産税の負担割合を所有期間で按分して精算することが一般的である。

TOP60 ７ 不動産の譲渡・賃貸にかかる税金

　Ａさんの居住用財産に関する次の文章を読んで、（　）内にあてはまる 最も適切な数字を 1)〜3) のなかから選びなさい。

☐ 　Ａさんは、2004年に相続により取得した戸建住宅に現在居住しているが、駅前にあるＹマンションを購入し、転居する予定である。また、現在居住している戸建住宅は、転居後の2024年10月に売却したいと考えている。売却予定と購入予定の概要は、以下のとおりである。

> 〈売却予定住宅、および購入予定Ｙマンションの概要〉
> ■売却予定住宅（譲渡資産）　　　　■購入予定マンション（買換資産）
> ・取得日　：2004年8月3日　　　　・取得日　：2024年9月20日
> ・取得費　：不明（概算取得費を用いる）　・取得価額：6,000万円
> ・譲渡価額：5,000万円
> ・譲渡費用：100万円　　　　　　　※復興特別所得税は考慮しない。

上記の売却予定住宅について、「居住用財産の譲渡所得の特別控除（いわゆる居住用財産を譲渡した場合の3,000万円の特別控除の特例）」および「居住用財産を譲渡した場合の長期譲渡所得の課税の特例」の適用を受けた場合の、所得税と住民税の合計額として最も適切なものは（　）である。

1) （5,000万円－250万円－100万円－3,000万円）×14％＝231万円
2) （5,000万円－250万円－100万円－3,000万円）×20％＝330万円
3) （5,000万円－100万円－3,000万円）×20％＝380万円

住宅の貸付けは貸付期間が 1 **カ月以上**のものをいい、**非課税取引**なので**消費税**は課されません。貸付期間が 1 **カ月未満**は、住宅の貸付けから除かれます。 ✕

一般的に、**固定資産税**は、売主と買主の間で負担割合を所有期間で按分して精算されます。 ◯

▼ 解説（赤シートで消える語句をチェックできます）　267・268 ページ　▼ 正解

Point 不動産を譲渡（売却）した際に生じる譲渡所得金額は、譲渡所得の総収入金額−（取得費＋譲渡費用）で求めます。この式は必ず覚えておきましょう。

最初に売却予定住宅の譲渡所得金額（譲渡益）を求めます。

譲渡所得金額＝譲渡所得の総収入金額−（取得費＋譲渡費用）

売却予定住宅の総収入金額は、譲渡価額 5,000 **万円**です。

取得費は「不明（概算取得費を用いる）」とあります。**概算取得費**は譲渡価額の 5%**相当額**になります。

概算取得費＝5,000 万円× 5%＝ 250 万円

譲渡費用は 100 **万円**です。

譲渡所得金額＝5,000 万円−（250 万円＋ 100 万円）＝ 4,650 万円

「居住用財産の譲渡所得の特別控除」によって、3,000 万円が控除されるので、課税される譲渡所得は、次の式で求めます。

1）

課税譲渡所得＝譲渡所得金額（譲渡益）− 3,000 万円（特別控除額）

課税譲渡所得＝4,650 万円−3,000 万円＝ 1,650 万円

「居住用財産を譲渡した場合の長期譲渡所得の課税の特例」の適用を受けると、課税譲渡所得のうち、6,000 **万円以下の部分の税率は** 14%※**（所得税 10%＋住民税** 4%）となりますから、結局、所得税と住民税の合計額は、

譲渡所得税額 ＝ 1,650 万円× 14%＝ 231 万円

となります。

※復興特別所得税を含む場合の税率は、14.21%。

個人資産相談業務 実技

8 不動産の有効活用

次の各文章を読んで、正しいものには○を、誤っているものには×をしなさい。
（　）のある文章では、適切なものを選びなさい。

☐ ❶ マンションの売却物件情報欄の「取引態様」が「一般媒介」となっている場合、その物件情報を提供した宅地建物取引業者が、所有者（売主）である。

☐ ❷ 以下の概要に基づいて賃貸アパートを建築し、賃貸する場合の建築費等投資額に対する純利回り（NOI利回り）は（　）の式で求められる。

> 〈建築する賃貸アパートの概要〉
> 建築費等投資額：8,000万円　　年間賃貸収入：960万円　　年間実質費用：240万円
> 減価償却費　　：300万円　　　　借入金利子　　：100万円

1) 320万円÷8,000万円＝4％
2) 720万円÷8,000万円＝9％
3) 960万円÷8,000万円＝12％

9 区分所有法

次の文章の（　）内にあてはまる最も適切な文章、語句、数字またはそれらの組合せを1)〜3)のなかから選びなさい。

☐ 　区分所有法では、1戸ごとに「構造上の独立性」と「利用上の独立性」を備えた建物の部分を（①）といい、ロビーや廊下など共同で利用する建物の部分は（①）とはならない。区分所有者は、全員で、建物やその敷地および附属施設の管理を行うための、一般に（②）といわれる団体を構成し、集会を開き、規約を定め、管理者を置くことができる。区分所有者の集会において、区分所有者および議決権の各（③）以上の多数で、建物を取り壊し、かつ、当該建物の敷地に新たに建物を建築する旨の決議をすることができる。

1) ① 共用部分　　② 管理組合　　③ 過半数
2) ① 専有部分　　② 建替組合　　③ 4分の3
3) ① 専有部分　　② 管理組合　　③ 5分の4

▼ 解説 （赤シートで消える語句をチェックできます）　☎243・277ページ　　▼ 正解

Point　「不動産広告」と「不動産の投資利回り」に関する問題が出題されます。「純利回り」の算出式を覚えておきましょう。

取引態様欄の「一般媒介」は、「取引の媒介のみ」行うという意味で、宅地建物取引業者は**売主**ではありません。買主は仲介手数料を支払う必要があります。宅地建物取引業者が**売主**なら、仲介手数料を支払う必要はありません。

✕

純利回り（NOI利回り）…純収益（年間賃料収入から、手数料や税金など諸経費を引いたもの）を、投資額で割った数字で、以下の計算式で求めます。

純利回り（%）＝純収益÷投資額×100
　　　　　　　┗━年間賃料収入－諸経費

本問では、「年間賃貸収入：960万円」「年間実質費用：240万円」なので、

純利回り ＝（960万円－240万円）÷8,000万円×100
　　　　　＝720万円÷8,000万円×100＝9%

2)

▼ 解説 （赤シートで消える語句をチェックできます）　☎256ページ　　▼ 正解

Point　「専有部分」と「共用部分」の区別、集会の議決権の数値等を覚えておきましょう。学科でも同様の問題が出題されています。

集合住宅における専有部分、共有部分のすみ分けは次のとおりです。

①専有部分	住居、店舗、事務所等。 1戸ごとに独立性を備え、区分所有権の対象となる部分。
共用部分	エントランス、ロビー、廊下、階段、エレベーター等。 共同で利用する部分。

一般に、区分所有者は、所有者自身の意思にかかわらず、②**管理組合**（区分所有者の団体）の構成員となります。

また、建物を取り壊し・建て替えるには、集会で区分所有者および議決権の③**各5分の4以上**が必要です。

3)

5 相続

再 現 例 題

【第5問】次の設例に基づいて、下記の問に答えなさい。

2016年9月（改）

──《設 例》──

Aさん（68歳）は、妻Bさん（66歳）、長女Dさん（34歳。未婚）と3人暮らしである。また、Aさんには独立した長男Cさん（40歳）がいる。

〈資料：Aさんの主な財産の状況（相続税評価額）〉

- ・預貯金　　　：1億8,000万円　　　・有価証券　　：1億2,000万円
- ・自宅の敷地：1億4,000万円　　　・自宅の建物：1,000万円

※上記以外の条件は考慮せず、問に従うこと。

　2024年4月にAさんが長男Cさんに現金300万円を、また同年6月に妻Bさんが長男Cさんに現金150万円を贈与した場合、長男Cさんが納付すべき贈与税額は、次のうちどれか。長男Cさんが同年中に受けた贈与はほかにはない。なお、この2024年中の贈与については、暦年課税により贈与税を計算することとし、「直系尊属から贈与を受けた場合の贈与税の税率の特例」について、適用を受けるための要件を満たしているものとして計算すること。

〈資料〉 贈与税の速算表

基礎控除後の課税価格		一般（特例以外）		特例（直系尊属からの贈与）	
		税率	控除額	税率	控除額
	200万円以下	10%	－	10%	－
200万円超 ～	300万円以下	15%	10万円	15%	10万円
300万円超 ～	400万円以下	20%	25万円		
400万円超 ～	600万円以下	30%	65万円	20%	30万円
600万円超 ～	1,000万円以下	40%	125万円	30%	90万円
1,000万円超 ～	1,500万円以下	45%	175万円	40%	190万円
1,500万円超 ～	3,000万円以下	50%	250万円	45%	265万円
3,000万円超 ～	4,500万円以下	55%	400万円	50%	415万円
4,500万円超				55%	743万円

1) （300万円－110万円）×10%＋（150万円－110万円）×10%＝23万円

2) {（300万円－110万円）＋（150万円－110万円）}×15%－10万円＝24.5万円

3) {（300万円＋150万円）－110万円}×15%－10万円＝41万円

解答　　　③

※本試験では、1つの《設例》について3問出題されます。

出題DATA
過去13年間

👑1 遺言書…出題率2.97%［40問］

👑2 小規模宅地等の評価減の特例…出題率2.68%［36問］

👑3 遺産に係る基礎控除額…出題率1.64%［22問］

※出題率は、過去13年間の「個人資産相談業務」1,345問中の出題割合［質問数］を示しています。

【第5問】の出題範囲

「個人」の【第5問】は、家族構成や収入等を説明した《設例》に基づいて、「**相続**」に関する問題が3問出題されます。出題割合では、遺言や遺留分、相続時精算課税と暦年課税に関する問題がそれぞれ3割弱出題されています。そのほか贈与税に関する問題も2割ほど出ています。

【第5問】の頻出分野

頻出順に次の問題が出題されています。

1 **遺言書**…「個人」の出題ランキング上位の頻出問題です。主に公正証書遺言に関して、証人の数や検認の有無について頻出します。

2 **小規模宅地等の評価減の特例**…こちらも「個人」の出題ランキング上位の頻出問題です。被相続人の居住地や事業用地の評価額のうち一定割合が減額される特例です。適用面積や減額割合が頻出します。

3 **遺産に係る基礎控除額**…以下の式を確実に覚えましょう。

遺産に係る基礎控除額＝3,000万円＋600万円×法定相続人の数

ただし、法定相続人の数には、相続放棄者も含みます。

▼ 再現例題の解説と解答

18歳以上（2022年4月1日以後の贈与に適用）の子・孫が直系尊属から受けた贈与財産は特例贈与財産として、税率と控除が優遇されます。

40歳の長男Cさんが両親から受けた贈与は、この特例贈与財産の対象となります。また、暦年課税の贈与税の基礎控除は、1年間に複数人から受けた場合も110万円です。贈与財産の合計額から110万円を引き、速算表の税率と照らして贈与税額を算出します。

長男Cさんの贈与税＝{(300万円＋150万円) − 110万円}×15％−10万円

＝340万円×15％−10万円

＝41万円

解答 ③

個人資産相談業務

実技

1 贈与税の配偶者控除

次の各文章の（　）内にあてはまる最も適切な文章、または数式を1）〜3）のなかから選びなさい。正しいものには○を、誤っているものには×をしなさい。

❶　Aさんは「贈与税の配偶者控除」を利用して妻Bさんに財産を贈与することを考えている。また、Aさんの父Eさんは、2024年中に下記の贈与を行った。なお、Aさんの親族は、2024年中に下記の贈与以外に贈与された財産はない。また、Aさんと兄Gさんは、いずれも相続時精算課税の適用を受けない。

〈父Eさんが2024年中に行った贈与〉

・Aさんに対する贈与…現金200万円
・兄Gさんに対する贈与…現金80万円

※上記以外の条件は考慮しない。

〈親族関係図〉

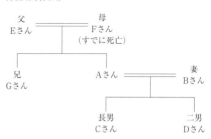

贈与税（暦年課税）に関する次の記述のうち、最も不適切なものは（　）である。

1）　Aさんが父Eさんから贈与された現金200万円を、2024年中に妻Bさんに贈与した場合には、妻Bさんに贈与税の申告義務があり、Aさんに贈与税の申告義務はない。

2）　AさんがBさんに対して通常必要と認められる生活費（必要な都度直接これに充てるもの）を贈与した場合には、贈与税が課税されない。

3）　兄Gさんが贈与により取得した財産の価額の合計額は、贈与税の基礎控除額以下であるため、兄Gさんに贈与税の申告義務はない。

❷　妻が、夫から相続税評価額3,000万円の自宅の敷地および建物を受贈し、贈与税の配偶者控除の適用を受けた場合、納付すべき贈与税額として最も適切なものは、次のうち（　）である。なお、妻はこれ以外の贈与を受けていないものとする。　※贈与税の速算表は、228ページ「〈資料〉　贈与税の速算表」参照。

1）　（3,000万円－2,500万円－110万円）×20％－25万円＝53万円

2）　（3,000万円－2,000万円－110万円）×40％－125万円＝231万円

3）　（3,000万円－2,000万円）×40％－125万円＝275万円

Point 贈与税の配偶者控除は、配偶者から贈与を受けた場合、基礎控除とは別に、最高2,000万円までの贈与額が非課税になる特例です。

1）贈与された財産をさらに次の人に贈与した場合、原則として、両方の受贈者に**申告義務**が生じます。贈与税を計算する際、自分が誰かに贈与した金額を、贈与された金額から差し引いたりすることはありません。

Aさんの場合、**相続時精算課税制度**の適用を受けずに**暦年課税**を選択しています。また、贈与された現金200万円は、暦年課税の基礎控除額110万を超えていますから、Aさんに贈与税の**申告義務**が生じます。

また、妻Bさんも、Aさんからの贈与200万円が、家庭の**生活費**や**教育費**でなければ、贈与税の**申告義務**が生じます。

2）妻BさんがAさんから贈与された金額が、通常必要な生活費と認められた場合には、贈与税は**課税**されません。このように、夫婦や親子、兄弟姉妹等の**「扶養義務者」**間での、生活費や教育費の贈与には、贈与税はかかりません。

3）兄Gさんは、相続時精算課税制度の適用を受けずに暦年課税を選択しています。贈与された現金80万円は、暦年課税の基礎控除額110万の範囲内であり、贈与税はかからず**申告義務**はありません。

1)

贈与税の配偶者控除の適用を受けた場合、控除額2,000万円と、暦年課税の基礎控除額110万円の**併用が可能**です。

3,000万円－2,000万円－110万円＝890万円

贈与税の速算表より、税率40％、控除額125万円なので、

890万円×40％－125万円＝231万円

となります。

2)

個人資産相談業務　実技

❸ Aさんは、妻Bさんと2人暮らしである。Aさんは、2023年8月に、妻Bさんに居住用不動産（相続税評価額：2,000万円）を贈与し、贈与を受けた妻Bさんは、贈与税の配偶者控除の適用を受けた。仮に、2024年4月22日にAさんについて相続が開始した場合、妻Bさんの生前贈与財産の価額に関する次の記述のうち、最も適切なものは（　）である。なお、Aさんは、妻Bさんに対して、これまでに上記居住用不動産以外に贈与した財産はないものとする。

1）妻Bさんの相続税の課税価格に加算すべき生前贈与財産の価額はない。

2）妻Bさんの相続税の課税価格に加算すべき生前贈与財産の価額は、1,890万円である。

3）妻Bさんの相続税の課税価格に加算すべき生前贈与財産の価額は、2,000万円である。

❹ 贈与税の配偶者控除を適用すると、納付すべき贈与税額が0（ゼロ）円となるときは、配偶者からその適用に係る贈与を受けた者は、贈与税の申告書を提出する必要はない。

2　相続時精算課税

次の各文章を読んで、正しいものには○を、誤っているものには×をしなさい。（　）のある文章では、適切な語句や語句の組み合わせを選びなさい。

❶ Aさんは、妻Bさん、長男Cさんと3人家族である。Aさんは2024年中に長男Cさんに対して、現金3,000万円の贈与を行う予定である。長男Cさんは、Aさんから受ける贈与について相続時精算課税を選択した年以後にBさんから受ける贈与については、相続時精算課税を選択することができない。

❷ 長男が、父から、2024年中に現金3,000万円の贈与を受け、この贈与について相続時精算課税を選択した場合、長男の2024年分の贈与税額は、（　）である。なお、長男は、この贈与以外に過去および2024年中に財産の贈与を受けていないものとする。

1）（3,000万円－110万円－2,500万円）×10％＝39万円

2）（3,000万円－110万円－2,500万円）×20％＝78万円

3）（3,000万円－110万円－2,000万円）×20％＝178万円

妻Bさんが贈与税の配偶者控除で控除された2,000万円は、**贈与後3年以内**（2024年以前の贈与）にAさんが死亡した場合でも相続税の課税価格に加算されません。つまり妻Bさんに加算すべき生前贈与財産の価額はありません。

覚えよう

贈与税の配偶者控除の主な要件
● 贈与時点の婚姻期間が**20年以上**（1年未満切捨て）あること。
● 居住用不動産、または居住用不動産を取得するための金銭の贈与で、贈与を受けた年の**翌年3月15日**までに居住しその後も居住し続ける見込み。
● 過去に同一の配偶者からの贈与で、この特例を**受けていない**こと。

贈与税の配偶者控除のポイント
● 控除額は最高**2,000万円**、暦年課税の基礎控除**110万円**と併用**可**。
● 配偶者控除で控除された金額は、贈与後3年以内（ただし2023年以前の贈与）に配偶者が死亡した場合でも相続税の課税価格に**加算されない**。

---

1)

個人資産相談業務

実技

贈与税の配偶者控除によって、納付する贈与税額が**0（ゼロ）円**になった場合でも、贈与税の申告書を提出する**必要があります**。

✕

▼ 解説（赤シートで消える語句をチェックできます）　📞288ページ　▼ 正解

Point 贈与税の課税方法の1つである「相続時精算課税」を選択した場合の贈与税額などを求める問題が頻出しています。

贈与税の課税方法は、**贈与者**ごと、**受贈者**ごとに、**相続時精算課税**か**暦年課税**かを個別に選択できます。つまり、長男Cさんは、父Aさんと母Bさんのどちらの贈与についても相続時精算課税を**選択することができます**。

✕

相続時精算課税を選択した場合、各年の基礎控除（110万円）[※]を贈与財産から引き、さらに累計**2,500万円**までが**非課税**となります。非課税分を超えた贈与額には、一律**20%の贈与税**が課されます。

贈与税額＝（3,000万円−110万円−2,500万円）×20%＝78万円

・相続時精算課税制度を選択した場合、
● 暦年課税の基礎控除110万円は**利用できない**。
● 贈与財産の種類・回数・金額に**制限はない**。
● 贈与者ごと、受贈者ごとに相続時精算課税か暦年課税かを選択できる。

2)

※相続時精算課税制度では、2024年以降の贈与について、新たに110万円の基礎控除が創設された。

3 贈与税の特例

次の各文章を読んで、正しいものには○を、誤っているものには×をしなさい。（　）のある文章では、適切な語句や語句の組合せを選びなさい。

☐ ❶ 「直系尊属から住宅取得等資金の贈与を受けた場合の贈与税の非課税」の特例の適用を受けて贈与税の課税価格に算入されなかった住宅取得等資金の金額は、贈与者が贈与後7年以内に死亡した場合も、その死亡した贈与者に係る相続税の計算の際に、受贈者の相続税の課税価格に加算する必要はない。

☐ ❷ Aさん（35歳）は、2024年5月に住宅を購入した。購入にあたっては、父Bさん（63歳）と祖父Cさん（85歳）から以下のような住宅取得等資金の贈与を受けた。Aさんが、「直系尊属から住宅取得等資金の贈与を受けた場合の贈与税の非課税」の適用を受ける要件をすべて満たし、その適用を受けた場合における贈与税額は、次のうちどれか。なお、Aさんは相続時精算課税の選択はせず、これまでに住宅取得等資金の贈与を受けたことがなく、2024年中に上記の贈与以外に贈与された財産はない。また、本制度の適用を受けた場合の非課税限度額を1,000万円として計算すること。

※Aさんが購入した住宅は、省エネ等基準を満たしている。
※贈与税の速算表は、228ページ「〈資料〉　贈与税の速算表」参照。

〈Aさんが受けた贈与〉
父Bさんからの贈与額：900万円　　　祖父Cさんからの贈与額：800万円

1) 0円　　　2) 88万円　　　3) 120万円

☐ ❸ 「直系尊属から教育資金の一括贈与を受けた場合の贈与税の非課税」の特例（以下、「本特例」という）についての次の文章の空欄①〜③に入る語句の組合せとして、最も適切なものは（　）である。

「本特例」の適用を受けるためには、受贈者の年齢は、教育資金管理契約を締結する日において（①）未満でなければならない。また、本特例の適用を受けた場合、非課税拠出額の限度額は、受贈者1人につき（②）とされている。なお、学校等以外のものに教育に関する役務の提供の対価として直接支払われる金銭で一定のものに係る支出は、（③）を限度として非課税となる。

1)　① 25歳　　② 1,500万円　　③ 1,000万円
2)　① 30歳　　② 2,000万円　　③ 1,000万円
3)　① 30歳　　② 1,500万円　　③ 500万円

Point「住宅取得等資金の贈与の特例」、「教育資金の一括贈与の特例」の2項目についてまとめています。

直系尊属から住宅取得等資金の贈与を受けた場合の贈与税の非課税の適用で非課税となった金額は、贈与者が**贈与後7年以内**に死亡した場合でも、相続税の課税価格に**加算**されません。

○

直系尊属から住宅取得等資金の贈与を受けた場合の贈与税の非課税の適用を受ける場合、**暦年課税の基礎控除110万円**、または**相続時精算課税の特別控除2,500万円**のいずれかと併用できます。Aさんは相続時精算課税の選択はせず、暦年課税を選択しているので、課税対象となる贈与収入金額の計算式は、**父と祖父からの贈与（900万円＋800万円）－非課税限度額（1,000万円）－暦年課税の基礎控除額（110万円）＝590万円**

「贈与税の速算表（228ページ）」より、税率は**20%**、控除額**30万円**なので、**贈与税額＝590万円×20％－30万円＝88万円**

適用対象者と適用住宅の主な要件は以下のとおりです。
●贈与者は直系尊属（父母、祖父母）で、年齢制限はなし。●受贈者は贈与年の1月1日時点で**満18歳以上**（2022年4月1日以後の贈与・相続に適用）で、贈与を受けた年の合計所得が原則**2,000万円以下**（新築等をする住宅用の家屋の床面積が**50㎡以上240㎡以下**。合計所得金額1,000万円以下の場合は、**40㎡以上**に引き下げ）であること。●受贈者1人につき、適用は**1回**だけ（贈与者は複数可）。

2)

「**直系尊属から教育資金の一括贈与を受けた場合の贈与税の非課税（教育資金の一括贈与の特例）**」の要件は以下のとおりです。

> **覚えよう**
>
> **「教育資金の一括贈与の特例」の適用対象者と非課税額の上限**
>
> 〈適用対象者〉●贈与者…直系尊属（父母や祖父母）
> ●受贈者…教育資金管理契約を締結する日において**満30歳未満**の子や孫。ただし受贈者が30歳時点で在学や教育訓練中などの場合は、30歳以降40歳まで継続可。なお、2019年4月以降に贈与等を受ける場合、信託等の前年の合計所得金額が1,000万円超の受贈者に対する贈与は適用対象外。
> 〈非課税額の上限〉①学校等に支払う教育費用（入学金や授業料など）…**1,500万円**。②学校以外の教育サービス費用（塾、通学定期、留学渡航費等）…1人につき**500万円**。●①と②を合計して、受贈者1人につき最大**1,500万円**。

3)

個人資産相談業務
実技

4 法定相続人と法定相続分

次の各文章の（　）内にあてはまる**最も適切な**文章、語句、数字を 1)～ 3) のなかから選びなさい。

☐ ❶ 被相続人であるAさんの家族は、妻Bさん（73歳）、長女Cさん（38歳）、二女Dさん（35歳）、養子Eさん（30歳）の4人である。Aさんの相続に係る民法上の相続人およびその法定相続分の組合せとして最も適切なものは、（　）である。◀よく出る

1) 妻Bさん 1/2 、長女Cさん 1/4 、二女Dさん 1/4
2) 妻Bさん 1/4 、長女Cさん 1/4 、二女Dさん 1/4 、養子Eさん 1/4
3) 妻Bさん 1/2 、長女Cさん 1/6 、二女Dさん 1/6 、養子Eさん 1/6

☐ ❷ Fさんの親族関係図は下記のとおりである。仮に、Fさんについて相続が開始した場合、民法上の相続人およびその法定相続分の組合せとして最も適切なものは、（　）である。◀よく出る

〈親族関係図〉

1) 妻Gさん 1/3、兄Hさん 1/3、姉Iさん 1/3
2) 妻Gさん 1/2、兄Hさん 1/4、姉Iさん 1/4
3) 妻Gさん 3/4、兄Hさん 1/8、姉Iさん 1/8

☐ ❸ Jさんと妻Kさん夫妻には子どもがいない。またJさんの親族には、父Lさん、母Mさん、兄Nさん、姉Oさんがいる。仮にJさんについての相続が発生した場合の次の記述のうち、最も適切なものは（　）である。◀よく出る

1) Jさんには子がいないのでJさんの法定相続人は妻Kさんだけである。
2) Jさんの法定相続人と相続分はそれぞれ、妻Kさん（3分の2）、父Lさん（6分の1）、母Mさん（6分の1）である。
3) Jさんの法定相続人と相続分はそれぞれ、妻Kさん（4分の3）、兄Nさん（8分の1）、姉Oさん（8分の1）である。

Point 各相続人の法定相続分を問う問題が頻出しています。法定相続人の順位と法定相続分さえ覚えておけば、確実に得点できる項目です。

配偶者は常に法定相続人となり、それ以外の親族は、**子→直系尊属→兄弟姉妹の順**に、先の順位者がいない場合、法定相続人となります。

Aさんの相続に係る法定相続人は、妻Bさん、長女Cさん、二女Dさん、養子Eさん。それぞれの法定相続分は、以下のとおりです。

妻Bさん…**2分の1**

残る**2分の1**を3人の子で分けます。**養子**の法定相続分は、**実子**と同じです。

長女Cさん、二女Dさん、養子Eさん…$1/2 \times 1/3 = 1/6$ ずつ

3)

被相続人に子・孫・親がいない場合、配偶者の法定相続分は**4分の3**、兄弟姉妹の法定相続分は**4分の1**です。

Fさんの相続に係る法定相続人は、妻Gさん、兄Hさん、姉Iさん。

法定相続分は、次のとおり。

妻Gさん…4分の3

残る**4分の1**を兄姉で等分に分けます。

兄Hさん、姉Iさん…$1/4 \times 1/2 = 1/8$ ずつ

3)

Jさんの法定相続人は、妻Kさん、父Lさん、母Mさんの3人です。

法定相続分は、次のとおり。

妻Kさん…**3分の2**

残る**3分の1**を父母で等分に分けます。

父Lさん、母Mさん…$1/3 \times 1/2 = 1/6$ ずつ

配偶者以外では、法定相続人の順位の最上位者のみが法定相続人になるので、被相続人の父母より順位が下になる兄弟姉妹（本問では**兄Nさん、姉Oさん**）は法定相続人になれません。

2)

5 遺言書

次の文章を読んで、最も正しいもの、または適切なものを 1)～3) のなかから選びなさい。

1) 公正証書遺言は、遺言者が、公証役場において遺言の趣旨を公証人に口授し、公証人がそれを筆記して作成する遺言であり、作成にあたっては証人の立会いは不要である。

2) 公正証書遺言は、相続開始後に家庭裁判所における検認は不要である。

3) 遺言書は、その内容を変更することができるが、公正証書遺言を作成し直す場合には、当初の作成日から一定の期間を経過しなければならない。

6 遺留分

次の文章の（　）内にあてはまる最も適切な文章、語句、数字またはそれらの組合せを 1)～3) のなかから選びなさい。

Aさんは、妻、長男、長女の 4 人家族である。Aさんを被相続人とする民法上の法定相続分と遺留分の組合せとして最も適切なものは（　）である。

	妻		長男		長女	
	法定相続分	遺留分	法定相続分	遺留分	法定相続分	遺留分
1)	2分の1	4分の1	4分の1	8分の1	4分の1	8分の1
2)	2分の1	2分の1	4分の1	4分の1	4分の1	4分の1
3)	3分の1	6分の1	3分の1	6分の1	3分の1	6分の1

7 相続税のしくみと計算

次の各文章を読んで、正しいものには○を、誤っているものには×をしなさい。（　）のある文章では、適切な語句を選びなさい。

❶ 相続時精算課税の適用を受けていた贈与財産は、相続税の課税対象となる。その際、加算価額は贈与時の価格を適用する。

▼ 解説（赤シートで消える語句をチェックできます）　　⑦301ページ　　▼ 正解

Point 「自筆証書遺言」や「公正証書遺言」の作成に関して、特に立会人の数や検認の要不要などが問われます。

1) **公正証書遺言**の作成にあたっては、**公証人役場で証人2名以上の立会い**が必要です。遺言者が口授し、公証人が筆記して作成します。
2) 公正証書遺言は、相続開始後の**家庭裁判所の検認は**不要です。
3) すべての遺言書は、いつでも**内容の変更（作り直し）や撤回が**できます。

復習 遺言書／遺留分▶160ページ

2)

▼ 解説（赤シートで消える語句をチェックできます）　　⑦302ページ　　▼ 正解

Point 遺留分は、民法で定められている一定の相続人が最低限相続できる財産のこと。遺留分権利者は配偶者、子、父母で、被相続人の兄弟姉妹は含まれません。

遺留分の割合は、妻と子2人あわせて**2分の1**です。妻の法定相続分は**2分の1**、子の法定相続分は**2分の1**（子1人は**4分の1**）。それぞれの遺留分は、

妻………1/2 × 1/2 = 1/4（**4分の1**）
子1人…1/2 × 1/4 = 1/8（**8分の1**）

遺留分権利者	遺留分の割合
父母のみ	**3分の1**
配偶者のみ。子のみ。配偶者と子。配偶者と父母	**2分の1**

1)

▼ 解説（赤シートで消える語句をチェックできます）　　⑦306・313・315ページ　　▼ 正解

Point 「相続財産の種類」、「相続税の非課税財産」、「相続税の総額」、「遺産に係る基礎控除額」、「配偶者に対する税額控除」の5項目をまとめてあります。

相続時精算課税による贈与財産も、相続税の課税対象として課税価格に含めます。加算価格は、相続開始時ではなく贈与時の価格であるという点がポイントです。しっかり覚えておきましょう。

❷ 死亡したAさんは、妻Bさん（56歳）、長男Cさん（27歳）および長女Dさん（24歳）の4人家族であった。Aさんが加入していた生命保険契約は以下のとおりである。また、長女Dさんは、すでに相続を放棄している。

〈Aさんが加入していた生命保険契約に関する資料〉
保険の種類　　　　　　　：定期保険
契約者（＝保険料負担者）：Aさん
被保険者　　　　　　　　：Aさん
死亡保険金受取人　　　　：妻Bさん
死亡保険金額　　　　　　：3,000万円

Aさんの死亡により妻Bさんが受け取った死亡保険金のうち、相続税の課税価格に算入される金額（非課税金額控除後の金額）は、（　）である。
1）　1,500万円　　　2）　2,000万円　　　3）　2,500万円

❸ 【遺産に係る基礎控除額】問題❷のAさんの相続における遺産に係る基礎控除額は、（　）である。

TOP 60

1）　3,000万円　　　2）　4,800万円　　　3）　5,600万円

❹ 問題❷の妻Bさんが「配偶者に対する相続税額の軽減」の適用を受けるには、相続開始時において、Aさんとの婚姻期間が20年以上でなければならない。

❺ 【相続税の総額】Eさんの親族関係図は、以下のとおりである。仮に、Eさんの相続が2024年5月22日に開始し、Eさんの相続における課税遺産総額（「課税価格の合計額－遺産に係る基礎控除額」）が1億5,000万円であった場合の相続税の総額は、（　）である。

TOP 60

〈資料〉相続税の速算表	法定相続分に応ずる取得金額		税率	控除額
（一部抜粋）		1,000万円以下	10%	－
	1,000万円超　～	3,000万円以下	15%	50万円
1）　2,525万円	3,000万円超　～	5,000万円以下	20%	200万円
2）　2,650万円	5,000万円超　～	1億円以下	30%	700万円
3）　4,300万円	1億円超　～	2億円以下	40%	1,700万円

妻Bさんが受け取った死亡保険金のうち、相続税の課税対象となる金額は、死亡保険金3,000万円から、非課税限度額を差し引いた残りの金額です。非課税限度額は、**500万円×法定相続人の数** の式で求めます。

長女Dさんは相続放棄していますが、相続税の計算上、相続放棄者も法定相続人の数に含めるため、法定相続人は、妻Bさん、長男Cさん、長女Dさんの計3人です。

非課税限度額＝500万円×3人＝1,500万円

1)

よって妻Bさんの相続税の課税価格に算入される金額は、

3,000万円－1,500万円＝1,500万円

基礎控除額の計算でも、相続放棄者を法定相続人の数に含めるんだね。

遺産に係る基礎控除額

＝3,000万円＋600万円×3（法定相続人の数）＝4,800万円

2)

「配偶者に対する相続税額の軽減」の適用に、**婚姻期間の制限はありません。**
婚姻期間が20年以上必要なのは、贈与税の配偶者控除（2,000万円）です。

Eさんの法定相続人は妻、子ども2人、孫（代襲相続）の計4人。
相続税の総額は、次の①～③の手順で算出します。

① 課税遺産総額（1億5,000万円）を法定相続分で分割する。

妻Fさんの法定相続分…1億5,000万円× 1/2 ＝ 7,500万円
長男Hさんの法定相続分…1億5,000万円× 1/6 ＝2,500万円
二女Iさんの法定相続分　1億5,000万円× 1/6 ＝2,500万円
孫Jさんの法定相続分…1億5,000万円× 1/6 ＝2,500万円

1)

② 相続税の速算表から、税率をかけ、控除額を差し引く。

妻Fさんの相続税額…7,500万円×30%－700万円＝1,550万円
長男Hさんの相続税額…2,500万円×15%－50万円＝325万円
二女Iさんの相続税額…2,500万円×15%－50万円＝325万円
孫Jさんの相続税額…2,500万円×15%－50万円＝325万円

③ 相続税の総額（4人の相続税額の合計）を出す。

1,550万円＋325万円＋325万円＋325万円＝2,525万円

8 小規模宅地等の評価減の特例

次の文章を読んで、正しいものには○を、誤っているものには×をしなさい。（ ）のある文章では、適切な計算式を選びなさい。

☐ ❶ Aさんは、妻Bさんと2人暮らしである。

> 〈Aさんが所有する自宅の家屋およびその敷地（宅地）に関する資料〉
> 自宅の家屋の敷地（宅地）面積：400㎡
> 2024年分の自宅の家屋の敷地（宅地）の自用地としての価額：8,000万円
> （「小規模宅地等についての相続税の課税価格の計算の特例」の適用前）
> ※上記以外の条件は考慮せず、問に従うこと。

仮に、Aさんの相続が2024年4月11日に開始し、妻Bさんが自宅の家屋およびその敷地（宅地）を相続して、「小規模宅地等についての相続税の課税価格の計算の特例」の適用を受けた場合、この特例の適用による評価減後の自宅の家屋の敷地（宅地）の相続税評価額として正しいものは、次のうち（ ）である。

1) 8,000万円－8,000万円×330㎡/400㎡×80％＝2,720万円
2) 8,000万円－8,000万円×240㎡/400㎡×80％＝4,160万円
3) 8,000万円－8,000万円×330㎡/400㎡×50％＝4,700万円

☐ ❷ 2024年4月に死亡したCさんの相続開始により、妻Dさんは、夫Cさんの自宅（家屋）とその敷地を取得した。妻Dさんは、相続開始直前においてCさんと同居していなかったため、取得した自宅（家屋）の敷地である宅地について、特定居住用宅地等として「小規模宅地等についての相続税の課税価格の計算の特例」の適用を受けることができない。

☐ ❸ 問題❷のCさんの長男Eさんは、Cさんの相続開始により、賃貸アパート（家屋）とその敷地を取得した。長男Eさんがこの賃貸アパート（家屋）の敷地である宅地を相続税の申告期限までに売却した場合、当該宅地について貸付事業用宅地等として「小規模宅地等についての相続税の課税価格の計算の特例」の適用を受けることができない。

Point 特定居住用宅地等、特定事業用宅地等、貸付事業用宅地等の対象限度面積と減額割合、適用要件が出題され、学科にも同様の問題が出ます。

「**小規模宅地等についての相続税の課税価格の計算の特例**」（以下「本特例」）では、特定居住用宅地等の場合、適用面積は 330㎡ までの部分、評価額の減額割合は 80% です。

Aさんの自宅の敷地面積は400㎡、自用地価額8,000万円なので、400㎡のうち330㎡までが80%の減額となります。

本特例による評価減額＝自用地価額×適用上限/敷地面積×減額割合

＝ 8,000万円 × 330㎡/400㎡ × 80% ＝ 5,280万円

次に、評価減後の自宅の家屋の敷地（宅地）の相続税評価額を求めます。

本特例による相続税評価額

＝ 8,000万円（自用地価額）－ 5,280万円（評価減額）＝ 2,720万円

これらを1つの計算式にまとめると、以下のとおりになります。

本特例の適用になる評価減後の自宅の家屋の敷地（宅地）の相続税評価額

＝ 8,000万円 － 8,000万円 × 330㎡/400㎡ × 80% ＝ 2,720万円

1)

個人資産相談業務 実技

特定居住用宅地等として「小規模宅地等についての相続税の課税価格の計算の特例」の適用を受ける場合、被相続人との同居や相続後の保有といった適用要件はありません。配偶者であれば、必ず本特例の**適用を受けることができます**。

貸付事業用宅地等として「小規模宅地等についての相続税の課税価格の計算の特例」の適用を受けるには、相続開始から相続税の申告期限まで**宅地の所有**や**事業の継続**が必要です。従って、申告期限までに売却すると、本特例の適用を**受けることができません**。

保険の出題ランキング

項目数	順位	項目名	出題率	質問数	
1	1	年金の繰上げ・繰下げと増額	6.78%	91	**TOP 60**
2	2	生命保険の経理処理／退職金の準備	5.44%	73	
3	3	個人の保険の見直し	5.14%	69	
4	4	長期平準定期保険	4.77%	64	
5	5	遺言と遺留分	4.25%	57	
6	6	相続税の課税・非課税財産	3.87%	52	
7	7	扶養控除	3.73%	50	
8	7	相続税の計算	3.73%	50	
9	9	遺族年金	3.35%	45	
10	10	必要保障額の計算	3.28%	44	
11	11	総所得金額の算出	2.98%	40	
12	11	給与所得者の確定申告	2.98%	40	
13	13	公的介護保険→学科カード	2.83%	38	
14	14	老齢基礎年金	2.61%	35	
15	15	配偶者控除	2.53%	34	
16	16	老齢厚生年金→学科カード	2.46%	33	
17	16	退職所得	2.46%	33	
18	18	法定相続人と法定相続分	2.31%	31	
19	19	ハーフタックスプラン	2.09%	28	**67.59%**
20	20	青色申告	2.01%	27	▲別冊に収録
21	20	個人の保険の保障内容	2.01%	27	
22	22	生命保険の特約	1.94%	26	
23	22	国民年金	1.94%	26	
24	24	住宅借入金等特別控除	1.64%	22	
25	25	退職後の公的医療保険	1.56%	21	

出題率…過去13年間の「保険」1,342問中の出題割合を表す。
　　　　出題率＝各項目の質問数÷全質問数1,342×100
質問数…項目ごとに過去13年間全問題の空欄や個々に正誤判定が必要な選択肢の
数を集計した数。複数項目の知識が必要な質問では、重複計測したものもある。
TOP60…全質問数の60%以上（67.59%）を占める項目。問題横にTOP60のマー
クをつけて、**別冊に収録**。
©オフィス海

たった18項目で全出題の
67.59%がカバーできるよ！

実技 [金財]
保険顧客資産相談業務

TOP 60 過去問題の頻出項目にTOP60マークがついています。
TOP60だけで、過去問全体の67.59%をカバーしています。

解説文は、赤シートで赤い文字が消える。チェックテストとして活用できるよ。

TOP60は、別冊で復習!!

1 退職後の公的医療保険
2 療養、出産に関する給付
3 公的介護保険
4 国民年金
5 老齢基礎年金
6 年金の繰上げ・繰下げと増額
7 老齢厚生年金
8 遺族年金

2 個人の保険
1 個人の保険の商品性
2 個人の保険の保障内容
3 必要保障額の計算
4 個人の保険の見直し
5 個人の保険の税務

3 法人の保険
1 生命保険の経理処理／退職金の準備
2 長期平準定期保険
3 ハーフタックスプラン

4 タックスプランニング
1 退職所得
2 総所得金額の算出
3 扶養控除／配偶者控除ほか
4 医療費控除／生命保険料控除
5 住宅借入金等特別控除
6 給与所得者の確定申告／青色申告
7 源泉徴収票の見方

5 相続
1 贈与税の控除と特例
2 遺言と遺留分
3 相続税の課税・非課税財産
4 相続税の計算

1 社会保険と公的年金

問題数035

再現例題

【第1問】次の設例に基づいて、下記の問に答えなさい。

2020年1月〈改〉

─────《設 例》─────

〈Aさん夫妻に関する資料〉

（1）Aさん（1966年5月12日生まれ・会社員）

・公的年金の加入歴：下図のとおり（60歳までの見込みを含む）

・全国健康保険協会管掌健康保険、雇用保険に加入中

20歳	22歳		60歳
国民年金 未加入期間 35月	厚生年金保険 被保険者期間 445月		

（2）妻Bさん（1965年12月16日生まれ・専業主婦）

・公的年金の加入歴：下図のとおり（60歳までの見込みを含む）

　高校卒業後の18歳からAさんと結婚するまでの11年間、会社員として厚生年金保険に加入。結婚後は、国民年金に第3号被保険者として加入している。

18歳	Aさんと結婚	60歳
厚生年金保険 被保険者期間 132月	国民年金 第3号被保険者期間 368月	

※妻Bさんは、現在および将来においても、Aさんと同居し、生計維持関係にあるものとする。

※上記以外の条件は考慮せず、各問に従うこと。

　Mさんは、《設例》の〈Aさん夫妻に関する資料〉に基づき、Aさんおよび妻Bさんが老齢基礎年金の受給を65歳から開始した場合の年金額（2024年度価額）を試算した。Mさんが試算した老齢基礎年金の年金額の計算式の組み合わせとして、次のうち最も適切なものはどれか。

1）Aさん：$816{,}000円 \times \dfrac{445月}{480月}$、妻Bさん：$816{,}000円 \times \dfrac{368月}{480月}$

2）Aさん：$816{,}000円 \times \dfrac{445月}{480月}$、妻Bさん：$816{,}000円 \times \dfrac{480月}{480月}$

3）Aさん：$816{,}000円 \times \dfrac{480月}{480月}$、妻Bさん：$816{,}000円 \times \dfrac{500月}{480月}$

解答　①　②　③

※本試験では、1つの《設例》について3問出題されます。

👑1 年金の繰上げ・繰下げと増額…出題率**6.78%**［91問］

👑2 遺族年金…出題率**3.35%**［45問］

👑3 公的介護保険…出題率**2.83%**［38問］

※出題率は、過去13年間の「保険顧客資産相談業務」1,342問中の出題割合［質問数］を示しています。

【第1問】の出題範囲

実技「保険」の【第1問】は、〈家族構成と公的年金の加入歴〉を説明した《設例》に基づいて、【社会保険と公的年金】に関する問題が3問出題されます。出題割合は社会保険が約3割、公的年金が約7割です。

【第1問】の出題傾向

頻出順に、次の問題が出題されています。

1 年金の繰上げ・繰下げと増額…繰上げ受給・繰下げは学科で学習済みなのでカットし、年金の増額にしぼって掲載してあります。

[復習] 老齢基礎年金／老齢厚生年金▶34ページ

2 遺族年金…遺族基礎年金の年金額の計算が頻出です。

3 公的介護保険…公的介護保険の被保険者区分（第1号と第2号の違い）が頻出です。必ず覚えておきましょう。

4 老齢基礎年金…再現例題の「老齢基礎年金の年金額の計算式」の問題が毎回のように出題されています。

> 学科と重複しない「保険」独自の問題演習。だから、確実に合格できるよ！

▼ 再現例題の解説と解答

老齢基礎年金の年金額の計算式は、次の通りです。

$$老齢基礎年金 = 満額の基礎年金 \times \frac{保険料納付済月数 + 免除月数 \times 調整割合}{480月（加入可能月数）}$$

老齢基礎年金の支給額に算入されるのは、20歳以上60歳未満の加入期間（最大480月）です。厚生年金保険被保険者期間と第3号被保険者の期間は、老齢基礎年金の受給資格期間と支給額に反映されます。Aさんの保険料納付済月数は445月。Bさんの保険料納付済月数は480月です。なお、免除分については「全額免除1/3（2009年3月分まで）」だけを覚えておけば対応できます。

解答 ②

❶ 退職後の公的医療保険

次の各文章を読んで、正しいものには○を、誤っているものには×をしなさい。
（　）のある文章では、適切な語句の組み合わせを選びなさい。

☐ ❶ 退職後に、国民健康保険の被保険者となった場合、医療費の自己負担割合は、70歳に達する日の属する月までは、原則として、かかった費用の2割である。

☐ ❷ 退職によって健康保険の被保険者資格を喪失する会社員は、原則として、資格喪失日から（　①　）以内に任意継続被保険者の資格取得の手続をすることにより、引き続き最長で（　②　）、健康保険の被保険者となることができる。ただし、保険料は全額自己負担となる。また、保険者が都道府県・市町村（特別区）である（　③　）に加入する方法もある。←よく出る
　1）① 20日　　② 3年間　　③ 後期高齢者医療制度
　2）① 20日　　② 2年間　　③ 国民健康保険
　3）① 14日　　② 3年間　　③ 国民健康保険

☐ ❸ 任意継続被保険者に対する保険給付は在職時の保険給付とほぼ同じだが、資格喪失後の継続給付を除き、傷病手当金は支給されない。

❷ 療養、出産に関する給付

次の各文章を読んで、正しいものまたは適切なものには○を、誤っているものまたは不適切なものには×をしなさい。

☐ ❶ 高額療養費とは、同一の医療機関等で同一月に支払った一部負担金等の額が、自己負担限度額を超えた場合に、超えた分の金額が払い戻される給付である。

☐ ❷ 高額療養費の算定における一部負担金等の額には、入院時の食事代や保険適用外の差額ベッド代に要した自己負担額も含まれる。

☐ ❸ 2024年4月に産科医療補償制度に加入する医療機関で出産した場合、所定の手続により、健康保険から1児につき出産育児一時金50万円が支給される。

☐ ❹ 健康保険の出産手当金の支給額は、「支給開始日以前の継続した12カ月間の各月の標準報酬月額の平均額÷30日」の4分の3となっている。

Point 退職後の公的医療保険には、「健康保険の任意継続被保険者となる」、「国民健康保険に入る」、「子や配偶者の被扶養者になる」という方法があります。

健康保険の医療費の自己負担割合は、**70歳未満では原則3割**です。また、**70歳以上75歳未満では原則2割**（現役並みの所得がある人は3割）です。　✕

退職後の公的医療保険への加入には、次の3つの方法があります。
● 健康保険の<u>任意継続</u>被保険者となる。
健康保険の資格喪失日（退職日翌日）の前日までに継続して**2カ月以上**の被保険者期間があれば、資格喪失日から**20日以内**に申し出れば、任意継続被保険者として元の勤務先の健康保険に**最長2年間**加入できます。ただし、保険料は全額自己負担です。**ウラ技**「2カ月以上・20日以内・最長2年」
● <u>国民健康</u>保険に加入する。
● 子や配偶者の健康保険の<u>被扶養者</u>となる。　2)

任意継続被保険者は資格喪失前と同様の保険給付がありますが、<u>傷病手当金</u>と<u>出産手当</u>金は支給されません。　○

Point 高額療養費と出産に関する手当が出題されます。出産育児一時金は50万、出産手当金は3分の2という数字を覚えておきましょう。

同一の医療機関で同一月に支払う額が自己負担限度額を超えた場合に、**高額療養費**が給付されます。　

高額療養費の一部負担金（自己負担額）には、入院時の食事代や保険適用外の差額ベッド代は含まれないので、自分で負担することになります。　

出産育児一時金は1児につき50万円です（2023年4月より従来の42万円から引き上げられました）。　

出産手当金の支給額は、「支給開始日以前の継続した12カ月間の各月の標準報酬月額の平均額÷30日」の**3分の2**です。　

保険顧客資産相談業務　実技

☐ ❺ 育児休業期間中に事業主から報酬の支払を受けられなかった場合、所定の手続により、健康保険から育児休業給付金が支給される。

❸ 公的介護保険

次の各文章を読んで、正しいものまたは適切なものには○を、誤っているものまたは不適切なものには×をしなさい。

☐ ❶ 公的介護保険は、2つの被保険者に区分され、現在59歳のAさんと43歳の妻は、ともに第2号被保険者に該当する。←よく出る

☐ ❷ 公的介護保険の第2号被保険者は、保険者（市町村または特別区）から特定疾病による要介護状態または要支援状態と認定された場合に、保険給付を受けることができる。←よく出る

☐ ❸ 国民健康保険の医療保険料と合算して徴収される介護保険料は、生命保険料控除として所得控除の対象となる。

❹ 国民年金

次の各文章を読んで、正しいものには○を、誤っているものには×をしなさい。（ ）のある文章では、適切な語句の組み合わせを選びなさい。

☐ ❶ 国民年金の第2号被保険者の夫が退職すると、国民年金の第3号被保険者だった妻は資格を喪失する。この場合、妻は厚生年金保険の被保険者等にならない限り、国民年金の第1号被保険者として保険料を納付することになる。

☐ ❷ 国民年金の保険料は前納することができ、前納期間に応じて保険料の割引がある。

☐ ❸ 毎月の保険料は翌月末日が納期限だが、納期限までに納付しなかった保険料は、納期限から3年間に限り、遡って納めることができる。←よく出る

☐ ❹ 親が自分と子の国民年金の保険料を納付している場合、その全額が社会保険料控除として親の所得金額から控除される。

育児休業給付金は健康保険ではなく雇用保険の給付です。　　　　　　　　✕

▼ 解説（赤シートで消える語句をチェックできます）　　☞35ページ　　▼ 正解

Point 公的介護保険では、第1号被保険者と第2号被保険者の違いを覚えておくことが大切です。

公的介護保険では、40歳以上65歳未満の者は第2号被保険者となります。
65歳以上の者は第1号被保険者です。　　　　　　　　　　　　　　　　　〇

公的介護保険の給付には、市町村（または特別区）からの認定が必要です。
第1号被保険者は、要介護状態または要支援状態となった原因を問いません。　〇
第2号被保険者は、加齢を原因とする特定疾病によって要介護状態、要支援
状態と認定された場合に限り、給付を受けられます。

介護保険料は、健康保険や国民健康保険の保険料と合算して徴収され、所得
税の社会保険料控除の対象となります。　**復習** 公的介護保険▶28ページ　　✕

▼ 解説（赤シートで消える語句をチェックできます）　　☞47ページ　　▼ 正解

Point 「国民年金の被保険者資格」、「国民年金の納付」、「国民年金の学生納付特
例」に関する問題が出題されます。

国民年金の第3号被保険者だった妻が資格を喪失したときは、就職して厚生
年金保険の被保険者（国民年金の第2号被保険者）にならない限り、国民年　〇
金の第1号被保険者として保険料の納付が必要となります。

国民年金の保険料は、前納（2年、1年、6カ月）、早割（納付期限より1カ
月早く口座振替）など、前納期間に応じて一定額が割引されます。　　　　　〇

翌月末日までに払わなかった滞納分は、納付期限から2年以内の後納ができ
ます。　　　　　　　　　　　　　　　　　　　　　　　　　　　　　　　✕

扶養者が被扶養者（扶養親族）の国民年金の保険料を負担した場合、その保
険料は扶養者の所得控除の対象となります。　　　　　　　　　　　　　　〇

保険顧客資産相談業務　実技

251

☐ ❺ 国民年金の第1号被保険者で一定の学校に在籍する学生は、（ ① ）の前年の所得が一定額以下の場合、申請により、在学中の国民年金保険料の納付が猶予される。これが学生納付特例制度である。納付が猶予された保険料は、所定の手続により、（ ② ）前まで遡って納付（追納）することができる。なお、保険料を追納しなかった場合、納付が猶予された期間は、老齢基礎年金の（ ③ ）の計算の基礎となる期間には算入されない。←よく出る

　1) ① 被保険者の世帯主　　② 2年　　　③ 年金額
　2) ① 被保険者本人　　　② 10年　　　③ 年金額
　3) ① 被保険者の世帯主　　② 10年　　　③ 受給資格期間

TOP60 5 老齢基礎年金

次の各文章を読んで、正しいものまたは適切なものには○を、誤っているものまたは不適切なものには×をしなさい。

☐ ❶ 老齢基礎年金の受給資格期間は10年である。

☐ ❷ 老齢基礎年金の繰上げ支給は、原則として、60歳から65歳になるまでの間に請求でき、繰上げ1カ月当たり0.7％の割合で年金が減額される。

☐ ❸ 老齢基礎年金の繰下げ支給では、「繰下げ月数×0.7％」が増額された年金額が支給される。

TOP60 6 年金の繰上げ・繰下げと増額

次の各文章を読んで、正しいものには○を、誤っているものには×をしなさい。（ ）のある文章では、適切な語句の組み合わせを選びなさい。

☐ ❶ 保険料納付済期間が480月に満たない場合、60歳以上65歳未満の間に、国民年金に任意加入して国民年金の保険料を納付することにより、老齢基礎年金の年金額を増額させることができる。

☐ ❷ 老齢基礎年金の繰下げ支給の申出をしても、付加年金の年金額は増額されない。

学生納付特例　　　　　　　　　　　　　　　　　　　覚えよう

条件：第1号被保険者で、本人の前年の所得が一定以下。

追納：納付が猶予された保険料は、所定の手続きにより、10年前まで
　　　遡って納付（追納）することができる。

追納がない場合：保険料を追納しなかった場合、猶予された期間は、

● 老齢基礎年金の受給資格期間には算入される。

● 老齢基礎年金の年金額（の計算の基礎となる期間）には算入されない。

2)

▼ 解説（赤シートで消える語句をチェックできます）　　　テ53ページ　　▼ 正解

Point 公的年金の加入歴をもとに、老齢基礎年金の年金額の算出式を選ぶ問題が毎年のように出題されます。246ページの「再現例題」を確認しておきましょう。

老齢基礎年金の受給資格期間は10年です。免除期間や猶予期間は受給資格期間に含まれますが、支給額算出時の保険料納付済月数には含まれません。　　　　○

繰上げ受給※…60歳〜64歳に受給を開始。繰上げ月数×0.4%の割合だけ減額されます。繰上げは老齢厚生年金と一緒にしなければいけません。　　　　×

繰下げ受給※…66歳〜75歳に受給を開始。繰下げ月数×0.7%の割合だけ増額されます。一方だけの繰下げもできます。**復習** 老齢基礎年金▶34ページ　　○

※ 1962年4月1日以前生まれの人の繰上げ受給は0.5%の減額。1952年4月1日以前生まれ、または2017年3月31日以前に受給権発生日がある人の繰下げ上限年齢は70歳。

▼ 解説（赤シートで消える語句をチェックできます）　　　テ55ページ　　▼ 正解

Point 年金を増額するためには、国民年金の任意加入、付加年金、国民年金基金、小規模企業共済、確定拠出年金などの方法があります。

保険料納付済期間が480月に満たない場合、老齢基礎年金額を増やしたい人は、60歳以降65歳になるまで国民年金に任意加入できます。また、受給資格期間を満たしていない場合は70歳になるまで加入できます。　　　　○

年金の支給繰上げ、繰下げをすると、付加年金も繰上げ、繰下げされます（増減率は老齢基礎年金と同じ）。**復習** 老齢基礎年金／老齢厚生年金▶34ページ　　×

保険顧客資産相談業務　　実技

☐ ❸ 国民年金の第1号被保険者は、定額保険料のほかに月額（①）の付加保険料を納付することで、老齢基礎年金の受給時に（②）に付加保険料納付済期間の月数を乗じて得た額を付加年金として受け取ることができる。第1号被保険者である妻は、付加保険料を納付することが（③）。

1) ① 400円　　② 200円　　③ できる
2) ① 400円　　② 300円　　③ できる
3) ① 200円　　② 400円　　③ できない

☐ ❹ 国民年金基金は、国民年金の第1号被保険者の老齢基礎年金に上乗せする年金を支給する任意加入の年金制度で、掛金の額は、加入者が選択した給付の型や口数、加入時の年齢、性別で決まる。←よく出る

☐ ❺ 国民年金加入者が、国民年金基金に加入して掛金を納めた場合は、国民年金の付加保険料を納付することはできない。←よく出る

☐ ❻ 国民年金基金の掛金は月額68,000円が上限で、その全額が社会保険料控除として所得控除の対象となる。

☐ ❼ 小規模企業共済の掛金月額は、1,000円から7万円までの範囲内（500円単位）で加入者が選択することができる。

☐ ❽ 加入者が小規模企業共済から一括または分割で受け取った共済金は、一時所得として所得税の課税対象となる。

☐ ❾ 確定拠出年金の個人型年金の加入者が国民年金の第1号被保険者である場合、原則として、掛金の拠出限度額は年額816,000円である。

☐ ❿ 確定拠出年金の個人型年金では、加入時に決めた掛金の拠出額を途中で減額することや掛金の拠出を停止することができない。

☐ ⓫ 確定拠出年金は、将来の年金受取額が加入者の指図に基づく運用実績で左右されるので最低保障はなく、通算加入者等期間が10年以上ある場合に60歳から老齢給付金を受給することができる。

☐ ⓬ 確定拠出年金の個人型年金で受給する一時金または年金は、雑所得の公的年金等控除の対象となる。

付加年金は、国民年金の**第1号被保険者**だけの制度です。国民年金保険料に上乗せして**月額400円**を納付すると、**付加年金納付月数×200円**が老齢基礎年金に増額されます。**第1号被保険者**である妻は、付加年金に加入して付加保険料を納付できます。

1)

国民年金基金は、国民年金の**第1号被保険者**を対象に、老齢基礎年金に上乗せする年金を支給する任意加入の年金制度です。掛金は給付形式、口数、加入時の年齢・性別で異なります。

○

国民年金基金と付加年金は同時加入できません。国民年金基金の1口目は国民年金の付加年金相当が含まれており、付加年金の二重加入を防ぐためです。

○

国民年金基金の掛金の上限は**月額68,000円**で、全額が社会保険料控除の対象です。

○

小規模企業共済の掛金は月額1,000円から**7万円**の範囲内（500円単位）で、加入者が選択します。

○

小規模企業共済の共済金は、**一括受取り**の場合は退職所得扱い、**分割受取り**の場合は公的年金等の雑所得扱いです。

×

個人型年金の第1号加入者（自営業者等）の掛金の上限は、**国民年金の付加保険料または国民年金基金と合算して原則、年額81.6万円（月額6.8万円）**です。また、**掛金は全額が小規模企業共済等掛金控除として所得控除の対象**です。

○

個人型年金の掛金の拠出額の変更、掛金の拠出の停止をすることができます。また、**運用リスクは加入者**が負います。

×

確定拠出年金には最低保障はありません。通算加入者等期間が60歳時点で10年あれば60歳から受給でき、10年に満たない場合は加入年数に応じて支給開始年齢が先伸ばしされます。

○

個人型年金を**一時金**で受給する場合は退職所得控除、**年金**で受給する場合は雑所得として公的年金等控除の対象となります。

×

7 **老齢厚生年金**

次の各文章を読んで、正しいものには○を、誤っているものには×をしなさい。
（ ）のある文章では、適切な語句の組み合わせを選びなさい。

☐ **❶** 公的年金は自動的に受給できる仕組みとなっているため、特別支給の老齢厚生年金を受給できることになった場合、特段の手続は必要ない。

☐ **❷** 厚生年金保険の被保険者期間が（ ① ）以上あり、かつ、生計維持関係にある65歳未満の配偶者がいる場合、老齢厚生年金の額に（ ② ）が加算される。
　　1）① 180月　② 経過的加算額
　　2）① 200月　② 経過的加算額
　　3）① 240月　② 加給年金額

8 **遺族年金**

次の各文章を読んで、正しいものには○を、誤っているものには×をしなさい。
（ ）のある文章では、適切な選択肢の番号を選びなさい。

☐ **❶** 会社員のAさん（49歳、厚生年金保険・全国健康保険協会管掌健康保険に加入中）は、妻（49歳、国民年金に第3号被保険者として加入）、長男（19歳）および二男（14歳）との4人暮らしで年金加入歴は次のとおりである。

20歳	22歳		49歳
国民年金 （未加入32月）	厚生年金保険 （325月）		

現時点においてAさんが死亡した場合、妻に支給される遺族基礎年金の年金額（2024年度価額）は、「816,000円＋234,800円」である。

☐ **❷** 上記のAさんが死亡した場合に妻に支給される遺族厚生年金の金額等について説明した次の文のうち、最も適切なものは（ ）である。
　　1）遺族厚生年金の額は、原則として、Aさんの厚生年金保険の被保険者期間を基礎として計算した老齢厚生年金の報酬比例部分の額の3分の2になる。
　　2）仮に、Aさんの死亡後に妻が再婚した場合でも、妻は、Aさんの死亡に係る遺族厚生年金を継続して受給することができる。
　　3）二男の18歳到達年度の末日が終了すると、妻の有する遺族基礎年金の受給権は消滅し、その後の遺族厚生年金に中高齢寡婦加算額が加算される。

▼ 解説 （赤シートで消える語句をチェックできます）　　🈁58ページ　　▼ 正解

Point 老齢厚生年金では、加給年金と振替加算の関係を覚えておきましょう。また、学科も復習しておきましょう。**復習** 老齢厚生年金 ▶ 34ページ

特別支給の老齢厚生年金、老齢基礎年金の受給では、日本年金機構から送付される<u>年金請求書</u>を年金事務所等に提出する必要があります。	✕
<u>加給年金</u>は、<u>厚生年金の被保険者期間</u><u>20</u>年（<u>240</u>月）以上で、生計を維持している<u>65</u>歳未満の配偶者、または<u>18</u>歳到達年度の末日（3月31日）までの子※がいると、本人の老齢厚生年金に上乗せして支給されます。配偶者が<u>65</u>歳になって老齢基礎年金が支給されるようになると加給年金は終わり、今度は配偶者の老齢基礎年金に<u>振替加算</u>が上乗せして給付されます。	3)

※または1級・2級の障害の状態にある20歳未満の子。

▼ 解説 （赤シートで消える語句をチェックできます）　　🈁68ページ　　▼ 正解

Point 遺族基礎年金の年金額の計算、遺族基礎年金・遺族厚生年金の受給要件などの問題が出題されます。

<u>遺族基礎年金</u>は、公的年金の被保険者が死亡した場合、被保険者に生計を維持されていた<u>子のある</u>配偶者（妻・夫）、または<u>18</u>歳到達年度の末日（3月31日）までの子※に<u>2</u>カ月に1回、年<u>6</u>回（偶数月）に分けて支給されます。要件を満たす子と同一生計の配偶者には、第<u>1</u>子と第<u>2</u>子に各234,800円、第<u>3</u>子以降の子に各78,300円が加算されます。従って、二男（14歳）は<u>加算</u><u>対象</u>、長男（19歳）は<u>加算</u><u>対象外</u>です。Aさんの妻には「<u>816,000</u>円＋<u>234,800</u>円」が支給されます。	〇
1) **遺族厚生年金**は、死亡した被保険者の老齢厚生年金の報酬比例部分の額の<u>4分の3</u>相当額が支給されます。1) は不適切です。 2) 遺族基礎年金・遺族厚生年金は、条件を満たす妻や子が結婚したり、子が養子になったりした場合は、受給資格を失います。2) は不適切です。 3) 夫の死亡時に40歳以上で子のない妻や、子があってもその子が遺族基礎年金における加算対象外となったとき、40歳以上65歳未満の妻の遺族厚生年金に<u>中高齢寡婦</u><u>加算</u>が加算されます。3) は適切です。 なお、遺族厚生年金も<u>2</u>カ月に1回、年<u>6</u>回（偶数月）に分けて支給されます。	3)

保険顧客資産相談業務　実技

2 個人の保険

再現例題

【第2問】次の設例に基づいて、下記の問に答えなさい。

2015年5月〈改〉

《設 例》

会社員のAさん（50歳）は、専業主婦である妻Bさん（48歳）と長男Cさん（18歳）との3人家族である。―中略― Aさんが現在加入している生命保険の契約内容は、以下のとおりである。

保険の種類：定期保険特約付終身保険
契約年月日：2007年10月1日
契約者（＝保険料負担者）・被保険者：Aさん
死亡保険金受取人：妻Bさん

主契約および 付加されている特約の内容	保障金額	払込・保険期間
終身保険	1,000万円	70歳・終身
定期保険特約	1,000万円	10年
傷害特約	500万円	10年
災害割増特約	500万円	10年
疾病入院特約	5日目から日額1万円	10年
災害入院特約	5日目から日額1万円	10年
成人病入院特約	5日目から日額1万円	10年
家族定期保険特約	300万円	10年
リビング・ニーズ特約	―	―

※2017年10月に特約を更新している。上記以外の条件は考慮せず、各問に従うこと。

ファイナンシャルプランナーのMさんが、Aさんに対して説明した以下の文章の空欄①〜③に入る語句の組み合わせとして、次のうち最も適切なものはどれか。

i）仮に、Aさんが現時点でがんに罹患したことにより継続して14日間入院（手術なし）した場合、Aさんが受け取ることになる入院給付金の額は、（①）となります。

ii）仮に、Aさんが現時点で不慮の事故により亡くなった場合、妻Bさんが受け取ることになる死亡保険金の額は、（②）となります。

iii）仮に、妻Bさんが現時点で亡くなった場合、Aさんが家族定期保険特約により受け取ることになる死亡保険金は、（③）となります。

1) ① 10万円　② 2,500万円　③ 非課税所得
2) ① 20万円　② 3,000万円　③ 所得税の課税対象
3) ① 30万円　② 3,300万円　③ 相続税の課税対象　解答　①　②　③

※本試験では、1つの《設例》について3問出題されます。

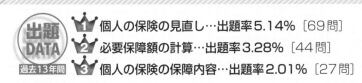

【第2問】の出題範囲

「保険」の【第2問】は、〈家族構成と加入している保険〉を説明した《設例》に基づいて、**「個人の保険」**に関する問題が3問出題されます。《設例》に登場する保険は終身保険がほとんどで、たまに養老保険、学資保険が出題されています。

【第2問】の出題傾向

【第2問】の頻出問題は次のとおりです。

1 **個人の保険の見直し**…個人が加入している保険を見直すときの観点や注意点を問う問題です。

2 **必要保障額の計算**…必要保障額は、世帯主が死亡したときに遺族に必要となる金額で、世帯主の生命保険で準備しておきたい金額の目安となります。必要保障額を計算する問題が頻出しています。

3 **個人の保険の保障内容**…左ページの再現例題のように、設例の保険から支払われる保険料の計算をする問題です。

▼ **再現例題の解説と解答**

ⅰ）がんで14日間入院…給付されるのは疾病入院特約と成人病入院特約。2つとも5日目から支給なので14日間入院で、14日−4日＝10日間。日額1万円が2つ（疾病入院特約・成人病入院特約）なので、「1万円×2×10日間＝合計20万円」です。

ⅱ）不慮の事故で死亡…保険金は、「終身保険1,000万円＋定期保険特約1,000万円＋傷害特約500万円＋災害割増特約500万円＝合計3,000万円」です。

ⅲ）契約者（＝保険料負担者）と保険金受取人がどちらもAさんなので、一時所得として所得税の課税対象となります。

解答　②

保険顧客資産相談業務　実技

1 個人の保険の商品性

次の各文章を読んで、正しいものまたは適切なものには○を、誤っているものまたは不適切なものには×をしなさい。

☐ **❶** 銀行の窓口において生命保険に加入した場合、当該保険契約は預金保険機構による保護の対象となる。◀よく出る

☐ **❷** 一時払終身保険は、契約時に解約返戻金の額が確定しており、いつ解約しても解約返戻金が支払保険料を下回ることはない。◀よく出る

☐ **❸** 変額個人年金保険は、払い込んだ保険料が特別勘定で運用され、その運用実績によって将来受け取ることができる年金額が変動する。

☐ **❹** 生命保険の契約者貸付制度を利用している間に被保険者が死亡した場合、死亡保険金等から未返済の貸付元利金を差し引いた額が受取人に支払われる。

☐ **❺** 終身医療保険は、病気やケガによる入院や所定の手術を受けた場合の保障が一生涯続き、保障内容を変更しなければ、主契約の保険料は保険期間の途中で上がることはない。

☐ **❻** 定期保険特約付終身保険（更新型）は、各種特約を同一の保障内容で更新した場合、更新後の保険料が更新前よりも高くなる。

☐ **❼** がん保険には、がんと診断されて診断給付金が支払われ、そのがんが治癒した後にがんが再発した場合に、診断給付金が再度支払われる商品もある。

☐ **❽** 利率変動型積立終身保険（アカウント型保険）の積立金部分については、契約者が引き出したり、保障内容を変更する際の保険料に充当することもできる。

☐ **❾** 生命保険契約時の告知受領権は生命保険募集人が有しているので、当該募集人に対して、口頭で告知すればよい。

▼ 解説（赤シートで消える語句をチェックできます）📄79・85・92・128ページ　　▼ 正解

Point 個人が加入するさまざまな保険の特徴についての問題です。22ページ「学資（こども）保険」、68ページ「傷害保険」も復習しておきましょう。

生命保険契約は、<u>生命保険契約者保護**制度**</u>の保護の対象です。銀行の窓口で加入しても、<u>預金保険</u>機構による保護の対象にはなりません。　❌

全期間の保険料を契約時に一括で払う<u>一時払終身**保険**</u>も、貯金ではなく保険ですから解約返戻金額が一時払保険料を下回ることはあります。　❌

変額個人年金保険は、個人年金保険の変額保険です。変額保険は、特別勘定（ファンド）で運用され、**運用実績によって保険金や年金額が変動**します。　⭕

契約者貸付による貸付金が未返済のまま、満期保険金や死亡保険金が発生した場合、未返済分の**元金・利息を差し引いた上で、保険金が支払われ**ます。　⭕

<u>医療**保険**</u>は、病気やケガにより入院した場合や手術を受けた場合に給付金が支払われる**第三分野の保険**です。**終身医療保険**では、保障内容を変更しなければ主契約の保険料は一定で、途中で上がることはありません。　⭕

定期保険特約付終身保険（更新型）は、終身部分は保障が変わらず、定期部分の特約だけを更新していく終身保険です。保険料は**更新時に再計算**されて高くなるのが普通です。　⭕

がん保険は、対象をがん（白血病を含む）に限定した保険です。がんと診断されたときの診断給付金、入院時の入院給付金（支払日数に制限なし）、手術を受けるたびに支払われる手術給付金などが給付されます。また、がんが再発した場合に診断給付金が**再度支払われる商品があり**ます。なお、がん保険では、一般に、責任開始日前に<u>90</u>**日程度の免責期間**が設けられています。　⭕

<u>利率変動型</u>**積立終身保険（アカウント型保険）**では、契約者が積立金部分を口座（アカウント）から引き出したり、保障内容を変更する際の<u>保険料</u>に充てることができます。　⭕

保険契約者や被保険者には、持病の有無や病歴などの告知事項に応答する**告知義務**がありますが、**告知受領権**は生命保険募集人に**あり**ません。告知は、告知書の記入や健康診断書の提出など、所定の方法で行う必要があります。　❌

保険顧客資産相談業務　実技

❷ 個人の保険の保障内容

次の文章の（　）内にあてはまる最も適切な語句の組み合わせを 1)〜3) のなかから選びなさい。

Aさんが提案を受けている次の生命保険の保障内容について説明した文章の空欄①〜③に入る語句の組み合わせとして、最も適切なものは（　）である。

・保険の種類：定期保険特約付終身保険
・契約者（＝保険料負担者）・被保険者：Aさん
・死亡保険金受取人：妻Bさん

主契約および 付加されている特約の内容	保障金額	払込・保険期間
終身保険	100万円	65歳・終身
定期保険特約	2,600万円	10年
特定疾病保障定期保険特約	300万円	10年
傷害特約	500万円	10年
災害割増特約	500万円	10年
入院特約	1日目から日額5,000円	10年
先進医療特約	1,000万円	10年
リビング・ニーズ特約	—	—

i）仮に、Aさんが保険期間中に病気により亡くなった場合、妻Bさんに支払われる死亡保険金の額は、（①）万円です。

ii）仮に、Aさんが現時点で初めてがんに罹患したと医師に診断確定された場合、支払われる保険金の額は、（②）です。また、この保険金を受け取った後、Aさんが不慮の事故で180日以内に亡くなった場合、妻Bさんに支払われる死亡保険金の額は、（③）です。←よく出る

1) ① 2,600万円　② 300万円　③ 2,700万円

2) ① 2,700万円　② 1,000万円　③ 4,000万円

3) ① 3,000万円　② 300万円　③ 3,700万円

Point 設例の保険から支払われる保険料の計算をする問題です。258ページの「再現例題」も復習しておきましょう。

① 病気で死亡した場合は、「終身保険100万円＋定期保険特約2,600万円＋特定疾病保障定期保険特約300万円＝計3,000万円」が支払われます。特定疾病保障定期保険特約は被保険者が**特定疾病以外の事由（交通事故など）で死亡した場合でも保険金が支払われます。**

② 特定疾病「がん・急性心筋梗塞・脳卒中」と診断確定された場合は、特定疾病保障定期保険特約から300万円が支給されます。

③ 特定疾病保障定期保険特約の保険金の支払いは1度だけです。また、不慮の事故で180日以内に死亡した場合には、傷害特約や災害割増特約からも保険金が支払われます。本問の場合には、「終身保険100万円＋定期保険特約2,600万円＋傷害特約500万円＋災害割増特約500万円＝3,700万円」が支払われることになります。

3)

ウラ技 選択肢の数字が違うので、①または③だけ計算すればよい

復習 生命保険の特約▶54ページ

特定疾病保障定期保険特約は、必ず覚えておこう！

保険顧客資産相談業務　実技

3 必要保障額の計算

次の各文章を読んで、正しいものには○を、誤っているものには×をしなさい。
（　）のある文章では、適切な語句を選びなさい。

☐ ❶ 会社員のAさん（36歳）は、勤務先の社宅に専業主婦である妻Bさん（32歳）と2人で暮らしている。現在、妻Bさんは妊娠中であり、第1子（長男）の出産を来月に控えている。長男の誕生時点においてAさんが死亡した場合の必要保障額（＝遺族に必要な生活資金等の総額－遺族の収入見込金額）は、（　）である。　←よく出る

〈条件〉

> ① 長男が独立する年齢は、22歳（大学卒業時）とする。
> ② Aさんの死亡後から長男が独立するまで（22年間）の生活費は、現在の日常生活費（月額25万円）の70％とし、長男が独立した後の妻Bさんの生活費は、現在の日常生活費（月額25万円）の50％とする。
> ③ 長男独立時の妻Bさんの平均余命は34年とする。
> ④ Aさんの葬儀費用等は300万円とする。
> ⑤ Aさん死亡後の住居費（家賃）の総額は4,500万円とする。
> ⑥ 長男の教育資金および結婚援助資金の総額は1,500万円とする。
> ⑦ 死亡退職金見込額と保有金融資産の合計額は2,300万円とする。
> ⑧ Aさん死亡後に妻Bさんが受け取る公的年金等の総額は6,200万円とする。
> ⑨ Aさんが現在加入している生命保険の保障金額は、考慮しなくてよい。

1）2,420万円　　2）3,020万円　　3）7,520万円

☐ ❷ 生命保険への加入を検討する場合、必要保障額を試算してみるとよい。遺族のための必要保障額は、通常、末子が誕生したときに最大となる。

☐ ❸ 団体信用生命保険に加入している世帯主が死亡した場合は住宅ローンの債務は死亡保険金により弁済されるため、住宅ローンの残高は遺族に必要な生活資金等の総額に含める必要はない。　←よく出る

Point 設例の〈条件〉を読み取って、必要保障額を計算する問題が頻出です。団体信用生命保険と必要保障額の関係は必ず覚えておきましょう。

●遺族に必要な生活資金等の総額

①②③より、Aさん死亡後の生活費

・長男独立まで…生活費25万円×70%×12カ月×22年＝4,620万円

・長男独立後…生活費25万円×50%×12カ月×平均余命34年

　＝5,100万円

生活費…4,620万円＋5,100万円＝9,720万円

遺族に必要な生活資金等の総額

＝生活費9,720万円＋④葬儀費用等300万円＋⑤住居費4,500万円

　＋⑥教育資金および結婚援助資金1,500万円＝1億6,020万円

●遺族の収入見込金額

　＝⑦死亡退職金見込額と保有金融資産の合計額2,300万円

　　＋⑧妻Bさんの公的年金等の総額6,200万円＝8,500万円

●必要保障額＝遺族に必要な生活資金等の総額－遺族の収入見込金額

　　　　　　＝1億6,020万円－8,500万円＝7,520万円

3)

見落としと計算ミスさえなければ、必ず解ける問題だよ。

保険顧客資産相談業務　実技

必要保障額が最大となるのは、末子の誕生時です。子の成長とともに、子の独立までの年数が減っていくので、末子の成長につれて必要保障額は減っていきます。　　○

住宅ローンを借りた人が団体信用生命保険に加入すると、万一の場合でも死亡保険金で住宅ローン残高が弁済されますから、住宅ローンの残高を必要保障額に見込む必要はありません。　　○

---

4 個人の保険の見直し

次の各文章を読んで、正しいものには○を、誤っているものには×をしなさい。
（ ）のある文章では、適切な文章を選びなさい。

☐ ❶ 会社員のAさん（40歳）は、専業主婦である妻Bさん（35歳）および長男
（3歳）と新築の戸建て住宅に3人暮らしである。

・Aさんが死亡した場合の必要保障額＝5,200万円
・Aさんが加入している生命保険等（死亡保険金受取人はすべて妻Bさん）
　こくみん共済総合保障タイプ：死亡保険金額400万円（病気死亡）、
　　　　　　　　　　　　　　　　　　　　　1,200万円（交通事故）
　勤務先で加入している団体定期保険：死亡保険金額1,000万円
　学資保険（こども保険）：Aさん死亡後は保険料払込免除
　団体信用生命保険：住宅ローンの返済期間30年、毎年返済額120万円

Aさんへのアドバイスとして、最も不適切なものは（ ）である。

1）必要保障額から考えると、死亡保険金額を増額する必要があります。家計の
収支バランスを考慮して、無理のない範囲内で検討してください。←よく出る

2）必要保障額は、通常、長男の成長とともに増加していきます。従って、年金
受取総額が逓増する収入保障保険に加入することも検討事項の1つとなるで
しょう。←よく出る

3）必要保障額は、Aさんが死亡した場合の保障額の計算です。Aさんが病気や
ケガ等で寝たきりや要介護状態となった場合は、Aさんの収入が減少し、住
宅ローンの支払に加え、介護費用や治療費等の負担も発生します。介護保障
の準備についても検討する必要があります。

☐ ❷ 夫が契約者（＝被保険者）である定期保険特約付終身保険（更新型）におい
て、妻の保障がすべて特約として付加されている場合、夫の死亡で主契約が
なくなれば、特約に付加された妻の保障も消滅することになる。←よく出る

☐ ❸ 契約転換制度を利用して新たな保険を契約した場合、その契約はクーリン
グ・オフ制度の対象とはならない。

☐ ❹ 契約転換制度では、転換後契約の保険料は転換前契約の加入時の年齢で算出
されるため、新規に加入するより保険料の上昇を抑えることができる。

Point 個人が加入している保険を見直すときの観点や注意点を問う問題です。特に、必要保障額と保険の関係を問う問題が頻出です。

1) 必要保障額＝5,200万円に対し、加入中の保険による死亡保険金額は、

病気死亡の場合…400万円＋1,000万円＝1,400万円

交通事故の場合…1,200万円＋1,000万円＝2,200万円

なので、死亡保障の増額が必要です。家計全体の収支を考えて無理のない範囲内で検討するのは当然のことでしょう。

2) 必要保障額は、**子の成長**につれて**減って**いきます。

収入保障保険は、万一のときに、給料のように**毎月の生活費を受け取れる保険**です。例えば保険期間（満期）が30年の収入保障保険で、本人が加入後10年目に死亡した場合、以後20年間、遺族が保険金を受け取ります。加入後25年目に死亡した場合は、以後5年間、遺族が保険金を受け取ります。つまり、**年金受取総額が逓減する保険**です。受取総額が変わらない定期保険より保険料が割安となるので、**子の成長に合わせて保障を減らす目的で加入**することが多い保険です。

3) **団体信用生命保険**の支払対象は、「**死亡**」の場合と「**高度障害**」の場合です。寝たきりや要介護状態は団体信用生命保険の支払対象ではないため、ローンの支払いは継続します。寝たきりや要介護状態となったＡさんの収入は減少し、介護費用や治療費の支出も発生します。従って、就業不能や要介護状態の面から生命保険を見直すことが必要です。

2)

定期保険特約付終身保険（更新型）は、本人の死亡で死亡保険金が支払われて主契約がなくなれば、**特約も消滅**することになります。この場合、妻を被保険者とする生命保険に別途加入しておくことも検討対象になります。

○

契約転換制度を利用した場合を含めて、新規に生命保険を契約した際には、すべて**クーリング・オフの対象**になります。

×

契約転換制度は、現在の保険の責任準備金と積立配当金を転換（下取り）価格として、新しい契約の一部に充当する方法。保険料は、**転換時の年齢・保険料率によって計算**されるので、**以前より高く**なることがあります。

×

5 個人の保険の税務

次の各文章を読んで、正しいものには○を、誤っているものには×をしなさい。
（　）のある文章では、適切な文章を選びなさい。

☐ ❶ 2012年1月1日以後に新たに契約した生命保険の保険料に係る生命保険料控除についての説明として、次のうち最も適切なものは（　）である。
　1）終身保険、定期保険特約、特定疾病保障定期保険特約の保険料は、一般の生命保険料控除として生命保険料控除の対象となる。
　2）傷害特約、災害割増特約、入院特約、先進医療特約の保険料は、介護医療保険料控除として生命保険料控除の対象となる。
　3）生命保険料控除は、一般の生命保険料控除、個人年金保険料控除、介護医療保険料控除からなり、所得税の場合、各控除額の上限は5万円、各控除額の合計額の上限は15万円である。◀よく出る

☐ ❷ 学資（こども）保険の保険料は、所定の要件を満たせば、個人年金保険料控除の対象とすることができる。

☐ ❸ 学資（こども）保険の契約者が保険料払込期間中に死亡した場合、承継契約者が相続する生命保険契約に関する権利の価額は、相続開始時の解約返戻金相当額で評価され、相続税の課税対象となる。

☐ ❹ 4年前に契約した個人年金保険を解約した場合、解約返戻金は源泉分離課税の対象となり、受取金額と正味払込保険料との差額に対して20.315%（復興特別所得税含む）が課税される。

☐ ❺ 一時払終身保険の保険料は、その全額が支払った年の生命保険料控除の対象となるため、翌年以降の生命保険料控除の対象とすることはできない。

☐ ❻ 生命保険契約者（＝保険料負担者）・被保険者が夫で、死亡保険金受取人が妻の場合、妻が受け取る死亡保険金は相続税の課税対象となる。◀よく出る

☐ ❼ 定期保険特約付終身保険（家族定期保険特約に加入）において、保険契約者（＝保険料負担者）・被保険者が夫で、死亡保険金受取人が妻の場合、妻の死亡時に、夫が家族定期保険特約から受け取る死亡保険金は、相続税の課税対象となる。◀よく出る

Point 生命保険料控除の種類と控除限度額を問う問題が頻出です。また、夫・妻が死亡したときの死亡保険金の課税対象も毎回のように出題されます。

● 2012年1月1日以降の契約（新契約）の生命保険の控除限度額

	各払込保険料	一般の生命保険	個人年金保険	介護医療保険	控除限度額
所得税	8万円超	40,000円	40,000円	40,000円	120,000円
住民税	5.6万円超	28,000円	28,000円	28,000円	70,000円

▲各払込保険料は各保険の年間保険料。2012年1月1日以降の契約の個人年金保険の年間払込保険料が8万円超なら、所得税の控除額は4万円。

1) 終身保険、定期保険特約、特定疾病保障定期保険特約は、<u>一般の生命保険料控除の対象</u>です。

2) 新契約では、<u>身体の傷害のみに基因</u>して保険金が支払われる傷害特約や災害割増特約などの保険料は、**生命保険料控除の対象とはなりません**。

3) 所得税の場合、各控除額の上限は**4万円**、控除限度額は**12万円**です。

1)

学資（こども）保険は、被保険者が子、受取人が親（契約者）です。従って、**被保険者＝受取人**が条件である**個人年金保険料控除の対象外**です。　**✕**

学資（こども）保険の契約者が死亡した場合、承継契約者が相続する権利（学資祝金と満期祝金の受給権）の価額は、相続開始時の<u>解約返戻金</u>相当額で評価されて<u>相続</u>税の課税対象となります。　**〇**

保険期間が**5年以下（5年以内の解約含む）**の一時払いの養老保険、損害保険、個人年金保険の差益は、**金融類似商品**の収益とみなされ、20.315%（復興特別所得税0.315%含む）の<u>源泉分離課</u>税が**適用**されます。　**〇**

一時払保険料は、**保険料を<u>支払った年</u>の生命保険料控除の対象**となります。翌年以降の生命保険料控除の対象にすることはできません。　**〇**

生命保険契約者と被保険者＝夫で、保険金受取人＝妻が相続人となる場合、死亡保険金は、<u>みなし相続</u>財産とされて<u>相続</u>税の課税対象となります。　**〇**

主契約の被保険者は夫ですが、家族定期保険特約の被保険者は妻になります。妻の死亡時の死亡保険金は、契約者も保険金受取人も夫となるため、<u>一時所得として<u>所得税・住民</u>税の課税対象</u>となります。　**✕**

保険顧客資産相談業務　実技

3 法人の保険

問題数012

再現例題

【第3問】次の設例に基づいて、下記の各問に答えなさい。

《設　例》 2023年1月〈改〉

Aさん(65歳)は、X株式会社(以下、「X社」)の社長である。Aさんは今期限りで勇退する予定である。X社は、Aさんに支給する役員退職金の原資として、下記の生命保険の解約返戻金を活用することを検討している。

保険の種類	長期平準定期保険 (特約付加なし)
契約年月日	2004年4月1日
契約者(=保険料負担者)・死亡保険金受取人	X社
被保険者	Aさん（99歳満了）
死亡・高度障害保険金額	1億円
年払保険料	240万円
現時点の解約返戻金額	4,400万円
現時点の払込保険料累計額	4,800万円

Mさんは、《設例》の長期平準定期保険について説明した。MさんのAさんに対する説明として、次のうち最も不適切なものはどれか。

1)「X社が当該生命保険を解約した場合にX社が受け取る解約返戻金は、Aさんに支給する役員退職金の原資として活用する以外に、設備投資等の事業資金としても活用することができます」

2)「現時点で当該生命保険を払済終身保険に変更する場合、契約は継続するため、経理処理は必要ありません」

3)「当該生命保険を払済終身保険に変更し、Aさんが勇退する際に、契約者をAさん、死亡保険金受取人をAさんの相続人に名義を変更することで、当該払済終身保険を役員退職金の一部としてAさんに現物支給することができます」

解答　① ② ③

※本試験では、1つの《設例》について3問出題されます。

※出題率は、過去13年の「保険顧客資産相談業務」1,342問中の出題割合［質問数］を示しています。

【第3問】の出題範囲

「保険」の【第3問】は、〈法人が加入している保険〉を説明した《設例》に基づいて、**【法人の保険】**に関する問題が3問出題されます。

【第3問】の出題傾向

頻出問題は次の通りです。

1 **生命保険の経理処理／退職金の準備**…法人の支払う保険料と受け取る保険金の経理処理に関する問題が出題されます。

2 **長期平準定期保険**…長期平準定期保険の特徴と経理処理の問題が頻出します。長期平準定期保険の保険期間の前半6割期間は、保険料の2分の1を前払保険料として資産計上します。

3 **ハーフタックスプラン**…ハーフタックスプラン（福利厚生プラン、福利厚生保険）の問題です。第1回保険料払込時の保険料の経理処理と、保険金を受け取った場合の経理処理（仕訳）が出題されます。

▼ 再現例題の解説と解答

長期平準定期保険は、保険期間満了時における被保険者の年齢が70歳以上などの条件を満たす法人契約向けの定期生命保険です。退職金などの支払原資などを確保するために利用されます。

1）適切。解約返戻金の活用方法は、X社が自由に決めることができます。

2）不適切。長期平準定期保険（2019年7月7日以前に契約）は保険期間の前半6割の期間、保険料の2分の1を資産計上できます。払済終身保険に変更した場合、変更した時点の解約返戻金相当額と資産計上額との差額を経理処理する必要があります。

3）適切。資産計上額（保険料積立金、前払い保険料、配当金積立金）を取り崩す経理処理を行えば、法人の保険から個人の保険に名義変更することが可能です。

解答 ②

■ ❶ 生命保険の経理処理／退職金の準備

次の各文章を読んで、正しいものには○を、誤っているものには×をしなさい。
（　）のある文章では、適切な語句（表）や語句の組み合わせを選びなさい。

☐ ❶ 次の保険の第1回保険料払込時の経理処理（仕訳）として最も適切なものは
（　）である。←よく出る

> 保険の種類：終身保険（特約付加なし）
> ・契約者（＝保険料負担者）：X社　　　・死亡保険金受取人：X社
> ・被保険者＝役員A　　　　　　　　　　・保険金額：1億円
> ・保険料払込期間：65歳満了　　　　　・年払保険料：300万円
> ・払込保険料累計額⑴：7,500万円
> ・保険料払込満了時の解約返戻金額⑵：7,900万円
> ・受取率（⑵÷⑴）：105.3%（小数点第2位以下切捨て）

1）

借　　方		貸　　方	
定期保険料	300万円	現金・預金	300万円

2）

借　　方		貸　　方	
保険料積立金	300万円	現金・預金	300万円

3）

借　　方		貸　　方	
定期保険料	150万円	現金・預金	300万円
前払保険料	150万円		

☐ ❷ 問題❶の保険についての説明として最も適切なものは（　）である。
1）保険料払込満了時に当該生命保険を解約した場合、X社はそれまで資産
計上していた保険料積立金を取り崩し、解約返戻金額との差額を雑損失とし
て経理処理します。
2）保険期間中にX社に緊急の資金需要が発生した場合、契約者貸付制度を
活用することで、保険契約を解約することなく資金を調達できます。契約者
貸付を利用できる上限は、利用時点での解約返戻金相当額となります。
3）役員Aさんが死亡した場合にX社が受け取る死亡保険金は、借入金の返
済や運転資金等の事業資金として活用することができます。←よく出る

☐ ❸ 法人が従業員にかけた生命保険契約は、その従業員の退職時に契約者や保険
金受取人を名義変更し、当該従業員の保険として継続することができる。

Point 法人の生命保険における経理処理（仕訳）の問題が超頻出です。ここでは保険を用いた「退職金の準備」に関する問題も併せて学習します。

終身保険は貯蓄性が高いため、**保険料を**保険料積立金**として資産計上**します。

支払った保険料の経理処理（仕訳）	覚えよう
保険の種類と保険金受取人	**支払った保険料の経理処理**
終身保険・養老保険・年金保険 **保険金受取人＝法人**	貯蓄性があるため、【借方】に 「保険料積立金」として資産計上
終身保険・養老保険・年金保険 **保険金受取人＝被保険者（または遺族）**	【借方】に 「給与」として損金算入
最高解約返戻率が50％以下の 定期保険・第三分野の保険※ **保険金受取人＝法人**	貯蓄性がないため、【借方】に 「支払保険料」として損金算入

● 仕訳の具体例：終身保険（保険金受取人が法人）の年払保険料120万円

借　　方		貸　　方	
保険料積立金	120万円	現金・預金	120万円

※左側【借方】に積み立てている保険料。保険料は現金か預金から支払うので、右側【貸方】に現金・預金。【借方】と【貸方】は同じ金額になる。

2)

1）は定期**保険**の仕訳、2）は「**死亡保険金受取人＝法人**」の終身保険の仕訳、3）は長期平準定期**保険**の前半6割の保険期間の仕訳です。

1）**法人の受け取った死亡保険金、満期保険金、解約返戻金等**は、受け取った保険金を資産計上し、これまでに資産計上されている（借方に計上されてきた）保険料積立金を取り崩します。そして、保険料積立金と保険金の差益を雑収入として益金算入します。

本問では、保険料積立金（払込保険料累計額）7,500万円、解約返戻金7,900万円なので、差額400万円を雑収入として経理処理します。

2）**契約者貸付制度**の貸付額は、通常、**解約返戻金の70～90％**です。契約者貸付金は、**借入金として負債**に計上します。

3）法人が受け取った死亡保険金は事業資金として活用できます。

3)

法人の保険では**従業員の退職時**に契約者（法人→従業員）や受取人（法人→従業員の相続人など）の**名義変更**を行い、退職金の一部とすることができます。

〇

※保険期間3年未満、最高解約返戻率が50％超70％以下かつ1被保険者あたりの年換算保険料相当額が30万円以下（全保険会社の契約を通算）のものを含む。

保険顧客資産相談業務

実技

❹ 事業保障資金の額を求める計算式として、次のうち最も適切なものはどれか。

1）短期債務額（短期借入金＋買掛金＋支払手形）＋全従業員の1年分の給与総額
2）売掛金総額＋経営者の死亡当時の給与の半年分に相当する額
3）経営者の死亡当時の給与の半年分に相当する額×功績倍率

❺ X社は、2024年4月に次の生命保険契約から死亡保険金9,000万円を受け取った。死亡保険金受取時のX社の経理処理（仕訳）について、空欄①〜③に入る語句または数値の組み合わせとして、次のうち最も適切なものはどれか。

保険の種類：無配当定期保険
・契約年月日：2018年10月1日
・契約者（＝保険料負担者）：X社　　・被保険者：Aさん
・死亡保険金受取人：X社　　　　　　・保険料払込期間：10年満了
・死亡保険金額：9,000万円　　　　　・年払保険料：90万円

借　　　方		貸　　　方	
（①）	（②）万円	（③）	（②）万円

1）① 現金・預金　　② 9,000　　③ 雑収入
2）① 現金・預金　　② 540　　③ 保険料積立金
3）① 死亡保険金　　② 9,000　　③ 支払保険料

❻ 2019年6月28日に『定期保険等の保険料に相当多額の前払部分の保険料が含まれる場合の取扱い』に関する通達が新設され、法人が支払う定期保険等の保険料の取扱いが改正された。

2019年7月8日以降の契約における定期保険・第三分野の保険について、法人が支払う保険料は、最高解約返戻率に応じて資産計上額が決定される。例えば、最高解約返戻率が（①）％超70％以下の場合、保険期間の前半4割に相当する期間は、支払保険料の（②）％を資産計上し、残りを損金算入する。なお、最高解約返戻率が（①）％以下の契約については、支払保険料の（③）を損金の額に算入することができる。

1）① 50　　② 40　　③ 3分の2
2）① 50　　② 40　　③ 全額
3）① 40　　② 50　　③ 全額

法人が契約者となる生命保険は、**役員・従業員の退職金の準備、遺族への保障、事業資金の確保**などを目的とします。**事業保障資金**とは、経営者が死亡した場合、事業を円滑に続けるための資金で、以下の計算式で求めます。

<u>短期債務額（短期借入金+買掛金+支払手形）＋全従業員の1年分の給与総額</u>

1)

法人が受け取った保険金（死亡保険金、満期保険金、解約返戻金等）は、資産計上して、払込保険料（資産計上されてきた「保険料積立金」）を取り崩し、保険金額と保険料積立金額との保険差益を**雑収入**として益金算入します。

保険差益＝受取保険金－資産計上額（保険料積立金額）

受け取った保険金の経理処理（仕訳） 覚えよう

- 仕訳の具体例：終身保険（保険金受取人が法人）の保険金
  （払込保険料総額＝保険料積立金が500万円、保険金8,000万円の場合）

借　　方		貸　　方	
現金・預金	8,000万円	保険料積立金	500万円
		雑収入	7,500万円

※左側【借方】に現金・預金として、保険会社から支払われた保険金8,000万円。
右側【貸方】に保険料積立金500万円と雑収入（8,000－500＝）7,500万円。

1)

本問は、「無配当定期保険」で貯蓄性がない（資産にはならない）ため、支払ってきた保険料は資産計上されておらず、<u>保険料積立金は0円</u>です。従って、

保険差益＝死亡保険金9,000万円－<u>保険料積立金0円</u>＝雑収入9,000万円

①には<u>現金・預金</u>、②には<u>9,000</u>、③には<u>雑収入</u>が当てはまります。

2019年7月8日以降に契約された定期保険・第三分野の保険は、最高解約返戻率を基準にした以下の区分で資産計上割合が決まります。

最高解約返戻率50%以下…支払保険料の<u>全額</u>を損金算入。

最高解約返戻率50%超70%以下…保険期間の前半4割は、支払保険料の<u>40</u>%を資産計上、残り<u>60</u>%を損金算入。以降は全額を損金算入。

最高解約返戻率70%超85%以下…保険期間の前半4割は、支払保険料の60%を資産計上、残り40%を損金算入。以降は全額を損金算入。

最高解約返戻率85%超…保険期間の当初10年間は、「支払保険料×最高解約返戻率の<u>90%</u>」を資産計上、残り10%を損金算入。11年目以降～最高解約返戻率となる期間の終了日までは、「支払保険料×最高解約返戻率の70%」を資産計上。残り30%を損金算入。以降は全額を損金算入。

なお、**2019年7月7日以前の契約については、改正の適用外**です。

2)

保険顧客資産相談業務 実技

次の各文章の（ 　）内にあてはまる最も適切な語句、表、文章を 1)〜 3) のなかから選びなさい。

☐ **❶** 長期平準定期保険は、その保険期間満了時における被保険者の年齢が（ 　）を超えているものをいう。

1) 60歳　　2) 65歳　　3) 70歳

☐ **❷** 次の保険（契約年月日：2019年7月1日）の第1回保険料払込時の経理処理（仕訳）として最も適切なものは（ 　）である。 ◆よく出る

> 保険の種類：長期平準定期保険（無配当・特約付加なし）
> ・契約者（＝保険料負担者）：X社　　・被保険者：役員Aさん（40歳）
> ・死亡保険金受取人：X社　　・保険期間・保険料払込期間：100歳満了
> ・死亡保険金額：1億円　　・年払保険料：210万円
> ・65歳時の解約返戻金額：4,800万円

1)

借　　方		貸　　方	
定期保険料	105万円	現金・預金	210万円
前払保険料	105万円		

2)

借　　方		貸　　方	
前払保険料	210万円	現金・預金	210万円

3)

借　　方		貸　　方	
定期保険料	210万円	現金・預金	210万円

☐ **❸** 問題❷の保険についての説明として最も不適切なものは（ 　）である。

1) 当該生命保険の解約返戻金の額は、保険期間の経過とともに、一定の時期まで増加していきますが、その後減少して保険期間満了時には0（ゼロ）になります。

2) 仮に、当該保険契約を65歳時点で解約した場合、多額の雑損失が計上されるため、解約した事業年度の経常利益が大幅に減少する可能性があります。

3) 当該保険契約の解約返戻金は、売上や利益の減少をカバーするための事業資金や役員退職金の原資として活用することができます。 ◆よく出る

Point 長期平準定期保険では、第1回保険料払込時の経理処理（仕訳）の問題が超頻出です。仕訳はここで掲載するパターンだけで十分対応できます。

長期平準定期保険は、**保険期間満了時における被保険者の年齢が70歳**を超え、かつ、**加入時年齢＋保険期間×2＞105**となるものをいいます。例えば、加入時年齢40歳、保険期間満了時90歳の保険なら、「40＋50×2＞105」なので、長期平準定期保険となります。

3)

2019年7月7日以前に契約された長期平準定期保険は貯蓄性があるので、一般の定期保険とは異なる経理処理となり、保険料の仕訳では保険期間の前半6割と後半4割で異なることが大きな特徴となっています。

● 前半6割の保険期間の保険料…**2分の1（105万円）**を「定期保険料」として損金算入し、**2分の1（105万円）**を「前払保険料」として資産計上します。また、保険料の支払い（210万円）は、「現金・預金」として貸方に計上します。

● 後半4割の保険期間の保険料…保険料全額を「定期保険料」として損金算入し、前半6割で「前払保険料」として資産計上した分を取り崩して損金算入します。

※長期平準定期保険や逓増定期保険等、節税目的の保険が問題となり、2019年6月28日に法人契約の保険料の経理処理に関して、275ページ❻のような改正が行われました。本問は、2019年7月7日以前の契約なので、改正の適用外となります。

1)

保険顧客資産相談業務 実技

1) 長期平準定期保険の解約返戻金の額は、保険期間の経過とともに、一定の時期まで増加（返戻率90%超：商品により違いがあります）していき、その後減少して保険期間満了時に0（ゼロ）になります。

2) 長期平準定期保険の前半6割期間（契約から26年目）なので、保険料の2分の1を前払保険料として資産計上（210万円×1/2×26年＝2,730万円）しており、65歳時の解約返戻金4,800万円との差額2,070万円は「雑収入」として計上。**経常利益が増加する可能性**があります。

3) 法人が受け取る解約返戻金や死亡保険金は、**事業資金**や**役員退職金**の原資として活用できます。

2)

3 ハーフタックスプラン

次の各文章の（　）内にあてはまる最も適切な表や文章を 1)～ 3) のなかから選びなさい。

❶ 次の保険の第1回保険料払込時の経理処理（仕訳）として最も適切なものは（　）である。←よく出る

保険の種類：養老保険（特約付加なし）
- 契約者（＝保険料負担者）：X社
- 被保険者：全従業員（25名）
- 死亡保険金受取人：被保険者の遺族
- 満期保険金受取人：X社
- 保険期間・保険料払込期間：60歳満了
- 保険金額（1人当たり）：500万円
- 年払保険料：480万円（25名の合計）

---

1)

借　　　方		貸　　　方	
福利厚生費	480万円	現金・預金	480万円

2)

借　　　方		貸　　　方	
保険料積立金	480万円	現金・預金	480万円

3)

借　　　方		貸　　　方	
福利厚生費	240万円	現金・預金	480万円
保険料積立金	240万円		

❷ 問題❶の保険についての説明として最も適切なものは（　）である。

1）保険期間中に被保険者が死亡した場合、生命保険会社から被保険者の遺族に対して直接死亡保険金が支払われるため、X社では、当該保険契約に係る経理処理をする必要はない。←よく出る

2）福利厚生プランは、被保険者である従業員が中途退職（生存退職）した場合、解約返戻金は退職する従業員本人に直接支払われる。

3）福利厚生プランを導入する際は、退職金の支給根拠を明確にするため、退職金規程を整える必要がある。

Point ハーフタックスプランでは、第1回保険料払込時の経理処理（仕訳）の問題が超頻出です。仕訳はここで掲載するパターンだけで十分対応できます。

法人契約の養老保険で、契約者（＝保険料負担者）と満期保険金受取人を法人、死亡保険金受取人を被保険者の遺族とするものを<u>ハーフタックスプラン（福利厚生プラン、福利厚生保険）</u>といいます。この保険では、**支払保険料の2分の1の金額を**<u>福利厚生費</u>として損金算入することができます。**残り2分の1は**<u>保険料積立金</u>として資産計上します。保険料の半分を損金計上できるため<u>ハーフタックスプラン</u>と呼ばれているわけです。<u>ハーフタックスプラン</u>は、原則として全従業員（および全役員）を対象として加入するなどの普遍的加入の要件を満たす必要があります。

本問は年払保険料480万円ですから、**2分の1の240万円が**<u>福利厚生費</u>として損金算入され、残りの**240万円が**<u>保険料積立金</u>として資産計上されます。なお、**ハーフタックスプランの満期保険金**の仕訳は、それまでの払込保険料総額の2分の1の金額を<u>保険料積立金</u>、**満期保険金との差額を**<u>雑収入</u>として経理処理します。

3)

●ハーフタックスプランの満期保険金の経理処理（仕訳）
（払込保険料総額が2,800万円、満期保険金3,000万円）

借 方		貸 方	
現金・預金	3,000万円	保険料積立金	1,400万円
		雑収入	1,600万円

1）**ハーフタックスプランの死亡保険金**は、生命保険会社から<u>被保険者の遺族</u>へ支払われます。このとき法人側は、資産計上していた保険料積立金を取り崩して、同額を雑損失として損金算入する経理処理が必要です。

2）**ハーフタックスプランの解約返戻金**は<u>契約者である法人</u>が受け取ります。

3）ハーフタックスプランは、退職金規程を整えて保険金額を退職金規程の範囲内にする必要があります。退職金の支給根拠が明確でないままハーフタックスプランを導入すると、節税目的とされて保険料の損金算入が認められないことがあります。

3)

4 タックスプランニング

問題数017

再現例題

【第4問】次の設例に基づいて、下記の問に答えなさい。

2021年1月〈改〉

《設 例》

会社員のAさんは、妻Bさん、長男Cさんおよび二男Dさんとの4人家族である。—中略— Aさんの2024年分の収入等に関する資料は、以下のとおりである。

〈Aさんの2024年分の収入等に関する資料〉

（1）給与収入の金額 　　　　　：800万円

（2）終身保険の解約返戻金

　契約年月：1994年7月

　契約者（＝保険料負担者）・被保険者：Aさん

　死亡保険金受取人：妻Bさん

　解約返戻金額 　　：480万円

　正味払込保険料 　：410万円

（3）一時払変額個人年金保険（10年確定年金）の解約返戻金

　契約年月 　　　　　　：2014年10月

　契約者（＝保険料負担者）・被保険者：Aさん

　死亡保険金受取人 　　：妻Bさん

　解約返戻金額 　　　　：600万円

　正味払込済保険料 　　：500万円

　　Aさんの2024年分の総所得金額は、次のうちどれか。

〈資料〉給与所得控除額（抜粋）

給与等の収入金額（年収）		給与所得控除額
180万円超	360万円以下	収入金額×30％＋8万円
360万円超	660万円以下	収入金額×20％＋44万円
660万円超	850万円以下	収入金額×10％＋110万円
850万円超		195万円（上限）

1）610万円 　　 2）670万円 　　 3）730万円 　　 解答 　①　②　③

本試験では、1つの《設例》について3問出題されます。

出題
DATA
過去13年間

👑1 扶養控除…出題率3.73%［50問］

👑2 総所得金額の算出…出題率2.98%［40問］

👑2 給与所得者の確定申告…出題率2.98%［40問］

※出題率は、過去13年間の「保険顧客資産相談業務」1,342問中の出題割合［質問数］を示しています。

【第4問】の出題範囲

「保険」の【第4問】は、家族構成、収入等を説明した《設例》に基づいて、「タックスプランニング」に関する問題が3問出題されます。

【第4問】の頻出分野

頻出順に、次の問題が出題されています。

1 扶養控除…所得控除のなかで最もよく出題されているのがこの扶養控除です。特に「特別扶養親族」の年齢と控除額は必ず覚えておきましょう。また、控除の要件として、納税者の合計所得金額が48万円以下であること、控除対象扶養親族は納税者と生計を一にしている点も要注意です。

2 総所得金額の算出…主に収入等の資料を参照しながら、総所得金額を算出する問題です。各所得を合計する際、控除額の有無や、損益通算が可能であるかなどで、算入金額を間違いやすい点に注意が必要です。

2 給与所得者の確定申告…給与所得者における所得税の確定申告に関する問題です。申告書の提出の仕方や「更正の請求」について出題されます。

▼ 再現例題の解説と解答

総合課税の対象となるAさんの所得は、給与所得と一時所得（終身年金と一時払変額個人年金保険の解約返戻金）です。一時払の養老保険や個人年金保険・変額個人年金などを契約から5年以内に解約した場合は、受取差益に20.315%が課税されますが、Aさんの場合、契約から5年超の解約なので、一時所得となります。

給与所得＝800万円（給与収入金額）－（800万円×10％＋110万円）（給与所得控除額）＝800万円－190万円＝610万円

一時所得＝（480万円＋600万円）－（410万円＋500万円）－特別控除50万円＝120万円　なお、一時所得は、その2分の1を総所得金額へ加えるので、

Aさんの総所得金額＝610万円＋120万円×1／2＝670万円　　　　解答　②

❶ 退職所得

役員退職金に関する次の文章のうち、最も適切なものを1）〜3）のなかから選びなさい。

☐ Aさん（65歳）は、X社の代表取締役社長を25年つとめている。X社は、Aさんの退職を機に、役員退職慰労金8,000万円を支給する予定である。
1）支給する役員退職金のうち、役員退職金の額として相当であると認められる額を超える部分については、法人税法上、損金の額に算入されない。
2）Aさんが受け取る役員退職金は、所得税および住民税の課税対象となり、退職所得金額は、『退職手当等の収入金額−退職所得控除額』の算式で計算する。
3）退職所得の金額の計算において、退職所得控除額はAさんの役員在任期間に応じて算出されるが、800万円が上限となる。

❷ 総所得金額の算出

個人事業主Aさんの2024年分の収入等に関する資料が以下のとおりであるとき、Aさんの2024年分の総所得金額を1）〜3）のなかから選びなさい。

☐ Aさん（65歳）の収入等に関する資料等は、以下のとおりである。

〈Aさんの2024年分の収入等に関する資料〉
事業所得の金額 ：300万円（青色申告特別控除後）
不動産所得の金額 ：▲50万円 （▲は赤字を表す）
国民年金および国民年金基金の年金額：100万円
※必要経費のなかに土地等を取得するために要した負債の利子はない。

〈公的年金等控除額〉（公的年金等に係る雑所得以外の所得に係る合計所得金額が1,000万円以下の場合）

納税者区分	公的年金等の収入金額	公的年金等控除額
65歳以上の者	330万円未満	110万円
	330万円以上　410万円未満	収入金額×25%＋27.5万円
	410万円以上　770万円未満	収入金額×15%＋68.5万円
	770万円以上 1,000万円未満	収入金額×5%＋145.5万円
	1,000万円以上	195.5万円

1）150万円　　2）200万円　　3）250万円

▼ 解説（赤シートで消える語句をチェックできます）　🔁199ページ　▼ 正解

Point 法人税法における役員の退職金支給に関する問題が出ます。なお退職所得控除額の算出に関しては、学科問題を参照してください。

1) 会社が支払う**役員退職金**は、**損金算入**されます。ただし、相当であると認められる額を超える部分については損金の額に**算入されません**。

2) 退職所得の計算式は次のとおりです。

退職所得＝（退職金の収入金額－退職所得控除額）× $1/2$ ※

3) **退職所得控除額**は、勤続年数で分けて算出します。

・勤続年数**20年以下**…**40万円×勤続年数** → 20年で**800万円**

・勤続年数**20年超**…**800万円＋70万円×（勤続年数－20年）**

Aさんの勤続年数は25年なので、控除額は**800万円が上限ではありません**。

1)

※ 2022年分以後の所得税について、役員等以外の者としての勤続年数が5年以下である者に対する退職手当等のうち、退職所得控除額を控除した残額の300万円を超える部分については2分の1課税を適用しない。

▼ 解説（赤シートで消える語句をチェックできます）　🔁202・206・207ページ　▼ 正解

Point 総所得金額とは、総合課税の所得を合計し、損益通算と繰越控除を行ったあとの金額のことです。給与所得、事業所得、一時所得、雑所得等を合算します。

Aさんの総合課税の所得は、**事業所得300万円**と**国民年金および国民年金基金の年金額100万円**（雑所得）です。

公的年金は雑所得で、公的年金等控除の対象です。公的年金の収入金額が330万円未満なので、〈公的年金等控除額〉より控除額は**110万円**です。

雑所得＝公的年金等の収入金額－公的年金等控除額（公的年金等のみの場合）

Aさんの公的年金の雑所得＝年金100万円－控除額110万円＝－10万円

従って、雑所得は**0円**となります。

また、**不動産所得は他の所得と損益通算ができます**。**土地等を取得するために要した負債の利子は損益通算できません**が、資料に「負債の利子はない」とあるので、**損失分50万円の全額を他の所得から差し引くことができます**。

総所得金額＝300万円（事業所得）－50万円（不動産所得損失分）＝250万円

なお、個人年金は、年金受取期間中に年金として受け取る場合は、雑所得（公的年金等以外のその他の雑所得）となり、次の式で算出します。

　その他雑所得＝収入額－収入を得るために支出した額

3)

保険顧客資産相談業務　実技

3 扶養控除／配偶者控除ほか

次の各文章を読んで、正しいものには○を、誤っているものには×をしなさい。
（　）のある文章では、適切な数字や語句の組合せを選びなさい。

☐ **❶** Aさんに関する資料は以下のとおりである。

〈Aさん、Aさんと同居する（生計を一にする）家族に関する資料〉
Aさん（58歳）　：会社員。2024年中に給与収入780万円を得ている。
妻Bさん（54歳）　：2024年中にパートにより給与収入80万円を得ている。
長男Cさん（24歳）：大学院生。2024年中に、アルバイトとして給与収入55万円
　　　　　　　　　　を得ている。
二男Dさん（16歳）：高校1年生。2024年中の収入はない。
母Eさん（84歳）　：2024年中の収入は、公的年金70万円のみである。
〈Aさんが2024年中に支払った地震保険料に関する資料〉
契約年月：2024年10月、年間支払保険料：25,000円

ⅰ）　妻Bさんの合計所得金額が（ ① ）万円を超えていないため、Aさんは
配偶者控除の適用を受けることができる。

ⅱ）　Aさんの所得税における地震保険料控除の控除額は（ ② ）円である。

ⅲ）　Aさんが、長男Cさんが負担すべき国民年金の保険料を支払った場合、
その保険料はAさんの社会保険料控除の適用対象と（ ③ ）。

1）　① 48　　　② 25,000　　　③ なる
2）　① 103　　② 25,000　　　③ ならない
3）　① 48　　　② 50,000　　　③ なる

☐ **❷** 問題❶の長男Cさんの合計所得金額が48万円以下であっても、年齢が22歳
を超えているため、Aさんは長男Cさんに係る扶養控除の適用を受けられな
い。

☐ **❸** 問題❶の母Eさんの合計所得金額は48万円以下であり、Aさんは母Eさんに
係る扶養控除の適用を受けることができる。

Point 「扶養控除」「配偶者控除」が所得控除に関する問題の頻出ベスト1と2です。それぞれの控除額や控除上限額を把握しておきましょう。

所得控除とは、**所得金額から控除（差し引くこと）できるもの**をいいます。主な所得控除に、「基礎控除」「扶養控除」「配偶者控除」「医療費控除」等があり、それぞれ適用要件があります。[※1]

ⅰ）納税者本人の合計所得金額が1,000万円（給与収入1,195万円）以下で、配偶者の合計所得金額が**48万円**（給与収入 **103万円**）**以下**であれば、**配偶者控除**が適用されます。

給与収入103万円－給与所得控除55万円＝48万円

Aさんの給与収入は780万円、妻Bさんは80万円（合計所得金額25万円）で**48万円**を超えていないため、Aさんは配偶者控除の適用を**受けることができます**。控除額は最高額の**38万円**[※2]です。

1)

ⅱ）地震保険料控除の控除額と控除限度額は次のとおりです。

所得税	地震保険料の**全額**。所得税控除限度額は**5万円**
住民税	地震保険料の**2分の1**。住民税控除限度額は**2万5,000円**

Aさんの所得税の地震保険料控除額は、年間支払保険料**25,000円**です。

ⅲ）納税者が生計を一にする配偶者、親族の国民年金保険料などを支払った場合、納税者の社会保険料控除の適用対象と**なります**。

本問では、Aさんが、長男Cさんが負担すべき国民年金の保険料を支払った場合、その保険料はAさんの社会保険料控除の適用対象となります。

保険顧客資産相談業務　実技

扶養控除の要件は、配偶者以外の親族（所得金額**48万円以下**）で納税者本人と生計を一にしていることです。年齢が**16歳以上**は一般の扶養親族、**19歳以上23歳未満**は**特定扶養親族**にあたります。長男Cさんは所得金額48万円以下で24歳ですから、Aさんは**一般の扶養控除**の適用を**受けられます**。

✕

年齢が**70歳以上**で合計所得金額が**48万円以下**の親族は**老人扶養親族**に該当します。また、**公的年金等控除額**は最低**110万円**です。従って母Eさんは、扶養控除の**適用対象です**。扶養控除額は「一般の扶養親族**38万円**、特定扶養親族**63万円**、同居老親等（納税者またはその配偶者の直系の尊属で、納税者またはその配偶者と同居）**58万円**、同居老親等以外**48万円**」です。

○

※1 扶養控除、配偶者控除、配偶者特別控除等の適用要件については、117ページ参照。
※2 配偶者控除の控除額38万円の適用を受ける場合、納税者の給与収入1,095万円（合計所得金額900万円）以下が要件となる。

285

☐ ❹ 個人事業主のSさん（青色申告者）の2024年分の社会保険料に関する資料等は、以下のとおりである。

〈Sさんの家族構成〉
Sさん（65歳）　　：個人事業主。2024年中に1,500万円の収入を得ている。
妻Tさん（60歳）　：Sさんが営む雑貨店の業務にもっぱら従事し、2024年中に、青色事業専従者給与として96万円の収入を得ている。
長男Uさん（21歳）：大学生。2024年中の収入はない。

〈Sさんが2024年中に支払った社会保険料に関する資料〉
Sさんの国民健康保険（介護保険を含む）の保険料：358,780円
長男Uさんの負担すべき国民年金の保険料：180,300円

※妻Tさんと長男Uさんは、Sさんと同居し、生計を一にしている。
※家族全員、障害者および特別障害者には該当しない。
※上記以外の条件は考慮せず、問に従うこと。

Sさんが2024年分の所得税において適用が受けられる所得控除の控除額の組合せとして、次のうち最も適切なものは（　）である。
1)　社会保険料控除35万8,780円、扶養控除38万円、基礎控除48万円
2)　社会保険料控除53万9,080円、配偶者控除38万円、扶養控除63万円、基礎控除38万円
3)　社会保険料控除53万9,080円、扶養控除63万円、基礎控除48万円

☐ ❺ 個人型確定拠出年金の掛金は、（　）として、全額が所得控除の対象となる。
1)　生命保険料控除
2)　小規模企業共済等掛金控除
3)　社会保険料控除

☐ ❻ 火災保険の保険料と地震保険の保険料は、いずれも地震保険料控除の対象となる。

各所得控除を順に検証していきましょう。

● **社会保険料控除**

社会保険料控除は、納税者が納税者本人および生計を一にする配偶者、親族の負担すべき社会保険料を支払った場合、その**全額**が納税者本人の所得金額から控除されるものです。

よって、Sさんが適用を受けられる社会保険料控除額は次のとおりです。

358,780円（本人の国民健康保険の保険料）＋180,300円（長男Uさんの国民年金保険料）＝539,080円

● **配偶者控除**

妻Tさんの得た青色事業専従者給与96万円は全額が必要経費に算入できます。ただし、配偶者控除との併用はできません。つまり、Sさんは、配偶者控除の適用を受けられません。

● **扶養控除**

3)

長男Uさんは、Sさんと同居して生計を一にしている大学生です。収入が0円なので、扶養控除の対象となります。また、長男Uさんは21歳で、**特定扶養親族（19歳以上23歳未満）**にあたるため、扶養控除額は63万円となります。

● **基礎控除**

基礎控除は、所得の合計金額から一定金額を差し引く所得控除の1つです。控除額は合計所得金額によって異なり、合計所得金額が**2,400万円以下なら48万円**、2,400万円超2,450万円以下なら**32万円**、2,450万円超2,500万円以下なら**16万円**、**2,500万円超で適用外**となります。

以上によりSさんが適用を受けられる所得控除の控除額は、

社会保険料控除53万9,080円、扶養控除63万円、基礎控除48万円

となります。

確定拠出年金には、**企業型確定拠出年金**と**個人型確定拠出年金（iDeCo）**があります。どちらも、加入者の掛金は全額が小規模企業共済等掛金控除の対象です。

2)

地震保険料控除の対象は、特定の損害保険契約における「地震等による損害を補償する部分のみ」であり、火災保険は地震保険料控除の対象外です。

4 医療費控除／生命保険料控除

次の各文章を読んで、正しいものには○を、誤っているものには×をしなさい。
（ ）のある文章では、適切な語句を選びなさい。

☐ ❶ 2024年の総所得金額が300万円だった会社員のYさんが、2024年中に支払った医療費の合計額は、自己の入院治療費30万円（すべて医療費控除の対象となるもの）である。また、この入院について、生命保険会社から入院給付金5万円を受け取っている。Yさんの2024年分の所得税における医療費控除の控除額は、20万円である。

☐ ❷ 個人事業主のHさん（青色申告者）の2024年分の保険料に関する資料等は、以下のとおりである。Hさんの2024年分の所得税における生命保険料控除の控除額は（ ）である。

〈資料：Hさんが2024年中に支払った保険料〉

⑴終身保険
契約年月　　　　：1998年9月
契約者・被保険者：Hさん
死亡保険金受取人：妻Kさん
正味払込済保険料：180,000円

⑵個人年金保険（個人年金保険料税制適格特約付加）
契約年月　　　　　　　　：2007年10月
契約者・被保険者・年金受取人：Hさん
正味払込済保険料：120,000円

※⑴⑵ともに2012年以後に契約の更新・転換・特約の中途付加等を行っていない。

〈資料：所得税における生命保険料控除額〉

2011年12月31日以前に締結した保険契約

年間支払保険料	控除額
25,000円以下	支払保険料の全額
25,000円超　50,000円以下	支払保険料×2分の1＋12,500円
50,000円超　100,000円以下	支払保険料×4分の1＋25,000円
100,000円超	50,000円

2012年1月1日以後に締結した保険契約

年間支払保険料	控除額
20,000円以下	支払保険料の全額
20,000円超　40,000円以下	支払保険料×2分の1＋10,000円
40,000円超　80,000円以下	支払保険料×4分の1＋20,000円
80,000円超	40,000円

1）　50,000円　　2）　80,000円　　3）　100,000円

Point　「医療費控除」の問題では、対象となるもの、対象外となるものの見分けがカギ。「生命保険料控除」では、控除の区分と控除限度額を覚えておきましょう。

医療費控除は、納税者が**本人または生計を一にする配偶者や親族の医療費**を支払った際に受けられる所得控除で、最高限度額 200 万円です。

医療費の合計額－保険金などで補てんされる金額－【10万円】※　　　　　　✕

※総所得金額が 200 万円未満の場合は、【**総所得金額の 5 ％の額**】

Ｙさんの控除額は、30万円－5万円（入院給付金）－10万円＝15万円

生命保険料の控除額は、以下のように**旧契約（2011年12月31日以前の契約）**と**新契約（2012年1月1日以降の契約）**で異なります。

> **保険料控除の区分と控除額**　　　　　　　　　　　　　**覚えよう**
>
> ● 2011年12月31日以前の契約（旧契約）の控除限度額
>
> | | 各払込保険料 | 一般の生命保険 | 個人年金保険 | 介護医療保険 | 控除限度額 |
> |---|---|---|---|---|---|
> | 所得税 | 10万円超 | 50,000円 | 50,000円 | － | 100,000円 |
> | 住民税 | 7万円超 | 35,000円 | 35,000円 | － | 70,000円 |
>
> ● 2012年1月1日以降の契約（新契約）の控除限度額
>
> | | 各払込保険料 | 一般の生命保険 | 個人年金保険 | 介護医療保険 | 控除限度額 |
> |---|---|---|---|---|---|
> | 所得税 | 8万円超 | 40,000円 | 40,000円 | 40,000円 | 120,000円 |
> | 住民税 | 5.6万円超 | 28,000円 | 28,000円 | 28,000円 | 70,000円 |
>
> ▲各払込保険料は各保険の年間保険料。例えば、新契約の個人年金保険の年間払込保険料が 8 万円超なら、所得税の控除額は個人年金保険分が 4 万円。
>
> ▲新契約では、身体の傷害のみに基因して保険金が支払われる傷害特約や災害割増特約などの保険料は、生命保険料控除の対象とはならない。

3)

Ｈさんの終身保険は、**旧契約の一般の生命保険**です。払込保険料は 18 万円で上表の旧契約、所得税の「各払込保険料 10 万円超」なので、控除額は限度額の**5万円**です。**個人年金保険料控除**には、「年金受取人が契約者またはその配偶者で、かつ被保険者と同一人であること」等の要件が必要で、それを満たすと**個人年金保険料税制適格特約**が付加できます。Ｈさんの個人年金保険（個人年金保険料税制適格特約付加）は控除対象です。払込保険料は 12 万円で、上表の旧契約、所得税の「各払込保険料 10 万円超」なので、控除額は限度額の**5万円**です。**Ｈさんの生命保険料控除額＝5万円＋5万円＝10万円**

5 住宅借入金等特別控除

次の文章の（　）内にあてはまる最も適切な文章、語句、数字またはそれらの
組合せを 1)～3) のなかから選びなさい。

☐　　住宅借入金等特別控除とは、住宅ローンを利用して自己の居住用住宅の取得
　　等をした場合、一定の要件を満たせば、住宅ローンの（ ① ）に所定の控除
　　率を乗じて得た金額をその年分の所得税額から控除するものである。本控除
　　の適用可能な期間は、新築の戸建住宅を自己の居住の用に供した年から最長
　　で（ ② ）年間である。なお、給与所得者が本控除の適用を受けるには、毎
　　年、確定申告を行う（ ③ ）。
　　1)　① 年末残高　　② 15　　③ 必要がある
　　2)　① 借入総額　　② 10　　③ 必要はない
　　3)　① 年末残高　　② 13　　③ 必要はない

TOP 60 6 給与所得者の確定申告／青色申告

次の各文章を読んで、正しいものまたは適切なものには○を、誤っているもの
または不適切なものには×をしなさい。

☐ ❶　青色申告をすることができる者は、不動産所得、事業所得または山林所得を
　　生ずべき業務を行う者である。

☐ ❷　会社員Ａさんの収入は給与と一時払変額個人年金保険（確定年金）の解約返
　　戻金である。Ａさんは、確定申告を行う際に、青色申告を選択することによっ
　　て、税制上の各種特典を受けることができる。

☐ ❸　確定申告を行う場合、確定申告書を税務署に持参または送付して提出する方
　　法のほか、所定の手続により、電子データの形式でインターネットを通じて
　　送信する方法を選択することもできる。

☐ ❹　計算の誤り等により、本来納付すべき税額よりも多額の所得税を納付したこ
　　とが、確定申告書を提出した後に判明した場合、法定申告期限から 7 年以内
　　に限り、納め過ぎの税額の還付を受けるための更正の請求ができる。

Point 住宅借入金等特別控除（住宅ローン控除）は頻出問題ですが、学科で掲載した問題と重複しているものはカットしてあります。併せて復習しておきましょう。

① **住宅借入金等特別控除**は、住宅ローンの**年末残高**に一定率（**0.7%**）を掛けた金額を、居住の用に供した年分以後の各年分の所得税額から控除するものです。

② 住宅ローン控除の適用期間は、**居住開始から最長13年です**（2022年1月1日～2025年12月31日の期間に居住開始する新築住宅に適用）。

③ 給与所得者の場合、住宅ローン控除の適用を受ける**最初の年分**は確定申告が**必要**ですが、翌年分以降は年末調整によって適用を受けられるので、毎年、確定申告を行う必要は**ありません**。

復習 住宅借入金等特別控除（住宅ローン控除）の主な要件と注意点▶125ページ

3)

Point 確定申告の申告と納付についてや、青色申告について出題されます。「更正の請求」ができる期限もおさえておきましょう。

青色申告ができるのは、**不動産所得**、**事業所得**、**山林所得**のいずれかがある人です。 **ウラ技** 富士山（不・事・山）で青色申告	**O**
前問のとおり、青色申告できるのは、不動産所得、事業所得、山林所得のいずれかがある人です。Aさんの所得は給与所得と一時所得である解約返戻金なので、青色申告は**できません**。	**✕**
確定申告では、申告書を持参または**送付**したり、e-Tax（**インターネット**での申告・納税などの手続ができるシステム）を利用することができます。	**O**
法定申告期限から**5年**以内に限り、納め過ぎの税額の還付を受けるための**更正の請求**ができます。	**✕**

7 源泉徴収票の見方

次の文章の（　）内にあてはまる最も適切な金額の組合せを1）～3）のなかから選びなさい。

会社員Aさんの2024（令和6）年分の所得税に関して、
i）Aさんの給与所得の金額は、（ ① ）であり、給与以外の所得はない。
ii）Aさんが適用を受けられる扶養控除の額は、（ ② ）である。
iii）Aさんが適用を受けられる所得控除の額の合計額は、（ ③ ）である。

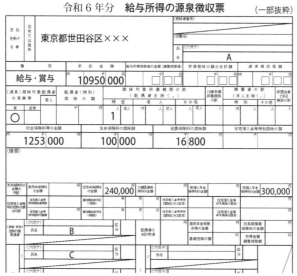

令和6年分　給与所得の源泉徴収票　（一部抜粋）

※問題の性質上、明らかにできない部分は□で示してある。

〈給与所得控除額〉（抜粋）

給与等の収入金額（年収）	給与所得控除額
660万円超　850万円以下	収入金額×10％＋110万円
850万円超	195万円（上限）

〈配偶者控除の要件〉

納税者本人の合計所得金額	控除対象配偶者の控除額
900万円以下	38万円
900万円超　950万円以下	26万円
950万円超 1,000万円以下	13万円

1）① 1,030万円　② 38万円　③ 212万9,800円
2）① 900万円　② 38万円　③ 250万9,800円
3）① 900万円　② 63万円　③ 285万9,800円

Point 源泉徴収票の問題では、給与所得金額を求める問題、あるいは所得控除の合計額を出す問題が出題されています。

---

① Aさんの給与所得の金額（源泉徴収票では「給与所得控除後の金額」に記載されます。本問では□）を算出します。

給与所得＝給与収入金額－給与所得控除額

給与収入金額は、源泉徴収票の「支払金額」に記載されています。Aさんの給与収入は、1,095万円です。

給与所得控除額は、〈給与所得控除額〉で計算します。1,095万円は「850万円超」に該当するので、**給与所得控除額**は上限の195万円です。

給与所得＝1,095万円－195万円＝900万円

② Aさんの家族は妻Bさんと、Cさんです。源泉徴収票の「控除対象扶養親族の数」の「特定」欄に「1」と記されているので、Cさんは**特定扶養親族（19歳以上23歳未満）**に該当する子であることがわかります。

Aさんが適用を受けられる**扶養控除**の額は、**特定扶養控除63万円**です。

本番の試験では、この時点で正解が3)であることがわかりますから、時間の節約で、次の計算はしないで解答しましょう。

なお、源泉徴収票「(源泉・特別)控除対象配偶者」欄に「B」とあり、妻Bさんには所得がありません。また、Aさんの収入は給与所得のみの900万円なので、Aさんは、**配偶者控除38万円**を受けることができます。

③ Aさんが適用を受けられる**所得控除の額の合計額**を算出します。

妻Bさんに係る**配偶者控除**　　：38万円
子Cさんに係る**特定扶養控除**　：63万円
社会保険料控除　　　　　　　：125万3,000円（源泉徴収票に記載）
生命保険料控除　　　　　　　：10万円（源泉徴収票に記載）
地震保険料控除　　　　　　　：1万6,800円（源泉徴収票に記載）
基礎控除　　　　　　　　　　：48万円

所得控除の額の合計額
＝38万円＋63万円＋125万3,000円＋10万円＋1万6,800円＋48万円
＝285万9,800円

5 相続

問題数016

再現例題

【第5問】 次の設例に基づいて、下記の問に答えなさい。 2023年1月〈改〉

《設例》

非上場企業であるX株式会社(以下、「X社」という)の社長であったAさんは、2023年12月5日に病気により79歳で死亡した。Aさんの親族関係図等は、右のとおりである。X社は、死亡退職金5,000万円を妻Bさんに支給した。

〈親族関係図〉

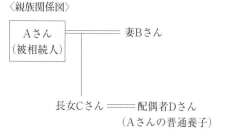

Aさん（被相続人）━━━ 妻Bさん

長女Cさん ══ 配偶者Dさん（Aさんの普通養子）

〈Aさんの主な相続財産（相続税評価額）〉

現預金	：8,000万円
自宅(敷地400m²)	：1,700万円（「小規模宅地等についての相続税の課税価格の計算の特例」適用後の相続税評価額）
自宅(建物)	：1,000万円
死亡退職金	：5,000万円

　Aさんに係る相続に関する以下の文章の空欄①～③に入る語句の組合せとして、次のうち最も適切なものはどれか。

ⅰ）Aさんの相続における遺産に係る基礎控除額は、（ ① ）である。

ⅱ）妻Bさんが受け取った死亡退職金5,000万円のうち、相続税の課税価格に算入される金額は、（ ② ）である。

ⅲ）妻Bさんが自宅の敷地を相続により取得し、特定居住用宅地等として『小規模宅地等についての相続税の課税価格の計算の特例』の適用を受けた場合、その敷地は（ ③ ）m²までの部分について80％の減額が受けられる。

1) ① 4,800万円　② 4,000万円　③ 400
2) ① 4,200万円　② 4,000万円　③ 330
3) ① 4,800万円　② 3,500万円　③ 330

解答

本試験では、1つの《設例》について3問出題されます。

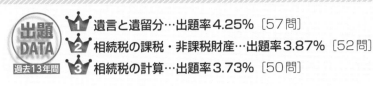

出題DATA 過去13年間	1	遺言と遺留分…出題率4.25% [57問]
	2	相続税の課税・非課税財産…出題率3.87% [52問]
	3	相続税の計算…出題率3.73% [50問]

※出題率は、過去13年間の「保険顧客資産相談業務」1,342問中の出題割合 [質問数] を示しています。

【第5問】の出題範囲

「保険」の【第5問】は、親族関係図、家族構成、所有財産等を説明した《設例》に基づいて、「**相続**」に関する問題が3問出題されます。生命保険金や弔慰金など、相続税の対象になる財産の種類や、遺言書の種類と決まりなどに関する問題が多く、そのほかに相続税の計算問題などが出題されます。

【第5問】の頻出分野

頻出順に次の問題が出題されます。

1 遺言と遺留分…遺言書では公正証書遺言についてよく出題されています。遺留分の割合も覚えておきましょう。

2 相続税の課税・非課税財産…生命保険金、死亡退職金、弔慰金、役員退職金など、課税対象となる相続財産についての問題が出るほか、生前贈与加算に関しても出題されます。

3 相続税の計算…相続税の総額などを求める計算問題です。

4 法定相続人と法定相続分…学科で学習済みの項目です。

復習 法定相続人と法定相続分▶156ページ

▼ 再現例題の解説と解答

ⅰ）相続税の基礎控除額は【3,000万円＋600万円×法定相続人の数】で計算します。法定相続人は妻Bさん、長女Cさん、養子の配偶者Dさんです。
3,000万円＋600万円×3人＝4,800万円

ⅱ）5,000万円のうち、「500万円×法定相続人の数」までは非課税なので、
相続税の非課税限度額＝500万円×3人＝1,500万円
相続税の課税価格に算入される金額＝5,000万円－1,500万円＝3,500万円

ⅲ）小規模宅地等についての相続税の課税価格の計算の特例では、被相続人の自宅の敷地が特定居住用宅地等の場合、330m²までの部分について80%の減額が受けられます。

解答　③

保険顧客資産相談業務

実技

1 贈与税の控除と特例

次の文章の（　）内にあてはまる最も適切な文章、語句、数字またはそれらの組合せを 1)～3) のなかから選びなさい。

　2024年5月に病気により死亡したAさんの相続人は妻Bさん、長女Cさんの2人である。長女CさんはAさんの死亡により、贈与税の課税対象となる死亡保険金3,000万円を受け取っている。贈与の内容等は以下のとおり。

〈長女Cさんが受け取った死亡保険金に係る生命保険の契約内容〉

保険の種類	：終身保険	契約年月日	：1995年4月1日
死亡保険金額	：3,000万円	契約者（＝保険料負担者）	：妻Bさん
被保険者	：Aさん	死亡保険金受取人	：長女Cさん

ⅰ）長女Cさんが受け取った死亡保険金は、（　①　）から贈与により取得したものとみなされ、贈与税の課税対象となる。

ⅱ）長女Cさんが納付すべき贈与税額は、暦年課税を選択した場合、3,000万円から（　②　）の基礎控除額を差し引いた後の残額に税率を乗じて計算する。相続時精算課税を初めて選択した場合の贈与税額は、3,000万円から基礎控除額110万円と（　③　）の特別控除額を差し引いた後の残額に20％を乗じて計算する。

1)　① Aさん　　　② 110万円　　③ 2,000万円
2)　① 妻Bさん　　② 60万円　　　③ 2,000万円
3)　① 妻Bさん　　② 110万円　　③ 2,500万円

TOP 60 2 遺言と遺留分

次の各文章を読んで、正しいものには○を、誤っているものには×をしなさい。（　）のある文章では、適切な語句や語句の組合せを選びなさい。

❶　被相続人である夫が作成した自筆証書による遺言書を、相続人である妻が発見し、家庭裁判所の検認を受ける前に開封した場合その遺言書は無効となる。

❷　被相続人である夫が残した『自分の財産のすべてを妻に相続させる』旨の遺言により、相続人である妻が夫の財産をすべて取得した場合、被相続人である夫の兄妹は、妻に対して遺留分の侵害額請求をすることができる。

▼ 解説（赤シートで消える語句をチェックできます）　🔖282・288ページ　▼ 正解

Point 贈与税の特別控除の非課税限度額、暦年課税または相続時精算課税を選択した場合の控除額や他の控除との併用などについて整理しておきましょう。

① 契約者（保険料負担者）ではない人が受け取った保険金は贈与とみなされます。長女Cさんが受け取った死亡保険金の契約者は妻Bさんなので、この死亡保険金は、妻Bさんから長女Cさんへの<u>贈与</u>であり、<u>贈与税</u>の課税対象となります。

② 暦年課税を選択した場合の基礎控除額は<u>110</u>万円です。

③ 相続時精算課税を選択した場合は、贈与財産から各年の基礎控除額110万円を控除した残りの金額から、合計<u>2,500万円</u>までが非課税となります。

> 相続時精算課税を選択した際の贈与税の特別控除額（2024年以降）　**覚えよう**
> ● 贈与財産から基礎控除110万円を控除し、残りの<u>2,500万円</u>まで非課税。
> ● 非課税分を超えた贈与額には、一律<u>20%</u>を乗じた額が課税される。
> ● 課税された贈与税分は将来相続が発生したときに支払う<u>相続</u>税から控除される。
> ● 暦年課税の<u>110万円</u>の基礎控除は利用できない。（相続時精算課税制度と暦年課税の併用は不可）
> ※ 2024年以降の贈与は、110万円の基礎控除が創設される法改正が施行された。

3)

なお、<u>18</u>歳以上の子・孫が直系尊属から受けた贈与財産は<u>特例贈与財産</u>として、税率と控除が優遇されます（それ以外の贈与財産は一般贈与財産として課税）。

▼ 解説（赤シートで消える語句をチェックできます）　🔖301・302ページ　▼ 正解

Point 「自筆証書遺言」や「公正証書遺言」の立会人と検認の有無はまとめて覚えておくと良いでしょう。法定相続分と遺留分の割合も頻出事項です。

遺言書を<u>検認</u>前に<u>開封</u>した場合でも、その遺言書は無効にはなりません。
検認…遺言書の偽造等を防止するための証拠保全手続き。

✕

被相続人の<u>兄弟姉妹</u>には遺留分の権利はなく、<u>遺留分の侵害額請求権</u>もないため、<u>夫の兄妹</u>は、夫の妻に対して<u>遺留分の侵害額請求</u>をすることはできません。

✕

❸ 公正証書遺言は、証人2人以上の立会いのもと、（①）が遺言の趣旨を公証人に口授し、公証人がこれを筆記して作成するものであり、作成された遺言書の原本は（②）に保管されるため、紛失や改ざんのおそれがなく、安全性が高い方式といえる。普通方式のどの遺言を作成する場合でも、民法上、一定の範囲内の相続人に留保されなければならないとされる相続財産の一定割合である（③）について配慮することが望ましい。

1) ① 相続人 ② 公証人役場 ③ 法定相続分
2) ① 遺言者 ② 市区町村役場 ③ 寄与分
3) ① 遺言者 ② 公証人役場 ③ 遺留分

❹ 下記の〈親族関係図〉において、相続に係る各相続人の遺留分の割合として適切なものは（　）である。

〈Aさんの親族関係図〉

1) 妻Bさん：1/4、長男Cさん：1/8、二男Dさん：1/8
2) 妻Bさん：1/2、長男Cさん：なし、二男Dさん：なし
3) 妻Bさん：2/3、長男Cさん：1/6、二男Dさん：1/6

3 相続税の課税・非課税財産

次の各文章を読んで、正しいものには○を、誤っているものには×をしなさい。（　）のある文章では、適切な語句を選びなさい。

❶ 役員が死亡した際、法人が支給する死亡退職金は、不相当に高額な部分の金額については、その法人の損金の額に算入することができない。

❷ 業務上の事由により死亡した社員の遺族が受け取る弔慰金のうち、その社員の死亡時における普通給与の6カ月分に相当する金額までは非課税財産となり、相続税の課税価格に算入されない。

> 公正証書遺言のポイント 覚えよう
> ● 公証人役場で、証人2名以上の立会いのもと、遺言者が遺言の趣旨を公証人に口授し、公証人が筆記する
> ● 遺言者、証人、公証人の署名・押印が必要
> ● 原本は公証人役場に保管される
> ● 相続開始後の家庭裁判所の検認は不要
> ● 作成には遺言の目的となる財産の価額に応じた手数料がかかる

3)

「民法上、一定の範囲内の相続人に留保されなければならないとされる相続財産の一定割合」とは、遺留分のことです。

遺留分…民法上、一定の相続人が最低限相続できる相続財産の一定割合。
遺留分権利者…遺留分が保証されている人。被相続人の配偶者、子、父母。兄弟姉妹は遺留分権利者ではない。
本問のように、遺留分権利者が配偶者と子のみの場合、遺留分の割合は2分の1です。各相続人の遺留分の割合は、遺留分2分の1に、それぞれの法定相続分を乗じて求めます。法定相続分は、妻が2分の1、子2人が4分の1ずつなので、
妻Bさんの遺留分の割合……1／2×1／2＝1／4
長男Cさんの遺留分の割合…1／2×1／4＝1／8
二男Dさんの遺留分の割合…1／2×1／4＝1／8

1)

保険顧客資産相談業務　実技

▼ 解説（赤シートで消える語句をチェックできます）　☞306ページ　▼ 正解

Point 「死亡保険金」「弔慰金」「退職金」「生前贈与加算」に関する問題が出ます。死亡事由が業務上か業務外かで、弔慰金の非課税範囲は変わります。

不相当に高額な部分については、損金算入できません。

業務上の事由による死亡のとき、社員の遺族が受け取る弔慰金の非課税の範囲は、被相続人の死亡当時の普通給与の3年分（36カ月分）に相当する額です。
死亡時の普通給与額×36カ月分

299

❸ X社の創業社長であるAさんは、病気（業務外の事由）により65歳で死亡した。Aさんの家族は妻Bさんのほかに、X社の社長に新たに就任したAさんの長男Cさんがいる。X社は、Aさんを被保険者とする生命保険契約の死亡保険金を原資として、妻Bさんに死亡退職金および弔慰金を支払う予定である。次の文章のうち最も不適切なものは（　）である。

1)　X社が支払う死亡退職金については、『Aさんの最終役員報酬月額×法定相続人の数×功績倍率』の算式により計算した金額が、損金の額に算入することができる適正額となる。

2)　妻Bさんが受け取る死亡退職金は、『500万円×法定相続人の数』により計算した金額までは非課税財産となり、相続税の課税価格に算入されない。

3)　妻Bさんが受け取る弔慰金は、実質上退職手当金等に該当すると認められるものを除き、Aさんの最終役員報酬月額の6カ月分に相当する金額までは非課税財産となり、相続税の課税価格に算入されない。

❹ Dさんは、妻Eさん、子Fさん、子Gさん（普通養子）の4人家族である。Dさんの相続が開始し、Dさんが加入している生命保険契約からFさんとGさんがそれぞれ死亡保険金を受け取った場合、Dさんの相続に係る相続税額の計算上、FさんとGさんが受け取った死亡保険金からそれぞれ控除できる非課税金額の組合せとして、最も適切なものは（　）である。

〈Dさんが加入している生命保険の契約内容〉	
⑴　終身保険	⑵　終身保険
契約者・被保険者：Dさん	契約者・被保険者：Dさん
死亡保険金受取人：Fさん	死亡保険金受取人：Gさん
死亡保険金額：6,000万円	死亡保険金額：4,000万円

※契約者＝保険料負担者であり、上記以外の条件は考慮せず、問に従うこととする。

1)　Fさん：1,500万円　　Gさん：0（ゼロ）

2)　Fさん：500万円　　Gさん：500万円

3)　Fさん：900万円　　Gさん：600万円

❺ 会社員Hさんの推定相続人は、妻、長女および二女の3人である。契約者（＝保険料負担者）および死亡保険金受取人を長女、被保険者をHさんとする終身保険に加入しておくことで、二女に対する代償交付金を確保することができ、相続税における死亡保険金の非課税金額の規定を活用することができる。

1) 会社が支払う役員退職金の計算式は、次の**功績倍率方式**が一般的。

役員退職金（退職慰労金）＝役員最終給与月額×役員在任年数×功績倍率

（功績倍率は通常2～3倍）

「最終役員報酬月額×法定相続人の数×功績倍率」では算出しません。

2) 遺族が受け取る死亡退職金や生命保険金の非課税限度額は、

500万円×法定相続人の数

この金額までは、相続税の課税価格に算入されません。

3) **業務外の事由による死亡**のとき、**遺族が受け取る弔慰金**のうち、Aさんの死亡当時の最終役員報酬月額の**6カ月分**に相当する額が**非課税財産**となります。

死亡当時の最終役員報酬月額×6カ月分

1)

保険顧客資産相談業務 実技

被相続人（Dさん）を契約・被保険者とする生命保険金を受け取った場合、その保険金はみなし**相続財産**として、**相続税の課税対象**となります。

非課税限度額は、**非課税限度額 ＝ 500万円 × 法定相続人の数**

法定相続人は、妻、実子、養子の計3人です。被相続人に実子がいる場合、**養子1人**までが法定相続人となります。

500万円×3人＝1,500万円　で、1,500万円までが**非課税**です。

また、保険金総額は1億円、保険金を受け取った相続人はFさん（6,000万円）とGさん（4,000万円）です。各相続人の非課税限度額は、各相続人が受け取った保険金の割合に応じて按分されます。

$$各人の非課税限度額 ＝ 非課税限度額 × \frac{その相続人が受け取った保険金}{全相続人が受け取った保険金合計額}$$

Fさんの非課税限度額＝1,500万円×（6,000万円/1億円）＝900万円

Gさんの非課税限度額＝1,500万円×（4,000万円/1億円）＝600万円

各人の非課税限度額は、Fさん：900万円、Gさん：600万円

3)

被保険者をHさん、契約者・受取人を長女とする死亡保険金は、長女の**一時所得として、所得税・住民税の課税対象**となります。相続税における死亡保険金の非課税金額の規定（非課税限度額＝500万円×法定相続人の数）を活用することはできません。なお、長女の二女に対する代償交付金の確保には役立てることができます。

❻ 2024年2月1日に死亡したAさんは、生前に妻Bさんと長男Cさんに対して以下の財産の贈与を行った。Aさんに係る相続税において、各相続人の相続税の課税価格に加算される贈与財産の価額の合計額は（　）である。

〈資料：Aさんから妻Bさんへの贈与〉
贈与日：2019年3月8日
居住用不動産を取得するための資金として現金1,000万円。
妻Bさんは、贈与税の配偶者控除の適用を受け、贈与税を納付しなかった。
〈資料：Aさんから長男Cさんへの贈与〉
贈与日：2020年6月20日
事業資金として現金3,500万円。
長男Cさんは、この贈与について、初めて相続時精算課税を選択し、特別控除について、その限度額まで控除を受けた。

1）　1,000万円　　2）　3,500万円　　3）　4,500万円

4 **相続税の計算**

次の各文章を読んで、正しいものには○を、誤っているものには×をしなさい。（　）のある文章では、適切な語句を選びなさい。

❶ Aさん（80歳）の相続に係る課税遺産総額（「課税価格の合計額－遺産に係る基礎控除額」）が9,600万円であった場合の相続税の総額は（　）である。

〈資料〉相続税の速算表（一部抜粋）

法定相続分に応ずる取得金額	税率	控除額
1,000万円以下	10%	－
1,000万円超～3,000万円以下	15%	50万円
3,000万円超～5,000万円以下	20%	200万円
5,000万円超　　1億円以下	30%	700万円

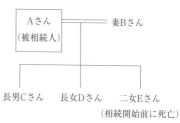

1）　400万円
2）　1,300万円
3）　1,330万円

相続開始前3年以内に贈与を受けた財産は、**生前贈与財産**として相続財産に加算されます。[※] 妻Bさんが受け取った住宅取得資金1,000万円は、3年以前の贈与で贈与税の配偶者控除の適用を受けているため、相続税の課税価格には加算されません。

一方、長男Cさんは、相続時精算課税を選択しており、事業資金3,500万円が相続税の課税価格に加算されます。従って贈与財産の価額の合計額は次のとおりとなります。

贈与財産の価額の合計額＝0円（妻Bさんの課税価格）＋3,500万円（長男Cさんの課税価格）＝3,500万円

2)

※ 2024年以降に贈与される財産は、相続税の対象になる期間が順次延長される（最終的に7年以内）。本問は2023年以前の贈与のため、関係がない。

▼ 解説（赤シートで消える語句をチェックできます）　☎307・313・315ページ　　▼ 正解

（Point）　「相続税の総額」、「課税遺産総額」、「配偶者に対する相続税額の軽減」の3項目についてまとめています。

Aさんの法定相続人は妻、子ども2人、孫（代襲相続）2人の計5人。

相続税の総額は、次の①〜③の手順で算出します。

① **課税遺産総額（9,600万円）を法定相続分で分割する。**

妻Bさんの法定相続分…9,600万円×1/2＝4,800万円

長男C・長女Dさんの各法定相続分…9,600万円×1/6＝1,600万円

孫F・Gさんの各法定相続分…9,600万円×1/12＝800万円

② **相続税の速算表から、税率をかけ、控除額を引く。**

妻Bさんの相続税額…4,800万円×20％－200万円＝760万円

長男C・長女Dさんの各相続税額…1,600万円×15％－50万円＝190万円

孫F・Gさんの各相続税額…800万円×10％＝80万円

③ **相続税の総額（5人の相続税額の合計）を出す。**

760万円＋190万円＋190万円＋80万円＋80万円＝1,300万円

2)

☐ ❷ X社の役員であったAさんは、2024年4月26日に病気により68歳で死亡した。Aさんの親族関係図等は、以下のとおりである。なお、Aさんは、2020年8月に二女Dさんの配偶者であるEさんを普通養子としている。Aさんに係る相続税における課税価格の合計額は（　　）である。

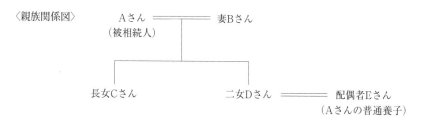

〈親族関係図〉

Aさん ＝＝＝＝＝ 妻Bさん
（被相続人）

長女Cさん　　　　二女Dさん ＝＝＝＝＝ 配偶者Eさん
（Aさんの普通養子）

〈Aさんの相続財産（みなし相続財産を含む）〉
預金等の金融資産　：3,000万円
自宅（宅地）　　　：1,000万円
（「小規模宅地等についての相続税の課税価格の計算の特例」適用後の相続税評価額）
自宅（建物）　　　：1,000万円（固定資産税評価額）
死亡退職金　　　　：5,000万円
死亡保険金　　　　：2,000万円　※下記の生命保険契約によるもの

〈Aさんが加入していた生命保険に関する資料〉
保険の種類　　　　：終身保険
契約者（＝保険料負担者）・被保険者：Aさん
死亡保険金受取人　：妻Bさん
死亡保険金額　　　：2,000万円

※上記以外の条件は考慮せず、問に従うこと。

1）8,000万円　　　2）9,000万円　　　3）1億500万円

☐ ❸ 「配偶者に対する相続税額の軽減」の適用を受けるためには、夫の相続開始時において、夫婦の婚姻期間が20年以上でなければならない。

☐ ❹ 「配偶者に対する相続税額の軽減」の適用を受けるためには、相続税の申告書に適用を受ける旨および計算に関する明細を記載した書類、その他の所定の書類を添付して、所轄税務署長に対してその申告書を提出する必要がある。

被相続人Aさんの相続税の課税対象は、預金、自宅の宅地・建物、死亡退職金と死亡保険金です。このうち、死亡退職金と死亡保険金からは、それぞれ非課税分を差し引いて合計します。

●死亡退職金と死亡保険金の課税価格

死亡退職金・死亡保険金の非課税限度額＝**500万円×法定相続人の数**

Aさんの法定相続人は、妻Bさん、長女Cさん、二女Dさん、養子Eさんの4人なので、

非課税限度額＝500万円×4人＝2,000万円

死亡退職金・死亡保険金の課税価格は、次のとおり。

死亡退職金：**5,000**万円－**2,000**万円＝**3,000**万円

死亡保険金：**2,000**万円－**2,000**万円＝**0**円

●相続税の課税価格の合計額

＝**3,000**万円（預金等）＋**1,000**万円（自宅の宅地）＋**1,000**万円（自宅建物）＋**3,000**万円（死亡退職金）＋**0**円（死亡保険金）

＝**8,000**万円

1)

相続財産のうち、特例などによる非課税分を先に計算してから合計を出すといいよ。

配偶者に対する相続税額の軽減の適用要件に、<u>婚姻**期間**</u>による制限はありません。

「婚姻期間20年以上」は、「贈与税の配偶者控除2,000万円」の要件です。

✕

配偶者に対する相続税額の軽減の適用を受けるには、配偶者の相続税が0円でも相続税の**申告書を提出する必要があり**ます。提出先は、<u>被相続人の納税地</u>の所轄税務署長です。

○

資産の出題ランキング

項目数	順位	項目名	出題率	質問数
1	1	FPの倫理と関連法規	7.73%	112
2	2	キャッシュフロー表	6.21%	90
3	3	株式の投資指標	4.69%	68
4	4	経済指標	3.86%	56
5	5	投資信託	3.24%	47
6	6	火災保険と地震保険	3.17%	46
7	7	普通傷害保険	2.97%	43
8	8	バランスシート	2.69%	39
9	8	容積率／延べ面積／建蔽率	2.69%	39
10	10	係数の活用←学科カード	2.62%	38
11	10	法定相続人と法定相続分	2.62%	38
12	10	遺言書	2.62%	38
13	13	住宅借入金等特別控除	2.48%	35
14	14	老齢基礎年金	2.42%	35
15	15	生命保険の税務	2.28%	33
16	16	医療保険	2.14%	31
17	16	NISA	2.14%	31
18	18	傷病手当金と出産育児一時金←学科カード	1.93%	28
19	19	預金保険制度	1.79%	26
20	19	遺族年金←学科カード	1.79%	26
21	21	死亡保険金の総額計算	1.66%	24
22	21	住宅ローンの金利と返済方法	1.66%	24
23	23	不動産登記記録←学科カード	1.59%	23
24	24	贈与税の配偶者控除	1.38%	20
25	25	自動車損害賠償責任保険	1.24%	18

TOP 60

▲67.01%

▲別冊に収録

出題率…過去13年間の「資産」1,449問中の出題割合を表す。

出題率＝各項目の質問数÷全質問数1,449×100

質問数…項目ごとに過去13年間全問題の空欄や個々に正誤判定が必要な選択肢の
数を集計した数。複数項目の知識が必要な質問では、重複計測したものもある。

TOP60…全質問数の60%以上（67.01%）を占める項目。問題横にTOP60のマー
クをつけて、**別冊に収録**。

©オフィス海

FP検定は60%の得点で合格。計算
上は、上の表の上位23項目だけで
全体の67.01%を得点できるんだ。

実技 [FP協会]
資産設計提案業務

> **TOP 60** 過去問題の頻出項目にTOP60マークがついています。
> TOP60だけで、過去問全体の67.01%をカバーしています。

解説文は、赤シートで赤い文字が消える。チェックテストとして活用できるよ。

TOP60は、別冊で復習!!

1 ライフプランニングと資金計画
1. FPの倫理と関連法規
2. バランスシート
3. キャッシュフロー表
4. 係数の活用
5. 財形住宅貯蓄
6. 住宅ローンの金利と返済方法
7. 社会保険
8. 公的年金

2 リスク管理
1. 死亡保険金の総額計算
2. 個人年金保険
3. 生命保険の税務
4. 火災保険と地震保険
5. 自動車損害賠償責任保険
6. 普通傷害保険
7. 医療保険

3 金融資産運用
1. 経済指標
2. 株価欄の見方ほか
3. 預金保険制度
4. 株式の投資指標
5. 投資信託

4 タックスプランニング
1. 各所得金額の算出
2. 所得控除
3. 給与所得者の確定申告
4. 住宅借入金等特別控除
5. 源泉徴収票の見方

5 不動産
1. 不動産登記記録
2. 容積率／延べ面積／建蔽率
3. 接道義務・2項道路

6 相続
1. 贈与税の控除と特例
2. 法定相続人と法定相続分
3. 遺言書
4. 宅地の評価

1 ライフプランニングと資金計画

問題数017

再現例題

下記は斉藤家のキャッシュフロー表（一部抜粋）である。空欄（ア）〜（ウ）にあてはまる数値として、最も不適切なものはどれか。計算に当たっては、キャッシュフロー表中に記載の整数を使用し、計算結果については万円未満を四捨五入すること。

2022年5月〈改〉

（単位：万円）

経過年数			基準年	1年	2年	3年	4年
西暦（年）			２０２４	２０２５	２０２６	２０２７	２０２８
家族・年齢	斉藤　雄介	本人	４６歳	４７歳	４８歳	４９歳	５０歳
	佳代	妻	４５歳	４６歳	４７歳	４８歳	４９歳
	愛梨	長女	１４歳	１５歳	１６歳	１７歳	１８歳
	秀人	長男	１２歳	１３歳	１４歳	１５歳	１６歳
ライフイベント		変動率		秀人中学校入学	愛梨高校入学		秀人高校入学
収入	給与収入（本人）	1%	５２４				
	給与収入（妻）	－	１００	１００	１００	１００	１００
	収入合計	－	６２４	６２９		６４０	
支出	基本生活費	1%	２２４				（　ア　）
	住宅関連費	－	１６５	１６５	１６５	１６５	１６５
	教育費	－	９０	１２０	９０	１２０	１８０
	保険料	－	４２	４２	４２	４２	４８
	一時的支出	－					
	その他支出	－	２４	３６	３６	３６	３６
	支出合計	－	５４５	５８９		５９４	
年間収支			７９	４０	７３	（　イ　）	▲１７
金融資産残高		1%	８２３	（　ウ　）			１，００２

※年齢は各年12月31日現在のものとする。
※「基準年」には現在の年が入るものとする。
※給与収入は手取り額で記載している。
※問題作成の都合上、一部空欄にしてある。

1．空欄（ア）に入る数値とその求め方：「$224 \times (1+0.01)^4 ≒ 233$」
2．空欄（イ）に入る数値とその求め方：「$640 - 594 = \underline{46}$」
3．空欄（ウ）に入る数値とその求め方：「$823 \times (1+0.01) ≒ \underline{831}$」

解答　①　②　③

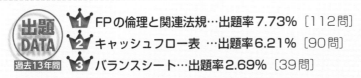

※出題率は、過去13年間の「資産設計提案業務」1,449問中の出題割合［質問数］を示しています。

【ライフプランニングと資金計画】の出題傾向

頻出順に、次の問題が出題されています。

1 **FPの倫理と関連法規**…FPが行える行為と行ってはいけない行為を区別する問題です。

2 **キャッシュフロー表**…「再現例題」のように空欄の数値を求める問題がほぼ毎回出題されています。

3 **バランスシート**…純資産額を求める問題が頻出します。

4 **係数の活用**…終価係数、現価係数、減債基金係数、資本回収係数、年金終価係数、年金現価係数という6つの係数を確実に覚えておきましょう。

5 **老齢基礎年金**…「公的年金」のなかにある項目です。年金請求や納付期間に関する基本事項が出題されています。

6 **傷病手当金と出産育児一時金**…学科の26ページで学習済みです。

復習 傷病手当金と出産育児一時金▶26ページ

> 学科と重複しない「資産」
> 独自の問題演習。だから、
> 確実に合格できるよ！

資産設計提案業務 **実技**

▼ 再現例題の解説と解答

複利計算の計算式は、n年後の額＝今年の額×(1＋変動率)^n

1. 適切。基準年の基本生活費は224万円で変動率1％。（ア）は4年後なので、
   224万円×$(1 + 0.01)^4$＝233.0…≒233万円

2. 適切。年間収支＝収入合計－支出合計です。収入合計は640万円、支出合計は594万円です。
   640万円－594万円＝46万円

3. 不適切。（ウ）は前年の金融資産残高823万円に、変動率1％の増加分と、その年の年間収支40万円を加えた金額になります。
   823万円×$(1 + 0.01)$＋40万円＝871.2…≒871万円

解答 ③

1 FPの倫理と関連法規

ファイナンシャル・プランナー（FP）がおさえておくべき関連業法に関する次の記述のうち、最も不適切なものを選びなさい。

☐ ❶　1．生命保険募集人の登録をしていないFPでも、生命保険商品を組み入れたライフプランの提案を行うことができる。

　　2．投資助言・代理業の登録をしていないFPでも、顧客と投資顧問契約を締結し、特定の有価証券の動向や投資判断について助言をすることができる。

　　3．投資助言・代理業の登録をしていないFPが、特定の上場会社が公表した業績予想を顧客に提示した。

☐ ❷　1．生命保険募集人の登録をしていないFPが、顧客から相談を受け、将来の必要保障額の試算および加入している保険の見直しを行った。

　　2．社会保険労務士資格を有していないFPが、顧客に日本の公的年金制度の仕組みと特徴について説明し、公的年金の受給見込み額を試算した。

　　3．税理士資格を有していないFPが、無料相談会において、相談者の個別具体的な納税額計算などの税務相談を行った。

2 バランスシート

次の（　）内にあてはまる最も適切な数字を 1〜3 のなかから選びなさい。

☐　小坂さんは、定期預金250万円のうち200万円と、財形住宅貯蓄300万円の合計500万円を頭金とし、民間金融機関で2,000万円の住宅ローンを組んで、2,500万円のマンションを購入したいと考えている。マンション購入後のバランスシートの空欄（ア）の金額は（　）である。←よく出る

[小坂家の保有資産（時価）]
普通預金：120（単位：万円）
定期預金：250
財形住宅貯蓄：300
生命保険（解約返戻金相当額）：40
[小坂家の負債] なし

[資産]		[負債]	
金融資産		住宅ローン	×××
普通預金	×××		
定期預金	×××	負債合計	×××
財形住宅貯蓄	×××		
生命保険（解約返戻金相当額）	×××	[純資産]	
不動産（自宅マンション）	×××		（ ア ）
資産合計	×××	負債・純資産合計	×××

1．210（万円）　　2．500（万円）　　3．710（万円）

Point ファイナンシャル・プランナー（FP）が行える行為と行ってはいけない行為を区別する問題です。学科でも同様の問題が出題されます。

---

1. FPが、生命保険商品を組み入れたライフプランの提案を行うことは**できます**。生命保険の**募集行為**は**できません**。

2. 投資助言・代理業の登録をしていないFPは、**特定の有価証券**に係る動向や投資判断についての**助言を行うことはできません**。

3. **特定の会社**についての投資の助言は**できません**。**公表されている業績予想**を顧客に**提示することはできます**。 **ウラ技**「提示」とあれば適切

2

---

1. 将来の必要保障額の試算や保険の見直しは**できます**。

2. 社労士資格のないFPでも、年金の仕組みの**説明や受給見込み額の計算**は**できます**。 **ウラ技** 一般的な「説明」であれば適切

3. 税理士資格のないFPは、有償無償を問わず**税務書類代理作成を行うことはできません**。仮定の事例に対する課税額の**計算や一般的な解説であればできます**。 **復習** FPの倫理と関連法規▶2ページ

3

Point バランスシートでは、純資産の金額を求める問題が毎回出題されています。必ず覚えておいてください。

定期預金250万円のうち200万円と財形住宅貯蓄300万円はマンションの頭金です。また資産にマンション、負債に住宅ローンが追加されます。

〈資産〉　普通預金：120万円

定期預金：50万円（250万円－マンションの頭金200万円）

財形住宅貯蓄：0円（300万円－マンションの頭金300万円）

生命保険：40万円

不動産（マンション）：2,500万円

総資産額＝120万円＋50万円＋40万円＋2,500万円＝2,710万円

〈負債〉　住宅ローン：2,000万円

純資産＝2,710万円－2,000万円＝710万円

3

資産設計提案業務　実技

次の（　）内にあてはまる最も適切な数字を 1～3のなかから選びなさい。

☐　次のキャッシュフロー表の空欄（ア）、（イ）にあてはまる数値の組み合わせは
（　）である。なお、計算にあたっては、キャッシュフロー表中に記載の整数を使
用し、計算結果は万円未満を四捨五入すること。◀よく出る

（単位：万円）

経過年数			基準年	1年	2年	3年
西暦（年）			２０＊＊	２０＊＊	２０＊＊	２０＊＊
令和（年）			＊＊	＊＊	＊＊	＊＊
家族・年齢	大垣　陽介	本人	４３歳	４４歳	４５歳	４６歳
	緑	妻	３５歳	３６歳	３７歳	３８歳
	真里菜	長女	５歳	６歳	７歳	８歳
	凛太郎	長男	２歳	３歳	４歳	５歳
	愛梨	二女	０歳	１歳	２歳	３歳
ライフイベント		変動率			真里菜小学校入学	
収入	給与収入（夫）	1％	４９８			
	給与収入（妻）	－	２２０	２２０	２２０	２２０
	収入合計	－	７１８		（　ア　）	
支出	基本生活費	2％	２９８			
	住宅関連費	－	１２２	１２２	１２２	１２２
	教育費	－	８２	７３	６５	６５
	保険料	－	６２	６２	６２	６２
	一時的支出	－			１５	
	その他支出	－		５０	５０	５０
	支出合計	－	６１４	６１１	６２４	６１５
年間収支		－	１０４	１１２		１１８
金融資産残高		1％	６４２	（　イ　）		９９９

※年齢は各年12月31日現在のものとする。
※基準年の西暦（年）、令和（年）には現在の年が入るものとする。
※給与収入は手取り額で記載している。
※問題作成の都合上、一部空欄にしてある。

1．（ア）728　（イ）754
2．（ア）728　（イ）760
3．（ア）732　（イ）760

▼ 解説（赤シートで消える語句をチェックできます）　→6ページ　▼ 正解

Point キャッシュフロー表では、将来の収入合計と金融資産残高を求める問題が毎回出題されています。必ず覚えておいてください。

（ア）2年後の収入合計…現在の収入合計は718万円（夫498万円・妻220万円）で、変動率は夫のみ1%です。

複利計算の計算式は、

n年後の額＝今年の額×（1＋変動率）^{n}

2年後の夫の収入＝498万円×（1＋0.01）^{2}＝508.0098≒508万円

2年後の夫と妻の収入合計＝508万円＋220万円＝728万円

（イ）1年後の金融資産残高…現在の金融資産残高642万円に、**変動率1%の増加分**と、**1年後の年間収支112万円**を加えた金額です。

642万円×（1＋0.01）＋112万円＝760.42≒760万円

2

「資産設計提案業務」を受検するなら、必ず覚えておくべき問題だよ。

資産設計提案業務　実技

次の（　）内にあてはまる最も適切な金額を 1〜3 のなかから選びなさい。

❶ 慶太さんと千代さんは、今後15年間で積立貯蓄をして、長女の日菜さんの教育資金として300万円を準備したいと考えている。積立期間中に年利2%で複利運用できるものとした場合、300万円を準備するために必要な毎年の積立金額は（　）である。なお、下記〈資料〉の3つの係数のなかから最も適切な係数を選択して計算すること。また、税金や記載のない事項については一切考慮しないこととする。←よく出る

〈資料：係数早見表（15年・年利2.0%）〉
・現価係数：0.7430
・減債基金係数：0.0578
・資本回収係数：0.0778

1． 148,600円　　2． 173,400円　　3． 233,400円

❷ 浩一さんは、定年を迎えた後、公的年金の支給が始まるまでの5年間の生活資金に退職一時金の一部を充てようと思っている。仮に、退職一時金のうち500万円を年利1％で複利運用しながら5年間で均等に取り崩すこととした場合、毎年の生活資金に充てることができる金額として、正しいものはどれか。なお、下記〈資料〉の3つの係数のなかから最も適切な係数を選択して計算し、解答にあたっては、万円未満を四捨五入すること。また、税金や記載のない事項については一切考慮しないこととする。←よく出る

〈資料：係数早見表（年利1.0%・5年）〉
・現価係数：0.95147
・減債基金係数：0.19604
・資本回収係数：0.20604

1． 98万円　　2． 103万円　　3． 108万円

Point 資産設計提案業務では、減債基金係数と資本回収係数が出題されています。念のために、「各種係数」を復習しておくとよいでしょう。

目標額にするために必要な毎年の積立金額（積み立てる基金）を計算するときは、減債基金係数を用います。

目標額×減債基金係数＝毎年の積立額

300万円×0.0578＝17.34万円

2

「500万円を年利1％で複利運用しながら5年間で均等に取り崩す」とは、元金500万円を年利1％で複利運用すると、5年間では毎年いくらずつ受け取れるか」ということです。現在の元本を複利運用しながら取り崩す場合の毎年の受取額（資本の回収額）を計算するときは、資本回収係数を用います。

元本×資本回収係数＝毎年の受取額

500万円×0.20604＝103.02万円≒103万円　←万円未満四捨五入

（復習）係数の活用▶8ページ

2

資産設計提案業務　実技

5 財形住宅貯蓄

財形住宅貯蓄に関する1〜3の記述のうち、最も不適切なものを選びなさい。

1. 財形住宅貯蓄は勤労者財産形成促進法上の勤労者で、契約申込み時の年齢が55歳未満であれば、1人につき1契約利用することができる。
2. 財形住宅貯蓄は住宅取得のみならず、一定の要件を満たせば、住宅の増改築でも払出しをすることができる。
3. 財形住宅貯蓄は、財形年金貯蓄と合わせて元利合計385万円までの利子が非課税となる。

TOP 60　6 住宅ローンの金利と返済方法

住宅ローンに関する1〜3の記述のうち、最も不適切なものを選びなさい。

❶ 1. 民間の住宅ローンには、一定期間について固定金利が適用され、固定金利期間終了後に変動金利か、再び一定期間の固定金利かを選択できるタイプのものがある。
2. 固定金利型は、当初決められた金利が返済終了まで変わらない。一般に、高金利時は固定金利型を選択すると有利である。
3. 住宅ローンの返済方法のうち、元金と利息を合わせた毎回の返済額が一定の返済方法のものを「元利均等返済方式」という。

❷ 1. 民間金融機関の住宅ローンは、一般に、団体信用生命保険への加入を条件としており、住宅ローンの返済途中で契約者本人が死亡した場合には、団体信用生命保険の保険金によって残債が一括返済される。
2. 民間金融機関の住宅ローンは、償還期日までの間に2回まで繰上げ返済をすることができ、1回当たりの繰上げ返済に係る上限額は、通常500万円とされている。
3. 借入れ中の民間住宅ローンを借換えする場合、財形住宅融資への借換えはできない。

▼ 解説（赤シートで消える語句をチェックできます）　⏎14ページ　▼ 正解

Point 財形貯蓄は給与から天引きされる貯蓄制度で、財形住宅貯蓄（住宅の資金）、一般財形貯蓄（制約なし）、財形年金貯蓄（老後の資金）の3種類があります。

1. 財形住宅貯蓄は、1人1契約で、契約申込み時の年齢が55歳未満であることが必要です。なお、財形年金貯蓄も同様に一人1契約です。（財形住宅貯蓄と財形年金貯蓄の併用は可能）

2. 財形住宅貯蓄は、住宅取得だけでなく増改築にも払出しできます。

3. 財形住宅貯蓄は、財形年金貯蓄と合わせて元利合計550万円までの利子が非課税です。

3

▼ 解説（赤シートで消える語句をチェックできます）　⏎16ページ　▼ 正解

Point 住宅ローンの金利と返済方法に関する問題です。学科と同じ内容の問題もかなり出題されています。

1. 住宅ローンの金利には、固定金利型、変動金利型、固定金利選択型の3つがあります。問題文は、固定金利選択型です。

2. 固定金利型の住宅ローンは、返済終了まで当初の金利が適用されるため、低金利時に選択すると有利です。**(復習)** 住宅ローンの金利▶14ページ

3. 元利均等返済方式は、元金と利息を合わせた毎回の返済額が一定の返済方法です。**(復習)** 住宅ローンの返済方法▶16ページ

2

1. 団体信用生命保険（団信）は、住宅ローン返済途中で死亡するか高度障害になった場合、生命保険会社が住宅ローン残債を債権者（銀行）に支払う保険です。ほとんどの民間金融機関の住宅ローンは、団体信用生命保険への加入を融資条件としています（フラット35では任意加入）。

2. 住宅ローンの繰上げ返済の回数や返済額の制限は、金融機関によって、異なります。**(復習)** 繰上げ返済▶18ページ

3. 民間住宅ローンを借換えする場合、他の民間住宅ローンやフラット35への借換えはできますが、財形住宅融資への借換えはできません。

2

資産設計提案業務　実技

317

7 社会保険

　1～3の文章のうち、最も適切なものを選びなさい。また、（　）のある文章では、1～3のうち最も適切な語句を選びなさい。

❶　1．私傷病休業期間中の社会保険料は、所定の要件を満たした場合、被保険者および事業主とも支払いを免除される。

　　2．介護休業期間中の社会保険料は、所定の要件を満たした場合、被保険者および事業主とも支払いを免除される。

　　3．育児休業期間中の社会保険料は、所定の要件を満たした場合、被保険者および事業主とも支払いを免除される。

❷　1．雇用保険の高年齢雇用継続基本給付では、60歳到達時の賃金より80％未満の賃金で働いている60歳から65歳までの労働者に支給される。

　　2．雇用保険の育児休業給付では、休業開始から6カ月間（180日目まで）は休業開始時賃金日額の40％×日数が支給される。

　　3．雇用保険の介護休業給付では、家族を介護するために休業して一定の条件を満たす場合に、原則として休業開始時賃金日額の67％×日数が支給される。

❸　明さんは、会社の定期健康診断で異常を指摘され、2024年5月に3週間ほど入院をして治療を受けた。その際の病院への支払いが高額であったため、健康保険の高額療養費制度を利用した。明さんの2024年5月における保険診療に係る医療費の自己負担額は30万円（総医療費100万円）であったが、この場合、高額療養費制度により払戻しを受けた後の最終的な明さんの負担金額は（　）となる。なお、明さんは全国健康保険協会管掌健康保険（協会けんぽ）の被保険者で、標準報酬月額は「50万円」である。また、高額療養費の多数該当および世帯合算については考慮しないものとする。←よく出る

〈70歳未満の者/医療費の自己負担額（1カ月当たり）〉

標準報酬月額	自己負担限度額
83万円以上	252,600円＋（総医療費－842,000円）×1％
53～79万円	167,400円＋（総医療費－558,000円）×1％
28～50万円	80,100円＋（総医療費－267,000円）×1％
26万円以下	57,600円
市町村民税非課税者等	35,400円

　　1．87,430円　　　　2．213,570円　　　3．219,570円

Point 高額療養費の負担金額を計算する問題が頻出しています。なお、社会保険に関する学科と同じ内容の問題は省略しています。

産前産後**休業期間**と育児**休業期間**は、事業主が申出をすれば、健康保険・厚生年金保険の保険料（被保険者分と事業主分とも）が免除されます。

私傷病**休業期間**（プライベート時の病気やケガによる休業）、介護**休業期間**は事業主・被保険者とも社会保険料負担が発生します。

3

雇用保険の**雇用継続給付**には、以下の３つがあります。

● **高年齢雇用継続基本給付**…60歳到達時の賃金より**75%未満**の賃金で働いている60歳到達月から65歳到達月までの一般被保険者に支給されます。

● **育児休業給付**…原則、**休業開始時賃金日額の67%※×日数**（育児休業開始から６カ月経過後は50％×日数）が支給されます。

※ 政府は180日目までの支給率を67%から80%に引き上げる方向で見直しを検討中（2024年4月現在）。

● **介護休業給付**…**休業開始時賃金日額の67%×日数**が支給されます。

3

高額療養費は、同じ月に同じ医療機関の窓口で支払う１カ月の支払額が自己負担限度額を超えた場合に給付されます。

明さんの標準報酬月額は50万円なので、

自己負担限度額＝80,100円＋（総医療費－267,000円）×1%

明さんの総医療費は100万円なので、

80,100円＋（1,000,000円－267,000円）×0.01
　＝80,100円＋7,330円＝87,430円

1

任意継続被保険者（24ページ）と、公的介護保険（28ページ）の問題も出題されるよ。

※問題文の「標準報酬月額」の項目を「報酬月額」に換算すると、表の下から「市町村民税非課税者等」「27万円未満」「27万円以上～51万5千円未満」「51万5千円以上～81万円未満」「81万円以上」となります。

資産設計提案業務　実技

8 公的年金

次の各文章の（　）内にあてはまる語句、または文章を1〜3のなかから選びなさい。

☐ ❶ 康介さんは、60歳の定年後、再雇用制度を利用して株式会社RKに勤務し、65歳になるまで厚生年金保険に加入する予定である。妻の直子さん（55歳）は、パートタイマーであるが、康介さんの再雇用制度による勤務開始後、直子さんが60歳になるまでは国民年金の（　）となる。なお、直子さんの年収は100万円未満で、康介さんの年収の2分の1未満であるものとし、パート先において厚生年金の被保険者とならないものとする。

    1．第1号被保険者　　　2．第2号被保険者　　　3．第3号被保険者

☐ ❷ 【老齢基礎年金】次の説明のうち、最も不適切なものは（　）である。

    1．老齢基礎年金を実際に受け取るためには、受給権者は年金請求手続きをする必要がある。

    2．国民年金の保険料納付済期間が40年（480月）あると、65歳から満額の老齢基礎年金を受給することができる。

    3．老齢基礎年金は、1月、4月、7月、10月の年4回に分けて支給される。

☐ ❸ 繰上げ受給に関する次の記述のうち、最も不適切なものは（　）である。

    1．老齢基礎年金は、60歳以上65歳未満の間に繰上げ受給できる。

    2．老齢厚生年金を繰上げ受給した場合の年金額は、繰上げ月数1月当たり0.4%の割合で減額された年金額が一生涯支給されることになる。

    3．老齢基礎年金を繰上げ受給した場合、65歳になるまでであれば、老齢基礎年金の繰上げ受給を取り消すことができる。

☐ ❹ 加給年金に関する次の説明のうち、最も不適切なものは（　）である。

    1．老齢厚生年金を受け取る場合、同一生計の配偶者（夫・妻）、または子がいるときに、老齢厚生年金に加給年金が加算される。

    2．支給開始時期は、特別支給の老齢厚生年金の報酬比例部分の支給開始時か、報酬比例部分がない場合は65歳の老齢厚生年金の支給開始時である。

    3．加給年金は、配偶者である妻（夫）が65歳になって配偶者本人が老齢基礎年金をもらえるようになると加算されなくなるが、一定額が振替加算として、妻（夫）の年金額に加算される。

▼ 解説（赤シートで消える語句をチェックできます）　⑦46・52・60ページ　▼ 正解

Point 「国民年金」、「老齢基礎年金」、「繰上げ受給」「加給年金」に関する基本的な問題が出題されます。学科で学習済みの内容はカットしてあります。

第2号被保険者に扶養されている20歳以上60歳未満の配偶者（国内居住者）は、国民年金の第3号被保険者です。夫が退職すると妻は第1号被保険者になりますが、夫が再雇用により継続して厚生年金の被保険者となる場合は、妻も60歳までは第3号被保険者のままです。第3号被保険者は、年収130万円未満で、かつ、被保険者と同居の場合は年収が被保険者の年収の2分の1未満であること、別居の場合は年収が被保険者の援助額より少ないことが必要です。勤務先で厚生年金の被保険者ではないことも要件です。

3

---

1. 年金の受給には、年金請求が必要です。日本年金機構から送られてくる「年金請求書」と年金の請求手続きの案内にそって手続きを行います。

2. 国民年金加入期間である20歳〜60歳までの40年（480月）分の保険料を納付すると、65歳から満額の老齢基礎年金を受け取ることができます。

3. 公的年金は2カ月に1回、年6回（偶数月）に分けて支給されます。

3

---

1. 老齢基礎年金の受給開始年齢は原則65歳です。受給開始年齢は、60歳から65歳未満の間で繰り上げることができます。

2. 老齢基礎年金でも、老齢厚生年金でも、繰上げ受給する場合は、繰上げ月数1月当たり0.4%減額された年金額が一生涯支給されます。

・2022年3月31日までに60歳に達した人は、繰上げ月数×0.5%減額。

3. 老齢基礎年金の繰上げ受給は、途中で取り消すことができません。

3

---

1. 加入期間が20年以上ある厚生年金加入者が、老齢厚生年金を受け取る場合、同一生計の65歳未満の配偶者や18歳到達年度の末日（3月31日）までの子※がいるとき、老齢厚生年金に加給年金が加算されます。

2. 加給年金の支給開始時期は、特別支給の老齢厚生年金の定額部分の支給開始時、または65歳以降の老齢厚生年金の支給開始時です。

3. 夫の老齢厚生年金に加給されていた加給年金は、妻が65歳になって老齢基礎年金をもらえるようになると加算されなくなりますが、一定額が振替加算として、妻の年金額に加算されます。

2

※または1級・2級の障害の状態にある20歳未満の子。

資産設計提案業務 | 実技

② リスク管理

問題数010

再現例題

小山幹久さんが加入している生命保険（下記<資料>参照）の保障内容に関する次の記述の空欄（ア）にあてはまる金額として、正しいものはどれか。なお、保険契約は有効に継続しているものとし、特約は自動更新されているものとする。また、幹久さんはこれまでに<資料>の保険から保険金および給付金を一度も受け取っていないものとする。

2021年1月

<資料>

保険証券記号番号 ○○□△△××□□	定期保険特約付終身保険	
保険契約者	小山　幹久　様	保険契約者印
被保険者	小山　幹久　様　契約年齢　２５歳 1979年8月3日生まれ　男性	（小山）
受取人	（死亡保険金） 小山　美穂　様（妻）	受取割合 １０割

◇契約日（保険期間の始期）
　２００５年３月１日

◇主契約の保険期間
　終身

◇主契約の保険料払込期間
　６０歳払込満了

◆ご契約内容

終身保険金額（主契約保険金額）　　　　　５００万円
定期保険特約保険金額　　　　　　　　　１，０００万円
特定疾病保障定期保険特約保険金額　　　１，０００万円
傷害特約保険金額　　　　　　　　　　　　５００万円
災害入院特約［本人・妻型］入院５日目から　日額５，０００円
疾病入院特約［本人・妻型］入院５日目から　日額５，０００円
　不慮の事故や疾病により所定の手術を受けた場合，手術の種
　類に応じて手術給付金（入院給付金日額の１０倍・２０倍・
　４０倍）を支払います。
※妻の場合は，本人の給付金の６割の日額となります。
成人病入院特約　　　　　入院５日目から　日額５，０００円
リビング・ニーズ特約

◆お払込みいただく合計保険料

毎回　××,×××円／月

　［保険料払込方法（回数）］
　　団体月払い

◇社員配当金支払方法
　利息をつけて積立
◇特約の払込期間および保険期間
　１０年

小山幹久さんが、2024年中に急性心筋梗塞により急死（入院、手術なし）した場合に支払われる死亡保険金は、合計（　ア　）である。

1.　1,500万円

2.　2,500万円

3.　3,000万円

解答　

【リスク管理】の出題傾向

頻出順に、次の問題が出題されています。

1 **火災保険と地震保険**…火災保険と、火災保険に付帯する地震保険に関する問題です。

2 **普通傷害保険**…選択肢の事例が、普通傷害保険の保険金の支払対象かどうかを答える問題です。

3 **生命保険の税務**…保険金と保険料の税務に関する問題です。

4 **医療保険**…医療保険の給付金の額を答える問題です。見落とし、計算ミスがなければ正解できる計算問題です。

5 **死亡保険金の総額計算**…左ページの再現例題にあるように、＜資料＞の保険から支払われる死亡保険金の総額を求める問題です。毎回、ほぼ同じパターンで出題されているので、確実に得点したい問題といえます。特定（3大）疾病保障定期保険特約」は、原因が特定（3大）疾病（脳卒中、がん、急性心筋梗塞）でなくても死亡時に保険金が支払われることは必ず覚えておきましょう。

▼ 再現例題の解説と解答

急性心筋梗塞で死亡（急死）した場合、「終身保険」「定期保険特約」「特定疾病保障定期保険特約」から死亡保険金が支払われます。「特定疾病保障定期保険特約」は、特定疾病（脳卒中・がん・急性心筋梗塞）になると保険金が支払われる保険です。なお、死亡・高度障害状態に陥った場合には、原因が特定疾病でなくても保険金が支払われます。

入院特約は、入院5日目からの保障なので急死は支払対象外です。また、傷害特約は、不慮の事故による死亡・身体障害が支払対象なので、病気が原因で死亡した場合は支払対象外です。定期保険特約付終身保険で支払われる一時金合計額は、終身500万円＋定期1,000万円＋特定疾病1,000万円＝合計2,500万円

解答 ②

資産設計提案業務

実技

1 死亡保険金の総額計算

次の（　）内にあてはまる最も適切な語句を1～3のなかから選びなさい。

被保険者が、交通事故で死亡（即死）した場合に、下記の生命保険から支払われる死亡保険金は、合計（　　）である。◀よく出る

◆ご契約内容

終身保険金額（主契約保険金額）	300万円
定期保険特約保険金額	1,200万円
特定疾病保障定期保険特約保険金額	300万円
傷害特約保険金額	100万円
災害入院特約［本人・妻型］　入院5日目から　日額5,000円	
疾病入院特約［本人・妻型］　入院5日目から　日額5,000円	

　　不慮の事故や疾病により所定の手術を受けた場合、手術の種類に応じて手術給付金（入院給付金日額の10倍・20倍・40倍）を支払います。

　　※妻の場合は、本人の給付金の6割の日額となります。

成人病入院特約　　　　　　　　入院5日目から　日額5,000円	
リビング・ニーズ特約	

---

1. 1,900万円　　2. 1,600万円　　3. 1,500万円

2 個人年金保険

次の（　）内にあてはまる最も適切な語句の組み合わせを1～3のなかから選びなさい。

（ア）：被保険者が生存している限り、一生涯年金が支払われる。年金受取開始後、被保険者が死亡した場合、その後の年金の支払いはない。

（イ）：契約時に定めた年金受取期間中、被保険者が生存している場合に限り、年金が支払われる。被保険者が死亡した場合、その後の年金の支払いはない。

1. （ア）終身年金　（イ）有期年金
2. （ア）有期年金　（イ）確定年金
3. （ア）確定年金　（イ）終身年金

▼ 解説（赤シートで消える語句をチェックできます）　☞92・98・132ページ　▼ 正解

Point 「死亡保険金の総額計算」の問題は、毎回のように出題されています。特定疾病保障定期保険特約と傷害特約の保険金が解答の鍵になります。

交通事故により死亡（即死）した場合、

終身保険金額（主契約保険金額）　　　300万円

定期保険特約保険金額　　　　　　1,200万円

特定疾病保障定期保険特約**保険金額**　300万円

傷害特約**保険金額**　　　　　　　　100万円

から保険金が支払われます。

特定疾病保障定期**保険特約**は、死亡・高度障害状態に陥った場合、**原因が特定（3大）疾病の脳卒中、がん、急性心筋梗塞でなくても**保険金が出ます。

傷害特約は、不慮の事故で180**日以内**に死亡した場合に保険金が出ます。

死亡保険金合計額は、

300万円＋1,200万円＋300万円＋100万円＝1,900万円

> 特定疾病保障定期保険特約は、原因を問わずとにかく**死亡したら保険金**が出るんだね！

1

▼ 解説（赤シートで消える語句をチェックできます）　☞96ページ　▼ 正解

Point 「個人年金保険」は、学科でも出題されます。終身年金、確定年金、有期年金の違いを覚えておけば大丈夫です。

終身**年金**…被保険者が生きている限り年金が続きます。被保険者が死亡した場合、その後の年金の支払いはありません。

確定**年金**…10年、20年など契約時に定めた年金受取期間中、被保険者の生死にかかわらず年金が支払われます。

有期**年金**…契約時に定めた年金受取期間中、生存中の被保険者に年金が支払われます。被保険者が死亡した場合、その後の年金の支払いはありません。

復習 個人年金保険▶52ページ

1

資産設計提案業務　実技

325

3 生命保険の税務

次の（　）内にあてはまる最も適切な語句の組み合わせを1～3のなかから選びなさい。

☐ ❶ 下表の契約A～Cについて、保険金・給付金が支払われた場合の課税関係に関する次の記述のうち、正しいものは（　）である。

	保険種類	保険料払込方法	保険契約者（保険料負担者）	被保険者	死亡保険金受取人	満期保険金受取人
契約A	終身保険	月払い	夫	夫	妻	－
契約B	医療保険	月払い	妻	妻	夫	－
契約C	養老保険	月払い	妻	夫	妻	妻

1．契約Aで、妻が受け取った死亡保険金は、相続税の課税対象となる。

2．契約Bで、妻が受け取った入院給付金は、一時所得として所得税・住民税の課税対象となる。

3．契約Cで、妻が受け取った満期保険金は、贈与税の課税対象となる。

☐ ❷ 2024年分の所得税の計算における生命保険料控除額として、正しいものは（　）である。

契約年月日：2024年5月21日

保険種類：終身保険

2024年中の保険料支払額：70,000円

・年払い（2024年5月中に支払済）で、一般の生命保険料控除の対象となる。

〈所得税の一般の生命保険料控除および個人年金保険料控除の控除額の速算表〉

［2012年1月1日以後の契約分］

年間の支払保険料の合計		控除額
	20,000円 以下	支払金額
20,000円 超	40,000円 以下	支払金額×1／2＋10,000円
40,000円 超	80,000円 以下	支払金額×1／4＋20,000円
80,000円 超		40,000円

1．37,500円　　2．40,000円　　3．42,500円

Point 支払われた保険金に課税される税金の種類を問う問題と、支払った保険料の控除額の問題が出題されます。

1. 生命保険の契約者（保険料負担者）である被保険者が死亡し、保険金受取人が相続人の場合、死亡保険金は相続税の課税対象となります。

2. 入院、手術、通院、療養、障害など、「身体の傷害に基因」して支払われる給付金・保険金は非課税です。

3. 生命保険の契約者（保険料負担者）と受取人が同じ場合、満期保険金は、一時所得として所得税・住民税の課税対象となります。

> 生命保険の保険料負担者と保険金受取人が同じなら、所得税・住民税の課税対象だよ。

1

年間の保険料支払額が70,000円なので、表より、

控除額＝**70,000円**×**1/4**＋**20,000円**＝**37,500円**

2012年1月1日以降の契約（新契約）では、生命保険の控除限度額は、次の通り、「**一般の生命保険**」、「**個人年金保険**」、「**介護医療保険**」の3つに分けられており、**各4万円が上限**となっています。

● 2012年1月1日以降の契約（新契約）の生命保険の控除限度額

	各払込保険料	一般の生命保険	個人年金保険	介護医療保険	控除限度額
所得税	8万円超	40,000円	40,000円	40,000円	120,000円
住民税	5.6万円超	28,000円	28,000円	28,000円	70,000円

▲各払込保険料は各保険の年間保険料。2012年1月1日以降の契約の個人年金保険の年間払込保険料が8万円超なら、所得税の控除額は4万円。

1

TOP60 ④ 火災保険と地震保険

2024年1月1日以降に契約した住宅総合保険と地震保険に関する次の記述のうち、誤っているものはどれか。

◻ ❶ 1. 地震保険は、住宅総合保険などの火災保険契約に付帯して契約するものであり、単独で契約することはできない。←よく出る

2. 地震保険の保険金は、保険の対象に生じた損害が全損・大半損・小半損・一部損の4つの区分のいずれかに該当した場合に支払われ、一部損では保険金額の5％が支払われる。←よく出る

3. 住宅が火災により全焼した場合、住宅総合保険から支払われる保険金については、一時所得として所得税が課される。

◻ ❷ 1. 地震保険の保険の対象には、住居専用建物だけでなく、店舗等との併用住宅も含まれる。←よく出る

2. 地震保険の保険料については、対象建物の建築年、耐震等級、免震、耐震診断に応じた、最高割引率50％の割引制度がある。←よく出る

3. 所得税と住民税の地震保険料控除の控除限度額は、所得税については10万円、住民税については5万円である。

⑤ 自動車損害賠償責任保険

自動車損害賠償責任保険（自賠責保険）に関する次の記述のうち、誤っているものはどれか。

◻ 1. 自賠責保険は、自動車損害賠償保障法によって加入が義務付けられた自動車保険であり、原動機付自転車も加入の対象とされている。

2. 自賠責保険では、自動車による死亡事故の場合の支払限度額は、事故1回に対し、6,000万円である。

3. 自賠責保険では、自動車の修理代などの物損、および物損事故により法律上の賠償責任を負ったときの損害を補償の対象としていない。

Point 学科で学習した「火災保険」と「地震保険」の知識で答えられる問題がほとんどです。

1. 地震保険は、単独ではなく火災保険等に付帯して加入する保険です。
2. 地震保険により支払われる保険金額は4段階で、全損100％、大半損60％、小半損30％、一部損5％です。
3. 火災による損害について、住宅総合保険から支払われる保険金は、非課税所得です。

3

---

1. 地震保険は、居住用建物だけでなく、店舗併用住宅も対象となっています。人が居住している商店も地震保険に入れるわけです。
2. 地震保険の保険料には、建築年割引・耐震等級割引・免震建築物割引・耐震診断割引という4種類の割引制度があります。最高割引率は50％です。
3. 地震保険料控除の限度額は、所得税5万円、住民税2万5,000円です。

復習 地震保険▶60ページ

3

Point 自動車損害賠償責任保険（自賠責保険）は、次の解説の赤字部分を覚えておくことが大切です。

自賠責保険は、自動車、二輪自動車（原動機付自転車を含む）の所有者と運転者に加入義務が課されている強制保険です。他人の身体や生命に傷害を与えた人身事故を対象とする保険なので、物品への損害、本人のケガ、自損事故は補償対象外です。保険金の支払限度額は、次の通りです。
死亡事故の場合…被害者1名につき3,000万円
傷害事故の場合…被害者1名につき120万円
後遺障害のある場合…被害者1名につき75万円～4,000万円

2

資産設計提案業務　実技

6 **普通傷害保険**

普通傷害保険の支払い対象となるケースはどれか。

☐ 1. 出張先（国内）のビジネスホテルで火災に遭い、避難する際に頭にやけどを負って、入院した。
2. 季節性インフルエンザにかかり、高熱が続いたため、入院した。
3. 地震により落ちてきた花瓶で頭にケガをして通院した。

7 **医療保険**

医療保険に関する次の記述の空欄（ア）にあてはまる金額として、正しいものはどれか。

☐ 初めてがん（悪性新生物）と診断され、9日間入院し、その間に給付倍率20倍の手術（1回）を受けた場合、支払われる給付金は、合計（ア）である。

←よく出る

給付金・保険金の内容	給付金額・保険金額	保険期間
がん診断給付金	初めてがんと診断されたとき　100万円	終身
入院給付金	日額　10,000円 ＊病気やケガで1日以上継続入院のとき，入院開始日からその日を含めて1日目から支払いします。 ＊同一事由の1回の入院給付金支払い期限は60日，通算して1,000日となります。	
手術給付金	給付金額　入院給付金日額×10・20・40倍 ＊所定の手術を受けた場合，手術の種類に応じて手術給付金（入院給付金日額の10倍・20倍・40倍）を支払います。	
死亡・高度障害保険金	100万円 ＊死亡または所定の高度障害となった場合に支払います。	

1. 29万円
2. 129万円
3. 229万円

▼ 解説（赤シートで消える語句をチェックできます）　　〒124ページ　　▼ 正解

Point 学科と同じく、選択肢の事例が普通傷害保険の支払対象かどうかを答える問題がほとんどです。

普通傷害保険は、国内と海外での日常生活（旅行中を含む）での傷害を補償する保険です。病気、地震・噴火・津波は補償対象外です。

1. 出張先、業務中、旅行中の傷害は**補償され**ます。
2. 季節性インフルエンザは**補償され**ません。
3. 地震、噴火、津波が原因の傷害は**補償され**ません。

傷害保険では、傷害が「急激」「偶然」「外来」という３つの要素が重なった結果である場合に保険金が出ます。**復習** 傷害保険▶68ページ

1

▼ 解説（赤シートで消える語句をチェックできます）　　〒128ページ　　▼ 正解

Point 医療保険の問題は、入院、手術をしたときの給付金の額を求めるものがほとんどで、毎回同じパターンです。見落としがなければ正解できるはずです。

初めてがんと診断されたとき…「がん診断給付金」100万円

９日間入院…入院給付**金日額**10,000円×９日＝９万円

給付倍率20倍の手術（１回）…入院給付**金日額**10,000円×20＝20万円

給付金の合計は、

100万円＋9万円＋20万円＝129万円

他にも、がんで入院・手術した場合に保険金・給付金が支払われる特約には以下のようなものがあります。

特定疾病保障（定期保険）特約…**特定疾病**（がん・急性心筋梗塞・脳卒中）で所定の状態と診断された場合に死亡保険金と同額の保険金が支払われる特約。**特定疾病以外で死亡**したときも保険金が支払われる。ただし給付金の支払いは１回のみ

入院特約（疾病入院特約、成人病入院特約など）…入院した場合に給付金が支払われる特約

2

資産設計提案業務 **実技**

3 金融資産運用

問題数016

再現例題

下記<資料>は、HXファンドの販売用資料（一部抜粋）である。この投資信託に関する次の記述のうち、最も適切なものはどれか。

2022年5月〈改〉

<資料>

```
MXファンド
（毎月分配型）
追加型投信／内外／資産複合
```

販売用資料
2024. 04

複数の資産（債券、株式、REIT）に分散投資し、信託財産の成長と安定した収益の確保をめざして運用を行います。

（省略）

≪ファンドに係る費用・税金≫
　購入時手数料：3.3%（税込）
　運用管理費用（信託報酬）：純資産総額に対し年率1.19%（税込）

　信託財産留保額：ありません。

　税金：（省略）

（省略）

1．MXファンドは、NISA(少額投資非課税制度)口座で購入することができる。

2．MXファンドは、運用状況によっては収益分配金が支払われないこともある。

3．MXファンドを購入する際、投資家が支払う購入代金は以下の式で求める。
　［基準価額（1万口当たり）／1万口］×購入口数＋購入時手数料（税込）
　＋運用管理費用（税込）

解答　①　②　③

1 株式の投資指標…出題率**4.69%**［68問］

2 経済指標…出題率**3.86%**［56問］

過去13年間 **3** 投資信託…出題率**3.24%**［47問］

※出題率は、過去13年間の「資産設計提案業務」1,449問中の出題割合［質問数］を示しています。

【金融資産運用】の出題傾向

頻出順に、次の問題が出題されています。

1 株式の投資指標…配当利回り、株価収益率（PER）、株価純資産倍率（PBR）などを求める問題が頻出します。計算方法さえ覚えておけば解けますから、確実に加点したい分野です。

2 経済指標…経済用語と、それを説明する文が一致しているかどうかが問われます。出題されるのは基本的な用語なので、確実に正解したい分野です。

3 投資信託…ここでは学科に出題されていない問題だけを掲載してあります。左記のような販売資料の読み取りが近年増加しています。

4 NISA…学科で学習済みの内容なのでカットしました。別冊カードには入れてあります。

復習 NISA ▶ 94ページ

5 預金保険制度…金融機関が破綻したときに預金者を保護する制度です。預貯金は1,000万円（＋利子）まで保護されます。

▼ 再現例題の解説と解答

1. 不適切。2024年から始まった新NISAでは、問いのような「毎月分配型」の投資信託は対象外となっています。また、債券（公社債）そのものはNISAの対象外ですが、債券、株式、REITなどを組み合わせたバランス型の投資信託はNISAの対象です。

2. 適切。毎月分配型の投資信託は、1カ月ごとに決算を行い収益等の一部を収益分配金として分配しますが、成績によっては支払われないこともあります。

3. 不適切。運用管理費用（信託報酬）は、投資信託の保有期間中、運用・管理の対価として信託財産から差し引かれる費用なので購入時には不要。［基準価額（1万口当たり）／1万口］×購入口数＋購入時手数料（税込）が正しい費用です。

解答 **2**

資産設計提案業務　実技

❶ 経済指標

経済用語とその説明が一致しないものを1〜3のなかから選びなさい。

☐ **❶** 1．売りオペレーション：日本銀行が金融市場から資金を吸収するための公開市場操作（オペレーション）であり、資金量の減少から、金利の上昇要因となる。

2．鉱工業生産指数：企業間で取引される商品の価格変動に焦点を当てた指数であり、日本銀行が公表している。国際商品市況や外国為替相場の影響を受けやすい傾向がある。

3．日銀短観：日本銀行が行う統計調査であり、正式名称を「全国企業短期経済観測調査」という。全国の約1万社の企業を対象に、四半期ごとにアンケート調査を実施している。

☐ **❷** 1．国内総生産（GDP）：一定期間に国内で生産された財やサービスなどの付加価値の総額であり、内閣府が公表している。

2．マネーストック：金融部門から経済全体に供給されている通貨の総量のことで、日本銀行が公表している。

3．業況判断DI：景気の現状把握および将来予測に資するために作成された指標で、内閣府が発表しており、「先行指数」、「一致指数」、「遅行指数」の3つの指数がある。

☐ **❸** 1．デフレーション：物価の持続的な上昇のこと。物価が上がると、貨幣価値が低下し、資金需要が増大して、市中金利（住宅ローン等の金利）が上昇する傾向があります。

2．家計調査：総務省統計局が実施している統計調査であり、一般世帯の収入・支出と貯蓄・負債などを調査している。調査結果は家計収支編と貯蓄・負債編に分けて公表され、個人消費の動向を捉えることができる。

3．景気ウォッチャー調査：内閣府が2000年から実施している調査で、景気に敏感な職業の人たちに協力を依頼し、生活実感としての景況感を把握する。「街角景気」ともいわれている。

Point 経済用語と、それを説明する文が一致しているかどうかが問われます。出題されるのは基本的な用語なので、確実に正解したい分野です。

---

1. <u>売り</u>**オペレーション**…売りオペレーションは、日銀が保有する債券等を民間金融機関に売却し、市場の資金（通貨量）を減らして**市場金利を上昇**させます。<u>買い</u>**オペレーション**は、金融機関の保有する債券等を買い取り、市場の資金（通貨量）を増やして**市場金利を低下**させます。

2. <u>企業物価</u>**指数**…**企業間の取引や貿易取引における商品の価格変動**を表した指数で、日銀が公表しています。<u>鉱工業生産</u>**指数**は、日本の鉱業・製造業の活動状況を総合的に表す指数です。

3. <u>日銀短観</u>**（全国企業短期経済観測調査）**…約1万社の企業を対象に経済状況や見通しについて、<u>日銀</u>が年4回、実施する**アンケート調査**です。

2

---

1. <u>国内総生産</u>**（GDP）**…一定期間内に日本国内で生産された財やサービスの付加価値の総額で内閣府が公表。GDPの変動（増加率）が<u>経済成長率</u>です。

2. <u>マネーストック</u>…金融部門から経済全体に供給される通貨の総量。一般法人、個人、地方公共団体の保有通貨量の残高の集計で日銀が公表します。

3. <u>景気動向指数</u>…景気の現状把握と予測のため内閣府が発表する指標で、**景気の先行きを示す先行指数**（新規求人数等）、**現状を示す一致指数（有効求人倍率等）**、遅れて反応する**遅行指数**（法人税収入等）に分かれます。**景気変動の大きさやテンポ（量感）を示す**<u>CI</u>と景気の方向性を示す<u>DI</u>があります。

<u>業況判断DI</u>…景況感を表す指数で、業況が「良い」と答えた企業の割合から、「悪い」と答えた企業の割合を引いた数値で、日銀短観で公表されます。

3

---

1. <u>インフレーション</u>…物価の持続的な上昇。物価が上がって貨幣価値が低下、資金需要が増大して市中金利（住宅ローン等の金利）が上昇する傾向が見られます。<u>デフレーション</u>は、物価の持続的な下落。物価が下がって貨幣価値が上昇、資金需要が減少して市中金利（住宅ローン等の金利）が低下する傾向が見られます。

2. <u>家計</u>**調査**…一般世帯の収入や支出を把握する調査で、総務省統計局が実施しています。

3. <u>景気ウォッチャー</u>**調査**…景気に敏感な職業、タクシー運転手やコンビニの店長などを対象に、景況感を把握する調査で、内閣府が実施しています。

1

2 株価欄の見方ほか

次の各文章を読んで、正しいものまたは適切なものには○を、誤っているものまたは不適切なものには×をしなさい。

☐ ❶ 自社株買いを行うと市場に出回る株数が減るため、株価に影響する他の要因を考慮しないと仮定した場合、一般に、1株当たりの価値は減少する。

☐ ❷ 「売買高」は出来高ともいわれ、例えば、2,000株の売り注文に対して、2,000株の買い注文で取引が成立した場合、売買高は4,000株となる。←よく出る

☐ ❸ 「時価総額」とは上場企業の価値を表す指標の一つであり、発行済み株式数にその時点の株価（時価）を乗じて算出される。←よく出る

☐ ❹ 「新発10年国債利回り」とは、日本の短期金利の代表的な指標である。

☐ ❺ 下記〈資料〉に関する次の記述の正誤を○×で答えなさい。

〈資料：新聞の株価欄の一部〉

銘柄	始値	高値	安値	終値	前日比	売買高
水 産・農 林						
・極 洋	262	270	261	266	△ 3	1081
Å日 水	200	216	192	206	△ 8	9529.2
Åマルハニチロ	187	187	183	186	△ 1	1323
Åサカタタネ	1338	1347	1331	1337	△ 3	40.8
Åホ ク ト	1856	1879	1852	1861	△ 2	63.3

（ア）

① 「高値」の欄には、それぞれの銘柄の年初から当日までの取引で最も高い株価が示されている。

② 「売買高」の欄には、それぞれの銘柄の当日に売買された金額が示されている。

③ （ア）によると、前営業日の「終値」は198円であることがわかる。

Point 新聞の経済面にある株価欄の語句や数字に関する問題が出題されます。ここに挙げた語句が何度も出題されているので、確実に覚えておきましょう。

<u>自社株買い</u>は、市場に出回る株数が減るため、一般に**1株当たりの価値が**<u>増</u><u>加</u>します。株価の上昇につながるため、株主への<u>還元</u>策として使われることもあります。なお、株主への還元策としてはほかに自社製品や割引券、商品券などの特典等を贈る<u>株主優待</u>**制度**があります。　✕

<u>売買高</u>は取引が成立した株数（出来高）のことです。従って、**2,000株の売り注文に対して、2,000株の買い注文**で取引が成立すると、売買高（出来高）は<u>2,000株</u>となります。　✕

<u>時価総額</u>とは、**株価に**<u>発行済み株式</u>**数をかけたもの**であり、企業価値を評価する際の指標です。　○

<u>新発10年国債利回り</u>は、新規発行された償還期間10年の国債の利回りを示しており、10年物国債は<u>長期</u>**金利の指標**となっています。　✕

---

① 始値、高値、安値、終値は、<u>当日</u>**の株価**です。年初から当日までの取引で最も高い株価（年初来高値）や年初から当日までの取引で最も安い株価（年初来安値）は、黒字に白抜き数字で示されます。

始値：その日最初に売買が成立した価格

高値：その日売買が成立したうち最も高い価格

安値：その日売買が成立したうち最も安い価格　

終値：その日最後に売買が成立した価格

② **売買高**は売買金額ではなく、**取引が成立した**<u>株数</u>です。　

③ 資料では、「終値206円」です。「前日比△8円」は、前営業日の終値より8円<u>上昇</u>して、当日206円になったことを表します（△は<u>上昇</u>、▲は<u>下落</u>）。　

従って、前営業日の終値は、 <u>206円－8円＝198円</u> です。

❸ 預金保険制度

　預金保険制度により保護される元本（最大金額）に関する1〜3の文章のうち、誤っているものを1つ選びなさい。

☐　高倉さんは、PX銀行（日本国内に本店のある普通銀行）に下記〈資料〉の預金を預け入れている。PX銀行が経営破たんした場合の保護について、誤っているものはどれか。高倉さんはPX銀行において借入れはないものとする。

　　〈資料〉

決済用預金	1,300万円
円定期預金	800万円
円普通預金（利息付き）	700万円
譲渡性預金	400万円

1．決済用預金については、1,300万円が全額保護される。←よく出る
2．円定期預金および円普通預金（利息付き）については、合算して1,000万円までが保護される。
3．譲渡性預金については、400万円が全額保護される。

❹ 株式の投資指標

　次の各文章の（　）内にあてはまる最も適切な文章、語句、数字またはそれらの組み合わせを1〜3のなかから選びなさい。

☐ ❶　下記〈資料〉に基づく株式の評価尺度に関する次の記述のうち、正しいものは（　）である。←よく出る

　　〈資料〉

株価	1,500円
1株当たり年間配当金	30円
1株当たり利益	50円
1株当たり純資産	1,000円

1．配当利回りは、「30円÷50円×100＝60%」である。
2．株価純資産倍率（PBR）は、「1,000円÷1,500円≒0.67倍」である。
3．株価収益率（PER）は、「1,500円÷50円＝30倍」である。

▼ 解説（赤シートで消える語句をチェックできます）　　　　⊖142ページ　　▼ 正解

Point 預金保険制度では、「決済用預金」、「定期・普通預金」、「外貨預金・譲渡性預金」の保護の違いを覚えておけば大丈夫です。

1. 当座**預金**や無利息普通預金など、無利息・要求払い・決済サービスを提供する**決済用預金**は、**預金保険制度で全額保護**されます。

2. 定期預金、普通預金、金融債など、**元本保証型の預貯金**は、預金保険制度で金融機関ごとに**預金者1人当たり元本1,000万円までとその利息等**が、保護されます。

3. **外貨預金**、**譲渡性預金**（金融市場で売却できる定期預金）は、**預金保険制度の保護の対象外**です。

　そのほか、投資信託、MMFなど、預貯金でない金融商品は、保護されません。

3

▼ 解説（赤シートで消える語句をチェックできます）　　　　⊖162ページ　　▼ 正解

Point 株式の配当利回り、株価収益率（PER）、株価純資産倍率（PBR）のほか、投資信託の分配金利回りや純資産倍率も出題されます。

1. **配当利回り(%)＝1株当たり年間配当金÷株価×100**
　　　＝30円÷1,500円×100＝2.0%

2. **株価純資産倍率(PBR)＝株価÷1株当たり純資産(BPS)**
　　　＝1,500円÷1,000円＝1.5倍

3. **株価収益率(PER)＝株価÷1株当たり純利益(EPS)**※
　　　＝1,500円÷50円＝30倍

　　　　　　※本問では「1株当たり純利益」を「1株当たり利益」としている。

3

資産設計提案業務

実技

☐ ❷ 下記〈資料〉の上場不動産投資信託（J-REIT）に関する次の記述の空欄（ア）、
　　（イ）にあてはまるものは（　）である。

<資料>

	QX不動産投資法人	QY不動産投資法人
REIT価格（1口）	583,000円	609,000円
1口当たり純資産	441,400円	432,800円
1口当たり分配金（年間予想）	15,900円	16,300円

・QY不動産投資法人の分配金の予想利回りは、（　ア　）％である。

・1口当たり純資産を用いてREIT価格の割安性を比較した場合、より割安で
　あると考えられるのは、（　イ　）不動産投資法人である。

1．（ア）2.68　（イ）QX　　2．（ア）2.73　（イ）QX

3．（ア）3.77　（イ）QY　　※（ア）の解答は小数点以下第3位を四捨五入すること。

TOP 60 ❺ 投資信託

投資信託の用語についてまとめた次の記述のうち、最も不適切なものはどれか。

☐ ❶ 1．交付目論見書：ファンドの基本的な概要や投資方針などが記載されてい
　　　る書面で、投資信託委託会社が作成する。投資信託を募集・販売する際に
　　　は、投資家に必ず交付しなければならない。

　　2．基準価額：投資信託の時価のこと。純資産総額を受益権総口数で割った
　　　もので、投資信託委託会社が算出する。通常は1万口当たりで示される。

　　3．信託財産留保額：投資信託の運用や管理の対価として、信託財産から
　　　日々差し引かれる費用のこと。

☐ ❷ 1．流動性リスク：株式や債券を組み入れている投資信託の価額は市場環境
　　　や企業業績に伴って変動し、大きく価値が目減りする可能性がある。

　　2．為替変動リスク：海外の株式や債券に投資する投資信託（為替ヘッジを
　　　していないもの）は為替相場の動向を反映するため、現地の市場が堅調で
　　　あっても、円高等により円ベースの評価額が下がる可能性がある。

　　3．信用リスク：企業の破綻や国の債務不履行（デフォルト）などによって、
　　　組み入れていた株式や債券の価格が大きく下がった場合、投資信託の価額
　　　が大きく下落する可能性がある。

ア 株式の配当利回り＝1株当たり年間配当金÷株価×100

投資信託の分配金利回り＝1口当たり分配金÷1口の価格×100

＝16,300円÷609,000円×100＝2.6765…≒2.68%

イ 株式では、株価純資産倍率（PBR）が低い（1倍に近い）ほど株価は割安だといえます。株価純資産倍率（PBR）＝株価÷1株当たり純資産（BPS）

投資信託の1口当たり純資産倍率＝1口の価格÷1口当たり純資産

QXのPBR＝583,000円÷441,400円≒1.32倍

QYのPBR＝609,000円÷432,800円≒1.41倍

QXの方が割安といえます。

1

▼ 解説（赤シートで消える語句をチェックできます）　　　　　🔖166ページ　　▼ 正解

Point 投資信託については、学科と同じ問題がかなり出題されます。ここでは学科に出題されていない問題だけを掲載しました。

---

1. **交付目論見書（投資信託説明書）**…投資信託の基本的な概要や投資方針を記載した書面。**委託会社が作成**。募集・販売時に交付しなければならない

2. **基準価額**…投資信託の時価のこと。純資産総額を受益権総口数で割ったもので、通常は1万口当たりで示される。委託会社が算出

3. **信託報酬（運用管理費用）**…投資信託の運用や管理の対価として、投資信託の保有期間中、信託財産から日々差し引かれる。**購入時は支払い不要**

3

復習 投資信託の仕組みと種類▶92ページ、投資信託の運用手法▶94ページ

投資信託の仕組みと種類▶92ページ、投資信託の運用手法▶94ページ

---

1. **価格変動リスク** 市場金利の動向、経済情勢、発行体の信用状況の変化等により、売却価格が変動するリスク

●**流動性リスク**は、換金したいとき、買い手がいないためにすぐ売れなかったり、希望価格で売れなかったりするリスクのこと

2. **為替変動リスク**…為替レートの変動によって、投資対象である海外の債券や株式の円換算における価値が変動するリスク。外貨建て債券の価格は、通常、為替レートが円安になれば上昇、円高になれば下落する

3. **信用リスク**…発行体の財務状態の悪化により、運用に損失が生じるリスク。デフォルトリスク、債務不履行リスクともいう

1

資産設計提案業務

実技

4 タックスプランニング

問題数015

再現例題

　会社員の井上大輝さんが2024年中に支払った医療費等が下記＜資料＞のとおりである場合、大輝さんの2024年分の所得税の確定申告における医療費控除の金額として、正しいものはどれか。なお、大輝さんの2024年中の所得は、給与所得800万円のみであり、支払った医療費等はすべて大輝さんおよび生計を一にする妻のために支払ったものである。また、医療費控除の金額が最も大きくなるよう計算することとし、セルフメディケーション税制（特定一般用医薬品等購入費を支払った場合の医療費控除の特例）については、考慮しないものとする。

2023年9月

〈資料〉

支払年月	医療等を受けた人	内容	支払金額
1月	大輝さん	人間ドック代（※1）	8万円
5月〜6月		入院費用（※2）	30万円
8月	妻	健康増進のためのビタミン剤の購入代	3万円
9月		骨折治療のために整形外科へ支払った治療費	5万円

（※1）人間ドックの結果、重大な疾病は発見されていない。

（※2）この入院について、加入中の生命保険から入院給付金6万円が支給された。

1. 19万円
2. 25万円
3. 27万円

解答　①　②　③

🏆1 **住宅借入金等特別控除**…出題率**2.48%**［36問］

🏆2 **医療費控除**…出題率**1.24%**［18問］

🏆3 **退職所得** …出題率**1.17%**［17問］

※出題率は、過去13年間の「資産設計提案業務」1,449問中の出題割合［質問数］を示しています。

【タックスプランニング】の出題傾向

頻出順に、次の問題が出題されています。

1 **住宅借入金等特別控除**…「税額控除」については、この住宅ローン控除の問題のみ出題されており、すべて控除要件についての正誤問題が出ています。

2 **医療費控除**…「所得控除」のなかで最頻出の項目です。控除対象となる支出額を算出する問題が頻出します。そこで、人間ドックの費用や通院の交通費、タクシー代金、医薬品の購入費など、控除対象か非対象かを判断できるよう整理しておくとよいでしょう。

3 **退職所得**…10種類ある所得のうち、最も頻出しているのが「退職所得」の問題です。退職所得の金額を求める計算式はしっかり覚えておきましょう。

4 **譲渡所得と取得費**…短期譲渡所得、長期譲渡所得の各税率を使って、譲渡所得の税額を求める計算問題がよく出ます。退職所得同様、計算式をしっかり覚えておきましょう。

5 **給与所得と雑所得**…給与所得は給与の収入金額から給与所得控除額を引いて求めます。試験では控除額を示す表が示されます。

▼ 再現例題の解説と解答

医療費控除額は以下の式で求めます。

医療費控除額 = 医療費 − 保険金などで補てんされた金額 − 10万円

人間ドック代は、重大な疾病が発見された場合を除き、控除対象となる医療費に含まれません。また、健康増進のためのビタミン剤の購入費も対象外です。

入院費用、および家族のために支払った治療費は控除対象です。

従って、大輝さんの医療費控除の対象となる医療費は合計で、

入院費用30万円＋妻の骨折治療費5万円 ＝ 35万円です。

入院給付金6万円が支給（補てん）されているため、医療費控除額は、

医療費控除額＝35万円−6万円−10万円＝19万円です。

解答　①

1 各所得金額の算出

次の各文章の（ ）内にあてはまる最も適切な文章、語句、数字またはそれらの組合せを 1 ～ 3 のなかから選びなさい。

☐ ❶ Tさんは、2024年4月末に勤務先を定年退職し、退職時に退職一時金2,300万円が支給された。この場合におけるTさんの所得税に係る退職所得の計算式・金額として正しいものは（ ）である。Tさんは勤続年数38年、役員ではなく、障害者になったことに基因する退職ではない。

1. 2,300万円－2,060万円×1/2＝1,270万円
2. 2,300万円－2,060万円＝240万円
3. （2,300万円－2,060万円）×1/2＝120万円

☐ ❷ Kさんは、2019年5月5日に父から譲り受けた土地付き中古住宅に居住していたが、2024年8月10日に当該土地建物を9,000万円で譲渡した。取得費と譲渡費用の合計額が5,300万円である場合、この譲渡に係る所得税額（計算式を含む）として、正しいものはどれか。なお、Kさんは、この譲渡において、居住用財産を譲渡した場合の3,000万円の特別控除の適用を受けられるものとする。また、この譲渡は国や地方公共団体等へのものではなく、収用交換によるものでもない。

〈土地・建物等の譲渡所得に対する所得税率〉

長期譲渡所得：15%　　短期譲渡所得：30%　　※復興特別所得税は考慮しない。

1. （9,000万円－5,300万円）×30%－3,000万円≦0 ∴0円
2. （9,000万円－5,300万円－3,000万円）×15%＝105万円
3. （9,000万円－5,300万円－3,000万円）×30%＝210万円

☐ ❸ 不動産所得の金額の計算上、賃貸料のほかに、礼金、更新料などの名目で受け取るものについても総収入金額に（ ① ）。また、不動産の貸付けを事業的規模以外で行った場合、青色申告制度を利用すれば、青色申告特別控除として最高（ ② ）の控除を受けることができる。

1. ① 含まれる　　② 10万円
2. ① 含まれない　② 10万円
3. ① 含まれない　② 55万円

Point 最も出題率が高いのは「退職所得」と「譲渡所得」です。それぞれの所得金額の算出式をしっかり覚えておきましょう。

退職所得＝（退職収入金額－退職所得控除額）× 1/2 $^※$

＝（2,300万円－2,060万円）× 1/2 ＝ 120万円

※ 2022年分以後の所得税について、役員等以外の者としての勤続年数が5年以下である者に対する退職手当等のうち、退職所得控除額を控除した残額の300万円を超える部分については2分の1課税を適用しない。

なお、20年を超える場合の退職所得控除額は、800万円＋70万円×（勤続年数－20年）で求めますから、選択肢のとおり2,060万円です。

800万円＋70万円×（38年－20年）＝2,060万円

復習 退職所得控除額▶111ページ

3

Kさんの譲渡物件は、取得費と譲渡費用の合計が5,300万円で、「居住用財産の譲渡所得の特別控除（居住用財産を譲渡した場合の3,000万円の特別控除の特例）」が適用されます。

土地・建物の譲渡所得＝9,000万円（譲渡金額）－5,300万円（取得費＋譲渡費用）－3,000万円（特別控除）＝700万円

また、土地・建物等の譲渡所得は、譲渡した年の1月1日時点で所有期間が5年以下なら短期譲渡所得、5年超なら長期譲渡所得となります。

長期譲渡所得…税率20%（所得税15%＋住民税5%）

短期譲渡所得…税率39%（所得税30%＋住民税9%）$^※$

Kさんの譲渡物件は、取得年が2019年5月、譲渡（売却）が2024年8月、譲渡した2024年1月1日時点での所有期間は5年以下で短期譲渡所得です。

（9,000万円－5,300万円－3,000万円）× 30% ＝ 210万円

※復興特別所得税を含む場合の税率は、長期譲渡所得：20.315%、短期譲渡所得：39.63%。

3

① 賃貸料のほか、礼金、更新料など、賃借人に返還しなくてもよい分の金額は総収入金額に含まれます。

② 不動産の貸付けを事業的規模以外で行った場合の青色申告特別控除額は、10万円。不動産貸付けを事業的規模（5棟10室基準を満たしている）で行い、確定申告期限までに青色申告書を提出し、正規の簿記の原則（一般的には複式簿記）により記帳をすると控除額は55万円、さらに電子申告（e-Tax）または電子帳簿保存を行った場合の控除額は65万円です。

1

資産設計提案業務　実技

345

❹ Oさんは2024年1月に新築のマンションを取得し、新たに不動産賃貸業を開始した。このマンションの建物部分に係るデータが下記〈資料〉のとおりである場合、Oさんの2024年分の不動産所得の金額の計算上、必要経費に算入される建物の減価償却費の金額として、正しいものは（　）である。

〈資料〉	・取得価額：30,000,000円	・取得年月：2024年1月
	・耐用年数：47年	・業務供用月数：12カ月
	・償却率（抜粋）　耐用年数:47年、定額法:0.022、定率法:0.053	

1. 594,000円（＝30,000,000円×0.9×0.022×12カ月/12カ月）
2. 660,000円（＝30,000,000円×0.022×12カ月/12カ月）
3. 1,590,000円（＝30,000,000円×0.053×12カ月/12カ月）

❺ Yさんの公的年金等の収入金額が下記、源泉徴収票のとおりである場合、Yさんの2024年（令和6年）分の公的年金等の雑所得の金額として、正しいものはどれか。

令和6年分　公的年金等の源泉徴収票												
支払を受ける者	住所又は居所	兵庫県神戸市●▼■ 1-2-345										
	（フリガナ）氏名	Y					生年月日 昭和30年10月18日			年金の種別		
区　分		支 払 金 額						源 泉 徴 収 税 額				
所得税法第203条の3第1号適用分		円						円				
所得税法第203条の3第2号適用分		円						円				
所得税法第203条の3第3号適用分		1,820,000 円						0 円				
所得税法第203条の3第4号適用分		円						円				
本　人			控除対象配偶者の有無等		控除対象扶養親族の数			16歳未満の扶養親族の数	障害者の数		非居住者である親族の数	社会保険料の額
特別障害者	その他の障害者	特別寡婦	寡婦寡夫	一般	老人	特定	老人	その他		特別	その他	
				★	人	人	人	人	人	人（　人）	人	円
控除対象配偶者	（フリガナ）氏名				区分		16歳未満の扶養親族	（フリガナ）氏名				区分
					区			（フリガナ）				区

〈公的年金等控除額の速算表〉（公的年金等に係る雑所得以外の所得に係る合計所得金額が1,000万円以下の場合）

納税者区分	公的年金等の収入金額		公的年金等控除額
65歳未満の者		130万円未満	60万円
	130万円以上	410万円未満	収入金額×25％＋27.5万円
	410万円以上	770万円未満	収入金額×15％＋68.5万円
	770万円以上	1,000万円未満	収入金額×5％＋145.5万円
	1,000万円以上		195.5万円
65歳以上の者		330万円未満	110万円
	330万円以上	410万円未満	収入金額×25％＋27.5万円
	410万円以上	770万円未満	収入金額×15％＋68.5万円
	770万円以上	1,000万円未満	収入金額×5％＋145.5万円
	1,000万円以上		195.5万円

※Yさんに〈資料〉以外に収入はないものとする。

1. 720,000円　　　　2. 990,000円　　　　3. 1,200,000円

必要経費に算入される建物の減価償却費の金額は次の式で求めます。

減価償却費＝取得価額×償却率×業務供用月数／12カ月

1998年4月1日以降に取得した建物の減価償却の償却方法は、**定額法（償却率**0.022**）** で行います。

Oさんの新築マンションの減価償却費＝

3,000万円×0.022×12カ月/12カ月＝66万円

公的年金等の雑所得は次の式で求めます。

公的年金等の雑所得＝公的年金等の収入金額－公的年金等控除額

まず、**公的年金等控除額**を算出します。

公的年金等控除額は、〈公的年金等控除額の速算表〉のとおり、65歳未満の人と65歳以上の人では、算出方法が違います。Yさんは2024年12月末時点で69歳（昭和30（1955）年10月18日生まれ）なので、納税者区分は「65歳以上の者」です。また、源泉徴収票より、年金収入（「支払金額」）は182万円。〈公的年金控除額の速算表〉では「330万円未満」に該当し、公的年金等控除額は110万円です。

Yさんの公的年金等の雑所得＝182万円－110万円＝72万円

この問題は、生年月日から年齢を割り出すことが大切。昭和を西暦に直すには、1925を足します。昭和30年なら1925を足して1955年。25を足して19＊＊年と覚えてもいいね。

昭和30年生まれの人の2024年の年齢は、2024－1955＝69歳

２ 所得控除

　次の各文章の（　）内にあてはまる最も適切な文章、語句、数字を 1～ 3 のなかから選びなさい。

☐ ❶　下記〈資料〉に基づき、会社員Mさんの2024年分の所得税を計算する際の所得控除に関する説明文のうち、誤っているものは（　）である。

〈資料〉

Mさん（世帯主）	42歳	会社員。給与所得520万円
Yさん（妻）	40歳	パート職員。給与所得35万円
Kさん（長女）	14歳	中学生。所得なし
Oさん（母）	72歳	無職。所得なし

　※2024年12月31日時点のデータで、所得は2024年分とする。
　※家族は全員、Mさんと同居し、生計を一にしている。
　※障害者または特別障害者に該当する者はいない。

1.　妻Yさんは控除対象配偶者となるため、Mさんは総所得金額等から38万円を控除することができる。
2.　長女Kさんは一般の扶養親族となるため、Mさんは総所得金額等から38万円を控除することができる。
3.　母Oさんは老人扶養親族の同居老親等となるため、Mさんは総所得金額等から58万円を控除することができる。

☐ ❷　【医療費控除】会社員のSさんは、2024年中に下記〈資料〉の医療費等を支払っている。Sさんの2024年分の医療費控除の対象となる支出額（合計額）として、正しいものは（　）である。

〈資料〉　・虫歯の治療のために歯科医院に支払った金額：70,000円
　　　　　・複雑骨折をして入院治療をしたために病院に支払った金額：80,000円
　　　　　・美容整形の施術費用：60,000円
　　　　　・薬局で購入した市販の風邪薬の代金：15,000円
　　　　　・サプリメントの購入費用：80,000円

　※支払った医療費等はすべてSさん本人のために支払ったものであり、保険金等で補てんされた金額はない。
　※「特定一般用医薬品等購入費を支払った場合の医療費控除の特例」（セルフメディケーション税制）は考慮しないものとする。

1.　150,000円　　　2.　165,000円　　　3.　210,000円

Point 所得控除のなかでも出題率の高い「扶養控除」「配偶者控除」「医療費控除」の3つを重点的にチェックしておきましょう。

所得控除（所得金額から差し引くことができるもの）には、「**基礎控除**」「**扶養控除**」「**配偶者控除**」「**医療費控除**」等があり、それぞれ適用要件があります。[※1]

1. **配偶者控除**（配偶者が70歳未満の場合）は、納税者（合計所得金額1,000万円以下）と同一生計で年間の**合計所得金額**が**48万円以下**（給与所得**103万円以下**→103万円から**給与所得控除55万円**が引かれて合計所得金額48万円）の控除対象配偶者がいる場合、納税者の所得金額から**最高38万円**が控除できる制度です。Mさんの給与所得が520万円（合計所得金額900万円[※2]以下）、妻Yさんの給与所得は35万円で**103万円以下**なので、Mさんの配偶者控除額は**38万円**です。

2. **扶養控除**の要件は、**配偶者以外の親族**（所得金額48万円以下）で納税者本人と**生計**を**一**にしていることです。年齢が**16歳以上**は**一般の扶養親族**、**19歳以上23歳未満**は**特定扶養親族**にあたります。長女Kさんは14歳なので対象外。Mさんは総所得金額等から**38万円**を控除することができません。

3. **年齢が70歳以上**は**老人扶養親族**に該当します。**同居老親等**とは、老人扶養親族のうち、納税者またはその配偶者の直系の尊属（父母・祖父母など）で、納税者またはその配偶者と常に同居している人のことです。同居老親等は**58万円**の扶養控除が適用されます。

2

美容・健康増進を目的とする諸費用は、**医療費控除**の**対象外**です。従って、**美容整形の施術費用：60,000円**と**サプリメントの購入費用：80,000円**を除いた合計額が**医療費控除の対象**となります。

医療費控除の対象となる支出額＝7万円＋8万円＋1.5万円＝16.5万円

医療費控除の対象	医療費控除の対象外
・医師、歯科医師の診療費、治療費（健康保険適用外の歯科治療を含む） ・通院費（公共交通機関の交通費） ・医薬品の購入費（薬局で購入する市販薬も含まれる） ・人間ドックの費用（重大な疾病が見つかり、治療を行った場合） ・出産費用	・通院で使用した自家用車のガソリン代、タクシー代（緊急時を除く） ・人間ドックの費用（異常がない場合） ・入院の際の身の回り品の購入費 ・美容・健康増進を目的とする諸費用（美容整形、ビタミン剤、健康食品等） ・コンタクトレンズや眼鏡（近視・遠視・老眼代）の購入費

2

資産設計提案業務　実技

☐ ❸ 会社員であるHさんと妻Jさんの2024年分の所得等に関する次の記述のうち、間違っているものは（　）である。

〈資料〉　・夫Hさんの2024年分の合計所得金額：800万円
　　　　・妻Jさんの2024年分の給与の収入金額：155万円

※HさんとJさんは同一生計で、Hさん、Jさんの収入はそれぞれ上記のみである。

〈給与所得控除額の速算表〉（抜粋）

給与の収入金額（年収）	給与所得控除額
162.5万円以下	55万円
162.5万円超　180万円以下	収入金額×40％－10万円

〈配偶者特別控除額の早見表〉※納税者の合計所得金額が900万円以下の場合。

配偶者の合計所得金額	控除額	配偶者の合計所得金額	控除額
48万円超　95万円以下	38万円	115万円超　120万円以下	16万円
95万円超　100万円以下	36万円	120万円超　125万円以下	11万円
100万円超　105万円以下	31万円	125万円超　130万円以下	6万円
105万円超　110万円以下	26万円	130万円超　133万円以下	3万円
110万円超　115万円以下	21万円	133万円超	0円

1. 妻Jさんの給与所得の金額は100万円である。

2. Hさんの人的控除に係る所得控除額には、配偶者控除38万円が含まれる。

3. Hさんの人的控除に係る所得控除額には、配偶者特別控除36万円が含まれる。

☐ ❹ Kさんは、下記の内容の生命保険に加入している。Kさんの2024年分の所得税の計算における生命保険料控除額として正しいものは（　）である。なお、下記以外に加入している生命保険等はなく、特約は付加されていない。

被保険者：Kさん　　　　　　　　　　　契約年月日：2021年8月1日
保険契約者（保険料負担者）：Kさん　　2024年中の保険料支払額：75,000円
死亡保険金受取人：長女Lさん　　　　　・年払い（2024年8月中に支払済）
保険種類：終身保険　　　　　　　　　　・一般の生命保険料控除の対象となる

〈2012年1月1日以降に締結した保険契約（新契約）等に係る控除額〉

年間支払保険料	控除額
20,000円以下	支払保険料の全額
20,000円超～40,000円以下	支払保険料×2分の1＋10,000円
40,000円超～80,000円以下	支払保険料×4分の1＋20,000円
80,000円超	40,000円

1. 38,750円　　　　2. 43,750円　　　　3. 50,000円

1．**給与所得**は、給与の収入金額から**給与所得控除額**を引いて求めます。妻Jさんの給与の収入金額は155万円なので、〈給与所得控除額の速算表〉より、「162.5万円以下」に該当しするため、控除額は<u>55万円</u>。 従って、**給与所得＝155万円－55万円＝100万円**

2．**配偶者控除**は、349ページの問題❶で解説したとおり、**合計所得金額**が<u>48万円以下</u>（給与のみの**年収103万円以下**）である控除対象配偶者がいる場合の制度です。納税者の合計所得金額にも制限があり、<u>1,000万円以下</u>でないと適用されません。夫Hさんの合計所得金額は800万円で制限内ですが、妻Jさんの給与所得は<u>100万円</u>（年収155万円から給与所得控除額55万円を差し引いた金額）で要件から外れるため、配偶者控除38万円は適用<u>され</u><u>ません</u>。

3．**配偶者特別控除**の適用を受けるには、上記2と同様に納税者本人の合計所得金額が<u>1,000万円以下</u>、配偶者の合計所得金額が<u>48万円超～133万</u><u>円以下</u>（給与のみの年収103万円超～201.6万円未満）であることが必要です。夫Hさんの合計所得金額は800万円、妻Jさんの給与所得は<u>100万円</u>なので、配偶者特別控除の対象に<u>なります</u>。控除額は、〈配偶者特別控除額の早見表〉より、「95万円超100万円以下」で<u>36万円</u>です。

Kさんは、2021年8月1日に契約した終身保険（一般の生命保険料控除の対象）の保険料<u>75,000円</u>を支払っています。生命保険料控除額は〈2012年1月1日以降に締結した保険契約（新契約）等に係る控除額〉「40,000円超～80,000円以下」「支払保険料×4分の1＋20,000円」に該当します。

Kさんの生命保険料控除額＝75,000円×1/4＋20,000円＝38,750円

ちなみに、所得税の計算における「生命保険料控除額（新契約）」の限度額は、一般の生命保険、個人年金保険、介護医療保険、**各4万円**（控除限度額は<u>12万円</u>）です。

● 2012年1月1日以降の契約（新契約）の生命保険の控除限度額

	各払込保険料	一般の生命保険	個人年金保険	介護医療保険	控除限度額
所得税	8万円超	40,000円	40,000円	40,000円	120,000円
住民税	5.6万円超	28,000円	28,000円	28,000円	70,000円

▲各払込保険料は各保険の年間保険料。2012年1月1日以降の契約の個人年金保険の年間払込保険料が8万円超なら、所得税の控除額は4万円。

☐ ❺ 加入者が負担する掛金と所得控除の関係について示した下表の空欄（①）、
（②）にあてはまる語句の組合せとして、正しいものは（　）である。

確定拠出年金（個人型）	（①）の対象
国民年金基金	（②）の対象
小規模企業共済	小規模企業共済等掛金控除の対象

1.　①　小規模企業共済等掛金控除　　②　社会保険料控除
2.　①　社会保険料控除　　②　小規模企業共済等掛金控除
3.　①　生命保険料控除　　②　生命保険料控除

❸　給与所得者の確定申告

　資料に示された3人の会社員のうち、2024年分の所得税において確定申告する
必要がない者を選びなさい。

☐ 　3人に関するデータは次のとおりである。

〈資料：2024年12月31日時点〉

氏名（年齢）	給与収入（年収）	勤務先	備考
大垣直樹 （30歳）	500万円	ST銀行	・勤務先の給与収入のみ。 ・勤務先で年末調整を受けている。 ・2024年中に住宅を取得し、住宅借入金等特別控除の適用を受ける。
細川智行 （35歳）	750万円	SK広告会社	・勤務先の給与収入以外に一時所得の金額が10万円、雑所得の金額が5万円ある。 ・勤務先で年末調整を受けている。
佐々木幸一 （48歳）	1,000万円	RS商事	・勤務先の給与収入のみ。 ・勤務先で年末調整を受けている。 ・医療費控除の適用を受ける。

※給与収入（年収）は2024年分の金額である。
　上記〈資料〉に記載のない条件については一切考慮しないこととする。

1.　大垣直樹　　　2.　細川智行　　　3.　佐々木幸一

確定拠出年金（個人型）は、**個人型確定拠出年金（iDeCo）** と呼ばれる年金で、60歳未満の全国民（自営業者、主婦、企業の従業員、公務員等など）が加入できます。加入者の掛金は**全額**が小規模企業共済等掛金控除の対象です。

国民年金基金は、20歳以上60歳未満の自営業者などの国民年金の**第1号被保険者**、および60歳以上65歳未満の任意加入被保険者が加入できます。掛金は全額が、社会保険料控除の対象です。

小規模企業共済は、個人事業主や小規模企業の役員のための退職金制度です。

1

▼ 解説（赤シートで消える語句をチェックできます）　　☞228ページ　　▼ 正解

Point 給与所得者でも確定申告が必要になる条件について出題されます。住宅借入金等特別控除や医療費控除の適用を受けるためには確定申告が必要です。

給与所得者は、給与支払者（事業主）が源泉徴収によって税金を支払うため確定申告は不要です。ただし、給与等の収入金額が2,000万円超の人、給与所得・退職所得以外の所得が20万円超の人は確定申告が必要です。

ウラ技 東京五輪（2020年）で確定申告…2,000万円超と20万円超

● 大垣直樹…**住宅借入金等特別控除（住宅ローン控除）** の適用を受ける場合には、**最初の年**だけ確定申告する必要があります。大垣さんは2024年に住宅取得しているため、2024年分については確定申告が必要です。翌年分からは年末調整されることで確定申告が不要となります。

● 細川智行…給与収入以外の所得は、一時所得10万円と雑所得5万円の合計15万円です。20万円を超えないため、確定申告する必要がありません。

● 佐々木幸一…**医療費控除**の適用を受ける場合には、医療費控除の明細書を添付して確定申告する必要があります。

2

４ 住宅借入金等特別控除

　次の各文章を読んで、正しいものまたは適切なものには○を、誤っているものまたは不適切なものには×をしなさい。

❶ 住宅ローン控除の額が所得税額より多く、住宅ローン控除額に残額が生じる場合には、翌年度の個人住民税から差し引くことができる。

❷ 2024年に住宅を取得・入居した場合、給与所得者の合計所得金額が2,000万円を超えると、その年以降、合計所得金額が2,000万円以下になったとしても、住宅ローン控除の適用を受けることはできない。

５ 源泉徴収票の見方

　井川公平さんの2024（令和6）年分の給与所得の源泉徴収票が下記のとおりである場合、源泉徴収票の（ア）にあてはまる数値を1〜3のなかから選びなさい。

　井川公平さんの源泉徴収票と給与所得控除額は、以下のとおりである。

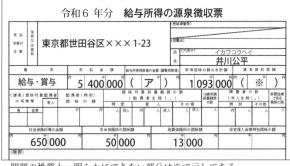

問題の性質上、明らかにできない部分は※で示してある。

〈給与所得控除額の速算表〉

給与等の収入金額（年収）		給与所得控除額
	162.5万円以下	55万円
162.5万円超	180万円以下	収入金額×40％−10万円
180万円超	360万円以下	収入金額×30％＋8万円
360万円超	660万円以下	収入金額×20％＋44万円
660万円超	850万円以下	収入金額×10％＋110万円
850万円超		195万円（上限）

　　1.　1,620,000　　2.　3,880,000　　3.　4,307,000

▼ 解説（赤シートで消える語句をチェックできます）　🔢220ページ　▼ 正解

Point 住宅ローン控除は頻出問題ですが、学科で掲載した問題と重複しているものはカットしてあります。学科問題も併せて復習しておきましょう。

住宅ローン控除の控除額が所得税額を超える場合（所得税から控除しきれなかった場合）、控除しきれなかった部分は翌年度分の**住民税から控除**できます。

O

住宅ローン控除では、合計所得金額2,000万円以下[※]が要件です。ある年に2,000万円を超えて適用外となっても、翌年以降2,000万円以下になると、**再度適用**されます。 **復習** 住宅借入金等特別控除の主な要件と注意点▶125ページ

✕

※ 2022年1月1日以後の取得・入居に適用。

▼ 解説（赤シートで消える語句をチェックできます）　🔢226ページ　▼ 正解

Point 源泉徴収票から、給与所得控除後の金額を求める問題です。給与所得控除額の計算式が提示されるので、簡単な問題といえます。

アの項目「給与所得控除後の金額」とは、給与所得のことです。給与所得は、給与等の収入金額（源泉徴収票の「支払金額」、いわゆる額面）から給与所得控除額を差し引いて算出します。

給与所得＝給与収入金額－給与所得控除額（最低55万円）

井川さんの給与収入金額は540万円なので、

給与所得控除額は、資料〈給与所得控除額〉の「360万円超 660万円以下」に該当します。

給与所得控除額＝540万円×20％＋44万円＝152万円
給与所得＝540万円－152万円＝388万円

2

資産設計提案業務　実技

5 不動産

再現例題

建築基準法に従い、下記〈資料〉の土地に建築物を建築する場合、この土地に対する建築物の建築面積の最高限度として、正しいものはどれか。なお、記載のない条件については一切考慮しないこととする。

2021年5月

〈資料〉

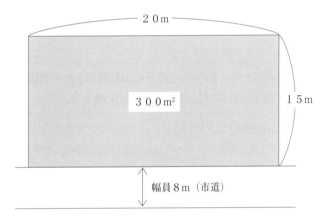

・商業地域
・指定建蔽率…80%
・指定容積率…400%
・前面道路の幅員に対する法定乗数…6/10

1．240㎡
2．1,200㎡
3．1,440㎡

解答

出題DATA
過去13年間

👑1 容積率／延べ面積／建蔽率…出題率2.69%［39問］
👑2 不動産登記記録 …出題率1.59%［23問］
👑3 用途制限…出題率0.83%［12問］

※出題率は、過去13年間の「資産設計提案業務」1,449問中の出題割合［質問数］を示しています。

【不動産】の出題傾向

頻出順に、次の問題が出題されています。

1 容積率／延べ面積／建蔽率…容積率の制限に従って、「延べ面積の上限」を求める問題や指定建蔽率から、建築面積の上限を求める問題が頻出します。「資産」の「不動産」分野の問題の約3割を占めています。

2 不動産登記記録…不動産の所在、所有者の住所・氏名などを公の帳簿に記載して公開し、権利関係などの状況が誰にでもわかるようにすることを不動産登記、この帳簿を不動産登記記録といいます。「権利部」「表題部」の違い、「権利部」のなかでも甲・乙での取り扱いの違いに関する正誤問題が頻出します。

3 用途制限… 復習 用途制限▶136ページ

4 接道義務・2項道路…建築基準法では、建築物と道路に関して接道義務と2項道路のセットバックという制限を定めています。こうした制限についての問題が頻出します。

5 不動産の価格と鑑定評価…学科で学習済みの項目です。
復習 不動産の価格と鑑定評価▶130ページ

資産設計提案業務

実技

▼ 再現例題の解説と解答

最大建築面積（建築面積の上限）＝敷地面積×建蔽率

資料より、敷地面積は300㎡で、指定建蔽率80%ですから、

最大建築面積＝300㎡×0.8＝240㎡

・**建蔽率**：敷地面積に対する建築面積の割合。指定建蔽率は、用途地域ごとに決められた建蔽率のこと。

・**容積率**：敷地面積に対する延べ面積の割合。指定容積率は、用途地域ごとに決められた容積率のこと。

前面道路の幅員が12m以上の場合は指定容積率が適用されます。12m未満の場合は「前面道路の幅員×法定乗数」により算出した容積率と、どちらか小さい方の容積率が用いられます。

解答 ①

TOP60 ① 不動産登記記録

不動産登記記録に関する次の文章のうち、最も適切なものを選びなさい。

1. 抵当権設定登記は、権利部甲区に記載される。
2. 抵当権などの所有権以外の権利に関する登記事項は、甲区に記載される。
3. 不動産登記記録は、一筆の土地または一個の建物ごとに作成される。

TOP60 ② 容積率／延べ面積／建蔽率

次の各文章の（　）内にあてはまる最も適切な文章、語句、数字またはそれらの組合せを1〜3のなかから選びなさい。

❶ 建築基準法に従い、下記〈資料〉の土地に建築物を建築する場合、延べ面積（床面積の合計）の最高限度として、正しいものは（　）である。なお、記載のない条件については一切考慮しないこととする。

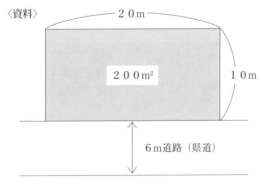

〈資料〉　20m　200㎡　10m

・商業地域
・指定建蔽率　80%
・指定容積率　400%
・前面道路の幅員に対する法定乗数　6/10

6m道路（県道）

1. 160㎡　　2. 720㎡　　3. 800㎡

❷ ❶の土地に建築物を建築する場合、この土地に対する建築物の建築面積の最高限度として、正しいものは（　）である。

1. 100㎡　　2. 120㎡　　3. 160㎡

Point 不動産登記記録の「表題部」「権利部」、権利部の「甲区」「乙区」それぞれの構成と記載内容について問われます。

1. 抵当権設定登記は、<u>権利部乙区</u>に記載されます。
2. 所有権以外の権利に関する登記事項は、<u>権利部乙区</u>に記載されます。
3. 筆（ひつ）は土地登記上で土地を数える単位です。不動産登記記録は、<u>一筆（いっぴつ）の土地または一個の建物</u>ごとに作成されます。

3

復習 不動産登記記録▶128ページ

Point 指定容積率や法定乗数を用いて、「最大延べ面積」を求める問題や、建蔽率を用いて「最大建築面積」を求める問題が出題されています。

延べ面積（床面積の合計）の敷地面積に対する割合を<u>容積率</u>といいます。
建物の延べ面積（床面積の合計）が400㎡で、その敷地面積が100㎡ならば、容積率は 400 ÷ 100 = 400%ということです。用途地域ごとに<u>指定容積率</u>**（容積率の上限）**が決められていて、ある用途地域に建てる最大延べ面積（延べ面積の上限）は、敷地面積に用途地域の指定容積率を乗じて算出します。
最大延べ面積＝敷地面積×指定容積率
また、前面道路の幅員が12ｍ以上の場合は指定容積率が適用されますが、12m未満の場合は、用途地域によって容積率に制限（**法定乗数**）があります。
住居系用途地域……**前面道路の幅員×<u>4/10</u>** ←法定乗数
その他の用途地域…**前面道路の幅員×<u>6/10</u>** ←法定乗数
この計算結果と指定容積率の<u>小さいほう</u>の数値が**容積率の上限**です。本問は、商業地域、前面道路の幅員6mなので、**容積率の上限＝<u>6</u>m×<u>6/10</u>＝<u>360</u>%**
<u>360</u>%＜<u>400</u>%（指定容積率）なので、容積率の上限は<u>360</u>%です。
最大延べ面積＝<u>200</u>㎡×<u>360</u>%＝<u>720</u>㎡

2

敷地面積に対する建築面積の割合を<u>建蔽率</u>といいます。
最大建築面積（建築面積の上限）＝敷地面積×建蔽率
$$＝<u>200</u>㎡×<u>80</u>%＝<u>160</u>㎡$$

3

資産設計提案業務　実技

③ 接道義務・2項道路

次の記述の空欄①～③にあてはまる数値の組合せとして、正しいものを1～3のなかから選びなさい。

下記〈資料〉の道路は、建築基準法上の道路とみなされる2項道路であり、建築基準法が施行されるに至った際、すでに両側に建築物が立ち並んでいる幅員（ ① ）m未満の道路である。〈資料〉の場合、道路中心線から水平距離（ ② ）m後退した線がこの道路の境界線とみなされる。また、甲土地を建築物の敷地として利用する場合、甲土地は（ ③ ）m以上道路に接していなければならない。

〈資料〉

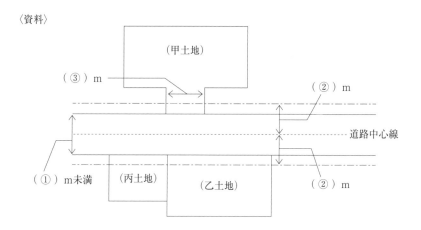

※道路の幅員について、特定行政庁が指定する区域には該当しない。
※これらの土地は、都市計画区域内に存する。
※記載のない条件については一切考慮しないこととする。

1. ① 4　② 2　③ 2
2. ① 4　② 2　③ 4
3. ① 6　② 3　③ 4

Point 接道義務（建築物の敷地は幅員4m以上の道路に2m以上接する必要がある）と2項道路のセットバックという2つの制限について把握しておきましょう。

① **建築基準法**では、道路を次のように定義しています。

道路	幅員（道幅）4m以上の道路
2項道路 （にこうどうろ）	都市計画区域にある幅員（道幅）4m未満の道。 特定行政庁により道路と指定されるもの

建築基準法第42条2項の規定によることから2項道路といいます。

建築基準法では、建築物と道路に関して**セットバック**と**接道義務**という制限を定めています。

② 道路中心線から水平距離2m後退した線をその道路の**境界線**とみなして、道沿いの建物を建て直すときは、この**みなし道路境界線**まで下がって建て直す必要があります。これを**セットバック**といいます。なお、道路の片側が川やがけ地の場合は、道路と川やがけ地との境界線から4mのセットバックが必要となります。

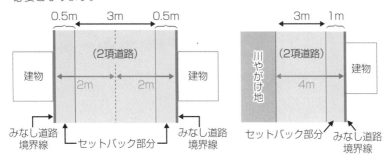

③ 建築物の敷地は、原則として**幅員4m以上の道路**に**2m**以上接しなければなりません。この制限を**接道義務**といいます。

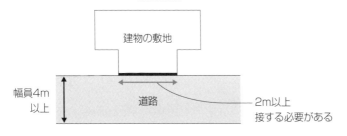

6 相続

　木下武史さんは、妻から居住用不動産の贈与を受けた。武史さんは、この居住用不動産の贈与について、贈与税の配偶者控除の適用を受けることを検討しており、ＦＰで税理士でもある小池さんに相談をした。この相談に対する小池さんの回答の空欄（①）、（②）にあてはまる数値の組み合わせとして、正しいものはどれか。

〈小池さんの回答〉
贈与税の配偶者控除を受ける場合、基礎控除とは別に最高（　①　）万円の控除を受けることができます。なお、贈与税の配偶者控除を受けるためには、贈与があった日において、配偶者との婚姻期間が（　②　）年以上あること等の所定の要件を満たす必要があります。

2022年5月

1 ）　① 1,000　　② 10
2 ）　① 2,000　　② 10
3 ）　① 2,000　　② 20

解答　

【相続】の出題傾向

頻出順に、次の問題が出題されています。

1 法定相続人と法定相続分…提示された親族関係図から、法定相続人を選び出し、それぞれの相続分を求める問題が頻出します。

1 遺言書…「自筆証書遺言」「公正証書遺言」「秘密証書遺言」それぞれの要件である「証人の有無・人数」「検認の要・不要」「遺言書の提出先」等について出題されます。

3 贈与税の配偶者控除…再現問題のように、配偶者控除の最高金額と併用が可能な基礎控除額について出題されます。また、控除要件の1つである、婚姻期間が20年以上である点も覚えておきましょう。これらの要件を踏まえて、与えられた数値を用いた簡単な計算問題も出題されます。

4 暦年課税の贈与税額…「暦年課税」を選択した場合の贈与税額を求める問題です。基礎控除額110万円を差し引いて税額計算をします。

5 相続時精算課税…相続時精算課税を選択した場合、各年の基礎控除（110万円[※]）を贈与財産から引き、さらに累計2,500万円までが非課税となります。 **復習** 相続時精算課税 ▶ 152ページ

※2024年4月1日より110万円の基礎控除が創設された。

▼ 再現例題の解説と解答

贈与税の配偶者控除に関する問題です。

贈与税の配偶者控除とは、配偶者（夫→妻、妻→夫）に対して、居住用不動産やその取得資金を贈与した場合、配偶者控除として、最高2,000万円が控除される特例です。 贈与時の婚姻期間が20年以上あることなどが条件です。

なお、この贈与税の配偶者控除は、贈与税の基礎控除110万円と併用できるため、配偶者控除の最高額2,000万円＋基礎控除額110万円＝2,110万円まで控除が可能です。

解答 ③

資産設計提案業務 実技

1 贈与税の控除と特例

次の各文章の（　）内にあてはまる最も適切な語句、数字またはそれらの組合せを1～3のなかから選びなさい。

❶ Yさんは、2024年6月25日に妻Aさんへ下記〈資料〉の財産を贈与した。2024年中に妻Aさんが受けた贈与は〈資料〉に記載されたもののみである。次の記述の空欄①～③にあてはまる数値の組合せとして、正しいものは（　）である。

〈資料〉　※Yさんと妻Aさんは、1998年6月25日に婚姻届を提出している。

> 建物：800万円（現在Yさんと妻Aさんが居住している）
> 土地：1,700万円（上記の建物の敷地、相続税評価額）
> 計　：2,500万円

「贈与税の配偶者控除」は、婚姻期間が（①）年以上の配偶者から、国内の居住用不動産を取得するための資金の贈与を受け、所定の要件を満たす場合に、最高（②）万円の控除が受けられる特例である。妻Aさんが贈与税の配偶者控除の適用を受けた場合、2024年分の贈与税の課税価格は（③）万円である。

1.　① 20　② 2,500　③ 0
2.　① 20　② 2,000　③ 390
3.　① 25　② 2,000　③ 500

❷ Kさん（23歳）が2024年中に贈与を受けた財産は以下のとおりである場合、Kさんの2024年分の贈与税額として、正しいものは（　）である。

〈資料〉　・Kさんの父からの贈与　　：現金400万円
　　　　　・Kさんの祖母からの贈与：現金150万円
※Kさんはこれ以外には贈与を受けておらず相続時精算課税制度を選択していない。

〈贈与税の速算表〉

基礎控除後の課税価格	一般（特例以外）		特例（直系尊属からの贈与）	
	税率	控除額	税率	控除額
200万円以下	10%	—	10%	—
200万円超 ～　300万円以下	15%	10万円	15%	10万円
300万円超 ～　400万円以下	20%	25万円		
400万円超 ～　600万円以下	30%	65万円	20%	30万円

1.　44万円　　2.　58万円　　3.　67万円

Point 「贈与税の配偶者控除」、「暦年課税の贈与税額」の２項目についてまとめてあります。

贈与税の配偶者控除の特例の適用を受けるための主な要件・ポイントは以下のとおり。

〈配偶者控除の主な適用要件と注意点〉

・贈与時点の婚姻期間が①**20年以上**（１年未満切捨て）であること。

・②**控除額は最高2,000万円**。

・居住用不動産、または居住用不動産を取得するための金銭の贈与で、贈与を受けた年の**翌年3月15日**までに居住し、その後も居住し続ける見込み。

・過去に同一の配偶者からの贈与で、この特例を受けていないこと（１回のみ）。

・暦年課税の**基礎控除110万円**と併用できる。

③妻Ａさんの2024年分の贈与税の課税価格は、

＝2,500万円－2,000万円－110万円＝390万円

となります。

２

贈与税額は次の計算式で求めます。

贈与税額＝(財産の価額※－基礎控除110万円)×速算表税率－速算表控除額

23歳のＫさんが受けた贈与財産は、直系尊属（父母や祖父母）から、18歳以上（2022年４月１日以後の贈与に適用）の者（子・孫など）への贈与にあたり、特例贈与財産として、贈与税の税率と控除額が優遇されます。また、暦年課税の贈与税の基礎控除は、同じ年の贈与者の人数にかかわらず、財産の価額から**基礎控除110万円**を控除して計算します。

※１月１日～12月31日の１年間に贈与された財産の合計額。

〈贈与税の速算表〉により、

Ｋさんの贈与税額＝(400万円＋150万円－110万円)×20％－30万円
**　　　　　　　　＝58万円**

ポイントは２つ。直系尊属からの贈与なら「特例」贈与財産。また、同年に複数の贈与者がいても基礎控除は110万円のみ。

２

資産設計提案業務　実技

2 法定相続人と法定相続分

次の各〈親族関係図〉をもとに、民法上の相続人および法定相続分の組合せとして、正しいものをそれぞれ1〜3のなかから選びなさい。

☐ ❶ 辻秀芳さんの〈親族関係図〉は下記のとおりである。

〈親族関係図〉

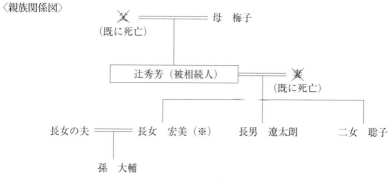

※宏美さんは期限内に家庭裁判所で手続きし相続を放棄した。
なお、記載のない条件については一切考慮しない。

1. 遼太朗さんの相続分は、1/2である。
2. 大輔さんの相続分は、1/3である。
3. 梅子さんの相続分は、1/6である。

☐ ❷ 藤原啓介さんの〈親族関係図〉は下記のとおりである。

〈親族関係図〉

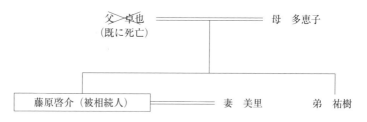

※記載のない条件については一切考慮しない。

1. 美里2/3　　多恵子1/6　　祐樹1/6
2. 美里3/4　　多恵子1/4
3. 美里2/3　　多恵子1/3

Point 法定相続人の条件が異なる、様々なパターンの問題が出ます。相続人の順位と相続分、代襲相続や養子の場合も把握しておきましょう。

長女・宏美さんは、すでに相続放棄しているため、**孫・大輔さん**は代襲相続人にはなれず、相続分も<u>ありません</u>。
また、**母・梅子さん**は、法定相続人の第2順位となるため、法定相続人にはなれず、相続分も<u>ありません</u>。

相続放棄すると「初めから相続人ではない」とみなされるよ。

復習 法定相続人の順位 ▶157ページ

その結果、辻さんの相続に係る法定相続人は、**長男・遼太朗**さん、**二女・聡子**さんの計2人で、相続分は<u>2分の</u><u>1</u> ずつです。

ポイント：<u>相続放棄者</u>の子は、<u>代襲相続</u>できない。

1

藤原さんの法定相続人は、妻・美里さんと母・多恵子さんの2人で、配偶者の相続分は<u>3分の</u><u>2</u>、直系尊属（父母）の相続分は<u>3分の</u><u>1</u> です。

ポイント：配偶者以外では、法定相続人の順位の**最上位者**のみが法定相続人になるので、被相続人の**父母**より順位が下になる<u>兄弟姉妹</u>（本問の場合は弟・祐樹さん）は法定相続人になれない。

復習 法定相続人の順位 ▶157ページ

3

資産設計提案業務

実技

❸ 高橋圭一さんの〈親族関係図〉は下記のとおりである。

〈親族関係図〉

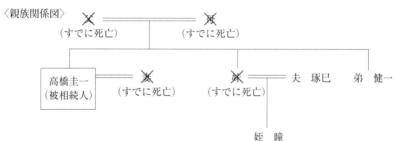

※記載のない条件については一切考慮しない。

1. 健一 1
2. 健一 1／2　瞳 1／2
3. 健一 3／4　瞳 1／4

❹ 安藤裕次郎さんの〈親族関係図〉は下記のとおりである。

〈親族関係図〉

※記載のない条件については一切考慮しない。

1. 陽子　1／2　　早苗　1／4　　直人　1／4
2. 陽子　2／3　　早苗　1／6　　直人　1／6
3. 陽子　3／4　　早苗　1／8　　直人　1／8

❺ 野村良介さんの〈親族関係図〉は下記のとおりである。

〈親族関係図〉［前妻］

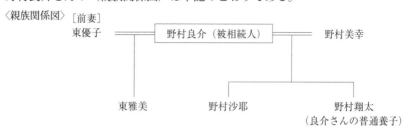

※良介さんは優子さんと離婚し、雅美さんは優子さんと生活を共にしている。

1. 美幸1／2、沙耶1／4、翔太1／4
2. 美幸1／2、沙耶2／10、翔太2／10、雅美1／10
3. 美幸1／2、沙耶1／6、翔太1／6、雅美1／6

配偶者は常に法定相続人となり、それ以外の親族は、子・直系尊属・兄弟姉妹の順に、先の順位者がいない場合に、法定相続人となります。

高橋さんの妻、妹がすでに死亡しているので、法定相続人は、**弟・健一**さんと、**姪・瞳**さん（妹の**代襲相続**）の2人です。

それぞれの法定相続分は、以下のとおり。

弟・健一さん…2分の1

姪・瞳さん……2分の1

ポイント：妹の夫には**相続分なし**。

（復習） 法定相続人の順位▶157ページ

2

安藤さんの相続に係る法定相続人は、**妻・陽子**さん、**妹・早苗**さん、**弟・直人**さんの3人です。

法定相続分は、次のとおり。

妻・陽子さん…4分の3

残る**4分の1**を弟妹で等分に分けます。

妹・早苗さん、**弟・直人**さん…1/4×1/2＝1/8ずつ

（復習） 相続人と法定相続分▶157ページ

配偶者と兄弟姉妹が相続する場合、相続分は配偶者4分の3、兄弟姉妹4分の1だよ！

3

野村さんの相続に係る法定相続人は、**後妻・美幸**さんと、**3人の子**の計4人。

それぞれの法定相続分は、次のとおり。

妻・美幸さん…2分の1

残る**2分の1**を3人の子で等分に分けます。

沙耶さん、**翔太**さん、**雅美**さん…1/2×1/3＝1/6ずつ

・離婚した夫婦の子にも相続権は残る（離婚した妻には相続権なし）。父が再婚していた場合、相続順位は後妻の子と変わらない。

・**養子**の相続分は**実子**と同じ。

法定相続人の順位、第1位の「子」には、養子、非嫡出子、胎児も含まれるよ。

3

3 遺言書

　普通方式の遺言書の要件等についてまとめた下表の空欄①〜③にあてはまる数字または語句の組合せとして、正しいものを1〜3のなかから選びなさい。

☐ 　問題作成の都合上、表の一部を空欄☐☐☐としている。

種類	自筆証書遺言	公正証書遺言	秘密証書遺言
作成方法	本人が全文、日付、氏名を自書し、押印する	本人が遺言内容を口述し、公証人が筆記したうえで、遺言者・証人に読み聞かせる	本人が遺言書に署名・押印し、遺言書を封じて同一印で封印する
遺言可能年齢	（①）歳以上		
保管場所	指定なし	公証人役場（原本）	指定なし
証人	不要	（②）	
検認	☐☐☐	（③）	☐☐☐

1. ① 15　② 1人以上　③ 不要
2. ① 15　② 2人以上　③ 不要
3. ① 18　② 2人以上　③ 必要

4 宅地の評価

　次の各文章の（　）内にあてはまる最も適切なものを1〜3のなかから選びなさい。

☐ **❶** 　路線価図に関する次の記述のうち、正しいものは（　）である。

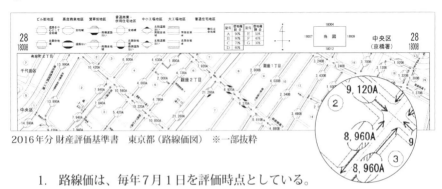

2016年分 財産評価基準書　東京都（路線価図）　※一部抜粋

1. 路線価は、毎年7月1日を評価時点としている。
2. 数字（路線価）は、1㎡当たりの価格を1万円単位で表示している。
3. 路線価の右隣のアルファベットは、借地権割合を示す記号である。

▼ 解説（赤シートで消える語句をチェックできます）　☞301ページ　▼ 正解

Point 遺言書の種類と要件は必須問題です。証人の有無と人数、検認の要・不要はまとめて覚えておくと良いでしょう。学科でも同様の問題が出題されます。

遺言可能年齢は①15歳以上です。そのほかの注意点は以下のとおり。

自筆証書遺言	証人不要 検認必要	・遺言者が遺言の全文、日付、氏名を自書し、押印する ・証人の立会いは不要。財産目録のみ自書以外での作成可 ・相続開始後に家庭裁判所で検認の手続きが必要※	2
公正証書遺言	証人必要 検認不要	・公証人役場で②**証人2名以上**の立会いのもと、遺言者が遺言の趣旨を公証人に口授し、公証人が筆記する ・遺言者、証人、公証人の署名・押印が必要 ・原本は公証人役場に保管される ・相続開始後の家庭裁判所の③**検認は不要**	
秘密証書遺言	証人必要 検認必要	・遺言者が作成し、署名押印し、封印 ・②**証人2名以上**の前で公証人が日付を記入する ・遺言者自身が保管する ・相続開始後に家庭裁判所で検認の手続きが必要	

※自筆証書遺言の保管制度により、法務局（遺言書保管所）で保管されている遺言書については、検認不要。

▼ 解説（赤シートで消える語句をチェックできます）　☞238・320ページ　▼ 正解

Point 路線価方式による宅地や借地権の相続税評価額を求める問題が出ます。なお、「小規模宅地等の特例」に関する問題は学科を参照してください。

1. 相続税評価額（路線価）は、相続税や贈与税の計算の基準となる価格で、**毎年1月1日**を**基準日（評価時点）**として、7月に国税庁が公表します。
2. 路線価図では、**1㎡当たり**の価格を**千円単位**で表示しています。
   例）「4,970A」という表示なら、**497万円/㎡**
3. 路線価図の数字は路線価（1㎡当たり千円単位）、**アルファベット**は借地権割合を示します。

3

資産設計提案業務　実技

☐ ❷ 下記〈資料〉の宅地（貸宅地）について、路線価方式による相続税評価額と
して、正しいものは（　　）である。

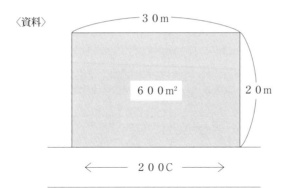

〈資料〉

〈借地権割合〉

記号	借地権割合
A	90%
B	80%
C	70%
D	60%
E	50%
F	40%
G	30%

※貸宅地とは、借地権の設定されている宅地をいう。
※奥行価格補正率は1.0である。
※記載のない事項については、一切考慮しない。

1.　36,000千円　　　2.　84,000千円　　　3.　120,000千円

☐ ❸ 下記〈資料〉の宅地の借地権（普通借地）について、路線価方式による相続
税評価額として、正しいものは（　　）である。

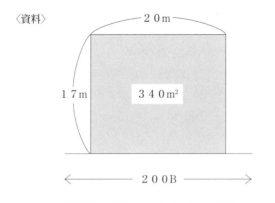

〈資料〉

〈借地権割合〉

記号	借地権割合
A	90%
B	80%
C	70%
D	60%
E	50%
F	40%
G	30%

※奥行価格補正率は1.0である。
※記載のない事項については、一切考慮しない。

1.　68,000千円　　　2.　54,400千円　　　3.　13,600千円

貸宅地の相続税評価額は、次の2つの計算式を用いて求めます。

自用地評価額＝路線価×奥行価格補正率×地積

貸宅地評価額＝自用地評価額×（1－借地権割合）

資料から、

・前面道路200C…路線価<u>200</u>千円　借地権割合はC（<u>70</u>%）

・奥行価格補正率…<u>1.0</u>

・敷地面積…<u>600</u>㎡

以上を、計算式にあてはめます。

自用地評価額 ＝200千円×<u>1.0</u>×<u>600</u>㎡

貸宅地評価額 ＝200千円×<u>1.0</u>×<u>600</u>㎡×（1－<u>70</u>%）

　　　　　　　＝120,000千円×<u>0.3</u>

　　　　　　　＝<u>36,000</u>千円

「貸宅地評価額」を求めるには、まず、「自用地評価額」の計算式が必要だよ。

1

求める相続税評価額は、次の2つの計算式を用います。

自用地評価額＝路線価×奥行価格補正率×地積

借地権評価額＝自用地評価額×借地権割合

資料から、

・前面道路200B…路線価<u>200</u>千円　借地権割合はB（<u>80</u>%）

・奥行価格補正率…<u>1.0</u>

・敷地面積…<u>340</u>㎡

以上を、計算式にあてはめます。

自用地評価額 ＝200千円×<u>1.0</u>×<u>340</u>㎡

借地権評価額 ＝200千円×<u>1.0</u>×<u>340</u>㎡×<u>80</u>%

　　　　　　　＝68,000千円×<u>0.8</u>

　　　　　　　＝<u>54,400</u>千円

「借地権評価額」の算出にも、「自用地評価額」の式が必要になるよ。

2

●監修者紹介

高山 一恵（たかやま　かずえ）

ファイナンシャル・プランナー（CFP®、１級ファイナンシャル・プランニング技能士）／
㈱Money & You取締役。

東京都出身。慶應義塾大学文学部卒業。2005年に女性向けFPオフィス、(株)エフピーウーマンを創業。10年間取締役を務めた後、現職へ。女性向けWEBメディア『FP Cafe®』や『Mocha』を運営。また、『Money & You TV』や「マネラジ。」などでも情報を発信している。全国での講演活動、執筆、マネー相談を通じて、女性の人生に不可欠なお金の知識を伝えている。明るく、親しみやすい講演には定評がある。

主な著書・監修

『はじめての新NISA &iDeCo』（成美堂出版）

『１日１分読むだけで身につく　お金大全100』（自由国民社）

『やってみたらこんなにおトク！ 税制優遇のおいしいいただき方』（きんざい）

原稿・取材・出演

日本経済新聞、聖教新聞、シティリビング、プレジデント、ダイヤモンド、AERA、東洋経済、日経マネー、日経WOMAN、日経ビジネス、日経ヴェリタス、日経DUAL、週刊ポスト、女性自身、女性セブン、VERY、Oggi、FRaU、CHANTO、LEE、More、with、美ST、おともだち、Allabout、東証マネ部！、MONEY PLUS、ビジネスジャーナル、マネー現代、OTONA SALONE、フジテレビ、TBS、TBSラジオ、日経CNBC、大手小町（読売新聞）、Suits-Woman、NHKニュースウォッチ９など

講演

日経新聞、朝日新聞、シティリビング、中央労働金庫、楽天証券、イオン銀行、紀陽銀行、電通アイソバー、朝日ネット、@type、パレット共済、明治安田生命、ライフネット生命、ソニー生命、マネーフォワード、サンワード貿易、日商エステム、ジーイークリエーション、日本財託、TAPP、アセットリード、共立女子大、Schoo（スクー）、FP養成機関、高島屋ファイナンシャル・パートナーズ、マネックス証券、電気連合組合、レンドリース・ジャパンなど

株式会社Money&You：https://moneyandyou.jp/

FP Cafe®：https://fpcafe.jp/

Mocha：https://fpcafe.jp/mocha

Money&You TV：https://fpcafe.jp/mocha/features/mytv

マネラジ。：https://fpcafe.jp/mocha/features/radio

監修協力　頼藤太希：㈱Money&You代表取締役社長

編集協力　内田ふみ子（１級ファイナンシャル・プランニング技能士）、
　　　　　　佐伯のぞみ、松村敦子、㈱聚珍社

イラスト　㈱ぽるか 坂木浩子

図表作成　catblack 佐々木恵利子

編集担当　澤幡明子（ナツメ出版企画株式会社）

FP検定合格後、後輩受検者の方々に本書をご推薦いただけましたら幸いです。

●著者紹介

オフィス海（おふぃす・かい）

●──資格試験対策本、学習参考書、問題集、辞典等の企画執筆を行う企画制作会社。1989年設立。「日本でいちばんわかりやすくて役に立つ教材」の制作に心血を注いでいる。著書に『史上最強の漢検マスター準1級問題集』『史上最強一般常識＋時事一問一答問題集』『史上最強SPI＆テストセンター超実戦問題集』『史上最強の宅建士テキスト』（ナツメ社）等がある。

一般社団法人金融財政事情研究会 ファイナンシャル・プランニング技能検定3級学科試験、ファイナンシャル・プランニング技能検定3級実技試験（個人資産相談業務、保険顧客資産相談業務）平成31年4月許諾番号1904K000002
日本FP協会 3級ファイナンシャル・プランニング技能検定学科試験、3級ファイナンシャル・プランニング技能検定実技試験（資産設計提案業務）平成31年4月許諾番号1904F000031

本書に関するお問い合わせは、書名・発行日・該当ページを明記の上、下記のいずれかの方法にてお送りください。電話でのお問い合わせはお受けしておりません。
・ナツメ社webサイトの問い合わせフォーム
　https://www.natsume.co.jp/contact
・FAX（03-3291-1305）
・郵送（下記、ナツメ出版企画株式会社宛て）
なお、回答までに日にちをいただく場合があります。正誤のお問い合わせ以外の書籍内容に関する解説・受験指導は、一切行っておりません。あらかじめご了承ください。

ナツメ社Webサイト
https://www.natsume.co.jp
書籍の最新情報（正誤情報を含む）は
ナツメ社Webサイトをご覧ください。

史上最強のFP3級問題集　24-25年版

2024年6月20日　初版発行

監修者	高山一恵	Takayama Kazue, 2024
著　者	オフィス海	©office kai, 2024
発行者	田村正隆	

発行所　**株式会社ナツメ社**
　　　　東京都千代田区神田神保町1-52　ナツメ社ビル1F（〒101-0051）
　　　　電話　03（3291）1257（代表）　　　FAX　03（3291）5761
　　　　振替　00130-1-58661
制　作　**ナツメ出版企画株式会社**
　　　　東京都千代田区神田神保町1-52　ナツメ社ビル3F（〒101-0051）
　　　　電話　03（3295）3921（代表）
印刷所　**株式会社リーブルテック**

ISBN978-4-8163-7564-4　　　　　　　　　　　　　　　　Printed in Japan

〈定価はカバーに表示してあります〉　〈落丁・乱丁本はお取り替えします〉

24-25年版

史上最強のFP
3級問題集

頻出順
TOP60
合格BOOK

学科編 …………………………………… 2

実技編

　個人 …………………………………… 42

　保険 …………………………………… 59

　資産 …………………………………… 73

赤シートで
キーワード・解答を
隠しながら
チェックできる！

ナツメ社

驚異の得点力!! この別冊だけで合格できる!!

頻出順TOP60 ▶ 合格BOOK

学科編 ·························· 2-40
実技編 ·························· 41-88

▼ 学科編 目次

1 位	地震保険	2
2 位	法定相続人と法定相続分	3
2 位	小規模宅地等の評価減の特例	4
4 位	土地・建物・株式等の相続税評価額	5
5 位	投資信託の仕組みと種類	6
6 位	相続財産の種類	7
6 位	ポートフォリオとデリバティブ取引	8
8 位	賠償責任保険	8
8 位	傷害保険	9
8 位	不動産登記記録	9
8 位	借地権・借家権	10
12位	譲渡所得と取得費	11
12位	住宅借入金等特別控除	12
12位	株式の投資指標	12
15位	係数の活用	13
15位	生命保険の特約	14
15位	用途制限／接道義務／2項道路	15
15位	給与所得者の確定申告	16
15位	贈与税の基礎知識	16
20位	FPの倫理と関連法規	17
21位	基礎控除／扶養控除／配偶者控除	18
21位	不動産の取引と媒介契約	19
21位	生命保険の契約者保護	20
24位	保険料の算定	20
24位	債券の利回り	21
26位	生命保険の種類と特徴	22
26位	経済指標	23
28位	自動車損害賠償責任保険	23
29位	遺言書	24
29位	利子所得／事業所得／減価償却	25
31位	フラット35	25
31位	保険業法と保険法	26
33位	居住用財産の譲渡所得の特別控除	27
34位	傷病手当金と出産育児一時金	27
34位	老齢厚生年金	28
34位	所得税の基礎知識	29
34位	確定拠出年金（DC）	30
34位	青色申告	30
34位	土地活用と不動産投資	31
40位	雇用保険	31
40位	不動産の取得・保有にかかる税金	32
40位	医療費控除ほか	33
43位	教育一般貸付	33
43位	金融政策と金融市場	34
43位	損益通算	34
43位	都市計画法／開発許可制度	35
43位	贈与と契約	35
43位	贈与税の配偶者控除	36
49位	公的介護保険	36
49位	払済保険と延長保険	37
49位	退職所得	37
49位	区分所有法	38
49位	固定資産税	38
54位	遺族年金	39
54位	相続時精算課税	39
56位	相続の承認と放棄	40
56位	生命保険の税務	40
▶実技編 目次		41

1

1位 地震保険

- ☐ **地震保険**…**地震・噴火・津波**、およびそれらを原因とする火災による被害を補償する保険。
- ☐ **契約**…住宅総合保険などの火災保険契約に付帯して契約。単独契約はできない。
- ☐ **保険金額**…主契約である火災保険金額の30～50%の範囲内。
- ☐ **補償対象**…住居のみに使用される居住用建物（店舗併用住宅は可）と生活用動産（家財）が補償対象。
- ☐ **保険金額上限**…居住用建物は5,000万円、生活用動産（家財）は1,000万円。
- ☐ 現金、有価証券、1個（または1組）の価格が30万円を超える貴金属や絵画、自動車は補償の対象外。
- ☐ **基本料率**（保険料を算出するもと）…建物の構造と所在地によって決まる。
- ☐ **割引制度**…「免震建築物割引」「耐震等級割引」「耐震診断割引」「建築年割引」の4種類で、最大50%の割引。割引の重複適用はできない。
- ☐ 地震保険の損害区分

	主要構造部の損害額	支払い割合
全 損	時価の50%以上	保険金額の100%
大半損	時価の40%以上50%未満	保険金額の60%
小半損	時価の20%以上40%未満	保険金額の30%
一部損	時価の3%以上20%未満	保険金額の5%

- ☐ **地震保険料控除**…1年間（1月1日～12月31日）に払った地震保険の保険料は、地震保険料控除としてその年の所得から控除できる。

  所得税…地震保険料の全額（限度額5万円）を控除

  住民税…地震保険料の半額（限度額2万5,000円）を控除

- ☐ 火災保険や地震保険など、損害保険契約に基づき支払いを受ける保険金で、**突発的な事故**により加えられた資産の損害に基因して取得する保険金は非課税。

確認問題 ▶適切なものは①、不適切なものは②をマークしなさい。　　　答えはページ下

1　地震保険の保険金額は、主契約である火災保険の保険金額の40%～50%の範囲内で定められている。　　　①　②

2　地震保険において、主要構造部の損害額が30%のとき、損害区分は小半損で保険金額の30%が支払われる。　　　①　②

2位 法定相続人と法定相続分

過去の出題率 **1.77**%

□ **法定相続人**…民法に規定されている相続人のこと。配偶者、および次の3つの順位の最上位の血族だけが法定相続人となる。

□ **法定相続人の順位**

配偶者…常に法定相続人

第1順位…**子**（養子、非嫡出子、胎児含む）

▲子が亡くなっている場合は**孫**、**ひ孫**

第2順位…**直系尊属**（父母）

▲父母が亡くなっている場合は**祖父母**

第3順位…**兄弟姉妹**

▲兄弟姉妹が亡くなってる場合は甥、姪

※上位の者がいる場合は、下位の者は相続人になれない。

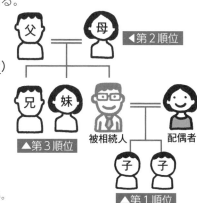

□ **法定相続分**…民法で決められた、各相続人が遺産相続する割合。

□ **配偶者と子の相続分**…配偶者**2分の1**、子合計で**2分の1**（子3人なら、それぞれ**6分の1**）。養子の相続分は実子と同じ。

□ **配偶者と父母の相続分**…配偶者**3分の2**、父母合計で**3分の1**。

□ **配偶者と兄弟姉妹の相続分**…配偶者**4分の3**、兄弟姉妹合計で**4分の1**。

□ **代襲相続**…相続の開始時に、法定相続人が死亡などにより相続権がなくなっている場合、その法定相続人の**直系卑属**（子や孫）、**甥・姪**（法定相続人の兄弟姉妹が亡くなっている場合）が代わって相続できる。

確認問題 ▶適切なものは①、不適切なものは②をマークしなさい。　　　答えはページ下

1　被相続人の子が、被相続人の相続の開始以前に死亡している場合、その者（被相続人の子）の配偶者が代襲相続人となる。　　　　　　　　　　① 　②

2　下の〈親族関係図〉において、Aさんの相続における子Bさんの法定相続分は、6分の1である。

〈親族関係図〉

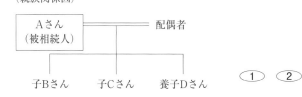

① 　②

答え→1②、2①

2位 小規模宅地等の評価減の特例 過去の出題率 1.77%

- [ ] 相続された居住地や事業用地は、相続人が居住や事業を続けられるように、評価額のうち一定割合が減額される。これを<u>小規模宅地等</u>の評価減の特例という。

- [ ] この特例の適用には、**納付税額が０の場合でも、**<u>相続税</u>の申告が必要となる。

- [ ] **特定居住用宅地等**…自宅の敷地（被相続人等の居住用宅地）について、以下①〜③の要件のもとに適用される。

- [ ] ①**配偶者が相続したもの**（被相続人との<u>同居</u>・<u>居住</u>継続・<u>保有</u>の要件なし。第三者への賃貸も可）。

- [ ] ②**同居親族が相続したもの**（相続税申告期限まで<u>宅地</u>**所有、**<u>居住</u>**継続が必要**）。

- [ ] ③被相続人に配偶者・同居親族がなく、<u>別居</u>**親族が相続したもの**（相続税申告期限までの<u>宅地</u>**所有が必要**）。

- [ ] 特定居住用宅地等の評価減となる**限度面積は**<u>330</u>㎡、**減額割合は**<u>80</u>%。

- [ ] **特定事業用宅地等と併用**する場合の対象**限度面積は** <u>330</u> ＋ <u>400</u> ＝ <u>730</u>㎡。

- [ ] **貸付事業用宅地等と併用**する場合は、特例を適用する敷地面積に応じて**適用対象面積の調整計算が必要。**

ウラ技 特定居住用宅地は、住むと<u>サンザンヤ</u>（特定居住用宅地＝<u>330</u>、<u>80</u>）

- [ ] **特定事業用宅地等**…被相続人等の事業用宅地を**一定の親族**が承継、取得したもの（相続税申告期限まで<u>宅地</u>**所有・**<u>事業</u>**継続が必要**）。

- [ ] 特定事業用宅地等の評価減となる**限度面積は**<u>400</u>㎡、**減額割合は**<u>80</u>%。

ウラ技 <u>シゼン</u>と<u>ヤ</u>るよ特定事業用宅地（特定事業用宅地＝<u>400</u>、<u>80</u>）

- [ ] **貸付事業用宅地等**…被相続人等の貸付事業に使用されていた土地（または借地権）を**一定の親族**が相続したもの（相続税申告期限まで<u>貸付け</u>・<u>保有</u>**継続が必要**）。ただし、相続開始前３年以内に新たに貸付事業の用に供された宅地等を除く。

- [ ] 貸付事業用宅地等の評価減となる**限度面積は**<u>200</u>㎡、**減額割合は**<u>50</u>%。

ウラ技 貸すと<u>ニッコリ</u>貸付事業用宅地（貸付事業用宅地＝<u>200</u>、<u>50</u>）

- [ ] 特例により減額される金額の計算式…

  宅地等の評価額×（<u>限度</u>面積／その宅地等の<u>敷地</u>面積）×減額割合

確認問題 ▶適切なものは①、不適切なものは②をマークしなさい。　　　答えはページ下

　被相続人の配偶者が、被相続人の居住の用に供されていた宅地を相続により取得した後、当該宅地を相続税の申告期限までに売却した場合、当該宅地は、相続税の課税価格の計算上、特定居住用宅地等として「小規模宅地等の評価減の特例」の適用を受けることができない。　　　　　　　　　　　　　　　　① ②

4位 土地・建物・株式等の相続税評価額 過去の出題率 1.73%

● 自用地・借地権・貸宅地・貸家建付地・自用家屋・貸家の評価額

☐ **自用地**…土地所有者が自分で使用している土地。宅地は、奥行きの長短と地区区分によって利用効率に差があるため、**路線価**に**奥行価格**補正率で補正をする。自用地評価額は次の式で算出する。**路線価×奥行価格補正率×地積**

☐ **借地権**…人から土地だけを借りて使用する権利。借地権の評価額は次の式で算出する。**自用地としての評価額×借地権割合**

☐ **貸宅地（底地）**…借地権が設定されている宅地。評価額は次の式で算出する。
自用地としての評価額×（1−借地権割合）

☐ **貸家建付地**…**自用地**に自己所有の貸家を建てた場合の土地。貸家建付地の相続税評価額は次の式で算出する。
自用地としての評価額×（1−借地権割合×借家権割合×賃貸割合）

　・**借家権割合**…全国一律で30%。

　・**賃貸割合**…貸している床面積割合。

☐ **自用家屋**…評価額は固定資産税評価額と同一。　固定資産税**評価額×1.0**

☐ **貸家**…アパートなど、**他人に貸している家屋**のこと。評価額は次の式で算出する。**家屋の固定資産税評価額×（1−借家権割合×賃貸割合）**

● 上場株式の評価額…次の①〜④のうち**最も低い**価格を評価額とする。

☐ ① **相続開始日（9月10日）の最終価格**（9月10日の最終価格）

☐ ② **相続開始日の月の毎日の最終価格の平均額**（9月の月平均額）

☐ ③ **相続開始日の前月の毎日の最終価格の平均額**（8月の月平均額）

☐ ④ **相続開始日の前々月の毎日の最終価格の平均額**（7月の月平均額）

● 非上場株式の評価方式…会社の規模や相続者によって、①〜③の方式がある。

☐ **原則的評価方式**…同族株主［経営権を握る株主］が持つ株式を評価する場合

　　① **類似業種比準方式**…**上場**している類似の企業と**比較**し、**配当・利益・純資産**の3つの要素を勘案して決める。

　　② **純資産価額方式**…会社が保有する**純資産**を発行済株式数で割り、**1株当たりの価格**とする。

☐ **特例的評価方式**…同族株主以外の株主等が持つ株式を評価する場合

　　③ **配当還元方式**…**過去2年間の配当金の平均額**から株価を算定する。

● その他の相続財産の評価額

☐ **生命保険契約に関する権利の価額**…相続開始時において保険事故が発生していない生命保険契約に関する権利の価額は、**解約返戻金の額**に基づいて評価する。

5位 投資信託の仕組みと種類

☐ 証券会社などの金融商品取引業者が経営破綻したとき、投資信託は<u>日本投資者保護基金</u>により、**1人1,000万円**まで補償される。

☐ **定量評価**…個々のファンドの運用実績など、<u>数値的</u>側面からの**評価**

☐ **定性評価**…運用方針や投資哲学など、<u>数値ではない</u>側面からの**評価**

☐ 投資信託のコスト

購入時手数料 （販売手数料）	購入時に販売会社に支払う費用。購入時手数料は販売会社によって異なる。**手数料無料のノーロード型**（ノーロードファンド）もある。
信託報酬 （運用管理費用）	**投資信託の運用や管理の対価**として、投資信託の保有期間中、信託財産から<u>日々</u>差し引かれる費用。（※毎月1回差し引かれるのではない）
信託財産留保額	**投資信託を**<u>解約</u>（中途換金）**する際に支払う費用**（まれに購入時に支払うこともある）。証券等の換金に係る費用等を解約する投資家にも負担させ、受益者間の公平性を保とうとするもの。留保額は信託財産内に留保される。

☐ **株式投資信託**…株式を組み入れることができる投資信託。<u>公社債</u>を組み入れることは**できる**。<u>公社債</u>だけで運用していても、約款上で<u>株式</u>の組み入れを認めていれば、**株式投資信託**となる。なお、追加型の株式投資信託では、**収益分配金支払後の基準価額が受益者の個別元本**（収益分配金支払前）**よりも**<u>低い</u>場合、分配金は元本払戻金（特別分配金）として<u>非課税</u>となる。

☐ **公社債投資信託**…運用が、国債、地方債などの**公社債等に限定されている投資信託**。MRF（マネー・リザーブ・ファンド）やMMF（マネー・マネジメント・ファンド）がある。**安全性が高い短期公社債**などが運用対象だが、<u>元本</u>は保証されない。**株式を組み入れることは**<u>できない</u>。

☐ **ETF（上場投資信託）**…東京証券取引所などの**金融商品取引所に上場している投資信託**。上場株式と同様に<u>指値</u>注文や<u>成行</u>注文などによって市場で売買でき、**TOPIX等の株価指数や金価格等の商品指数などに**<u>連動</u>して運用される。

☐ **J-REIT（上場不動産投資信託）**…投資家から集めた資金を<u>不動産に</u>**投資**し、そこから得られた利益を投資家に分配する投資信託。上場株式と同様に証券取引所を通じて取引することができる。実物不動産への投資に比べて、**流動性（**<u>換金性</u>**）が高い**、<u>少額</u>から投資ができる等の特徴がある。**収益分配金は配当所得**となり、上場株式等の配当所得と同様、原則として**総合課税の対象**で、**申告分離課税や確定申告不要制度も選択**できる。所得税において、**J-REITの配当所得については、**<u>配当控除</u>は適用されない。

6位 相続財産の種類

●相続財産の種類

☐ **本来の相続財産**…被相続人が所有していた預貯金、株式、債券、現金、貴金属、不動産など、金銭に換算できる価値のあるもの。

☐ **みなし相続財産**…本来は相続財産ではないが、被相続人の死亡で実質的に相続人に入る相続財産と同じ効果のある財産。生命保険金や死亡退職金、弔慰金など。

☐ **生命保険金**…被相続人が契約者（保険料負担者）で、被相続人の死亡により相続人に支払われる保険金。相続人以外の人が受取人の場合は遺贈となり、相続税の課税対象となる。

☐ **死亡退職金**…被相続人の死亡により支払われる退職金で、**被相続人の死後3年以内**に支給が確定したもの。

☐ **生前贈与財産**…相続人が被相続人から**相続開始前の7年以内**に贈与を受けた財産。相続財産に加算され、**加算価額は贈与時の価格**を適用する。これを生前贈与加算という。贈与時に支払っていた贈与税は控除の対象となる。なお、**贈与税の配偶者控除の控除額（最高2,000万円）**については、相続税は課されない。
※2024年以降に贈与される財産は、相続税の対象になる期間が最長7年まで順次延長された。

☐ **相続時精算課税による贈与財産**…相続時精算課税の適用を受けていた贈与財産は、相続税の課税対象となる。その際、加算価額は贈与時の価格を適用する。

●相続税の非課税財産

☐ **墓地、墓石、仏壇、仏具、神を祭る道具**など、日常礼拝をしているものについては、**相続税が課されない**。

☐ 被相続人の死亡によって受ける弔慰金（勤務先の会社などから受ける見舞金）、**花輪代、葬祭料**などには、**相続税は課されない**。

●勤務先などからの弔慰金の非課税の範囲

☐ 「弔慰金の非課税の範囲」を超える部分の金銭は退職手当金等として相続税の対象。

☐ **業務上の事由による死亡**の場合…被相続人の死亡当時の**普通給与の3年分（36カ月分）**相当額までが非課税。

☐ **業務外の事由による死亡**の場合…被相続人の死亡当時の**普通給与の半年分（6カ月分）**相当額までが非課税。

●生命保険金・死亡退職金の非課税限度額

☐ 相続人が**生命保険金や死亡退職金**を受け取ったときは、それぞれについて、**次の限度額までは非課税**となる。

非課税限度額 ＝ 500万円 × 法定相続人の数

6位 ポートフォリオとデリバティブ取引 過去の出題率 1.57%

- [ ] **ポートフォリオ運用**…性格の異なる**複数**の金融商品に投資すること。分散投資。
- [ ] **相関係数**…ポートフォリオに組み入れる資産や銘柄の値動きの関連性を表す指標。値動きの相関関係を**-1（逆**の値動き）から**+1（同じ**値動き）までの数値で表す。

$$-1 \longleftarrow 0 \longrightarrow +1$$

2つの資産の値動きが逆。リスク低減	2つの資産の値動きには関係がない	2つの資産の値動きが同じ。リスクがある

相関係数は、+1より低ければリスク低減効果が得られる。

- [ ] **デリバティブ取引**には、先物取引やオプション取引がある。
- [ ] **オプション取引**は、ある商品について、一定の日（期間）に、一定のレートや価格で取引する権利（オプション）を売買する取引を指し、**買う権利をコール・オプション、売る権利をプット・オプション**という。原則として、**満期までの残存期間が長いほど、プレミアム（オプション料）は高く**なる。

8位 賠償責任保険 過去の出題率 1.49%

- [ ] **個人賠償責任保険**…**日常生活**の事故で**他人**の財産や身体を傷つけた場合の賠償責任を補償する保険。自身のほか、**生計を共にする家族（別居している未婚**の子も含む）や**ペット**の賠償責任も補償する。
  - ✕ **補償対象外**：家族の物、借り物の破損。**運転中、業務中、国外、ケンカ**の事故。
- [ ] **生産物賠償責任保険（PL保険）**…企業等が**製造・販売した商品**によって**事故が発生した場合**に、損害賠償金や訴訟費用を補償する保険。
  - ✕ **補償対象外**：リコールの費用。欠陥品の修理費用。
- [ ] **受託者賠償責任保険**…**人から預かった**物に対する損害賠償責任を補償する保険。
- [ ] **施設所有（管理）者賠償責任保険**…施設の管理の不備、または従業員等の業務活動中のミスによる損害賠償責任を補償する保険。**施設賠償責任保険**ともいう。
- [ ] **企業費用・利益総合保険（利益保険）**…店舗や工場が、火災、爆発、その他特定の事故で**売上や生産が減少した場合**の**利益**損失を補償する**保険**。火災保険では補償されない、事業活動の休止・阻害による損失を補償する。

8位 傷害保険

- □ **傷害保険**…急激かつ偶然な外来の事故による傷害（ケガ）を補償する保険。保険料は、原則として職業や職種によって異なり、性別・年齢による違いはない。
- □ 傷害保険の後遺障害保険金は、一般に、補償の対象となる事故によるケガが原因で、事故の発生日からその日を含めて180日以内に所定の後遺障害が生じた場合に支払われる。**ウラ技** 事故の人は全部補償（180日以内）
- □ **普通傷害保険**…国内と海外での日常生活（旅行中を含む）での、急激かつ偶然な外来の事故による傷害（スポーツのケガ、ケガで破傷風に感染して入院、火災でやけど等）を補償する保険。**病気（細菌性食中毒、ウイルス性食中毒、疲労性の腰痛、靴ずれ等）**、地震・噴火・津波によるケガは**補償対象外**。
- □ **家族傷害保険**…普通傷害保険と同じ補償を本人・配偶者、生計を共にする**同居の親族**と別居の未婚の子（契約締結後に誕生した子含む）が受けられる保険。
- □ **旅行（傷害）保険**…旅行のために自宅を出発してから帰宅するまでの病気・ケガ、賠償責任などを補償する保険。**食中毒**、**地震・噴火・津波も補償対象**。

※親族：本人の6親等以内の血族および3親等以内の姻族。配偶者は0親等。配偶者の姉は2親等姻族。

8位 不動産登記記録

過去の出題率 1.49%

- □ **不動産登記記録（登記簿）**は、一筆の土地または一個の建物ごとに作成される。
- □ **法務局（登記所）**で登記事項証明書の交付申請をすれば、**誰でも不動産登記記録を確認できる**（インターネットのオンライン請求も可能）。
- □ **不動産登記**には**公信力**がない。登記記録を正しいものと信用して取引を行い、その登記記録の内容が真実と異なっていた場合に保護されない。
- □ 不動産登記記録は、「**表題部**」と「**権利部…甲区・乙区**」から構成されている。
- □ **表題部**…所在や地番など、土地の表示（物理的状況）に関する事項が記載。
- □ **権利部（甲区）**…所有権に関する事項が記載。
- □ **権利部（乙区）**…抵当権や賃借権など、所有権以外の権利に関する事項が記載。
- □ **仮登記**…将来の**本登記の順位を保全**するためにあらかじめ行う登記。
- □ マンションの専有部分の床面積は、不動産登記記録では壁その他の区画の内側線で囲まれた部分の**水平投影面積（内法面積）**で記録されているため、壁芯面積で表示される広告などの床面積より狭い。

※登記事項証明書…不動産登記記録に記録されている事項の全部または一部を証明した書面。

9

8位 借地権・借家権

過去の出題率 **1.49**%

- [ ] **借地権**…借地借家**法**で定められた、他人の土地を借りて使用する権利のこと。
- [ ] 借地権には**普通借地権**（普通借地**契約**）と**定期借地権**（定期借地**契約**）がある。
- [ ] **借地権者**（借主）は、**借地権**の**登記**がなくても自分名義の建物を所有していれば第三者に**対抗**することが**できる**。
- [ ] **普通借地権**…借地借家法施行前からある借地権で、貸主側に正当な解約理由がなく、また建物が存在する場合に限り、借主が望めば**契約が更新される借地権**。契約が更新されない場合、**借主は貸主に建物等の時価での買い取りを請求できる**。
- [ ] 普通借地権の**契約存続期間は30年**だが、地主と借地人の合意で、**存続期間30年超の契約が可能**。
- [ ] **定期借地権**…定められた期間で契約が終了し、土地が貸主に返還されて**契約更新がない借地権**のこと。一般定期借地権、事業用定期借地権、建物譲渡特約付借地権の3種類がある。

種類	一般定期借地権	事業用定期借地権	建物譲渡特約付借地権
契約の締結	書面で契約（公正証書以外も可）	公正証書のみ	口頭・書面（どちらでも可）
契約存続期間	50年以上	10年以上50年未満	30年以上
利用目的	制限なし	事業用の建物（居住用建物は不可）	制限なし

- [ ] **借家権**…借地借家法で定められた、他人の建物を借りて使用する権利。**普通借家権**（普通借家契約）と**定期借家権**（定期借家契約）がある。

種類	普通借家契約（建物賃貸借契約）	定期借家契約（定期建物賃貸借契約）
契約	口頭または書面で契約	書面で契約。公正証書でなくてもよい
存続期間	1年以上。1年未満の契約は「期間の定めがない賃貸借」とみなされる	制限なし。1年未満の契約も契約期間とみなされる
更新	自動更新（法定更新）	更新なし（再契約はできる）
解約の条件	貸主からは、正当の事由をもって期間満了6カ月前までに借主に通知すれば解約可能	契約期間が1年以上の場合には、貸主は期間満了の1年前から6カ月前までに「契約の終了」を借主に通知しなければならない

- [ ] 貸主は借主に対し、定期借家契約であることを記載した**書面を交付して説明しなければならない**。怠った場合は「**契約の更新がない旨の定め**」が無効となる。
- [ ] **造作買取請求権**…普通借家契約において、借主が、貸主の同意を得て取り付けた畳や建具等の造作を、契約満了時に貸主に**時価**で買い取るよう請求できる権利。

12位 譲渡所得と取得費

☐ **譲渡所得**…書画、骨とう、ゴルフ会員権、不動産、株式、などの資産を**譲渡（売却）することで生じる所得**。短期譲渡所得と長期譲渡所得に分かれる。

☐ **短期譲渡所得**…取得日～譲渡日までの**所有期間が5年以下**であるもの。不動産の場合には、取得日～譲渡した年の1月1日までの期間が**5年以下**であるもの。

☐ **長期譲渡所得**…取得日～譲渡日までの**所有期間が5年を超える**もの。不動産の場合には、取得日～譲渡した年の1月1日までの期間が**5年を超える**もの。

☐ **土地・建物・株式以外の譲渡所得の求め方**─**総合課税**（他の所得と合算）

> **譲渡所得＝総収入金額－（取得費＋譲渡費用）－特別控除額（最高50万円）**

▲短期譲渡所得は、**全額**を総所得金額へ算入する。

▲長期譲渡所得は、その**2分の1**の金額を総所得金額へ算入する。

☐ **土地・建物の譲渡所得の求め方**─**申告分離課税**

> **譲渡所得＝総収入金額－（取得費＋譲渡費用）－特別控除額**

☐ **不動産の短期譲渡所得に係る税額**…譲渡所得金額に**所得税30%**、**復興特別所得税0.63%**、**住民税9%**の合計**39.63%**の税率を乗じて求められる。

※復興特別所得税は所得税に2.1%の税率を乗じる。所得税30%なので、30×0.021＝0.63%

☐ **不動産の長期譲渡所得に係る税額**…譲渡所得金額に**所得税15%**、**復興特別所得税0.315%**、**住民税5%**の合計**20.315%**の税率を乗じて求められる。

※所得税15%なので、復興特別所得税は15×0.021＝0.315%

☐ **株式の譲渡所得の求め方**─**申告分離課税**

> **譲渡所得＝総収入金額－（取得費＋譲渡費用＋株式購入のための負債の利子）**

☐ **株式の譲渡所得に係る税額**…短期・長期の区別なく**所得税15%**、**復興特別所得税0.315%**、**住民税5%**の合計**20.315%**の税率を乗じて求められる。

☐ **概算取得費**…土地・建物を譲渡したことによる譲渡所得の金額の計算において、譲渡した土地・建物の取得費（購入費や費用）が不明である場合には、**譲渡収入金額の5%相当額**を概算取得費とすることができる。

☐ **譲渡費用**…資産を譲渡する際に直接かかった費用。仲介手数料、広告料、印紙代、古い建物の取壊し費用、借家人の立退料など。

12位 住宅借入金等特別控除

- [ ] **住宅借入金等特別控除（住宅ローン控除）**…住宅ローンを利用して**住宅の取得**や<u>増改築</u>をした場合、住宅ローンの一部を**所得税額から控除**できる制度。
- [ ] 条件①…対象となる家屋の床面積が、(1)<u>50㎡以上</u>　(2)<u>40㎡以上</u>（合計所得金額1,000万円以下で、2022年以降の入居、2024年末までに建築確認を受けた新築住宅）で、(1)・(2)ともに**床面積の2分の1以上**が<u>居住用</u>であること（店舗併用可）。
- [ ] 条件②…その年の合計所得金額が<u>2,000万円以下</u>（2022年1月1日以後の居住の場合）であること。
- [ ] 条件③…償還（返済）期間が<u>10年以上</u>の分割返済の住宅ローンであること。
- [ ] 条件④…住宅取得日から<u>6カ月以内</u>に入居し、控除を受ける年の<u>12月31日</u>まで引き続き居住していること。
- [ ] 親族、知人等からの借入金については適用不可。
- [ ] 転居した場合や、住宅を第三者へ<u>賃貸</u>した場合には適用不可。
- [ ] **控除期間と控除率**…控除期間は**最長13年**。控除率は<u>0.7%</u>。
- [ ] 給与所得者が住宅ローン控除の適用を受ける場合、最初の年分だけは**確定申告**が<u>必要</u>。翌年分以降は<u>年末調整</u>によって適用を受けることができる。

12位 株式の投資指標

- [ ] **株式の配当金**は、発行会社の業績等の要因により、<u>支払われない</u>ことやその額が<u>増減</u>することがある。
- [ ] **配当性向**…当期純利益に占める配当金総額の割合を示す指標。
- [ ] **配当利回り**＝1株当たり年間<u>配当金</u>÷株価×100
  株価が<u>下落</u>すると、配当利回りは<u>上昇</u>する。
- [ ] **PER（株価収益率）**＝<u>株価</u>÷1株当たり<u>純利益</u>
  PERが高いほど株価は<u>割高</u>、PERが低いほど株価は<u>割安</u>。
- [ ] **PBR（株価純資産倍率）**＝<u>株価</u>÷1株当たり<u>純資産</u>
  PBRが高いほど株価は<u>割高</u>、PBRが低い（1倍に近い）ほど株価は<u>割安</u>。
- [ ] **ROE（自己資本利益率）**＝当期純利益÷自己資本×100　（<u>高い</u>ほど収益力あり）

【X社】 株価：1,200円　1株当たり純利益：80円　1株当たり純資産（自己資本）：800円

X社のPERは<u>1,200</u>円÷<u>80</u>円＝<u>15</u>倍。PBRは<u>1,200</u>円÷<u>800</u>円＝<u>1.5</u>倍。
ROEは<u>80</u>円÷<u>800</u>円＝<u>10</u>%。

> 【参考】出題はされないが、略語の意味を理解しておくと覚えやすい。
> PER…株価収益率
> Price Earnings Ratio
> PBR…株価純資産倍率
> Price Book-value Ratio
> ROE…自己資本利益率
> Return On Equity

15位 係数の活用

□　資産運用計画を立てる際に、以下の係数を利用する。係数の数値は試験で掲載されるので、覚えなくてよい。

〈係数早見表〉（年利2%）

期間	終価係数	現価係数	減債基金係数	資本回収係数	年金終価係数	年金現価係数
5年	1.104	0.906	0.192	0.212	5.204	4.713

□　**終価係数**…現在の元本（元金）を複利運用すると、最終的にいくらになるかを計算する。

【例】100万円を年利2%で複利運用した場合の5年後の元利合計

→100×終価**係数**1.104＝110.4万円

□　**現価係数**…複利運用しながら目標額にするために現在いくら必要かを計算する。

【例】年利2%で複利運用して5年後に100万円にするための元本

→100×現価**係数**0.906＝90.6万円

□　**減債基金係数**…複利運用して、目標額にするために必要な毎年の積立金額（積み立てる基金）を計算する。

【例】毎年一定額を積み立てながら、年利2%で複利運用して5年後に100万円にしたい場合の毎年の積立金

→100×減債基金**係数**0.192＝19.2万円

□　**資本回収係数**…現在の元本を複利運用しながら取り崩す場合の毎年の受取額（資本の回収額）を計算する。利息を含めた毎年の投資信託返済額を計算する際にも用いる。

【例】100万円を年利2%で複利運用して5年間で取り崩す場合に毎年受け取れる年金→100×資本回収**係数**0.212＝21.2万円

□　**年金終価係数**…毎年の積立金を複利運用していくと、最終的にいくらになるかを計算する。

【例】毎年100万円積み立てて年利2%で複利運用する場合の5年後の元利合計

→100×年金終価**係数**5.204＝520.4万円

□　**年金現価係数**…複利運用しながら、目標額の年金を毎年受け取るためには現在いくら必要かを計算する。

【例】年利2%で複利運用して5年間にわたって100万円ずつ年金を受け取りたいときに必要な元金

→100×年金現価**係数**4.713＝471.3万円

15位 生命保険の特約

☐ **特約**は主契約に付加して契約するので、**主契約を解約すると特約**も**解約**となる。

☐ **特定（３大）疾病保障定期保険特約**…**特定（３大）疾病**である**がん・急性心筋梗塞・脳卒中**で所定の状態と診断された場合に、死亡保険金と同額の保険金が支払われる。被保険者が**特定疾病以外の事由（交通事故など）により死亡**した場合も保険金が支払われる。保険金の支払いは１度だけ。

☐ **重度疾病保障特約**…特定（３大）疾病に加えて、肝臓・腎臓病や糖尿病等の**重度疾病**になった際に給付金が支払われる。保険金の支払いは１度だけ。

☐ **先進医療特約**…（契約時点でなく）**療養を受けた時点**に承認されている**先進医療治療**を受けた場合に給付金が支払われる。

☐ **リビング・ニーズ特約**…**余命６カ月以内**と診断された場合に、保険金を生前に受け取ることができる無料の特約。

☐ **傷害特約**…不慮の事故が原因で**180日以内**に死亡・高度障害、または所定の身体障害に該当した場合に保険金（給付金）が支払われる。

☐ **災害割増特約**…災害や事故が原因で**180日以内**に死亡、または高度障害状態になった場合に保険金が支払われる（**180日以内**は、生命保険、傷害保険、医療保険などでも同様）。

☐ **がん保険、がん保証特約**…一般に**３カ月（90日）**の**待機期間（不担保期間）**があり、待機期間中にがんと診断された場合には、**契約は無効**になる。つまり、がん保険の**責任開始日**は、通常の責任開始日の**３カ月（90日）後**となる。

☐ **責任開始日**…保険会社に保険契約上の履行義務（保険金の支払等）が発生する日。保険会社の承諾を前提として、**申込み**、**告知・診査**、**第１回保険料払込み**の３つがすべて完了した日をいう。

☐ **女性医療特約（女性疾病入院特約）**…女性の病気（乳がんや子宮筋腫など）に備える特約。**正常分娩・美容整形・不妊手術**等は、補償対象外。

☐ **指定代理請求特約**…本人が**保険金**を請求できない場合、**指定代理請求人**が代わって**保険金**を請求できる無料の特約。

☐ **総合医療特約**…不慮の事故（災害）や病気（疾病）による入院・手術等を保障する特約。

☐ **収入保障保険（特約）**…被保険者が死亡・高度障害状態となった場合、給付金が支払われる。保険期間の経過とともに保険金が**逓減**するため、通常の定期保険よりも保険料が**割安**。**一時金で受け取る場合、年金より受取額が少なく**なる。

15位 用途制限／接道義務／2項道路

過去の出題率 **1.41**%

● 建築基準法では、用途地域別に、建築物の用途制限を定めている。

☐ **幼稚園、小・中学校、高校**…**工業**地域、**工業専用**地域には建ててはいけない。

☐ **住宅**…**工業**地域には建ててもよいが、**工業専用**地域には建ててはいけない。

☐ **カラオケボックス**…**第一種住居**地域には建ててはいけない。

〈用途地域別の建築制限〉

建築物の用途 ＼ 用途地域	住居系								商業系		工業系		
	第一種低層住居専用地域	第二種低層住居専用地域	第一種中高層住居専用地域	第二種中高層住居専用地域	第一種住居地域	第二種住居地域	準住居地域	田園住居地域	近隣商業地域	商業地域	準工業地域	工業地域	工業専用地域
診療所、公衆浴場、保育所、幼保連携型認定こども園、神社、教会、派出所	○	○	○	○	○	○	○	○	○	○	○	○	○
住宅、共同住宅、図書館、老人ホーム	○	○	○	○	○	○	○	○	○	○	○	○	×
幼稚園、小・中学校、高校	○	○	○	○	○	○	○	○	○	○	○	×	×
病院	×	×	○	○	○	○	○	×	○	○	○	×	×
大学、高等専門学校、専修学校	×	×	○	○	○	○	○	×	○	○	○	×	×
カラオケボックス	×	×	×	×	×	○	○	×	○	○	○	○	○
ホテル、旅館	×	×	×	×	○	○	○	×	○	○	○	×	×

☐ 1つの敷地が**異なる2つ以上**の用途地域にまたがる場合、その敷地の全体について、過半の属する**用途地域の用途制限**が適用される。

● 建築基準法では、道路を次のように定義している。

☐ **道路**…幅員（道幅）**4**m以上の道路。

☐ **接道義務**…建築物の敷地は、原則として**幅員4m以上の道路**に**2**m以上接しなければならない。

☐ **2項道路**…都市計画区域にある幅員（道幅）**4**m未満の道で、特定行政庁により道路と指定されるもの。

☐ **2項道路のセットバック**：**道路中心線から2m下がった線**をみなし道路境界線として、道沿いの建物はみなし道路境界線まで**下がって建てなければならない**。みなし道路境界線と道までの部分（セットバック部分）は、容積率や建蔽率の計算の際、**敷地面積に算入されない**。なお、道路の片側が川やがけ地の場合は、道路と川やがけ地との境界線から**4**mの**セットバック**が必要となる。

15

15位 給与所得者の確定申告

- ☐ **確定申告**…納税者本人が所得税額を計算し、申告・納付する手続き。所得の生じた年の翌年の**2月16日～3月15日**に申告書を**住所**地の**所轄税務署**に提出する。
- ☐ 給与所得者は、給与支払者（事業主）が**源泉徴収**によって税金を支払うため、次の①～④の場合を除き**確定申告は不要。**
- ☐ ① 給与所得者のうち、その年中に支払を受けるべき給与等の金額が**2,000万円を超える者**は、確定申告をしなければならない。
- ☐ ② 給与を1か所から受けていて、**給与所得、退職所得以外の所得金額が20万円を超える場合**には、確定申告をしなければならない。
- ☐ ③ 給与所得者のうち、**住宅借入金**等特別控除（**住宅ローン**控除）の適用を受ける者は、**初年度のみ確定申告**をしなければならない。
- ☐ ④ **医療費控除**の適用を受けるには、**医療費控除**の**明細書**を添付して、確定申告をしなければならない。
- ☐ **地震保険料控除**および**生命保険料控除**の適用については、**年末調整の対象となる給与所得者**の場合、所定の書類を**勤務先に提出する**ことで受けることができる。

15位 贈与税の基礎知識

- ☐ **贈与税**…**個人**（贈与**者**）から財産を**贈与された個人**（受贈**者**）に課せられる。**法人**から個人への贈与は、給与所得または一時所得として**所得税**が課せられる。
- ☐ 課税方法は、受贈者が**暦年課税**または**相続時精算課税**を選択できる。

● **暦年課税の申告と納税**

- ☐ 1月1日から12月31日までに受けた**贈与財産の価額**を合計して計算する。
- ☐ **贈与を受けた年の翌年2月1日から3月15日の間**に**申告**と**納税**を行う。
- ☐ **受贈**者の居住地を管轄する税務署長に申告書を提出し納付する。
- ☐ **基礎控除額**は贈与者の人数にかかわらず**110万円**。**110万円以下**なら**非課税**となり、**申告不要。110万円超**で**申告義務**が生じる。**110万円超**の部分は、**超過累進税率**で計算するため、税率は課税価格によって変わる。
- ☐ 1暦年間に複数人から贈与を受けた場合、贈与財産の**合計**額から基礎控除額を控除して贈与税額を算出。**基礎控除**は**贈与者ごとではなく、1暦年間に1回のみ**。
- ☐ **2023年以前**…**相続開始前3年以内**に被相続人から受けた贈与は**相続税**の対象。

※**2024年以降**に贈与される財産は相続税の対象になる期間が順次延長される（最終的に**7年以内**）

20位 FPの倫理と関連法規

過去の出題率 **1.37%**

● FPが守るべき主な倫理

☐ **顧客利益**の優先…顧客の利益を最も優先すること。FP自身や第三者の利益を優先してはいけない。なお、顧客の利益を優先する行為であっても、弁護士や税理士など、他の関連業務の領域を侵してはいけない。

☐ **守秘義務**の厳守…顧客の許可のないまま、第三者に顧客の個人情報を漏らしてはいけない。

☐ 説明**義務**（アカウンタビリティ）…作成したライフプランニングの内容や意図について、顧客に対して十分に説明する必要がある。

☐ **顧客**の同意（インフォームド・コンセント）…プランニングに当たっては、顧客の立場で十分に説明し、本当に理解しているかどうかを確認する必要がある。

● FPと関連法規

☐ **弁護士（司法書士）**でなければ、**遺言状の作成指導、法律判断に基づく和解案の提案**など、個別具体的な**法律事務**はできない。

◯ **できる**→法律に関する一般的な**説明**をする。顧客の**任意後見受任者**となる。

☐ **税理士**でなければ、**顧客の税務書類の作成、納税額の計算**など、個別具体的な**税務相談**はできない。

◯ **できる**→一般的な税務の解説をする。仮定の事例についての**税額計算**。

☐ **個別の株式の売買、具体的な投資の助言**などの投資助言・代理業を行うには、金融商品取引業者として内閣総理大臣の登録を受けなければならない。

◯ **できる**→景気予測、企業業績の予想、公表されている株価の推移などに関する一般的な**説明**をする。

☐ 内閣総理大臣の登録を受けた保険募集人でなければ、**保険商品の募集・販売・勧誘**はできない。

◯ **できる**→保険についての一般的な**説明、保険見直しの相談や提案**をする。

☐ **社会保険労務士**でなければ、**年金請求書の作成、公的年金に関する手続き**など、社会保険の個別具体的な**手続き**はできない。

◯ **できる**→公的年金制度に関して一般的な**説明**をする。**公的年金の受給見込**額の計算をする。

ウラ技 **具体的**はダメ、**一般的**はOK

21位 基礎控除/扶養控除/配偶者控除

- [ ] **基礎控除**…合計所得金額2,500万円以下の納税者に適用される所得控除。

合計所得金額	控除額
2,400万円以下	48万円
2,400万円超 2,450万円以下	32万円
2,450万円超 2,500万円以下	16万円
2,500万円超	0円（適用外）

- [ ] **扶養控除**…納税者本人と生計を一にしている、**配偶者以外の控除対象扶養親族**（その年12月31日現在の年齢が16歳以上の配偶者以外の扶養親族）がいる場合に適用される所得控除。納税者本人の合計所得金額の制限はない。

区分		控除額
一般の扶養親族（一般の扶養控除）：16歳以上		38万円
特定扶養親族（特定扶養控除）：19歳以上23歳未満		63万円
老人扶養親族：70歳以上	同居老親等以外の者	48万円
	同居老親等	58万円

- [ ] **控除対象扶養親族の要件**…青色申告者、または白色申告者の事業専従者でないこと。**合計所得金額48万円以下**（収入が給与のみの場合は**年収103万円以下**…103万円から**給与所得控除55万円**を差し引くと48万円）。

- [ ] **配偶者控除**…合計所得金額1,000万円（給与のみの場合は年収1,195万円）以下の納税者本人と生計を一にしている配偶者（その年の12月31日現在）がいる場合に適用される所得控除。

納税者本人の合計所得金額	控除額	
	控除対象配偶者	老人控除対象配偶者(70歳以上)
900万円以下	38万円	48万円
900万円超 950万円以下	26万円	32万円
950万円超 1,000万円以下	13万円	16万円

- [ ] **配偶者控除対象配偶者の要件**…青色申告者、または白色申告者の事業専従者でないこと。**合計所得金額48万円以下**（収入が給与のみの場合は**年収103万円以下**…103万円から**給与所得控除55万円**を差し引くと48万円）。

   ※「配偶者に対する相続税額の軽減」を受ける場合は、相続税の申告書提出が必要。

- [ ] 配偶者の合計所得金額が48万円超でも、納税者本人の合計所得金額が1,000万円以下で、配偶者の合計所得金額が133万円以下（年収103万円超〜201.6万円未満）なら配偶者特別控除が適用される。控除金額は最高38万円。

21位 不動産の取引と媒介契約

過去の出題率 **1.33**%

☐ **宅地建物取引業**…土地や建物の**売買**、**交換**、**貸借の媒介（仲介）や代理**を行う業務のこと。宅地建物取引業を行う場合は、<u>国土交通大臣</u>、または**都道府県知事**から<u>免許</u>を受ける必要がある。自分が所有する建物を人に貸す場合は、宅地建物取引業者に該当せず、免許取得の**必要は**<u>ない</u>。

☐ **宅地建物取引業者**…宅地建物取引業を**業として行う**（不特定多数を対象にその業務を反復して行う）**者**のこと。

☐ 宅地建物取引業者は、事務所従業員**5人**に対して<u>1人</u>、**宅地建物取引士**を置くことが義務づけられている。宅地建物取引士には、次の<u>独占</u>業務がある。

❶ <u>借主や買主への重要事項の説明（契約成立の</u><u>前</u>）

❷ <u>重要事項説明書（35条書面）への記名</u>

❸ <u>契約書面（37条書面）への記名</u>

☐ 宅地建物取引業者は、宅地・建物の売買または交換の媒介の契約を締結したとき、遅滞なく<u>媒介契約書</u>を作成、<u>記名押印</u>して、依頼者にこれを**交付**しなければならない。一方、買主には、宅地建物取引業者への<u>仲介手数料</u>の支払いが生ずる。

☐ **媒介契約**…**一般**、**専任**、**専属専任**の3種類がある。

	一般媒介契約	専任媒介契約	専属専任媒介契約
依頼者から複数の業者への依頼	できる	できない	できない
自己発見	できる	できる	できない
契約有効期間	自由	3カ月	
依頼者への報告義務	なし	2週間に1回以上	1週間に1回以上

☐ **手付金**…契約成立の確認のため、買主から売主に支払われるお金。通常は<u>解約手付</u>（契約解除を可能にしておくための手付金）として扱われる。宅地建物取引業者が売主となる不動産の売買契約で取引相手が宅地建物取引業者でない場合、代金の額の<u>2割</u>（10分の2）を超える額の手付金を受領することはできない。

☐ **契約の解除**…解約手付の交付後、相手方が契約の履行に着手するまで（売主の物件引渡し、買主の代金支払いまで）は、買主は交付した**手付金を放棄**することで、売主は**手付金の倍額を支払う**ことで、契約の解除ができる。

☐ **契約不適合責任**…売買される不動産が、契約の内容に適合しないものであるとき、買主は売主に対し、**追完**の請求、**代金減額**の請求、**損害賠償**の請求、**契約の解除**を行うことができる。買主がこれらの請求や契約解除を行うには、契約不適合を知った時から<u>1年</u>以内に売主への<u>通知</u>が必要。

21位 生命保険の契約者保護

過去の出題率 1.33%

- [ ] **保険契約者保護機構**…保険会社が破綻したときに契約者を保護する法人。生命保険契約者保護機構と損害保険契約者保護機構がある。
- [ ] 銀行の窓口で契約した保険は、保険契約者保護機構が補償する。
- [ ] **加入義務**…国内保険会社は、保護機構への加入が義務づけられている。少額短期保険業者（保険金額が少額、短期、掛捨てで、保険金の上限1,000万円）や共済には加入義務はない。
- [ ] **補償内容**…生命保険契約者保護機構では、破綻時点での補償対象契約（高予定利率契約を除く）の責任準備金の90%まで補償される。損害保険契約者保護機構では、保険金の80%～100%が補償される。
- [ ] **責任準備金**…保険会社が将来の保険金や給付金として積み立てている資金。「責任準備金－保険会社のコスト＝解約返戻金」となる。
- [ ] **ソルベンシー・マージン比率**…保険会社の支払能力を見る指標。200%以上であれば健全性が高く、200%未満になると金融庁から早期是正措置が発動される。

24位 保険料の算定

過去の出題率 1.29%

- [ ] 保険料は、大数の法則、収支相等の原則、給付・反対給付均等の原則（公平の原則）に基づき、予定基礎率（予定死亡率、予定利率、予定事業費率）で計算される。
- [ ] **大数の法則**…死亡率など、多くの事例を集めた統計によってわかる一定の法則。
- [ ] **収支相等の原則**…保険料総額と保険金総額が等しくなるようにする原則。
- [ ] **給付・反対給付均等の原則（公平の原則）**…損害保険において、保険料と保険事故発生の際に支払われる保険金の数学的な期待値が等しいことを示す原則。
- [ ] **予定死亡率**…男女、年齢別の死亡率。予定死亡率が高いほど、保険料は高くなる。
- [ ] **予定利率**…保険会社の運用利回り。予定利率が高いほど、保険料は安くなる。
- [ ] **予定事業費率**…保険会社が必要な運営費用の保険料に対する割合。予定事業費率が高いほど、保険料は高くなる。
- [ ] 契約者が支払う保険料は、保険金の財源となる純保険料と、保険会社が保険契約を維持・管理していくための必要経費に充当される付加保険料とに大別できる。
- [ ] **純保険料**…予定死亡率および予定利率をもとに算定される。
- [ ] **付加保険料**…予定事業費率をもとに算定される。

24位 債券の利回り

- [ ] **債券**…発行者（国、地方公共団体、企業）が資金を借りる際に発行する借用証書（国債、地方債、社債）。一般に、**市場金利が上昇**すると**債券価格は下落**する。

- [ ] **利付債**…定期的（年２回、または１回）に利子が付く債券。

- [ ] **表面利率**…利付債において、額面に対して１年間にどれぐらいの割合の利子が支払われるかを示したもの。**クーポンレート**ともいう。

- [ ] **利回り**…**購入価格**に対する１年間の**収益合計**（利子＋差益）の割合。一般に、**信用格付の高い債券**ほど、**債券価格は高く、利回りは低く**なる。債券の利回りには**直接利回り、応募者利回り、所有期間利回り、最終利回り**の４つがある。

- [ ] **直接利回り**…購入価格に対する年間の利子の割合。

$$直接利回り(\%)=\frac{表面利率}{購入価格}\times100$$

- [ ] **応募者利回り**…**発行時に購入**、満期まで所有し**額面で償還**された場合の利回り。

$$応募者利回り(\%)=\frac{表面利率+\dfrac{額面金額-発行価格}{償還期間}}{発行価格}\times100$$

- [ ] **所有期間利回り**…**償還の前に売却**した場合の利回り。

$$所有期間利回り(\%)=\frac{表面利率+\dfrac{売却価格-購入価格}{所有期間}}{購入価格}\times100$$

- [ ] **最終利回り**…**時価で途中購入**、満期まで所有し**額面で償還**された場合の利回り。

$$最終利回り(\%)=\frac{表面利率+\dfrac{額面金額-購入価格}{残存期間}}{購入価格}\times100$$

- [ ] 所有期間利回り、応募者利回り、最終利回りは、次のように計算できる。

  ① （**売却**価格－**購入**価格）÷**所有期間** ←差益…年あたりの利子以外の儲け〇円

  ② **表面利率**＋① ←年あたりの債券の儲け〇円

  ③ ②÷**購入価格**×100 ←利回り…投資額に対する利益の割合

確認問題 ▶次の質問に答えなさい。　　　　　　　　　　　　答えはページ下

　表面利率（クーポンレート）1.0％、残存期間２年の固定利付債券を額面100円につき97円で買い付け、100円で償還された場合の最終利回りは何％か（小数点以下第３位を四捨五入すること）。

26位 生命保険の種類と特徴

過去の出題率
1.25%

□　**終身保険**…死亡または高度障害状態になった場合に保険金が支払われる保険。払込期間が終わると保険料負担なしで**一生涯保障が続く**。**解約返戻金**は、期間の経過に従って**一定額まで**増えていく。

□　**定期保険**…定められた期間中に死亡または高度障害状態になった場合に保険金が支払われる**掛捨ての保険**。一般に**解約返戻金は**少なく、**満期保険金**（保険期間終了まで生存した場合の保険金）の支払いは**ない**。保険金が一定の平準（へいじゅん）**定期保険**、保険金が増えていく逓増（ていぞう）**定期保険**、保険金が減っていく逓減（ていげん）**定期保険**がある。

□　**養老保険**…**死亡・高度障害状態**になると**死亡保険金・高度障害保険金**が、保険期間満了まで生存すると**満期保険金**が支払われる**生死混合保険**。一度でも**死亡保険金・高度障害保険金が支払われると契約は終了**し、満期**保険金は支払われない**。期間の経過に従って、**解約返戻金**が満期保険金と同額まで増えていくため、貯蓄性が高い保険といえる。

□　**収入保障保険**…世帯主などの被保険者が死亡・高度障害状態となった時点から満期まで、家族に**年金**として毎月（または毎年）、定額の給付金が支払われる（一時金として一括受取も可能）保険。保険期間の経過とともに年金受取期間が短くなって**年金受取総額が**減少していくので、通常の定期保険より**保険料が**割安である。

□　**利率変動型積立終身保険（アカウント型保険）**…契約者が積立金部分を口座（アカウント）から引き出したり、保障内容を変更する際の保険料に充てることができる保険。死亡保障や医療保障などの保障に関する部分はすべて特約で、更新のたびに保険料が上がっていき、積立金も減っていく。

□　**定期保険特約付終身保険**…定期保険特約を付けて保障を厚くした終身保険。定期保険期間を主契約である終身保険の保険料払込期間と同じにした**全期型**と、保険料払込期間より短く設定して更新していく更新型がある。**更新型の更新時には**診査や告知は**不要**だが、保険料は再計算されて高くなる。定期保険特約の期間は、主契約の終身保険の保険料払込期間が上限で、それ以降の更新はできない。

□　**変額個人年金保険**…保険料が特別勘定（ファンド）で**運用**される保険。株式や債券など、保険会社の運用実績によって、死亡保険金や解約返戻金、あるいは年金額が変動する。一般に、死亡、または高度障害の場合に支払われる**保険金や給付金**には**基本保険金額が最低保証**されている。解約返戻金や満期保険金に**最低保証はない**。

26位 経済指標

□ **国内総生産（GDP）**…一定期間内に**国内で生産された財やサービスの付加価値の総額**。**外国**で生産された付加価値は含まない。**物価変動を加味しないものが名目**GDP、**物価変動を考慮した（取り除いた）ものが実質**GDP。

□ **景気動向指数**…景気の現状把握と予測のため内閣府が発表する指標で、**先行指数**、現状を示す**一致指数**、遅行指数の３つに大別される。**景気変動の大きさやテンポ（量感）を示すCIと景気動向の方向性を示すDI**がある。一般に、CIの一致指数（有効求人倍率等）の上昇は景気拡張、低下は景気後退の局面と見られる。

□ **全国企業短期経済観測調査**…日銀が年**4**回、約１万社を対象に実施する、短期の業況についてのアンケート調査。**日銀短観**ともいう。

□ **消費者物価指数**…全国の世帯が購入する**家計に係る財およびサービスの価格等**を総合した物価の変動。**総務省**が公表する。

□ **企業物価指数**…**企業**間の取引や貿易取引における商品の価格変動を表した指数。

□ **マネーストック統計**…一般法人、個人、地方公共団体などの通貨保有主体が保有する**通貨量**の残高を集計したもの。

28位 自動車損害賠償責任保険

□ **自動車損害賠償責任保険（自賠責保険）**…自動車損害賠償保障法により、自動車、二輪自動車（**原動機付自転車含む**）の所有者と運転者に加入義務が課されている強制保険。

□ **補償の対象と対象外**…他人の身体や生命への傷害に対する補償のみ。**物品への損害、本人のケガ、自損事故は対象外。**

□ **保険金の支払限度額**

死亡事故の場合	被害者１人当たり**3,000**万円
傷害事故の場合	被害者１人当たり**120**万円 後遺障害のある場合：75万円〜**4,000**万円

確認問題 ▶適切なものは①、不適切なものは②をマークしなさい。　　答えはページ下

自動車損害賠償責任保険（自賠責保険）は、対人賠償事故および対物賠償事故を補償の対象としている。　　　　　　　　　　　　　　① ②

□ **遺言**〔いごん〕…自らの死後のために意思表示をすること。**遺言の効力**は、遺言者の**死後**に生じる。

□ **遺言書の作成指導**は、弁護士、司法書士等でなければできない（**FPはできない**）。

□ **被相続人**（死亡した人）の遺言による**指定分割**（**相続人**の相続分の指定）がない場合、必ずしも**法定相続分**に従う必要はない。共同相続人全員の協議により分割する**協議分割**ができる。

□ 遺言書は、いつでも内容の**変更**（作り直し）・**撤回**が**できる**。

□ **検認前に遺言書を開封**した場合、その遺言書は無効には**ならない**。

●自筆証書遺言

□ 遺言者が遺言の全文、日付、氏名を**自書し、押印**（パソコン作成、口述録音等は**不可**）。**財産目録**のみ、書式自由（パソコン作成書面や通帳コピー添付など、自書によらない記載には頁ごとに署名押印が必要）。

□ 自筆証書遺言のみ、証人の立会いが**不要**。

□ 相続開始後に家庭裁判所で**検認**（遺言書の偽造等を防止するための証拠保全手続き）が**必要**。ただし、**法務局**（遺言書保管所）で保管されている遺言書については**検認不要**。

□ 日付の特定がないもの（大安吉日など）は、**無効**。

●公正証書遺言

□ 公証人役場で**証人2名以上**（推定相続人、受遺者、およびその配偶者・直系血族は不可）立会いのもと、遺言者が遺言の趣旨を公証人に口授し、公証人が筆記する。遺言者、証人、**公証人の署名・押印が必要**。

□ 原本は**公証人役場**に保管される。

□ 公正証書遺言のみ、相続開始後の**家庭裁判所の検認が不要**。

□ 作成には遺言の目的となる**財産の価額に応じた手数料がかかる**。

●秘密証書遺言

□ **遺言者**が作成し、署名押印し、封印。**証人2名以上**の前で**公証人**が日付を記入する。

□ **遺言者自身**が保管する。

□ ワープロや代筆での作成**でもよい**。

□ 相続開始後に家庭裁判所で検認の手続きが**必要**。

29位 利子所得/事業所得/減価償却 過去の出題率 1.17%

- [ ] **利子所得**…預貯金の利子、一般公社債の**利子**などの所得。**源泉分離**課税の対象で**20.315**%（**所得税15**%＋**復興特別所得税0.315**%＋**住民税5**%）が源泉徴収。
- [ ] **事業所得**…農業、漁業、製造業、卸売業、小売業、サービス業、その他**事業による所得**で、**総合**課税の対象。
- [ ] **事業所得の総収入金額**…事業によってその年に確定した**売上金額（未収額も含む）**のこと。**事業所得＝総収入金額－必要経費（－青色申告特別控除額）**
- [ ] 事業所得の**必要経費**には、売上原価（商品などの仕入れ代金）、給与・賃金、減価償却費、広告宣伝費、家賃、水道・光熱費、固定資産税などが含まれる。
- [ ] **減価償却**…所得税法において、業務用の建物や機械など、**時の経過やその利用により価値が減少する資産**について、その取得に要した金額を**耐用年数**にわたって**各年分**の**必要経費**に配分する手続き。**土地**や骨とうなどの資産は該当しない。
  減価償却費＝取得価額×償却率×事業での使用月数／12カ月×事業専用使用割合
- [ ] **償却方法**…**定額法**と**定率法**の２種類どちらかを選ぶ。選択しなかった場合、所得税は**定額法**となる。なお、**1998年4月1日以降**に取得した**建物**の減価償却はすべて**定額法**で行う。

31位 フラット35 過去の出題率 1.12%

- [ ] **フラット35**…**住宅金融支援機構**（以前の住宅金融公庫）が、民間金融機関と提携して提供している最長**35**年の**固定**金利型住宅ローン。**保証人**は**不要**。
- [ ] **融資条件**…申込者の年齢が**70**歳未満（親子リレー返済除く）。年収に占める借入金の年間合計返済額の割合（総返済負担率）が、**年収400万円未満なら30**%以下、**年収400万円以上なら35**%以下。住宅購入金額による制限はない。
- [ ] **融資額**…100万円以上**8,000**万円以下。融資率（借入額÷住宅の建設費または購入価額）**100**%まで。住宅の建設費、購入価額の制限はない。
- [ ] **適用金利**…金利は**金融機関ごと**に決めていて、**融資実行時点**での金利が適用される。通常、融資率90%を超える場合は金利が高く設定されている。
- [ ] **融資期間**…**下限15**年（申込者が満60歳以上の場合は10年）、上限は申込者が80歳になるまでの年数と**35**年の、いずれか短い方。
- [ ] **融資対象**…**新築**、**中古住宅**、**借換え**。住宅が住宅金融支援機構の技術基準に適合していることを証明する適合証明書が必要。**増改築**は融資の対象外。

31位 保険業法と保険法

- [ ] <u>保険業法</u>は、保険会社に対する監督（免許の内容、業務の内容の規制、罰則等）について定めるもの。

- [ ] <u>保険法</u>は、契約当事者間の契約ルールについて定めるもの。

- [ ] **保険法**では、保険会社が契約者の告知義務違反を知ってから<u>1カ月</u>を経過しても契約解除をしなかったとき、または契約締結から<u>5年</u>を経過したときは保険契約を解除することができないとされている。

- [ ] **クーリング・オフ**…保険業法で定められている生命保険契約を消費者から撤回、解除ができる制度。契約申込日か契約申込みの撤回等に関する事項を記載した書面を受け取った日（交付日）の遅い方の日から<u>8日以内</u>に<u>書面</u>（消印のある封書・ハガキ、または電磁的記録）で行う。<u>法人</u>**契約**の保険は対象外。

● 保険業法によって、以下のことが禁止されている。

- [ ] 1　生命保険募集人（保険会社等）が、契約者や被保険者に<u>不利益</u>**となる事実**を告げずに現在の保険を解約して新契約に加入させること

ウラ技　「**契約者の<u>不利益</u>につながる行為は禁止**」と覚える

- [ ] 2　顧客に<u>虚偽の告知</u>を勧めること

- [ ] 3　保険料の割引など<u>特別の利益</u>の提供を約束すること

ウラ技　「**保険契約者への<u>特別扱い</u>は禁止**」と覚える

- [ ] 保険募集人が保険契約の承諾をすればその契約が成立する形態のことを<u>代理</u>という（保険募集人は保険会社の<u>代理</u>）。

- [ ] 保険募集人が保険契約の勧誘のみを行って契約の成立は保険会社の承諾に委ねる形態のことを<u>媒介</u>という。

確認問題 ▶適切なものは①、不適切なものは②をマークしなさい。　　答えはページ下

1　生命保険募集人が、保険契約者または被保険者に対して、保険料の割引、割戻し、保険料の立替払いその他特別の利益の提供を約束する行為は、保険業法により禁止されている。　　　　　　　　　　　　　　　　　　　　　　① ②

2　生命保険の募集に際し、生命保険募集人が保険契約者等に対して不実の告知をすることを勧めた場合、原則として、保険会社は告知義務違反を理由としてその保険契約を解除することができない。　　　　　　　　　　　　　　　　① ②

33位 居住用財産の譲渡所得の特別控除

過去の出題率 **1.08**%

□ 居住用財産（自宅の家屋、敷地）を譲渡した場合、譲渡所得（売却益）から最高 <u>3,000</u> 万円を控除できる特例で、正式には「**居住用財産を譲渡した場合の 3,000 万円の特別控除の特例**」という。

□ 特別控除を受けるには、居住用財産に居住しなくなった日から <u>3</u> **年目**の年の <u>12 月</u> <u>31 日</u>までに譲渡することが必要。

□ **特別関係者**（<u>配偶者</u>、<u>父母</u>、<u>子</u>、<u>生計を一</u>にする親族等）への譲渡の場合、この特別控除は受けられない。

□ 譲渡の年の<u>前年</u>、<u>前々年</u>に同特例の適用を受けていると、この特別控除は<u>受けられない</u>。

□ 特別控除を受ける場合、**所有・居住期間**、および**合計所得金額**は<u>問われない</u>。

□ この特例によって、**譲渡所得が 0 円**になる場合も、**確定申告**が<u>必要</u>。

□ **所有期間**が<u>10</u> **年を超える**居住用財産を譲渡した場合、「3,000 万円の特別控除の特例」適用後の金額のうち、**6,000 万円以下**の部分に、<u>14.21</u>**%の軽減税率**が適用される。これを「**居住用財産を譲渡した場合の長期譲渡所得の課税の特例**」という。

学科▶TOP60

34位 傷病手当金と出産育児一時金

過去の出題率 **1.04**%

□ 健康保険の主な給付には、**療養の給付**、**高額療養費**、**傷病手当金**、**出産手当金**、**出産育児一時金**、**埋葬料**の 6 つがある。

□ **傷病手当金**…被保険者が、業務外の事由による病気やケガで会社を**連続する 3 日間**（待期：有給休暇、土日・祝日等の公休日も含まれる）休んだ後、**休業** <u>4</u> **日目**から通算して <u>1</u> **年** <u>6</u> **カ月**にわたって給与が支払われていない期間について支給される。

□ **傷病手当金の支給額**…1 日につき「支給開始日以前の継続した 12 カ月間の各月の標準報酬月額の平均額÷30 日」の <u>3</u> **分の** <u>2</u> 相当額。

□ **出産育児一時金**…被保険者（企業の従業員や役員）や<u>被扶養者</u>（妻）が、出産したときに支給される。

□ **出産育児一時金の支給額**…産科医療補償制度に加入する医療機関で出産したときは、1 児につき <u>50</u> **万円**。産科医療補償制度に加入していない医療機関で出産したときは、1 児につき 48.8 万円。

ウラ技 赤ちゃんうまれ、これで**出産育児一時金** <u>50</u> **万円**

34位 老齢厚生年金

- [ ] **老齢厚生年金**…**65歳**から国民年金の老齢基礎年金に加えて、厚生年金から支給される年金。以前は60歳から支給されており、それを段階的に解消するため、60歳〜64歳まで支給される**特別支給**の老齢厚生年金がある。

- [ ] **支給要件**…厚生年金保険の被保険者期間が**1カ月**以上、**老齢基礎年金の受給資格期間10年**を満たしていること。**特別支給**の老齢厚生年金の受給資格には、**老齢基礎年金の受給資格期間10年**に加えて、**厚生年金の被保険者期間が1年**以上必要。

- [ ] **年金請求**…日本年金機構から送られる**年金請求書**にそって手続きをする。

- [ ] 厚生年金保険料の額は、標準報酬月額×保険料率で計算される。2017年9月以後、保険料率は**18.3%**に固定されている。

ウラ技 人はみんな保険料率**18.3%**
　　　　　 _{1　8　3}（※ルビ: 1 8 3）

- [ ] **繰下げ受給**…66歳〜75歳に受給開始。**繰下げ月数×0.7%**が増額され一生涯続く。[※1]最大10年繰り下げて75歳から受給開始なら増額率は**10×12×0.7＝84%**。

- [ ] **繰上げ受給**…60歳〜64歳に受給開始。**繰上げ月数×0.4%**が減額され一生涯続く。[※2]最大5年繰り上げて60歳から受給開始なら減額率は**5×12×0.4＝24%**。

- [ ] **繰上げ**受給は老齢基礎年金と老齢厚生年金を一緒にしなければいけないが、**繰下げ**受給は老齢基礎年金と老齢厚生年金のうちの一方だけでもできる。

- [ ] **加給年金**…厚生年金の加入期間が**20年以上**ある加入者に、生計を維持している**65歳未満**の配偶者または**18歳**到達年度の末日（3月31日）までの子がいると、加入者本人の65歳以降の老齢厚生年金（または特別支給の老齢厚生年金の定額部分）に支給される。**配偶者が65歳**になって老齢基礎年金が支給されるようになると、加給年金は終わり、今度は配偶者の老齢基礎年金に**振替加算**が給付される。

- [ ] **特別支給の老齢厚生年金**には、定額部分と報酬比例部分の2つがある。

  〈男性の報酬比例部分の支給開始年齢〉（女性は各**5年**遅れ）
  - ・1953年4月1日以前生まれ ……………………60歳
  - ・1953年4月2日〜1955年4月1日生まれ………61歳
  - ・1955年4月2日〜1957年4月1日生まれ………62歳
  - ・**1957**年4月2日〜**1959**年4月1日生まれ …… **63歳**
  - ・**1959**年4月2日〜**1961**年4月1日生まれ …… **64歳**

- [ ] 男性は**1961**年の4月2日以降の生まれから特別支給の老齢厚生年金がなくなる。

ウラ技 特別支給なくなり**苦労する人**
　　　　　　　　　　　　　_{9　6}　　₁（※ルビ: 9 6 1）

※1 1952年4月1日以前生まれ、または2017年3月31日以前に受給権発生日がある人の繰下げ上限年齢は70
※2 1902年4月1日以前生まれの人の繰上げ受給は0.5%の減額。

34位 所得税の基礎知識

- [ ] 税金は**国税**（国に納付）と**地方税**（地方公共団体に納付）、**直接税**と**間接税**に分けられる。**直接税**には、**所得税**や**住民税**。**間接税**には**消費税**がある。

- [ ] **所得税**は、個人が1月1日～12月31日の期間に得た所得（**収入－必要経費**）の税額を計算して納付する**申告納税方式**の税金。収入金額には、原則として、その年において収入すべき金額である**未収の収入**も計上しなければならない。

- [ ] **申告納税方式**…納税者が**自分**で税額を算出する方式（**所得税**、**法人税**、**相続税**）。

- [ ] **賦課課税方式**…国や地方公共団体が納税額を通知する（**住民税**、**固定資産税**）。

- [ ] **所得税の非課税所得**…社会政策上、所得税を課すことが適当でないとされる所得は非課税となる。非課税所得の例は以下①～⑤のとおりである。

- [ ] ①通院・手術・入院など、「**身体の傷害に基因**」して支払われる保険金・給付金

- [ ] ② 生活用の家具や衣服の売却による所得→**骨とう**や**美術工芸品等**の売却所得は**非課税にならない**。

- [ ] ③ **相続**、**遺贈**または個人からの**贈与**による取得→相続税や贈与税の対象。

- [ ] ④ 宝くじの**当選金**、サッカーくじの**払戻金**

- [ ] ⑤ 社会通念上相当の金額の**見舞金**、**補償金**、**慰謝料**、**香典**

- [ ] **納税義務者**…所得税法における**居住者**（日本国内に住所がある、または現在まで引き続き1年以上居所を有する個人）は、原則、国内外で生じたすべての所得について、**所得税の納税義務**を負う。**非居住者**（日本国籍がなく、過去**10年以内**に日本国内に住所・居所があった期間の合計が**5年以下**である個人）は、**日本国内で生じた所得**に限って納税義務を負う。

- [ ] 所得税の**課税方法**には、**総合課税**、**申告分離課税**、**源泉分離課税**の3つがある。

- [ ] **総合課税**…複数の所得を**まとめて**課税する方式。

- [ ] **申告分離課税**…**他の所得と分けて**税額を計算する方式。

- [ ] **源泉分離課税**…**一定税率**で税金が差し引かれる方式。確定申告は**不要**。

- [ ] **累進課税**…課税所得金額が多くなるに従って**税率**が**高く**なる課税方式。**所得税**の計算では超過累進課税が用いられている。

- [ ] **課税総所得金額**…所得税の課税対象となる金額のことで、**総所得金額から所得控除額**を引いたあとの金額。

- [ ] **所得税の所得控除**…**基礎控除**、**扶養控除**、**配偶者控除**、配偶者特別控除、ひとり親控除、寡婦控除、**医療費控除**、**社会保険料控除**、生命保険料控除、雑損控除、寄附金控除などがある。

34位 確定拠出年金（DC）

- [ ] 確定拠出年金（DC）…企業型年金（企業型DC）と個人型年金（iDeco）がある。加入者自らが運用指図を行い、運用リスクも加入者自らが負う年金である。
- [ ] 運用益が非課税で、給付金も控除（年金受け取りは、公的年金同様、雑所得として公的年金等控除、一時金受け取りは退職所得として退職所得控除）の対象となる。
- [ ] 個人型年金には、65歳未満の国民年金被保険者が加入できる。企業型年金には70歳未満が加入できる（企業によって加入できる年齢などが異なる）。
- [ ] 加入者の掛金（国民年金の第1号被保険者の掛金の拠出限度額は年額816,000円）は、全額が小規模企業共済等掛金控除として所得控除の対象。
- [ ] 企業型年金の掛金は、事業主が負担し、全額を損金算入できる。規約に別途定めれば、加入者が掛金を負担することもできる（マッチング拠出）。
- [ ] 通算加入者期間が10年以上あれば、60歳～75歳に老齢給付金（年金・一時金）の受給を開始できる。10年に満たなければ開始年齢は段階的に先延ばし。
- [ ] 納税者が配偶者の個人型年金の掛金を支払っても、小規模企業共済等掛金控除の対象とならない。

34位 青色申告

- [ ] 青色申告…正規の簿記の原則に基づいて所得税、法人税を計算して申告する制度。
- [ ] 対象者…不動産所得、事業所得、山林所得（フジサン）のいずれかがある者。
- [ ] 新たに青色申告の申請をする者は、申告する所得が生じる年の3月15日まで（1月16日以後に新規に業務を開始した場合には、業務開始日から2カ月以内）に青色申告承認申請書を納税地の所轄税務署長に提出して承認を受ける必要がある。
- [ ] 青色申告書は、翌年2月16日～3月15日の期間に所轄税務署に提出する。
- [ ] 貸借対照表や損益計算書等の帳簿書類は、7年間保存する必要がある。
- [ ] 青色申告特別控除額…事業所得者、および事業的規模（5棟10室基準：独立家屋は5棟以上、アパート等は貸与可能な独立した室数が10室以上の貸付け）の不動産所得者は最高65万円※。所定の要件を満たさない青色申告者は控除額10万円。
  ※電子申告または電子帳簿保存を行った場合に65万円、行わなかった場合は55万円。
- [ ] 納税者の配偶者が、青色事業専従者給与（必要経費に計上できる給与）の支払いを受けている場合、その配偶者は所得税における控除対象配偶者とはならない。
- [ ] 個人事業主の純損失額は、翌年以後3年間（法人は10年間）繰越控除できる。

34位 土地活用と不動産投資

過去の出題率 **1.04%**

- ☐ **等価交換方式**…土地の有効活用方式のうち、<u>土地所有者</u>が土地の全部または一部を拠出し、<u>デベロッパー</u>が建設費等を拠出して、それぞれの<u>出資比率</u>に応じて土地・建物に係る権利を取得する方式。
- ☐ **建設協力金方式**…<u>土地所有者</u>が建物を建設するが、建設資金の全部または一部には、その建物に**入居予定のテナント等**から預かった<u>保証金</u>や<u>建設協力金</u>を充てる。**土地の所有権**は<u>土地所有者</u>にある。
- ☐ 不動産投資をする際、採算がとれるかどうかを判断する指標として、**単純利回り**（グロス利回り）、**純利回り**（NOI 利回り）、**内部収益率**（IRR）がある。
- ☐ **単純利回り**…**年間賃料収入**を**投資額（物件購入価格）**で割った割合。

  単純利回り(%)＝年間賃料収入÷投資額×100
- ☐ **純利回り**…<u>純収益</u>（年間賃料収入－諸経費）を投資額で割った割合。

  純利回り(%)＝純収益÷投資額×100
- ☐ <u>内部収益率</u>（IRR）…不動産投資から得られる純収益の現在価値の総和が、投資額と等しくなる場合の割引率。不動産投資の採算性（収益性）の評価で用いる。

40位 雇用保険

過去の出題率 **1.00%**

- ☐ **雇用保険**…政府が管掌する強制保険制度。保険料は**事業主**と**労働者**で負担し、負担割合は業種によって異なる。
- ☐ **対象者**…常用、パートタイマー、派遣社員などにかかわらず、**1週間の所定労働時間が<u>20</u>時間以上**で、同一の事業主の適用事業に**継続して<u>31</u>日以上雇用**される見込みがある者。<u>65</u>歳以上は**高年齢被保険者**として加入する。
- ☐ **基本手当の受給資格**…離職の日以前<u>2</u>年間に被保険者期間が通算<u>12</u>カ月以上。
- ☐ **給付日数**…被保険者期間が20年以上ある**一般の離職者（**<u>定年</u>**退職、期間満了、**<u>自己都合</u>**退職等）**の場合、原則、**最長<u>150</u>日**。倒産、解雇による離職の場合には、最長330日。
- ☐ **高年齢雇用継続基本給付金**…60歳到達時の賃金より<u>75%</u>未満の賃金で働いている**60歳以上65歳未満**の被保険者に支給。
- ☐ **一般教育訓練に係る教育訓練給付金**…教育訓練経費の20%相当額、上限<u>10</u>万円。
- ☐ **介護休業給付金**…介護休業期間中の賃金が休業開始時と比べて**80%未満**の被保険者に支給。支給額は、原則として**休業開始時賃金日額×支給日数×**<u>67</u>**%**。※

40位 不動産の取得・保有にかかる税金

- □ **不動産取得税**…土地や家屋を**購入・新築・増改築**したり、贈与された場合に、取得者（個人・法人）に課される税金（地方税）。不動産の**登記**、相続による不動産の取得、借地権の取得に対しては課税されない。

- □ 課税主体は、不動産がある**都道府県**。

- □ 課税標準は、不動産の**固定資産税評価額**（固定資産課税**台帳登録価格**）。

- □ 軽減税率の特例により、不動産取得税の税率は**3%**となっている（2027年3月31日までの取得）。本則は**4%**。

  不動産取得税＝課税標準×税率3%

- □ **不動産取得税の課税標準の特例**…一定の要件を満たす住宅や宅地を取得した場合に、課税標準から一定額を控除できる特例。**新築・増改築**のほか、**中古住宅**を取得した場合も適用される。新築住宅ならば課税標準から**1,200万円**（認定長期優良住宅ならば**1,300万円**）（2026年3月31日までの取得）が控除される。

- □ **登録免許税**…不動産登記を行うときに課される国税。納税義務者は不動産登記を行う者。課税標準は**固定資産税評価額**。以下3つの種類がある。

- □ **所有権移転登記**…不動産の**売買、贈与、相続**等で**所有権が移転する**際の登記。売主と買主が連帯して納付する。

- □ **所有権保存登記**…新築の建物を購入したときなど、所有権を**初めて登録する**ときに行う登記。登録免許税は**売主と買主が連帯**して納付する。

- □ **抵当権設定登記**…土地や建物を担保にして、ローンなどの**抵当権を設定する**ときに行う登記。

- □ **都市計画税**…公園や道路などの**都市計画事業の費用に充てる**ために課される地方税。市街化区域内の**土地・建物**の所有者に対して課される。

- □ **消費税**…不動産取引には、消費税がかかる取引（課税取引）とかからない取引（非課税取引）がある。**非課税取引→①土地の譲渡、②貸付期間が1カ月以上の居住用建物の貸付け**。**課税取引→①建物の譲渡（居住用含む）、②建物の貸付け（居住用除く）、③不動産の仲介手数料**。

- □ **印紙税**…不動産売買契約書等の課税文書を作成したときに課される国税。土地・建物の売買契約書の原本を2通作成して売主・買主のそれぞれが所持する場合は、双方の契約書に**収入印紙を貼付し消印する**ことが必要。

- □ **固定資産税**…不動産を取得した**翌年度**から課される地方税。

40位 医療費控除ほか

☐ **医療費控除**…納税者が、納税者本人または**生計を一にする**配偶者、親族の**医療費**を支払った際に適用されるもの。

☐ **控除対象**…診察費、治療費、医療機関への**交通費**（電車やバスなど公共交通機関の交通費）、**緊急時のタクシー代**、異常が見つかって治療するにいたった場合の**人間ドックの費用**、**出産費用**、**療養費**。

☐ **控除対象外**…通院（緊急時を除く）で使用した自家用車のガソリン代・タクシー代、駐車場代、異常が見つからなかった場合の人間ドックの費用、美容・健康増進を目的とする諸費用…美容整形、ビタミン剤、健康増進のための医薬品、健康食品等。コンタクトレンズや眼鏡の代金。

☐ **医療費控除額＝医療費－保険金等での補てん金額－【10万円】**

※総所得金額が**200万円未満**の場合は【10万円】ではなく、【総所得金額×5%】となる。また、生命保険から受け取った**入院給付金**等で支払われた分の医療費は**保険金等**での補てん金額に該当する。

☐ **社会保険料控除**…納税者が、**納税者本人または生計を一にする配偶者、親族の社会保険料**（国民年金保険料、国民健康保険料、厚生年金保険料、雇用保険料、介護保険料、**国民年金**基金の掛金）を支払った場合、その**全額**が控除される。

43位 教育一般貸付

☐ **教育一般貸付**…国（日本政策金融公庫）が行っている公的な教育ローン。大学・短大、専門学校、高等学校等の資金に利用できる。世帯年収（所得）の上限額（扶養している子の人数によって異なる）が設けられている。

☐ **貸付金**は、学費だけではなく、**受験**費用や在学のために必要となる**住居**費用、教科書代・教材費・PC購入費、通学費用、修学旅行費用、学生の国民年金保険料などに使うことも認められている。

☐ 融資限度額は、進学・在学する**子1人**につき**350万円**。海外留学、自宅外通学、修業年限5年以上の大学、大学院の資金として利用する場合には**450万円**。

☐ 金利は**固定**金利。

☐ 貸付金の返済期間は、最長で**18年以内**。

☐ **日本学生支援機構の奨学金と併用**できる。

43位 金融政策と金融市場

- [ ] **公開市場操作**…日銀が債券等を売買することで<u>短期</u>**金融市場**への資金供給量や<u>金利</u>を調整すること。買いオペと売りオペがある。
- [ ] **買いオペレーション（買いオペ）**…金融機関の保有する債券等を買い取り、市場の資金（通貨量）を増やして市場金利を<u>低下</u>させて**景気**<u>回復</u>を目指す。
- [ ] **売りオペレーション（売りオペ）**…日銀が保有する債券等を民間金融機関に売却し、市場の資金（通貨量）を減らして市場金利を<u>上昇</u>させて**景気**抑制を目指す。
- [ ] **金融市場**…**短期金融市場**（1年未満の取引期間で資金を調達・運用する市場）と**長期金融市場**（1年以上の取引期間で資金を調達・運用する市場）がある。
- [ ] 短期金融市場には、<u>インターバンク</u>**市場**と**オープン市場**がある。
- [ ] **インターバンク市場**…**手形市場**や**コール市場**がある。<u>金融機関</u>だけが**参加**できる。
- [ ] **オープン市場**…**CD市場**や**CP市場**などがある。<u>一般企業</u>も参加できる。
- [ ] **無担保コール翌日物金利**…電話やネットワーク上で取引（コール）する返済期日が翌日の金利。<u>インターバンク</u>**市場**の代表的な金利。

43位 損益通算

- [ ] **損益通算**…所得の損失（赤字）と、他の所得の利益（黒字）を通算（相殺）するしくみをいう。<u>不動産</u>**所得**、<u>事業</u>**所得**、<u>山林</u>**所得**、<u>譲渡</u>**所得**で生じた損失（赤字）は他の総合課税の所得の利益（黒字）から<u>控除</u>すること（差し引くこと）ができる。それ以外の所得で生じた損失は、他の所得と損益通算できない。

ウラ技 富士山上(<u>不</u>、<u>事</u>、<u>山</u>、<u>譲</u>)で損益通算

- [ ] **不動産所得の損失**のうち、次のものは**損益通算**できない。
  - ・<u>土地</u>・<u>建物</u>（賃貸用を含む）の**譲渡損失**（一定の居住用財産を除く）
  - ・**土地の取得**に要した**借入金**（負債）の<u>利子</u>。ただし、**建物の取得**に要した**借入金の**<u>利子</u>は**損益通算**<u>できる</u>。
- [ ] **譲渡所得の損失**のうち、次のものは**損益通算**<u>できない</u>。
  - ・<u>ゴルフ</u>**会員権**、**別荘**、**宝石**など、**生活に必要のない資産の譲渡損失**
  - ・<u>株式等</u>の**譲渡損失**。ただし、<u>上場株式</u>**等**と<u>特定公社債</u>**等の譲渡損失**は、同一一年の上場株式等の譲渡所得、また**確定申告を要件**として申告分離課税を選択した上場株式の配当所得、一部の利子所得とは**損益通算**<u>できる</u>。

43位 都市計画法／開発許可制度

過去の出題率 0.96%

- ☐ **都市計画法**…計画的なまちづくりのための法律。<u>都市計画区域</u>を定めている。
- ☐ **線引き区域**…都市計画区域は、**線引き区域**（<u>市街化区域</u>＋<u>市街化調整区域</u>）とそれ以外の**非線引き区域**に分かれる。
- ☐ **開発許可制度**…**開発行為**（建築物の建築、特定工作物の建設のために、土地の区画形質を変更すること）を行う場合は、<u>都道府県知事</u>の**許可**が必要。
- ☐ <u>市街化</u>**区域**…**用途を定めて市街化を進める区域**。すでに市街地を形成している区域、および**おおむね**<u>10</u>**年以内**に優先的かつ計画的に市街化を図るべき区域。**必ず**<u>用途</u>**地域を定める**。<u>1,000</u>㎡以上の開発には<u>都道府県知事</u>の**開発許可**が必要。
- ☐ <u>市街化調整区域</u>…自然環境を残すため、用途を定めずに、**市街化を抑制すべき区域**。原則として<u>用途</u>地域を定めない。開発の規模にかかわらず<u>都道府県知事</u>の**開発許可**が必要。
- ☐ <u>準都市計画区域</u>…土地利用の規制を行わないと支障をきたす恐れがある場合に、土地利用の整序のみを行う目的で定める区域。

43位 贈与契約

過去の出題率 0.96%

- ☐ **贈与**…財産を無償でだれかに与える契約のこと。与える人を<u>贈与者</u>、もらう人を<u>受贈者</u>という。贈与は当事者間の合意で成立するため、<u>口頭</u>または**書面**のどちらでも契約は有効となる。
- ☐ <u>書面</u>**によらない贈与契約**（口頭契約）は、すでに履行が終わった部分を除き、贈与者または受贈者のどちらからでも<u>撤回</u>することができる。
- ☐ <u>負担付</u>**贈与**…受贈者に一定の債務を負わせることを条件にした贈与契約。受贈者が債務を履行しない場合、贈与者は<u>負担付</u>**贈与契約**を解除できる。【例】ローン返済を引き継いでくれたら自動車をあげる。
- ☐ <u>停止条件付</u>**贈与**…所定の条件が成就することにより、その効力が生じる。条件を満たすときまで効力が停止している。【例】合格したらマンションを与える。
- ☐ <u>死因</u>**贈与**…贈与者の死亡によって実現する契約。贈与税ではなく、**相続税の課税対象**となる。【例】私が死んだら店をあげる。
- ☐ 暦年課税の贈与税の**基礎控除額**は贈与者の人数にかかわらず<u>110</u>**万円**。<u>110</u>**万円超**で申告義務が生じる。

43位 贈与税の配偶者控除

- [ ] **贈与税**…個人（贈与者）から財産を贈与された個人（受贈者）に課せられる税。
- [ ] **控除**…所定の条件に適合した場合に、所得や税額から一定額を差し引くこと。
- [ ] **贈与税の配偶者控除**…配偶者から居住用不動産、または居住用不動産を取得するための金銭の贈与を受け、一定の要件を満たす場合、2,000万円を限度として控除できる制度。贈与税額が0円でも贈与税の申告書の提出が必要。
- [ ] 贈与税の配偶者控除の2,000万円は、暦年課税の基礎控除額110万円と併用できるので、合わせて最高2,110万円を控除できる。

●贈与税の配偶者控除の要件
- [ ] 贈与時点の婚姻期間が20年以上（1年未満切捨て）あること。
- [ ] 贈与を受けた年の翌年3月15日までに居住し、その後も居住し続ける見込み。
- [ ] 贈与を受けた年の翌年3月15日までに贈与税の申告書を提出すること。
- [ ] 贈与税の配偶者控除の適用は1度のみ。過去に同一の配偶者からの贈与で、この特例を受けていないことが必要。

49位 公的介護保険

- [ ] **公的介護保険**は、介護が必要になった場合に、保険者である市町村または特別区から要介護者、要支援者の認定を受けることで給付が受けられる。
- [ ] **第1号被保険者**…65歳以上の要介護者（1～5段階）または要支援者（1～2段階）で、要介護者、要支援者となった原因は問わないで支給。
- [ ] **第1号被保険者の保険料**は、原則として年金からの天引き（特別徴収）。
- [ ] **第2号被保険者**…40歳以上65歳未満の人で、加齢を原因とする特定疾病によって要介護者、要支援者となった場合に限って支給。
- [ ] **第2号被保険者の保険料**は、健康保険（国民健康保険）の保険料と合わせて徴収。
- [ ] **自己負担割合**…原則1割。ただし、第1号被保険者（65歳以上）で、前年の年金収入等280万円以上の人は2割、340万円以上の人は3割（負担の上限は月額44,400円）。

49位 払済保険と延長保険

過去の出題率
0.92%

- [ ] 保険料の払込みを中止し、<u>解約返戻金</u>をもとにして契約を継続できる制度に、**払済保険**と**延長保険**がある。

- [ ] 払済保険と延長保険にすると、<u>特約</u>は消滅する。

- [ ] **払済保険**…解約返戻金をもとに一時払保険（一時払養老保険）に変更する。元の契約の保険期間は<u>変えない</u>。保険金額は<u>下がる</u>。

- [ ] **延長保険**…解約返戻金をもとに一時払いの定期保険に変更する。元の契約の保険金額は<u>変えない</u>。保険期間は<u>短くなる</u>。

確認問題 ▶適切なものは①、不適切なものは②をマークしなさい。　　答えはページ下

現在有効に継続している生命保険の以後の保険料の払込みを中止し、その時点での解約返戻金をもとに、元の契約の保険金額を変えないで、一時払の定期保険に変更したものを延長保険という。　　　　　　　　　　　　　　①　　②

答え→①

49位 退職所得

過去の出題率
0.92%

- [ ] **退職所得**…退職時に勤務先から受け取る退職金などの所得で<u>申告分離</u>課税。役員である場合には、役員退職金、または役員退職慰労金として支給される。

- [ ] **退職所得の受給に関する申告書を提出した場合**は、源泉徴収によって課税関係が終了し、**確定申告は不要**。**提出しなかった場合**は、退職手当等の支給額に<u>20.42</u>%の税率で源泉徴収されるが、確定申告によって税金が戻ってくる可能性がある。

- [ ] **所得税における退職所得の計算式**…（収入金額－<u>退職所得控除額</u>）× <u>1/2</u>[※]

- [ ] **退職所得控除額**

勤続年数	退職所得控除額（勤続年数に応じる）
20年以下の場合	<u>40</u>万円×勤続年数（最低控除額80万円）
20年超の場合	<u>800</u>万円＋<u>70</u>万円×（勤続年数－20年） 40万円×20年

▲勤続年数の1年未満の端数は<u>切り上げて</u> <u>1</u>年とする。【例】勤続年月12年5カ月→<u>13</u>年。障害者になったことに基因する退職の場合は<u>100</u>万円が加算される。

- [ ] 法人が退職金を支払ったとき、役員の退職金のうち適正な額であれば、<u>損金算入できる</u>。退職金の額として相当であると認められる額を超える部分（算出計算式以上の額）については、法人税法上、<u>損金</u>算入<u>できない</u>。

※2022年分以後の所得税について、役員等以外の者としての勤続年数が5年以下である者に対する退職手当等のうち、退職所得控除額を控除した残額の300万円を超える部分については2分の1課税を適用しない。

49位 区分所有法

過去の出題率 0.92%

- [ ] **区分所有法**…分譲マンションなどの<u>集合住宅</u>における共通の管理や使用について定めた法律。正式名は「**建物の区分所有等に関する法律**」。
- [ ] **集会による決議**…管理者により、少なくとも毎年<u>1回</u>集会を招集する。建物の取壊し、建替えは区分所有者および議決権の<u>5分の4以上の賛成</u>が必要。規約の変更、共用部分の変更、管理組合法人の設立は、<u>4分の3以上の賛成</u>が必要。
- [ ] <u>専有</u>**部分**…住居、店舗、事務所など、独立性を備えている建物の部分。
- [ ] <u>共用</u>**部分**…共同玄関、階段、廊下、集会室、エレベーターなど。
- [ ] 共用部分に対する区分所有者の**共有持分**は、規約に別段の定めがない限り、各共有者が有する専有部分の<u>床面積</u>**の割合**による。
- [ ] **敷地利用権**…その敷地を利用できる権利。<u>全区分所有者</u>で共有する。
- [ ] **分離処分の禁止**…専有部分とその専有部分に係る<u>敷地利用権</u>を分離処分すること（専有部分だけを売買したり、専有部分だけに抵当権などを設定すること）はできない。また、専有部分と<u>共用部分</u>の**持分**を分離処分することはできない。

49位 固定資産税

過去の出題率 0.92%

- [ ] **固定資産税**…不動産を取得した翌年度から課税される<u>地方</u>**税**。
- [ ] **納税義務者**…毎年<u>1月1日</u>現在、<u>固定資産課税台帳</u>に登録されている者。実務上は、売買契約により売主と買主の間で固定資産税の負担割合を所有期間で按分して精算することが一般的となっている。
- [ ] **評価額**…基準年度の前年の1月1日を基準に<u>3年ごと</u>に評価替えされる。
- [ ] **固定資産税の算出方法**… 課税標準×税率<u>1.4%</u>
    （1.4%は標準税率で、各市町村で変えることができる）
- [ ] **固定資産税の課税標準の特例**…住宅用地（賃貸住宅の用地を含む）の固定資産税において、課税標準から一定額を控除できる制度。
    - ・**小規模住宅用地**（住宅1戸当たり<u>200㎡</u>まで）…課税標準×<u>1/6</u>
      固定資産税＝課税標準×<u>1/6</u>×税率1.4%
    - ・**一般住宅用地**（住宅1戸につき<u>200㎡</u>超の部分）…課税標準×<u>1/3</u>
      固定資産税＝課税標準×<u>1/3</u>×税率1.4%

54位 遺族年金

☐ **遺族基礎年金**…公的年金の被保険者が死亡したとき、被保険者に生計を維持されていた**子のある**配偶者（妻・夫）、または子（18歳到達年度の末日〈3月31日〉までの子、1級・2級の障害の状態にある20歳未満の子）に支給される。

☐ **遺族基礎年金の金額**…816,000円（満額の老齢基礎年金と同額）＋子の加算額（第1子・第2子は各234,800円、第3子以降は各78,300円）

☐ **遺族厚生年金**…厚生年金の被保険者が死亡したとき、一定の要件を満たしている遺族に支給される年金。遺族基礎年金に上乗せして支給される。

☐ **遺族厚生年金の支給対象者**…死亡した者に生計を維持されていた①配偶者→②子→③父母→④孫→⑤祖父母のうち、受給順位が最も高い者だけに支給される。

☐ **遺族厚生年金の金額**…死亡者の老齢厚生年金の報酬比例部分の額の4分の3。

☐ **中高齢寡婦加算**…子がない妻は、遺族基礎年金が受給できない。その救済として夫の死亡当時、40歳～65歳未満で子のない妻の遺族厚生年金に加算される。

☐ **遺族年金への課税**…遺族年金や障害年金は非課税。

54位 相続時精算課税

☐ 個人（贈与者）から財産を贈与された個人（受贈者）は、課税方法として暦年課税（1年間に取得した財産の合計額を課税対象とする税）または相続時精算課税を選択できる。

☐ **相続時精算課税**…贈与時点での受贈者の贈与税を軽減し、後に相続が発生したときに贈与分と相続分を合算して相続税として支払う制度。

☐ **贈与者の要件**…贈与年1月1日時点で満60歳以上の者（父母・祖父母）。

☐ **受贈者の要件**…贈与年1月1日時点で満18歳以上（2022年4月1日以後の贈与）の推定相続人である子（養子・代襲相続人含む）または孫。所得制限なし。

☐ 2024年1月1日以降の贈与より、贈与価額から**基礎控除額（110万円）**※を控除した金額の累計2,500万円（特別控除額）までは贈与税が課されず、それを超えた金額に一律20%を乗じた額が課税される（申告は必要）。この制度を選択した場合、暦年課税の基礎控除額110万円は利用できない。

☐ 特定の贈与者からの贈与について相続時精算課税制度の適用を受けた場合、その後、**同一の贈与者**からの贈与について暦年課税に変更することはできない。

※相続時精算課税制度に新たに**110万円**の基礎控除が創設された（2024年1月1日以降の贈与より）。

56位 相続の承認と放棄

- □　相続人は、自己のために相続の開始があったことを知った時から原則として**3カ月以内**に、その相続について**単純**承認、**限定承認**または**相続放棄**の選択をしなければならない。

- □　**単純**承認…被相続人の**資産**および**負債**をすべて無制限に**相続する**こと。限定承認または相続放棄の申述をしなければ**自動的に単純承認**になる。

- □　**限定承認**…被相続人の**資産の範囲内**で**負債も相続する**こと。相続開始を知った日から**3カ月以内**に、**相続人全員が共同で**家庭裁判所にその旨を申述しなければならない。

- □　**相続放棄**…被相続人の資産および負債をすべて相続しないこと。相続を放棄するには、自己のために相続の開始があったことを知った日から原則として**3カ月以内**に、家庭裁判所にその旨を申述しなければならない。

- □　**相続放棄**は、原則として撤回できない。

56位 生命保険の税務

- □　**保険契約者（保険料負担者）と保険金受取人が**同じ場合、満期保険金や死亡保険金は一時所得として所得税・住民税の課税対象。

【例】 下表の**契約A**において、妻が受け取った**満期保険金は一時**所得。

- □　**保険契約者と被保険者が同じ**で、**保険金受取人が異なる**場合、**死亡保険金は相続税**の課税対象。

【例】 下表の**契約B**において、**子が受け取った死亡保険金は贈与税**の課税対象。

- □　通院・手術・入院給付金など、身体の傷害に基因して支払を受ける給付金・保険金は非課税（受取人が被保険者本人・配偶者・直系血族等の場合）。

【例】 下表の**契約C**において、妻が受け取った**入院給付金は非課税**。

	保険種類	保険料払込方法	保険契約者（保険料負担者）	被保険者	保険金・給付金受取人	満期保険金受取人
契約A	生命保険	月払い	妻	夫	妻	妻
契約B	生命保険	月払い	夫	妻	子	－
契約C	医療保険	月払い	夫	夫	妻	－

▼実技編 目次

実技　個人

1 位　株式の投資指標 ……………… 42
1 位　基礎控除／扶養控除／配偶者控除 ‥ 43
3 位　国民年金の納付と手続き ……… 44
4 位　特別支給の老齢厚生年金 ……… 45
5 位　不動産登記記録 ………………… 46
6 位　年金の繰上げ・繰下げと増額……… 47
7 位　NISA ……………………………… 48
7 位　給与所得者の確定申告 ………… 49
9 位　遺言書←学科カード …………… 24
10 位　外貨預金 ………………………… 49
11 位　小規模宅地等の評価減の特例 … 50
12 位　総所得金額の算出 ……………… 51
13 位　遺族年金←学科カード ………… 39
13 位　老齢基礎年金の支給額 ………… 52
15 位　青色申告 ………………………… 52
15 位　延べ面積 ………………………… 53
17 位　退職後の健康保険 ……………… 53
18 位　株式取引の仕組み ……………… 54
19 位　建蔽率 …………………………… 55
20 位　不動産の譲渡・賃貸にかかる税金 … 55
21 位　不動産の取得と保有にかかる税金←学科カード
……………………………………… 32
21 位　遺産に係る基礎控除額 ………… 56
23 位　債券の仕組み …………………… 56
23 位　土地活用←学科カード ………… 31
23 位　相続税の総額 …………………… 57
26 位　公的介護保険←学科カード …… 36
27 位　借家契約 ………………………… 57
27 位　医療費控除←学科カード ……… 33
27 位　相続税の申告と納付 …………… 58
27 位　法定相続人と法定相続分 ……… 58
27 位　土地・建物・株式等の相続税評価額←学科カード
…………………………………………… 5

実技　保険

1 位　年金の繰上げ・繰下げと増額 … 59
2 位　生命保険の経理処理／退職金の準備 … 60
3 位　個人の保険の見直し …………… 61
4 位　長期平準定期保険 ……………… 62
5 位　遺言と遺留分 …………………… 63

6 位　相続税の課税・非課税財産 ……… 64
7 位　扶養控除 ………………………… 65
7 位　相続税の計算 …………………… 65
9 位　遺族年金 ………………………… 66
10 位　必要保障額の計算 ……………… 67
11 位　総所得金額の算出 ……………… 68
11 位　給与所得者の確定申告 ………… 69
13 位　公的介護保険←学科カード …… 36
14 位　老齢基礎年金 …………………… 70
15 位　配偶者控除 ……………………… 70
16 位　老齢厚生年金←学科カード …… 28
16 位　退職所得 ………………………… 71
18 位　法定相続人と法定相続分 ……… 71
19 位　ハーフタックスプラン ………… 72

実技　資産

1 位　FP の倫理と関連法規 ………… 73
2 位　キャッシュフロー表 …………… 74
3 位　株式の投資指標 ………………… 75
4 位　経済指標 ………………………… 76
5 位　投資信託 ………………………… 77
6 位　火災保険と地震保険 …………… 78
7 位　普通傷害保険 …………………… 79
8 位　バランスシート ………………… 80
8 位　容積率／延べ面積／建蔽率 …… 81
10 位　法定相続人と法定相続分 ……… 82
10 位　遺言書 …………………………… 82
10 位　係数の活用←学科カード ……… 13
13 位　住宅借入金等特別控除 ………… 83
14 位　老齢基礎年金 …………………… 84
15 位　生命保険の税務 ………………… 84
16 位　医療保険 ………………………… 85
16 位　NISA …………………………… 86
18 位　傷病手当金と出産育児一時金←学科カード
……………………………………… 27
19 位　預金保険制度 …………………… 87
19 位　遺族年金←学科カード ………… 39
21 位　死亡保険金の総額計算 ………… 87
21 位　住宅ローンの金利と返済方法 ……… 88
23 位　不動産登記記録←学科カード ……… 9

1位 株式の投資指標

- □ 株式投資の際、企業の状況と現在の株価を分析するための指標。

- □ **配当利回り**…株価に対する年間配当金の割合を示す指標。**株価が下落**すると、**配当利回りは**上昇する。

  配当利回り ＝ 1株当たり年間配当金÷株価**× 100**

  ※ **投資信託の分配金利回り＝**1口当たり分配金÷1口の価格**× 100**

〈資料：A社〉

株価	2,500円
1株当たり年間配当金	50円
1株当たり利益	90円
1株当たり純資産	2,000円

【例】〈資料：A社〉の配当利回り＝50円÷2,500円× 100＝2.0%

- □ **EPS**…1株当たり純利益。企業の1株当たりの利益額を示す指標で、株式の収益力を示す。EPSが上昇すれば、株価収益率（PER）が下降し株価が割安になる。

  1株当たり純利益（EPS）＝当期純利益 ÷発行済株式数

- □ **PER**…株価収益率。株価が1株当たり純利益（EPS）の何倍かを示す指標で、会社の出す利益に対して現在の株価が安いのか高いのかを判断する材料になる。一般に、**PERが高いほど株価が**割高、**PERが低いほど株価が**割安と判断できる。

  株価収益率（PER）＝株価÷1株当たり純利益（EPS）

  ＝株価÷（当期純利益 ÷発行済株式**数）**

【例】〈資料：A社〉のPER＝2,500円÷90円≒27.8倍

- □ **BPS**…1株当たり純資産。企業の1株当たりの純資産額（自己資本）を示す指標で、企業の解散価値を示すもの。**BPSが高いほど企業の安定性が**高い。

  1株当たり純資産（BPS）＝純資産÷発行済株式数

- □ **PBR**…株価純資産倍率。株価が1株当たり純資産（BPS）の何倍かを示す指標で、会社が保有する資産に対して現在の株価が安いのか高いのかを判断する材料。PBRが高いほど株価は**割高**、PBRが低い（1倍に近い）ほど株価は**割安**と判断。

  株価純資産倍率（PBR）＝株価÷1株当たり純資産（BPS）

  ＝株価÷（純資産÷発行済株式**数）**

【例】〈資料：A社〉のPBR＝2,500円÷2,000円＝1.25倍

1位 基礎控除／扶養控除／配偶者控除

□ **基礎控除**…<u>合計所得金額</u><u>2,500</u>万円以下の納税者に適用される所得控除。

合計所得金額		控除額
	2,400万円以下	<u>48</u>万円
2,400万円超	2,450万円以下	32万円
2,450万円超	2,500万円以下	16万円
2,500万円超		0円（適用外）

□ **扶養控除**…納税者本人と生計を一にしている、<u>配偶者</u>以外の控除対象扶養親族（その年<u>12</u>月<u>31</u>日現在の年齢が<u>16</u>歳以上の配偶者以外の扶養親族）がいる場合に適用される所得控除。納税者本人の合計所得金額の制限はない。

区分		控除額
一般の扶養親族（一般の扶養控除）：<u>16</u>歳以上		<u>38</u>万円
<u>特定</u>扶養親族（特定扶養控除）：<u>19</u>歳以上<u>23</u>歳未満		<u>63</u>万円
老人扶養親族：70歳以上	同居老親等以外の者	48万円
	同居老親等	<u>58</u>万円

□ **控除対象扶養親族の要件**…青色申告者、または白色申告者の事業専従者でないこと。**合計所得金額**<u>48</u>万円以下（収入が給与のみの場合は**年収**<u>103</u>万円以下…103万円から給与所得控除55万円を差し引くと<u>48</u>万円）。

□ **配偶者控除**…合計所得金額<u>1,000</u>万円（給与のみの場合は年収<u>1,195</u>万円）以下の納税者本人と生計を一にしている配偶者（その年の12月31日現在）がいる場合に適用される所得控除。

納税者本人の合計所得金額	控除額	
	控除対象配偶者	老人控除対象配偶者(<u>70</u>歳以上)
900万円以下	<u>38</u>万円	<u>48</u>万円
900万円超　950万円以下	26万円	32万円
950万円超　1,000万円以下	13万円	16万円

□ **配偶者控除対象配偶者の要件**…青色申告者、または白色申告者の事業専従者でないこと。合計所得金額<u>48</u>万円以下（収入が給与のみの場合は**年収**<u>103</u>万円以下…103万円から**給与所得控除**55万円を差し引くと<u>48</u>万円）。

※「配偶者に対する相続税額の軽減」を受ける場合は、相続税の申告書提出が必要。

□ 配偶者の合計所得金額が<u>48</u>万円超でも、納税者本人の合計所得金額が<u>1,000</u>万円以下で、配偶者の合計所得金額が<u>133</u>万円以下（年収<u>103</u>万円超～<u>201.6</u>万円未満）なら<u>配偶者特別</u>控除が適用される。控除金額は**最高**<u>38</u>万円。

3位 国民年金の納付と手続き

- □ 日本国内に居住する20歳以上60歳未満で、厚生年金保険に加入していない人は、**国民年金の第1号または第3号被保険者**となる。

- □ **国民年金の被保険者資格**…第1号～第3号まである。

第1号被保険者	第2号被保険者	第3号被保険者
第2号被保険者、第3号被保険者以外の者（20歳以上60歳未満）	厚生年金保険の加入者（65歳以上で老齢年金の受給権がある者は除く）	第2号被保険者に扶養されている配偶者（専業主婦など）（20歳以上60歳未満）

- □ **国民年金の納付期限**…法令で**納付対象月の翌月末日**と定められている。納付書による現金払い以外に、**口座振替**や**クレジットカード**でも納付できる。

- □ **国民年金の前納と後納**…国民年金の保険料は、**最大2年分の前納**が可能で、一定額が**割引**される。また、納付期限までに納付されなかった保険料（滞納分）は、2年以内ならば「**後納**」することができる。

- □ **学生納付特例制度**…20歳以上の学生で、**本人の所得が一定以下**の場合に、**保険料納付が猶予**される。

- □ 納付が猶予された保険料は、10年前まで遡って「**追納**」することができる。

- □ 猶予された保険料を追納しなかった場合、納付が猶予された期間については、
  - 老齢基礎年金の**受給資格**期間には**算入**される。
  - 老齢基礎年金の**年金額**（の計算の基礎となる期間）には算入されない。

- □ **産前産後期間免除制度**…第1号被保険者は、出産月の前月から4カ月間（産前産後期間）の国民年金保険料が**免除**され、**保険料納付済**期間に算入される。

- □ 会社員等の**第2号被保険者**が退職で**第1号被保険者**になる場合、市区町村役場等で種別変更の手続きが必要。また、退職者に扶養されていた配偶者は**第3号被保険者資格を喪失**するため、同様に**第1号被保険者**への種別変更の手続きが必要。いずれの場合も、保険料は**翌月末日**までに納めることになる。

- □ **任意加入**…老齢基礎年金額を増額したい場合、**60歳以降65歳になるまで**国民年金に任意加入できる。また、老齢基礎年金の受給資格期間である10年を満たしていない場合には、70歳になるまで加入できる。

- □ 65歳から受給することができる**老齢厚生年金の額**は、65歳到達時における厚生年金保険の被保険者記録を基に計算される。

4位 特別支給の老齢厚生年金

- ☐ **公的年金**は、日本年金機構から送付される<u>年金請求書</u>を提出することにより、受給できる。原則として、**老齢基礎年金と老齢厚生年金は<u>65</u>歳**から支給される。

- ☐ **特別支給の老齢厚生年金**は、生年月日に応じて<u>60</u>歳〜<u>64</u>歳まで支給される。

- ☐ **厚生年金保険の受給資格**…被保険者期間が<u>1カ月</u>以上あり、**老齢基礎年金の受給資格期間<u>10</u>年を満たしていること**。特別支給の老齢厚生年金の受給資格は、老齢基礎年金の受給資格期間<u>10</u>年に加えて、**厚生年金の被保険者期間が<u>1</u>年**以上必要。

<table>
<tr><td></td><td colspan="2">60歳　　　　　　　65歳　　　　　　　　死亡時</td></tr>
<tr><td></td><td>特別支給の老齢厚生年金</td><td>老齢厚生年金</td></tr>
<tr><td>支給時期→</td><td><u>60</u>歳〜<u>64</u>歳まで支給</td><td><u>65</u>歳から死亡時まで支給</td></tr>
<tr><td>受給資格→</td><td>厚生年金加入期間<u>1年</u>以上</td><td>厚生年金加入期間<u>1カ月</u>以上</td></tr>
<tr><td></td><td colspan="2">老齢基礎年金の受給資格期間<u>10年</u>を満たしていること</td></tr>
</table>

実技個人▶TOP60

- ☐ **定額部分**と**報酬比例部分**…**特別支給の老齢厚生年金**は、加入期間によって計算される**定額部分**と、平均標準報酬額によって計算される**報酬比例部分**の2つから構成される。

- ☐ **報酬比例部分**は、男性は<u>1961</u>年4月2日以降、女性は<u>1966</u>年4月2日以降に生まれていると支給されない。実技検定では、生年月日を基に報酬比例部分の受給可否を問う問題が出る。定額部分は出題されない。

🐙**ウラ技** 報酬比例なくなり、苦労する人
　　　　　　　　　　　9 6　　　　1

- ☐ **特別支給の老齢厚生年金**は、<u>65</u>歳未満の者が雇用保険の基本手当を受給する場合に<u>支給停止</u>となる。

- ☐ **特別支給の老齢厚生年金**は、<u>雑所得</u>として**所得税および住民税の課税対象**となるが、<u>公的年金等</u>控除の適用がある。

- ☐ <u>加給年金</u>…厚生年金の加入期間が<u>20</u>年以上ある加入者に、生計を維持している**<u>65</u>歳未満の配偶者**、または**<u>18</u>歳**到達年度の末日（3月31日）を経過していない子、もしくは20歳未満で障害等級1級または2級の子がいると、**加入者本人の<u>65</u>歳以降の老齢<u>厚生</u>年金に<u>加給年金</u>**が給付される。

- ☐ <u>振替加算</u>…配偶者が<u>65</u>歳になって**老齢<u>基礎</u>年金**が支給されるようになると、加給年金は終わり、その代わりに、今度は**配偶者の老齢<u>基礎</u>年金**に<u>振替加算</u>が給付される。

答え→1①、2②、3①、4②

5位 不動産登記記録

□ **不動産登記記録（登記簿）**…不動産の所在、所有者の住所・氏名、権利関係などの状況が記載された帳簿。法務局（登記所）で**登記事項証明書**の交付申請をすれば、誰でも不動産登記記録を確認できる（インターネットのオンライン請求も可能）。

□ 不動産登記記録は、**表題部と権利部**に分かれており、権利部はさらに**甲区および乙区**に分かれている。**表題部の土地の表示**には、所在・地番・地目・地積が、区分建物ではない**建物の表示**には、所在・家屋番号・構造・床面積等が記載されている。一方、**権利部の甲区**には所有権に関する登記事項が記載されており、乙区には所有権以外(抵当権など)の権利に関する登記事項が記載されている。

□ 不動産登記には公信力が認められていないため、登記記録上の権利者が真実の権利者と異なっている場合に登記記録を信頼して取引をしても、原則として法的に保護されない。

□ 建物を新築した日から所定の1カ月以内に、新築建物に関する表題登記(新築後初めて行う登記)の申請をしなければならない。

□ **公図**…土地の位置、隣地との関係等について記載された、**地図に準ずる図面**。法務局で写しを入手できる。ただし、形状、面積が正確ではない場合もあるので、地積測量図の写しも取得しておくことが望ましい。

□ **床面積**…マンションの専有部分の床面積は、登記記録では壁その他の区画の内側線で囲まれた部分の**水平投影面積（内法面積）**で記録されているため、**壁芯面積で表示される広告**などの床面積より狭い。

□ 用途地域・防火規制など、建物の建築規制は都市計画図に掲載されている。

確認問題 ▶適切なものは①、不適切なものは②をマークしなさい。　　　　答えはページ下

1　不動産の登記事項証明書は、対象不動産の所有者以外の者であっても、所定の手数料を納付して交付を請求することができる。　　　　　① ②

2　土地の登記記録の表題部には、所有権に関する事項が記録される。
　　　　　　　　　　　　　　　　　　　　　　　　　　　　　　① ②

3　不動産の登記記録において、抵当権に関する登記事項は権利部（乙区）に記録される。　　　　　　　　　　　　　　　　　　　　　　　① ②

4　建築を検討している計画建物の建築規制については、その敷地の登記事項証明書により把握することができる。　　　　　　　　　　　　　① ②

6位 年金の繰上げ・繰下げと増額 過去の出題率 3.20%

- ☐ **公的年金の繰上げ受給**…老齢基礎年金と老齢厚生年金の受給開始を繰り上げて、<u>60</u>歳～<u>64</u>歳に受給開始すること。老齢基礎年金と老齢厚生年金は、<u>一緒に繰上</u>げしなければいけない。

- ☐ 繰上げすると、**繰上げ月数×<u>0.4</u>%（最大60月×<u>0.4</u>＝<u>24</u>%）減額**される。※1

- ☐ **公的年金の繰下げ受給**…老齢基礎年金と老齢厚生年金の受給開始を繰り下げて、<u>66</u>歳～<u>75</u>歳※2に受給開始すること。老齢基礎年金と老齢厚生年金、<u>一方だけの繰</u><u>下げができる</u>。

- ☐ 繰下げすると、**繰下げ月数×<u>0.7</u>%（最大120月×<u>0.7</u>＝<u>84</u>%）増額**される。

- ☐ 老齢基礎年金と老齢厚生年金の繰上げ・繰下げによる減額率・増額率は<u>同じ</u>。

- ☐ 自営業者などの**第<u>1</u>号被保険者が任意で年金に上乗せできる**制度に、<u>付加年金</u>、<u>国民年金</u>基金、**小規模企業共済、確定拠出年金の個人型年金（iDeCo）**がある。

- ☐ **付加年金**…国民年金第1号被保険者が、国民年金保険料に**月額<u>400</u>円**を上乗せ納付すると、<u>200</u>円×付加年金納付済月数が老齢基礎年金に増額される。

- ☐ **国民年金基金**…国民年金第1号被保険者が加入できる老齢基礎年金の上乗せ制度。掛金は給付形式、口数、加入時の年齢・性別で異なり、上限は月額68,000円。掛金の全額が<u>社会保険料</u>控除として所得控除の対象となる。

- ☐ **国民年金基金と<u>付加年金</u>**は、同時に加入することはできない。

- ☐ **小規模企業共済**…個人事業主や小規模企業の役員のための退職金制度。掛金は月額1,000円から<u>7万</u>円の範囲内（500円単位）で選択可能。掛金の全額が<u>小規模企業共済等掛金</u>控除として<u>所得</u>控除の対象となる。共済金の受取方法は「一括受取り」「分割受取り」「併用」の3種類。**一括受取りは<u>退職</u>所得扱い、分割受取りは公的年金等の<u>雑</u>所得扱い**となる。

- ☐ **確定拠出年金の個人型年金（iDeCo）**…<u>60</u>歳未満の国民年金被保険者なら誰でも加入できる。掛金は全額が<u>小規模企業共済等掛金</u>控除として<u>所得</u>控除の対象。
  - ▲ 2022年5月1日より、iDeCoは、65歳未満の国民年金被保険者、つまり第2号被保険者（在職者）と国民年金任意加入被保険者が加入可能になった。

- ☐ **確定拠出年金の個人型年金（iDeCo）**は、運用益が<u>非課税</u>で、給付金も控除対象（**一時金なら<u>退職</u>所得控除、年金なら<u>公的年金等</u>控除**）となる。

- ☐ **自営業者（第1号加入者）**の場合、**確定拠出年金の個人型年金（iDeCo）**の拠出限度額は、**<u>付加</u>年金、または<u>国民年金</u>基金と合算して年額<u>81.6万</u>円**である。

7位 NISA

- ☐ 2024年に始まった**新NISA**から、**非課税保有期間**が**無期限**となった。

- ☐ **新NISA**の「**成長投資枠**」は旧NISAの**一般NISA**の役割を、「**つみたて投資枠**」は旧NISAのつみたてNISAの役割を引き継ぐものとなる。

- ☐ 年間の投資上限額は、つみたて投資枠が120万円、成長投資枠が240万円。併用が可能で合計で360万円である。

- ☐ 非課税保有限度額は、買付金額ベースで1,800万円（うち成長投資枠1,200万円）。売却した場合には、買付金額分の非課税枠が翌年復活する。

- ☐ **つみたて投資枠の対象商品**…国が定めた基準を満たす投資信託、ETF［上場投資信託］。

- ☐ **成長投資枠の対象商品**……上場株式、上場不動産投資信託［J-REIT］、ETF［上場投資信託］、公募株式投資信託。外国株式も可。

- ☐ **対象外の商品**…債券や株式、REITを組み合わせた**資産複合型（バランス型）**の投資信託はNISAの対象だが、**国債、社債などの債券（公社債）**、公社債投資信託そのものは対象外。また、**信託期間が20年未満・毎月分配型・高レバレッジ型**の投資信託は対象外となっている。

- ☐ **非課税対象**…配当金、分配金（普通分配金）、売却益。※なお、配当金を非課税にするためには、株式数比例配分方式を選択しなければならない。

  ※通常（NISAでない場合）は、配当金、分配金（普通分配金）、売却益には、**20.315%**（所得税15％＋復興特別所得税0.315％＋住民税5％）が課税される。

- ☐ **NISA対象者**…日本国内に住む18歳以上の成人。

- ☐ **NISA口座**…国内で1人1口座が開設できる。1年単位で金融機関を変更することができる。

- ☐ **口座移管**…NISA口座には、**NISA口座で買った銘柄のみ**を保有できる。**NISA口座の株式は特定口座や一般口座に移管できる**が、他の口座からNISA口座には**移管できない**。

- ☐ **NISAのデメリット**…NISA口座以外の譲渡益や配当等と損益通算できない。NISA口座の損失は、翌年以降**3年間**の繰越控除（利益から過年度の損失分を控除）の適用を受けられず、損失はなかったものとされる。

- ☐ 旧NISAで保有している商品は、購入時から一般NISAは5年間、つみたてNISAは20年間、そのまま非課税で保有できる。旧NISAの**非課税期間終了後、新NISAへの移管（ロールオーバー）はできない**。

7位 給与所得者の確定申告

- [ ] **確定申告**…納税者本人が所得税額を計算し、<u>申告・納付</u>する手続き。
- [ ] **源泉徴収制度**…会社（給与等の支払者）が社員に対して、あらかじめ<u>所得税額</u>を差し引いて（天引きして）給与等を支払うこと。差し引いた所得税は、会社から国に納付する。
- [ ] **年末調整**…<u>源泉徴収</u>された税額を年末に計算し直して精算を行うこと（源泉徴収される税額は概算なので、本来納める税額とは必ずしも一致しないため）。
- [ ] 給与所得者のうち、その年中に支払を受けるべき給与等の金額が<u>**2,000**万円</u>を超える者は、**確定申告**が<u>必要</u>。
- [ ] 給与を1カ所から受けていて、給与所得、退職所得以外の所得金額が<u>**20万円**</u>を超える場合には、**確定申告が<u>必要</u>**。
- [ ] 年末調整の対象となる給与所得者は、年末調整の際、所定の書類を勤務先に提出することで、<u>地震保険料控除</u>、<u>生命保険料控除</u>の適用を受けることができる。
- [ ] **確定申告書の提出と納付**は、翌年の**2月16日**~**3月15日**の期間に行う。

▶9位「遺言書」は、24ページの学科「29位 遺言書」を参照。

10位 外貨預金

- [ ] **外貨預金**…外貨で行う預金。円預金と同じく、普通預金、定期預金、通知預金などがある。外貨預金は、預金保険制度で保護<u>されない</u>。
- [ ] **為替レート**…円と外貨を交換するレート。基準となる仲値（Middle）のレートを<u>TTM</u>、顧客が円を外貨に換える場合のレート（円を売る＝Sell）を<u>TTS</u>（TTMに為替手数料を加えたレート）、顧客が外貨を円に換える場合のレート（円を買う＝Buy）を<u>TTB</u>（TTMから為替手数料を差し引いたレート）という。
- [ ] 外貨預金に預入れできる通貨の種類、為替レート、為替手数料は、金融機関によって<u>異なる</u>。
- [ ] 為替レートの変動で生じた利益を<u>為替差益</u>、為替レートの変動で生じた損失を<u>為替差損</u>という。
- [ ] 預入時より、円安になると<u>為替差益</u>が、円高になると<u>為替差損</u>が生じる。
- [ ] 外貨預金の利子は、<u>利子所得</u>として一律20.315%の<u>源泉分離課税</u>の対象。
- [ ] 外貨預金の為替差益は、<u>雑所得</u>として<u>総合課税</u>の対象。

11位 小規模宅地等の評価減の特例 過去の出題率 2.68%

- □　相続された居住地や事業用地は、相続人が居住や事業を続けられるように、評価額のうち一定割合が減額される。これを**小規模宅地等の評価減の特例**（小規模宅地等についての相続税の課税価格の計算の特例）という。この特例の適用には、納付税額が０の場合でも、相続税の申告が必要となる。

- □　**宅地**…建物の敷地として用いられる土地のこと。

- □　**相続**…人が亡くなったとき、その人の配偶者や子などが遺産を引継ぐこと。亡くなった人のことを「被相続人」、遺産を引継ぐ人を「相続人」という。

- □　**特定居住用宅地等**…自宅の敷地（被相続人等の居住用宅地）を配偶者または同居親族が相続したとき、評価減となる**限度面積は330㎡、減額割合は80**％。

  ①**配偶者が取得したもの**…被相続人との同居や相続後の居住継続、所有などの適用要件はない。必ず適用される。第三者へ売却、賃貸してもOK。

  ②**同居親族が取得したもの**…相続税申告期限まで宅地所有、居住継続が必要。

ウラ技 特定居住用宅地は、住むと**サンサンヤ**（特定居住用宅地＝**330、80**）

- □　**特定事業用宅地等**…被相続人等の事業用宅地を親族が承継、取得したとき、評価減となる**限度面積は400㎡、減額割合は80**％。相続税申告期限まで宅地所有・事業継続が必要。

ウラ技 **シゼンとヤるよ**特定事業用宅地（特定事業用宅地＝**400、80**）

- □　**貸付事業用宅地等**…被相続人等の貸付事業に使用されていた土地（または借地権）を親族が取得したとき、評価減となる**限度面積は200㎡、減額割合は50**％。相続税申告期限まで貸付け・保有継続が必要。

ウラ技 貸すと**ニッコリ**貸付事業用宅地（貸付事業用宅地＝**200、50**）

- □　**特例により減額される金額の計算式**…

  宅地等の評価額×（限度面積/その宅地等の敷地面積）×減額割合

確認問題 ▶適切なものは①、不適切なものは②をマークしなさい。　　答えはページ下

1　妻Ｂさんが、夫Ａさんの自宅の敷地および建物を相続により取得し、その敷地について特定居住用宅地等として小規模宅地等の評価減の特例の適用を受けた場合、330㎡を限度面積として80％の評価減をすることができる。　　① ②

2　妻Ｂさんが相続税の申告期限までに相続した自宅の敷地を売却した場合、小規模宅地等の評価減の特例の適用は受けることができない。　　① ②

12位 総所得金額の算出

過去の出題率 **2.53%**

- [ ]　他の所得と合算して税金を計算するのが<u>総合課税</u>。他の所得と合算しないで税額を計算するのが<u>分離課税</u>（退職所得や土地、建物、株式の譲渡所得など）。

- [ ]　**総所得金額**…申告する納税額を計算するために、<u>総合課税</u>される所得を合計し、損益通算や繰越控除などをした後の金額。

- [ ]　総所得金額に算入する代表的な所得…**不動産所得、事業所得、給与所得、一時所得× 1/2**、土地、建物、株式以外の**譲渡所得**など。

- [ ]　**不動産所得**…不動産の<u>貸付け</u>による所得。

　　不動産所得＝不動産所得の総収入金額－<u>必要経費</u>（－青色申告特別控除額）

【例】不動産貸付けの賃貸収入が120万円、必要経費が40万円で青色申告をしていない場合は、**不動産所得＝120万円－40万円＝80万円**

- [ ]　**事業所得**…農業、漁業、製造業、卸売業、小売業、サービス業、飲食業、その他事業による所得。

　　事業所得＝事業所得の総収入金額－<u>必要経費</u>（－青色申告特別控除額）

　　※試験では事業所得の必要経費は記載されないことが多い。

- [ ]　**給与所得**…会社員やアルバイトが、会社から受け取る給与、賞与、各種手当て、現物給与等の所得。　**給与所得＝給与収入金額－<u>給与所得</u>控除額（最低<u>55</u>万円）**

- [ ]　給与収入金額は源泉徴収票の「<u>支払</u>金額」欄に記載されている。給与所得控除額は金額によって異なり、試験では給与所得控除額の計算式が表で提示される。

- [ ]　**一時所得**…営利を目的としない行為によって発生した所得で、競馬・競輪などの払戻金、懸賞やクイズの賞金、生命保険の満期保険金や解約返戻金、損害保険の満期返戻金などが該当する。一時所得は金額の**<u>2分の1</u>**を総所得金額へ算入する。

- [ ]　**一時所得＝一時所得の総収入金額** － **収入を得るために支出した額**
　　　　　　　　　全部の一時所得の収入　　　　　　　必要経費（支払った保険料等）

　　　　　　　－特別控除額（最高<u>50</u>万円）

【例】支払った保険料が1,000万円である一時払終身保険の解約返戻金額1,100万円を受け取った場合の一時所得。

　　一時所得＝解約返戻金1,100万円－<u>払込保険料1,000万円</u>－特別控除額50万円
　　　　　　＝<u>50</u>万円

一時所得は、金額の**<u>2分の1</u>**を総所得金額へ算入するので、

総所得金額に算入する金額＝50万÷2＝<u>25</u>万円

▶ 13位「遺族年金」は、39ページの学科「54位 遺族年金」を参照。

実技 個人 ▶ TOP60

13位 老齢基礎年金の支給額

- ☐ **老齢基礎年金**…<u>65</u>歳になったときから支給される終身型の年金。
- ☐ **受給資格期間**…<u>10</u>年。年金をもらうために最低限必要な加入期間で、**納付が免除・猶予された期間も含まれる。**
- ☐ **年金額**…老齢基礎年金の保険料納付済月数が<u>480</u>**月**（<u>20</u>歳から60歳までの40年）を満たしていれば、年金額は満額の<u>816,000</u>**円**（2024年度価額）。
- ☐ **保険料納付済月数**…全月数（<u>480</u>月）から**未納期間**（**免除期間や猶予期間**）を差し引いた月数（全額免除期間が60カ月の場合、<u>480</u>月－60月が保険料納付済月数）。学生納付特例制度などで**納付が猶予された期間は、追納がなければ納付済月数には入らない。** 老齢基礎年金額は、以下の計算式で算出される。

$$816,000円 \times \frac{保険料納付済月数 + 全額免除月数 \times \frac{1}{3}{}^{※}}{480月}$$

- ☐ 支給額の計算に算入されるのは、<u>20</u>**歳以上**<u>60</u>**歳未満**で、**国民年金**（**第1号、第2号、第3号**）**の加入期間**（厚生年金加入期間や専業主婦の期間も含む）。

※式の1/3は2009年3月までの全額免除期間分。2009年4月以降の全額免除期間分は1/3が1/2に変わる。

15位 青色申告

- ☐ **青色申告**…正規の簿記の原則に基づいて所得税を計算して申告する制度。
- ☐ **対象者**…<u>不動産</u>**所得**、<u>事業</u>**所得**、<u>山林</u>**所得**（フジサン）のいずれかがある者。
- ☐ 申告する年の<u>3</u>**月**<u>15</u>**日**まで（1月16日以後に新規に業務を開始した場合には、業務開始日から<u>2</u>**カ月以内**）に**青色申告承認申請書**を納税地の所轄税務署長に提出して承認を受ける必要がある。承認されたら、翌年<u>2</u>**月**<u>16</u>**日**～<u>3</u>**月**<u>15</u>**日**の期間に、前年の売上等を計算し、青色申告書にまとめて所轄税務署に提出する。
- ☐ **青色申告特別控除額**…事業所得者、および**事業的規模**（<u>5</u>**棟**<u>10</u>**室基準**：独立家屋は<u>5</u>**棟以上**、アパート等は貸与可能な独立した室数が<u>10</u>**室以上の貸付け**）**の不動産所得者**は**最高**<u>55</u>**万円**。ただし、一定要件を満たして電子申告（e-Tax）または電子帳簿保存を行った場合の控除額は最高65万円。
- ☐ 帳簿書類は、<u>7</u>**年間保存**する必要がある。
- ☐ 納税者の配偶者が、**青色事業専従者給与**（<u>必要経費</u>に計上できる給与）の支払いを受けている場合、その配偶者は所得税における**控除対象配偶者**とはならない。
- ☐ 個人事業主の純損失額は、翌年以後<u>3</u>**年間**（法人は10年間）繰越控除できる。

15位 延べ面積

過去の出題率 2.16%

- [ ] **敷地面積**…土地の大きさ。建物を建てるための土地の広さのこと。
- [ ] **建築面積**…建物の水平投影面積（上から見た面積）で、一般的には建築物の1階が占める面積にほぼ等しい。
- [ ] **延べ面積**…建物各階の床面積を合計した面積。
- [ ] **容積率**…延べ面積の敷地面積に対する割合。敷地面積に対し、どれくらいの総床面積の建物を建てられるかの基準となる数値。
- [ ] **最大延べ面積（延べ面積の上限）＝敷地面積×容積率の上限**

【例】指定容積率が200%の地域で敷地面積300㎡の土地に建物を建てる場合の最大延べ面積は、300×2＝600㎡

- [ ] 住居系用途地域内に建物を建て、かつ前面道路幅員（道路の幅）が12m未満の場合、「前面道路幅員×4/10【例→前面道路幅員4mなら4×4/10＝1.6＝160%】」と指定容積率【例→200%】を比較して、低い方の数値【例→160%】が容積率の上限となる。道路が2つある場合は、広い方の道路が対象。

17位 退職後の健康保険

過去の出題率 2.01%

- [ ] 退職後に公的保険に入る際は、次の3つの方法がある。
  - ❶ 健康保険の**任意継続被保険者**となる。
  - ❷ 市町村や特別区が実施する**国民健康保険**に加入する。
  - ❸ 子や配偶者の健康保険の**被扶養者**となる。
- [ ] 健康保険の任意継続の申請を行えば、退職後に元の勤務先の健康保険に最長で2年間継続して加入することができる。保険料は全額自己負担（退職前は労使折半）。
- [ ] **任意継続の加入条件**…被保険者期間が継続して2カ月以上あること、退職日の翌日（資格喪失日）から20日以内に申請すること。
- [ ] 任意継続被保険者である間は、原則として在職中の被保険者が受けられる保険給付と同様の給付を受けることができるが、傷病手当金と出産手当金はない。
- [ ] **退職後の国民健康保険**…国民健康保険の保険料は、保険者である市町村（特別区を含む）や国民健康保険組合によって異なり、医療費の自己負担割合は、70歳に達する日の属する月までは、原則としてかかった費用の3割である。

18位 株式取引の仕組み

□ 　__指値__注文…銘柄、売り買いの別、買いたい価格の__上限__（これ以上なら買わない）、売りたい価格の__下限__（これ以下では売らない）を指定する注文方法。

□ 　__成行__注文…__売買価格を指定しないで__、銘柄、売り買いの別、数量を指定して注文する方法。__早く買いたい__、__早く売りたい__というときに用いる。

□ 　株の売買では、__成行優先__（__成行__注文が__指値__注文より優先）、__価格優先__（買い注文の場合は値段の高い方、売り注文の場合は値段の安い方が優先）、__時間優先__（値段が同じなら時間が早かった方が優先）という原則がある。

□ 　株主総会において議決権の行使の単位となる株式数を__単元株式数__という。証券取引所において売買単位__単元株__制度を採用している会社の場合、株券の売買単位は、原則として__単元株式数__である。

□ 　東京証券取引所に上場する株式は__単元株式数である100株単位__で取引される。なお、単元株制度を採用していない会社の売買単位は1株である。

□ 　__売買高（出来高）__…1日にその市場で__取引が成立した数量（株数）__のこと。1,000株の売り注文に1,000株の買い注文で取引が__成立__すると、売買高は__1,000株__。

□ 　__源泉徴収ありの株式の__特定口座で取引する場合、株式の売却益から所得税・復興特別所得税と住民税を合わせて__20.315%__が源泉徴収される。

【例】　1株1,000円のX社株式を100株購入した場合の投資金額は、

　　　__1,000円×100株＝10万円__

　　　1株1,400円で全株売却すると、売却代金は、

　　　__1,400円×100株＝14万円__

　　　売却益__4万円×20.315%＝8,126円__が源泉徴収される。

□ 　株式売買では、約定日から実際の決済日までの期間は、__約定日を含めて3営業日目（約定日から2営業日後）__である。3月1日（月）が約定日なら、__3月3日（水）__が受渡日となる。

□ 　__株式売買の委託手数料__は、取引金額や注文形態などによって、__各証券会社が自由に設定__できる。例えば、大きな取引金額の場合やネット注文の場合に、手数料が割引されることがある。

□ 　__優先株式__…__普通株式__よりも剰余金の配当や残余財産の分配について優先的取扱いを受ける株式。

19位 建蔽率（けんぺいりつ）

- □ **建蔽率**…建築物の**建築面積**の**敷地面積**に対する割合。
- □ **建築面積**…その建物の**水平投影面積**（上から見た面積）。一般的には建築物の1階が占める面積にほぼ等しい。対して、**延べ面積**は、各階の床面積の合計をいう。
- □ **建蔽率＝建築面積÷敷地面積**
- 【例】**敷地面積200㎡**の土地に、**建築面積80㎡**の2階建ての住宅を建築する場合、この住宅の**建蔽率**は、80㎡÷200㎡＝0.4 → **40%**
- □ **用途地域**ごとに指定建蔽率（建蔽率の上限）が決められている。指定建蔽率が異なる用途地域にまたがって建築する場合、建蔽率は**加重平均**（**各土地の建築面積の合計÷各土地の敷地面積の合計**）で計算する。
- □ 指定建蔽率が**緩和**される主な場合
- ・防火地域内（上限80%以外の地域）に**耐火建築物**および**耐火建築物と同等以上の延焼防止性能の建築物**を建築…**プラス10%**
- ・防火地域内（上限80%の地域）に耐火建築物および耐火建築物と同等以上の延焼防止性能の建築物を建築…**制限なし（建蔽率100%）**
- ・特定行政庁の指定する**角地**にある建築物…**プラス10%**

実技 個人▶TOP60

20位 不動産の譲渡・賃貸にかかる税金

- □ **不動産の譲渡所得**…土地や建物を譲渡（売却）することで生じた所得。
- □ **譲渡所得金額（譲渡益）＝ 総収入金額－（取得費＋譲渡費用）**
- □ **総収入金額**…売却時の**譲渡**価額の合計額
- □ **取得費**…売った土地や建物の**購入代金**、建築代金、購入手数料、設備費などの合計額から、減価償却費相当額を差し引いた金額
- □ **概算取得費**…取得費が不明の場合には取得費の額を譲渡価額の**5%**相当額にできる。
- □ **譲渡費用**…仲介手数料、売主負担の印紙税、建物の取壊し費用、立退料等、売るために直接かかった費用
- □ **居住用財産を譲渡した場合の3,000万円の特別控除の特例**…居住用財産（マイホームの家屋、敷地）を譲渡した場合、譲渡所得から最高**3,000万円**を控除できる。
- □ **居住用財産を譲渡した場合の長期譲渡所得の課税の特例**…上記3000万円の特別控除の特例後の金額のうち、6,000万円以下の部分に、**14%**の軽減税率が適用される。6,000万円を超える部分は、税率**20%**（復興特別所得税を考慮しない）。

▶ 21位「不動産の取得と保有にかかる税金」は、32ページの学科「40位 不動産の取得と保有にかかる税金」を参照。

55

21位 遺産に係る基礎控除額

- [ ] 課税遺産総額＝課税価格の合計額－遺産に係る基礎控除額
- [ ] 遺産に係る基礎控除額＝3,000万円＋600万円×法定相続人の数※
  ※法定相続人の数には、相続放棄者も加える。
- [ ] 配偶者は常に法定相続人となり、それ以外の親族は、子→直系尊属→兄弟姉妹の順に、先の順位者がいない場合に法定相続人となる。

【例】 Aさん（79歳）は、妻Bさん（73歳）との2人暮らしである。Aさん夫妻には、子がいない。Aさんの相続が開始した場合、Aさんの相続における相続税額の計算上、遺産に係る基礎控除額は、

3,000万円＋600万円×2＝4,200万円

▲ 〈Aさんの親族関係図〉より、法定相続人は妻Bさんと弟Cさんの2人

23位 債券の仕組み

過去の出題率 1.56%

- [ ] 債券（公社債）には利子が付く利付債と、利子はないが額面金額から利子相当分を割り引いた価格で発行（アンダーパー発行）され、満期時に額面で償還される割引債がある。
- [ ] 利付債において、額面に対して1年間にどれぐらいの割合の利子が支払われるかを示したものを表面利率（クーポンレート）といい、％で表示される。
- [ ] 市場金利が上昇すると、低い金利のときに買った債券価格は下落する。価格が下落した債券の利回りは上昇する。市場金利が低下すると、高い金利のときに買った債券価格は上昇する。価格が上昇した債券の利回りは低下する。
- [ ] 長期債は短期債より市場金利の変動に伴う価格変動が大きい。
- [ ] 債券の信用格付では、トリプルB（BBB）以上を投資適格、ダブルB（BB）以下を投機的（非投資適格債券、投資不適格債券、ジャンク債）という。
- [ ] 信用格付が高い（＝信用リスクが低い）ほど、債券価格が高く利回りは低い。逆に信用格付が低い（＝信用リスクが高い）ほど、債券価格が安く利回りは高い。

▶23位「土地活用」は、31ページの学科「34位 土地活用と不動産投資」を参照。

23位 相続税の総額

☐ **相続税の総額**は次の手順で算出する。

① **課税遺産総額**（**課税価格の合計額−遺産に係る基礎控除額**）を各相続人の**法定相続分**（別冊4ページ）で分割して「**法定相続分に応ずる取得金額**」を求める。

遺産に係る基礎控除額＝3,000万円＋600万円×法定相続人の数

② 試験で提示される〈相続税の速算表〉にある税率を掛け、控除額を差し引いて、各人の相続税額を求める。

③ 各人の相続税額を合計して、相続税の総額を算出する。

【例】Aさん、妻、長女、二女の家系において、Aさんの相続に係る課税遺産総額が1億7,000万円であった場合の法定相続分に応じた**取得金額**と**相続税の総額**は、

妻…1億7,000万円× 1/2 ＝ 8,500万円（妻の取得金額）

8,500万円×30%− 700万円＝ 1,850万円（妻の相続税額）

長女および二女…1億7,000万円× 1/4 ＝ 4,250万円（子1人分の取得金額）

4,250万円×20%− 200万円＝ 650万円（子1人分の相続税額）

相続税の総額＝ 1,850万円＋ 650万円＋ 650万円＝ 3,150万円

▶26位「公的介護保険」は、36ページの学科「49位 公的介護保険」を参照。

27位 借家契約

☐ **借家契約**…**借地借家法**で定められた、他人の建物を借りて使用する契約。**建物賃貸借契約**（**普通**借家契約）と**定期建物賃貸借契約**（**定期**借家契約）がある。

☐ **建物賃貸借契約**…**1年以上**の契約。契約期間を**1年未満**とする契約は「**期間の定めがない契約**」とみなされる。借主は貸主（大家）の同意を得て、畳や建具、エアコンなどの造作を取り付けることができる。借主は特約がない限り契約満了時に貸主にその造作を**時価**で**買い取る**よう**請求**できる（**造作買取請求権**）。

☐ **定期建物賃貸借契約**…契約期間の制限はない。**1年未満**の契約でも契約期間と認められる。更新はないが、再契約が可能。契約期間が**1年以上**の場合には、賃貸人は、原則、期間の満了の**1年前**から**6カ月前**までの間に賃借人に対し期間の満了により賃貸借が終了する旨の通知（**期間満了通知**）をしなければならない。

☐ **契約方法**…建物賃貸借契約は**口頭または書面**いずれかで成立。定期建物賃貸借契約は必ず**書面**（**公正証書でなくても可**）で契約する。貸主が定期建物賃貸借契約の説明を書面でしなかったときは「**契約の更新がない旨の定め**」が無効となる。

▶27位「医療費控除」は、33ページの学科「40位 医療費控除ほか」を参照。

27位 相続税の申告と納付

- ☐ 相続税の課税価格の合計額が**基礎控除**額以下の場合は**申告不要**。
- ☐ 配偶者に対する**相続税額の軽減**を受ける場合は**納付額が0円でも申告が必要**。
- ☐ **相続税の申告書の提出**は、原則として、その相続の開始があったことを知った日の翌日から<u>10</u>カ月以内に行わなければならない。
- ☐ **申告書の提出先**は、死亡した**被相続人**の<u>納税</u>地の<u>所轄税務</u>署長。
- ☐ 死亡した被相続人の分の確定申告（準確定申告）は、相続人が相続の開始があったことを知った日の翌日から<u>4</u>カ月以内に行わなければならない。
- ☐ 相続税の納付は、金銭一括納付が原則だが、「**金銭一括納付が困難**」、「**相続税額が<u>10</u>万円を超えている**」、「**相続税申告期限までに、<u>延納</u>申請書を提出する**」という要件を満たせば、**延納（分割納付）**が認められている。
- ☐ 延納でも金銭納付が困難な場合、相続税の申告期限までに<u>物納</u>申請書を提出することで、**物納**も認められている。ただし、**抵当権の目的となっている不動産**は、相続税の**物納**に充てることはできない。

27位 法定相続人と法定相続分

- ☐ **配偶者…常に法定相続人**
  第1順位…**子**（養子、非嫡出子、胎児含む）
  ▲子が亡くなっている場合は孫、ひ孫
  第2順位…<u>直系尊属（父母）</u>
  ▲父母が亡くなっている場合は祖父母
  第3順位…<u>兄弟姉妹</u>
  ▲兄弟姉妹が亡くなってる場合は甥、姪
  ※上位の者がいる場合は、下位の者は相続人になれない。

- ☐ **配偶者と子の相続分**…配偶者<u>2</u>分の<u>1</u>、子合計で<u>2</u>分の<u>1</u>（子3人なら、それぞれ<u>6</u>分の<u>1</u>）。養子の相続分は実子と同じ。
- ☐ **配偶者と父母の相続分**…配偶者<u>3</u>分の<u>2</u>、父母合計で<u>3</u>分の<u>1</u>。
- ☐ **配偶者と兄弟姉妹の相続分**…配偶者<u>4</u>分の<u>3</u>、兄弟姉妹合計で<u>4</u>分の<u>1</u>。
- ☐ **代襲相続**…相続開始時、法定相続人が死亡などにより相続権がない場合、その法定相続人の<u>直系卑属（子や孫）</u>などが代わって相続できる。

▶ 27位「土地・建物・株式等の相続税評価額」は、5ページの学科「4位 土地・建物・株式等の相続税評価額」を参照。

1位 年金の繰上げ・繰下げと増額

過去の出題率 6.78%

- [ ] **公的年金の繰上げ受給**…老齢基礎年金と老齢厚生年金の受給開始を繰り上げて、60歳～64歳に受給開始すること。老齢基礎年金と老齢厚生年金は、一緒に繰上げしなければいけない。

- [ ] 繰上げすると、**繰上げ月数×0.4%**（最大60月×0.4＝24%）減額される。※

- [ ] **公的年金の繰下げ受給**…老齢基礎年金と老齢厚生年金の受給開始を繰り下げて、66歳～75歳に受給開始すること。※老齢基礎年金と老齢厚生年金、一方だけの繰下げもできる。

- [ ] 繰下げすると、**繰下げ月数×0.7%**（最大120月×0.7＝84%）増額される。

- [ ] 老齢基礎年金と老齢厚生年金の繰上げ・繰下げによる減額率・増額率は同じ。

- [ ] 自営業者などの**第1号被保険者**が任意で年金に上乗せできる制度に、**付加年金、国民年金基金、小規模企業共済、確定拠出年金の個人型年金（iDeCo）**がある。

- [ ] **付加年金**…国民年金第1号被保険者が、国民年金保険料に**月額400円**を上乗せ納付すると、**200円×付加年金納付済月数**が老齢基礎年金に増額される。

- [ ] **国民年金基金**…国民年金第1号被保険者が加入できる老齢基礎年金の上乗せ制度。掛金は給付形式、口数、加入時の年齢・性別で異なり、上限は月額**68,000円**。掛金の全額が**社会保険料**控除として所得控除の対象となる。

- [ ] **国民年金基金**と**付加年金**は、同時に加入することはできない。

- [ ] **小規模企業共済**…個人事業主や小規模企業の役員のための退職金制度。掛金は月額1,000円から7万円の範囲内（500円単位）で選択可能。掛金の全額が**小規模企業共済等掛金控除**として所得控除の対象となる。共済金の受取方法は「一括受取り」「分割受取り」「併用」の3種類。**一括受取りは退職**所得扱い、**分割受取りは公的年金等の雑所得扱い**となる。

- [ ] **確定拠出年金の個人型年金（iDeCo）**…**65歳**未満の国民年金被保険者、厚生年金被保険者（在職者）、国民年金任意加入被保険者なら誰でも加入できる。**掛金は全額が小規模企業共済等掛金控除**として所得控除の対象となる。運用益は非課税、給付金も控除対象（一時金なら**退職所得控除**、年金なら**公的年金等控除**）となる。

- [ ] 自営業者の場合、確定拠出年金の個人型年金の拠出限度額は、**付加年金、または国民年金基金**と合算して原則、**年額81.6万円**。

- [ ] 確定拠出年金の企業型年金で、会社の掛金額を超えない範囲で従業員が追加拠出した**マッチング拠出**の掛金は、全額が**小規模企業共済等掛金控除**の対象となる。

※1962年4月1日以前生まれの人の繰上げ受給は0.5%の減額。1952年4月1日以前生まれ、または2017年3月31日以前に受給権発生日がある人の繰下げ上限年齢は70歳。

☐　貯蓄性のある保険（保険金受取人が法人の終身保険、養老保険など）の保険料は、「保険料積立金」として【借方】に資産計上する。

借　　方		貸　　方	
保険料積立金	120万円	現金・預金	120万円

▲左側【借方】に積み立てている保険料。保険料は現金か預金から支払うので、右側【貸方】に現金・預金を記載する。【借方】と【貸方】は同じ金額になる。

☐　被保険者が全従業員で、保険金受取人が被保険者（その遺族）の保険料は、「福利厚生費」として【借方】に損金算入。被保険者が特定の役員や従業員で、保険金受取人が被保険者（その遺族）の場合は、「給与」として【借方】に損金算入。

保険の種類	支払った保険料の経理処理
終身保険・養老保険・年金保険 保険金受取人が法人	貯蓄性があるため、【借方】に 「保険料積立金」として資産計上
終身保険・養老保険・年金保険 保険金受取人が被保険者（または遺族）	【借方】に 「給与」として損金算入
最高解約返戻率が50％以下の 定期保険・第三分野の保険※ 保険金受取人が法人	貯蓄性がないため、【借方】に 「支払保険料」として損金算入

※2019年7月8日以後の契約。保険期間3年未満、最高解約返戻率が50％超70％以下かつ1被保険者あたりの年換算保険料相当額が30万円以下（全保険会社の契約を通算）のものを含む。

☐　法人の受け取った保険金…死亡保険金、満期保険金、解約返戻金等は、受け取った保険金を資産計上して、払込保険料総額（＝資産計上されてきた「保険料積立金」）を取り崩す。仕訳では、受け取った保険金を「現金・預金」として【借方】に記載する。払込保険料総額は「保険料積立金」として【貸方】に記載し、保険金額と保険料積立金額との差益を「雑収入」として【貸方】に益金算入する。なお、「無配当定期保険」などは貯蓄性がない（資産にはならない）ため、支払ってきた保険料は資産計上されておらず、保険料積立金は0円となる。

【仕訳の具体例】 終身保険（保険金受取人が法人）の保険金8,000万円

払込保険料総額＝保険料積立金が500万円の場合

借　　方		貸　　方	
現金・預金	8,000万円	保険料積立金	500万円
		雑収入	7,500万円

▲左側「借方」に受け取った保険金を現金・預金として記載。右側「貸方」に保険料積立金とし、さらに保険金額と保険料積立金額との差益を雑収入として記載する。

☐　法人が従業員にかけた生命保険契約は、従業員の退職金の一部として、契約者や保険金受取人を法人から従業員等に変更して継続することができる。

☐　事業保障資金＝短期債務額※＋全従業員の1年分の給与総額

※短期債務額は、短期借入金、買掛金、支払手形の合計額。

3位 個人の保険の見直し

- □ **必要保障額**…世帯主が死亡したときに遺族の生活を維持するために必要となる金額。死亡保険金額設定の目安となる。

- □ **必要保障額＝死亡後の総支出－総収入**

- □ **必要保障額が最大**になるのは末子の誕生時で、子どもの成長とともに必要保障額は減っていく場合は、次のことが考えられる。

- □ **1**・死亡保険金額を減額する。

- □ **2**・保険金額が減っていく逓減定期保険へ加入する。

- □ **3**・収入保障保険へ加入する。収入保障保険は、年金受取総額が逓減する保険で、受取総額が変わらない定期保険より保険料が割安となるため、子の成長に合わせて保障を減らす目的で加入することが多い。世帯主死亡後の遺族の生活保障としても利用できる。遺族が受け取る**年金は、雑所得**として所得税・住民税の課税対象（相続税の課税対象部分を除く）。

- □ 世帯主の保険契約の**特約として配偶者の医療保障等**が付加されている場合、世帯主の死亡によって**特約である配偶者の医療保障等はなくなる**。この場合、配偶者を被保険者とする生命保険に別途加入しておくことも検討対象になる。

- □ 死亡保険金額の増額などの変更のためには、**契約転換制度**の利用を検討する。

- □ **契約転換制度**は、現在の保険の責任準備金と積立配当金を転換（下取り）価格として、新しい契約の一部に充当する方法である。保険料は転換時の年齢・保険料率により計算され、保険料が以前より高くなることがある。

- □ **契約転換制度**を利用して結んだ新しい契約は、**クーリング・オフの対象になる**。

- □ **40**歳以上は公的介護保険への加入義務がある。**40**歳から**64**歳までの公的介護保険第**2**号被保険者は、がん末期、関節リウマチ、初老期における認知症など、加齢に伴う特定疾病の場合に給付を受けられる（自己負担は1割）。**40**歳までに要介護状態となるリスクを重視するならば、**民間の介護保険**を検討してもよい。

- □ **学資保険**は教育資金の準備に適するが、中途解約すると損失が出る場合もある。

- □ **団体信用生命保険**の支払対象は、死亡と高度障害である。寝たきりや要介護状態となった場合、**住宅ローンの支払いは継続**する。就業不能や要介護状態となる場合も想定して、生命保険を見直すことが必要である。

- □ 先進医療の技術料は全額自己負担なので、**先進医療特約が検討対象**となる。

- □ **払済保険**は、保険料の払込みを中止し、解約返戻金をもとに、保険期間は変えないで保険金額は少ない保険に変更するもの。付加している特約は消滅する。

4位 長期平準定期保険※

※2019年7月7日以前の契約の長期平準定期保険

- [ ] **長期平準定期保険**…保険期間満了時が70歳を超えている、**満期保険金**がない掛捨ての保険。被保険者を特定の役員、死亡保険金受取人を法人とするのが一般的。「**加入時年齢＋保険期間×2＞105**」であることが条件で、加入時年齢が高いか、加入保険期間が長いことが特徴。

- 【例】加入時年齢50歳、保険期間満了時90歳なら、保険期間は90−50＝40で、**50＋40×2＞105**。加入時年齢50歳、保険期間満了時70歳なら、保険期間は70−50＝20で、**50＋20×2＜105**。

- [ ] 中途解約によって高い返戻率の解約返戻金が支払われる。解約返戻金は役員退職金などに活用できる。使い方は企業の自由。役員が受け取った退職金は、退職所得として所得税の課税対象。

- [ ] 保険期間中に死亡した場合の**死亡保険金**は、借入金の返済や人件費等の企業の**事業資金として活用**できる。

- [ ] **返戻率**…生命保険などの保険契約を中途解約した場合や、満期を迎えた場合の満期保険金を受け取る金額が、これまでに支払った保険料に対して何%あるのかを示すもの。長期平準定期保険では、一般に**保険期間の6割経過の時期が最も高い返戻率**となる。その後減少し、保険期間満了時に0になる。

- [ ] **仕訳**…借方（左に**資産増加・負債減少**）と貸方（右に**資産減少・負債増加**）に分けて図式化した、簿記で使用する取引の記録。

- [ ] **長期平準定期保険の仕訳**…長期平準定期保険は貯蓄性があるので、**全額が損金算入される一般の定期保険とは異なる経理処理**となり、前半6割期間での保険料支払い時は、**保険料の2分の1を定期保険料**として、**2分の1を前払保険料**として資産（借方）計上をする。

- 【例】保険期間30年で、年間保険料240万円の場合の**第1回保険料払込時の仕訳**。
  年間保険料の**2分の1（120万円）**は「**定期保険料**」として損金算入。
  年間保険料の**2分の1（120万円）**は「**前払保険料**」として資産計上。

借　　　方		貸　　　方	
定期**保険料**	120万円	現金・預金	240万円
前払**保険料**	120万円		

▲左側「借方」に支払った保険料を定期保険料と前払保険料に分けて記載。
　右側「貸方」に保険料合計と同額の現金・預金を記載。

5位 遺言と遺留分

- [ ] **遺言**（いごん）…自らの死後のために意思表示をすること。遺言の効力は、遺言者の**死後**に生じる。

- [ ] **被相続人**（死亡した人）の遺言による**指定分割**（相続人の相続分の指定）がない場合、必ずしも**法定**相続分に従う必要はない。**協議分割**ができる。

- [ ] 遺言書は、いつでも内容の変更（作り直し）・撤回が**できる**。

- [ ] 検認前に遺言書を開封した場合、その遺言書は無効には**ならない**。

- [ ] **自筆証書遺言**…遺言者が遺言の**全文、日付、氏名**を**自書**して**押印**する（代筆、パソコン作成、口述録音等は**不可**）。**財産目録**のみ書式自由（自書によらない記載には頁ごとに署名押印が必要）。自筆証書遺言は**証人の立会いが不要**。相続開始後に家庭裁判所で**検認**（遺言書の偽造等を防止するための証拠保全の手続き）**が必要**（ただし、**法務局**（遺言書保管所）で保管されている遺言書については**検認不要**）。**日付**の特定がないもの（大安吉日など）は**無効**。

- [ ] **公正証書遺言**…公証人役場で証人２名以上の立会いのもと、遺言者が遺言の趣旨を公証人に口授し、公証人が筆記する。遺言者、証人、公証人の署名・押印が必要。原本は公証人役場に保管される。公正証書遺言のみ、相続開始後の家庭裁判所の**検認が不要**。作成には遺言の目的となる財産の価額に応じた手数料がかかる。

- [ ] **秘密証書遺言**…遺言者が作成し、署名押印し、封印。証人２人以上の前で公証人が日付を記入する。遺言者自身が保管する。ワープロや代筆での作成でもよい。相続開始後に家庭裁判所で**検認が必要**。

- [ ] **遺留分**…民法で定められている一定の相続人が**最低限相続できる財産**。遺留分の確保には、遺言書での相続人に**遺留分侵害額請求**をする必要がある。

- [ ] **遺留分権利者**…遺留分が保証されている人のこと。配偶者、子（子の代襲相続人を含む）、父母。**兄弟姉妹**は保証されていない。遺留分の割合は、以下のとおり。

- [ ] **遺留分権利者が配偶者のみの遺留分**…相続財産の**2分の1**

- [ ] **遺留分権利者が子のみの遺留分**…相続財産の**2分の1**

- [ ] **遺留分権利者が父母のみの遺留分**…相続財産の**3分の1**

- [ ] **遺留分権利者が配偶者と子**…相続財産の**2分の1**

- [ ] **遺留分権利者が配偶者と父母**…相続財産の**2分の1**

- [ ] **1人の相続分＝相続財産×遺留分×法定相続分**

【例】遺留分算定の基礎となる財産の価額が8,000万円で、相続人が被相続人の配偶者と子2人の合計3人である場合、子1人の「遺留分の金額」は、

8,000万円×1/2×1/4＝1,000万円となる。

6位 相続税の課税・非課税財産

● 相続財産の種類

☐ **本来の相続財産**…被相続人が所有していた預貯金、株式、債券、現金、貴金属、不動産など、<u>金銭</u>に<u>換算</u>できる価値のあるもの。

☐ **みなし相続財産**…本来は相続財産ではないが、被相続人の死亡で実質的に相続人に入る相続財産と同じ効果のある財産。<u>生命保険金</u>や**死亡退職金**、<u>弔慰金</u>など。

☐ **生命保険金**…被相続人が<u>契約者</u>（**保険料負担者**）で、被相続人の死亡により相続人に支払われる保険金。相続人以外の人が受取人の場合は<u>遺贈</u>となり、<u>相続税</u>の課税対象となる。

☐ **死亡退職金**…被相続人の死亡により支払われる退職金で、被相続人の**死後3年以内**に支給が確定したもの。

☐ <u>相続時精算課税</u>による贈与財産…<u>相続時精算課税</u>の適用を受けていた贈与財産は、<u>相続税の課税対象</u>となる。その際、加算価額は<u>贈与時の価格</u>を適用する。

☐ **生前贈与財産**…原則、相続人が被相続人から相続開始前の<u>7年以内</u>*に贈与を受けた財産。相続財産に加算され、加算価額は<u>贈与時の価格</u>を適用する。贈与時に支払っていた<u>贈与税</u>は控除の対象となる。

※2024年1月1日以降の贈与財産にかかる相続より最長7年まで順次延長。

● 相続税の非課税財産

☐ 墓地、仏具、弔慰金、葬祭料、花輪代などは**相続税が課**されない。

☐ **生命保険金・死亡退職金の非課税限度額**…相続人が生命保険金や死亡退職金を受け取ったとき、「<u>500万円×法定相続人の数</u>」までが**非課税限度額**となる。

☐ **各人の非課税限度額 ＝ 非課税限度額 ×** $\dfrac{\text{その相続人が受け取った保険金}}{\text{全相続人が受け取った保険金合計}}$

【例】Aさん死亡時、法定相続人は妻・長女・二女の3人で、長女に死亡保険金6,000万円、二女に死亡保険金4,000万円が支払われる場合、各人の非課税限度額は、

長女…<u>1,500万円×（6,000万円/1億円）＝900万円</u>

二女…<u>1,500万円×（4,000万円/1億円）＝600万円</u>

☐ **弔慰金**…被相続人の死亡により、勤務先の会社などから受ける見舞金。

☐ **弔慰金の非課税の範囲**…業務上の事由による死亡では被相続人の死亡当時の普通給与の<u>3年分</u>（<u>36カ月分</u>）相当額まで、業務外の事由による死亡では被相続人の死亡当時の普通給与の<u>半年分</u>（<u>6カ月</u>）相当額までが非課税。これを超える部分は**退職手当金等として相続税の対象**となる。

7位 扶養控除

●扶養控除

☐ 納税者に**配偶者以外**の控除対象扶養親族がいる場合に適用される。

☐ **控除対象扶養親族の要件**

①納税者本人と**生計を一**にしている配偶者以外の**16歳以上**の親族であること。

②青色申告者、または白色申告者の事業専従者でないこと。

③合計所得金額**48万円以下**、収入が給与のみの場合は**年収103万円以下**。

（年収103万円から**給与所得控除55万円**を差し引くと48万円）

●控除金額

☐ **一般の扶養親族**…**16歳以上**は**38万円**

☐ **特定扶養親族**…**19歳以上23歳未満**は**63万円**

☐ **老人扶養親族**…**70歳以上**の同居老親等（納税者またはその配偶者 と同居する 直系尊属〈父母・祖父母〉）は**58万円**、同居老親等以外の者は**48万円**

※控除の適用年齢は、12月31日時点。

7位 相続税の計算

☐ **相続税の総額**は次の手順で算出する。

① 課税遺産総額（**課税価格の合計額−遺産に係る基礎控除額**）を各相続人の**法定 相続分**（別冊5ページ）で分割して「**法定相続分に応ずる取得金額**」を求める。

遺産に係る基礎控除額＝3,000万円＋600万円×法定相続人の数

② 試験で提示される〈相続税の速算表〉にある税率を掛け、控除額を差し引いて、 各人の相続税額を求める。

③ 各人の相続税額を合計して、相続税の総額を算出する。

【例】Aさん、妻、長女、二女の家系において、Aさんの相続に係る課税遺産総額が 1億7,000万円であった場合の法定相続分に応じた**取得金額**と**相続税の総額**は、

妻…1億7,000万円× **1/2＝8,500万円**（妻の取得金額）

8,500万円×30%−700万円＝1,850万円（妻の相続税額）

長女および二女…1億7,000万円× **1/4＝4,250万円**（子1人分の取得金額）

4,250万円×20%−200万円＝650万円（子1人分の相続税額）

相続税の総額＝1,850万円＋650万円＋650万円＝3,150万円

9位 遺族年金

●遺族基礎年金

- ☐ 国民年金の被保険者が死亡した場合、死亡した者に生計を維持されていた子のある配偶者（妻・夫）、または子に支給される。

- ☐ **要件**…被保険者期間のうち「保険料納付済期間＋保険料免除期間」が3分の2以上。または、死亡日に65歳未満で前々月までの1年間に保険料滞納がないこと。

- ☐ **年金額**…816,000円（満額の老齢基礎年金と同額）＋子の加算額

- ☐ **子の加算額**…第1子と第2子は各234,800円。第3子以降は各78,300円。

●遺族厚生年金

- ☐ 厚生年金加入者が死亡した場合、一定の要件を満たしている遺族に支給される。**遺族基礎年金に上乗せして受給ができる**。子がない配偶者（妻・夫）は、遺族基礎年金は受給できないが、遺族厚生年金は受給できる。

- ☐ **要件**…被保険者期間のうち「保険料納付済期間＋保険料免除期間」が3分の2以上。または、死亡日に65歳未満で前々月までの1年間に保険料滞納がないこと。あるいは、老齢厚生年金（1級・2級の障害厚生年金）の受給権者が死亡。

- ☐ **受給対象者**…死亡した者に生計を維持されていた者（① **配偶者・子**、② **父母**、③ **孫**、④ **祖父母**）のうち、受給順位が最も高い者にだけ支給される。

  ※死亡した者の夫、父母、祖父母は55歳以上の者に限定されていて、支給は60歳からになる。

- ☐ **年金額**…死亡した者の老齢厚生年金の報酬比例部分の4分の3相当額。

- ☐ **遺族基礎年金と遺族厚生年金の子の要件**…18歳到達年度の末日（3月31日）までの子、または20歳未満で障害等級1級、2級該当者。配偶者（親）と子が生計同一の場合は配偶者が受給する。生計同一でない場合は子が受給する。

- ☐ **遺族基礎年金と遺族厚生年金の受給者の年収制限**…受給者の年収850万円未満。受給権確定後に年収850万円以上になったときは支給停止にはならない。

- ☐ **遺族基礎年金と遺族厚生年金の受給資格の喪失**…条件を満たす妻や子が結婚したり、また子が養子になったりした場合は、受給資格を失う。

- ☐ **中高齢寡婦加算**…夫の死亡時に子がない妻は、遺族基礎年金が受給できないが、40歳～65歳未満の子のない妻は遺族厚生年金に中高齢寡婦加算が上乗せされる。

- ☐ **死亡一時金**…国民年金の第1号被保険者としての保険料納付済期間が36月（3年）以上ある者が年金を受給しないで死亡したとき、子のない妻などに支給される。遺族基礎年金を受給できない遺族に支給。

10位 必要保障額の計算

□ **必要保障額**…世帯主が死亡したときに遺族の生活を維持するために必要となる金額。生命保険（死亡保険）で用意しておくべき保険金の目安となる。必要保障額が最大になるのは<u>末子</u>の誕生時で、子どもの成長とともに<u>減少</u>していく。

□ **必要保障額＝<u>死亡後の総支出</u>－<u>総収入</u>**

□ **総支出に算入する金額**

　　　・遺族の生活費（子の独立前の生活費＋独立後の配偶者の生活費）

　　　・住居費（家賃）・世帯主の葬儀費用　・子の教育資金　・結婚援助資金 等

□ 世帯主が<u>団体信用生命保険</u>に加入していた住宅ローンのローン残債は、<u>団体信用生命保険</u>から借入先金融機関に支払われるため、**総支出に算入しない。**

□ **総収入に算入する金額**

　　　・遺族の公的年金総額 ・給与収入 ・死亡退職金見込額 ・保有金融資産 等

【例】**家族構成および条件（必要保障額の計算）**

Aさん（53歳）、妻Bさん（51歳）、長男Cさん（18歳）

1）現在の日常生活費は月額25万円とし、Aさん死亡後から長男Cさんが22歳になる（独立する）までの4年間の生活費は現在の日常生活費の70％、長男Cさん独立後の期間における妻Bさんの生活費は現在の日常生活費の50％とする。

2）長男Cさん独立時の妻Bさんの年齢における平均余命は32年とする。

3）Aさん死亡時の住宅ローン（団体信用生命保険加入）残高は1,500万円。

4）Aさん葬儀費用等は300万円、子2人の教育資金と結婚援助資金の総額は700万円。

5）妻Bさんが受け取る公的年金等の総額は4,600万円。

6）Aさんの死亡退職金見込額と保有金融資産の合計額は1,000万円。

【例】**総支出**

長男Cさんの独立まで…生活費25万円×<u>70％</u>×12カ月×4年＝**840万円**

長男Cさん独立後…生活費25万円×<u>50％</u>×12カ月×平均余命32年＝**4,800万円**

総支出＝<u>840万円</u>＋<u>4,800万円</u>＋葬儀費300万円＋教育資金・結婚援助資金700万円

　　　　＝<u>6,640万円</u>

【例】**総収入**

公的年金総額4,600万円＋死亡退職金見込額と保有金融資産の合計額1,000万円

総収入＝<u>4,600万円</u> ＋ <u>1,000万円</u> ＝ <u>5,600万円</u>

【例】**必要保障額＝総支出<u>6,640万円</u>－総収入<u>5,600万円</u>＝<u>1,040万円</u>**

実技 保険 ▶ TOP60

11位 総所得金額の算出

☐ 他の所得と合算して税金を計算するのが<u>総合課税</u>。他の所得と合算しないで税額を計算するのが<u>分離課税</u>（退職所得や土地、建物、株式の譲渡所得など）。

☐ **総所得金額**…申告する納税額を計算するために、<u>総合課税</u>される所得を合計し、損益通算や繰越控除などをした後の金額。

☐ 総所得金額に算入する代表的な所得…**不動産所得**、**事業所得**、**給与所得**、**一時所得×1/2**、土地、建物、株式以外の**譲渡所得**など。

☐ **不動産所得**…不動産の<u>貸付け</u>による所得。

　　不動産所得＝不動産所得の総収入金額－<u>必要経費</u>（－青色申告特別控除額）

【例】不動産貸付けの賃貸収入が120万円、必要経費が40万円で青色申告をしていない場合は、**不動産所得＝120万円－40万円＝80万円**

☐ **事業所得**…農業、漁業、製造業、卸売業、小売業、サービス業、飲食業、その他事業による所得。

事業所得＝事業所得の総収入金額－<u>必要経費</u>（－青色申告特別控除額）

※試験では事業所得の必要経費は、記載されないことが多い。

☐ **給与所得**…会社員やアルバイトが、会社から受け取る給与、賞与、各種手当て、現物給与等の所得。　**給与所得＝給与収入金額－<u>給与所得</u>控除額（最低<u>55万</u>円）**

☐ 給与収入金額は源泉徴収票の「<u>支払金額</u>」欄に記載されている。給与所得控除額は金額によって異なり、試験では給与所得控除額の計算式が表で提示される。

☐ **一時所得**…営利を目的としない行為によって発生した所得で、生命保険の満期保険金や解約返戻金、損害保険の満期返戻金などが該当する。一時所得は、金額の**2分の1**を総所得金額へ算入する。退職金などの労役の対価、土地の譲渡、資産譲渡によって発生した所得は一時所得には含まれない。

☐ **一時所得 ＝ 一時所得の総収入金額 － 収入を得るために支出した額**
　　　　　　　全部の一時所得の収入　　　　必要経費（支払った保険料等）

　　　　　　 － 特別控除額（最高50万円）

【例】支払った保険料が1,000万円である一時払終身保険の解約返戻金額1,100万円を受け取った場合の一時所得。

　　一時所得＝解約返戻金1,100万円－<u>払込保険料</u>1,000万円－特別控除額50万円
　　　　　＝50万円

一時所得は、金額の**2分の1**を総所得金額へ算入するので、

総所得金額に算入する金額＝50万÷2＝25万円

68

11位 給与所得者の確定申告

過去の出題率 2.98%

- ☐ **確定申告**…納税者本人が所得税額を計算し、<u>申告・納付</u>する手続き。

- ☐ **源泉徴収制度**…会社（給与等の支払者）が社員に対して、あらかじめ<u>所得税額</u>を差し引いて（天引きして）給与等を支払うこと。差し引いた所得税は、会社から国に納付する。

- ☐ **年末調整**…<u>源泉徴収</u>された税額を年末に計算し直して精算を行うこと（源泉徴収される税額は概算なので、本来納める税額とは必ずしも一致しないため）。

- ☐ 給与所得者のうち、その年中に支払を受けるべき**給与等の金額が2,000万円**を超える者は、**確定申告が**<u>必要</u>。

- ☐ 給与を<u>1</u>カ所から受けていて、**給与所得、退職所得以外の所得金額が20万円**を超える場合には、**確定申告が**<u>必要</u>。

- ☐ **給与を2カ所以上**から受けていて、年末調整をされなかった給与（従たる給与）の収入金額と、各種の所得金額（給与所得、退職所得を除く）との**合計所得金額が20万円**を超える場合には、**確定申告が**<u>必要</u>。

- ☐ 給与所得者が<u>住宅借入金等特別</u>**控除（住宅ローン控除）**の適用を受ける場合、<u>初年度</u>のみ確定申告が必要。翌年分以降は<u>年末調整</u>によって適用を受けることができるため、**確定申告は**<u>不要</u>。

- ☐ <u>雑損</u>**控除**・<u>寄附金</u>**控除**の適用を受ける場合、領収書等を添付して**確定申告が**<u>必要</u>。ただし、**ふるさと**<u>納税ワンストップ</u>**特例制度**は、**確定申告が**<u>不要</u>。

- ☐ <u>医療費控除</u>の適用を受ける場合、医療費控除の<u>明細書</u>を添付して、**確定申告が**<u>必要</u>。

- ☐ <u>配当</u>**控除**の適用を受ける場合、**確定申告が**<u>必要</u>。

- ☐ 年末調整の対象となる給与所得者が、<u>地震</u>**保険料控除**および<u>生命</u>**保険料控除**の適用を受ける場合、年末調整で所定の書類を勤務先に提出すれば、**確定申告は**<u>不要</u>。

- ☐ **申告方法**…確定申告書を納税地（住所地）を管轄する<u>税務署長</u>へ**持参**、**郵送**、または**インターネット**による電子データ送信などの方法で提出する。

- ☐ **確定申告書の提出と納付の期限**は、収入のあった年（1月1日～12月31日）の**翌年**<u>2</u>月<u>16</u>日から<u>3</u>月<u>15</u>日。

- ☐ 確定申告で本来の納税額より多く納付したことが判明した場合、法定申告期限3月15日から<u>5年以内</u>に限り、税額還付を受ける<u>更正</u>の**請求**ができる。

実技 保険 ▶ TOP60

▶13位「公的介護保険」は、36ページの学科「49位 公的介護保険」を参照。

69

14位 老齢基礎年金

過去の出題率 **2.61**%

- [ ] **老齢基礎年金**…<u>65歳</u>になったときから支給される終身型の年金。

- [ ] **受給資格期間**…年金をもらうために最低限必要な加入期間。保険料納付済期間と保険料免除・猶予期間等の合計が<u>10年</u>。受給資格期間を満たしていない場合は、<u>70歳</u>になるまで国民年金に<u>任意加入</u>できる。

- [ ] **年金額**…老齢基礎年金の保険料納付済月数が<u>480月</u>（20歳から60歳までの40年）を満たしていれば、年金額は満額の<u>816,000円</u>（2024年度価額）。

- [ ] **保険料納付済月数**…<u>全月数</u>（<u>480月</u>）から<u>未納期間</u>（免除期間や納付猶予期間）を差し引いた月数。学生納付特例制度などの<u>納付猶予期間</u>は、<u>追納をしない場合</u>、老齢基礎年金の<u>受給資格期間には算入される</u>が、年金額算出の<u>納付済月数には算入されない</u>。<u>480月</u>に満たない場合、支給額は以下の計算式で算出される。

$$816{,}000円 \times \frac{保険料納付済月数＋全額免除月数 \times \frac{1}{3}^{※}}{480月}$$

※ 1/3は2009年3月までの全額免除期間分。2009年4月以降の全額免除期間分は1/3が1/2に変わる。

15位 配偶者控除

過去の出題率 **2.53**%

- [ ] **配偶者控除**…合計所得金額<u>1,000万円</u>（給与のみの場合は年収<u>1,195万円</u>）以下の納税者に生計を一にしている配偶者がいる場合に適用される。控除金額は<u>最高38万円</u>※（<u>70歳</u>以上の<u>老人</u>控除対象配偶者は最高<u>48万円</u>）。

  ※控除金額は一律ではなく、納税者の合計所得金額により38万円、26万円、13万円の3つに分かれる。老人控除対象配偶者の場合は48万円、32万円、16万円。

- [ ] **控除対象配偶者の要件**

  ①青色申告者、または白色申告者の<u>事業専従者</u>でないこと。

  ②<u>合計所得金額48万円</u>※以下、収入が給与のみの場合は<u>年収103万円以下</u>。

  ※年収103万円から給与所得控除55万円を差し引くと48万円。

- [ ] 配偶者の合計所得金額が<u>48万円</u>を超える場合であっても、納税者本人の合計所得金額が<u>1,000万円</u>（給与のみの場合は年収<u>1,195万円</u>）以下で、配偶者の合計所得金額が<u>48万円超～133万円以下</u>（<u>年収103万円超～201.6万円未満</u>）であれば、<u>配偶者特別</u>控除が適用される。控除金額は<u>最高38万円</u>。

▶16位「老齢厚生年金」は、28ページの学科「34位 老齢厚生年金」を参照。

16位 退職所得

☐ **退職所得**…退職時に勤務先から受け取る退職金などの所得で**申告分離**課税（他の所得と合算しないで、分離して税額を計算し、確定申告によって税金を納付）。

☐ **退職時に退職所得の受給に関する申告書を提出**した場合は、**源泉徴収**によって課税関係が終了し、**確定申告は不要**。

☐ **所得税における退職所得の計算式**…（収入金額－**退職所得控除額**）× 1/2※

※ 2022年分以後の所得税について、役員等以外の者としての勤続年数が5年以下である者に対する退職手当等のうち、退職所得控除額を控除した残額の300万円を超える部分については2分の1課税を適用しない。

☐ **退職所得控除額**（勤続年数に応じる。最低控除額は**80万円**）

　　・**勤続年数20年以下の場合**…**40万円×勤続年数**
　　・**勤続年数20年超の場合**…**800万円＋70万円×（勤続年数－20年）**

【例】勤続24年7カ月で退職金7,000万円の場合の退職所得を求める。

[7,000－{800＋70×（25－20）}]×1/2＝2,925万円

☐ 勤続年数の1年未満の端数は**切り上げて1年**とする。

☐ 適正な額の退職金は**損金算入できる**が、退職金の額として相当であると認められる額を超える部分は、法人税法上、**損金算入できない**。

18位 法定相続人と法定相続分

☐ **法定相続人**…民法に規定されている相続人のこと。**配偶者**、および次の3つの順位の最上位の血族だけが法定相続人となる。

第1順位…**子**（養子、非嫡出子、胎児含む）・子が亡くなっている場合は**孫**、**ひ孫**

第2順位…**直系尊属（父母）**・父母が亡くなっている場合は**祖父母**

第3順位…**兄弟姉妹**・兄弟姉妹が亡くなってる場合は**甥（おい）**、**姪（めい）**

　▲上位の者がいる場合は、下位の者は相続人になれない。

☐ **配偶者と子の法定相続分**…配偶者**2分の1**、子合計で**2分の1**（子3人なら、それぞれ**6分の1**）。養子の相続分は実子と同じ。

☐ **配偶者と父母の法定相続分**…配偶者**3分の2**、父母合計で**3分の1**。

☐ **配偶者と兄弟姉妹の法定相続分**…配偶者**4分の3**、兄弟姉妹合計で**4分の1**。

☐ **代襲相続**…相続の開始時に、法定相続人が死亡などにより相続権がなくなっている場合、その法定相続人の**直系卑属（子や孫）**、**甥・姪**（法定相続人の兄弟姉妹が亡くなっている場合）が代わって相続できる。

19位 ハーフタックスプラン

□ **ハーフタックスプラン**…法人契約の養老保険のうち、以下の条件を満たすタイプの保険。**福利厚生プラン**、**福利厚生保険**などとも呼ばれる。

①被保険者…全役員・従業員

②満期保険金と解約返戻金の受取人…法人

③死亡保険金受取人…被保険者の遺族

□ **養老保険**…保険期間中に被保険者が死亡すると死亡保険金が、保険期間満了まで生存すると満期保険金が支払われる保険。死亡保険金が支払われた場合、契約は終了するため、満期保険金は支払われない。

□ ハーフタックスプランを導入する際は、退職金規程を整えて保険金額を退職金規程の範囲内にする必要がある。退職金の支給根拠が明確でないままハーフタックスプランを導入すると、節税目的とされて保険料の損金算入が認められないことがある。

□ **ハーフタックスプランの仕訳**…支払保険料の**2分の1**を保険料積立金として資産計上、残りの**2分の1**を福利厚生費として損金算入する（被保険者が満期まで生きていれば満期保険金が会社に入り資産となるため2分の1は資産計上。被保険者が死亡すれば死亡保険金は遺族に支払われ、会社に入らず資産とみなされないため2分の1は損金算入）。

【例】 年間保険料200万円の場合の**第1回保険料払込時の仕訳**。

年間保険料の2分の1（100万円）は「保険料積立金」として資産計上。

年間保険料の2分の1（100万円）は「福利厚生費」として損金算入。

借　　方		貸　　方	
保険料積立金	100万円	現金・預金	200万円
福利厚生費	100万円		

【例】 払込保険料総額2,800万円で**満期保険金3,000万円を受け取った場合の仕訳**

これまでの資産計上額は、**2,800万円の2分の1の1,400万円**。

保険差益は、**満期保険金3,000万円−1,400万円＝雑収入1,600万円**。

借　　方		貸　　方	
現金・預金	3,000万円	保険料積立金	1,400万円
		雑収入	1,600万円

1位 FPの倫理と関連法規

- □ **弁護士（司法書士）等**でなければ、<u>個別具体</u>的な法律相談、法律事務、法律手続きはできない。
  - ○ **できる**→法律に関する<u>一般</u>的な説明をする。顧客の**任意後見**受任者となる
  - × **できない**→<u>遺言状</u>の**作成指導**を行う。法律判断に基づく**和解案を提案**する
- □ **税理士**でなければ、**顧客の税務書類の作成**など、<u>個別具体</u>的な税務に関する相談はできない。
  - ○ **できる**→<u>一般</u>的な税務の解説をする。仮定の事例についての**税額計算**
  - × **できない**→顧客の<u>納税</u>額の計算を行う。**確定申告書類を作成**する
- □ **金融商品取引業者**として**投資の助言・代理、運用業務**を行うには、<u>内閣総理大臣</u>の登録を受けなければならない。
  - ○ **できる**→景気予測、企業業績の予想、公表されている株価の推移などに関する<u>一般</u>**的な説明**をする
  - × **できない**→顧客の**資産運用**、個別の**株式の売買**、<u>具体</u>的な投資の助言を行う
- □ **保険募集人**として保険商品の募集や販売を行うには、<u>内閣総理大臣</u>の登録を受けなければならない。
  - ○ **できる**→保険についての<u>一般</u>的な説明、**保険見直しの相談や提案**をする
  - × **できない**→保険商品の**募集、販売、勧誘**
- □ **社会保険労務士**でなければ、顧客の社会保険の<u>個別具体</u>的な**手続き**はできない。
  - ○ **できる**→公的年金制度に関して<u>一般</u>的な説明をする。**公的年金の受給見込**額の計算をする
  - × **できない**→**年金請求書の作成**など、公的年金に関する<u>具体</u>的な手続きを行う

確認問題 ▶適切なものは①、不適切なものは②をマークしなさい。　　答えはページ下

1. 生命保険募集人の登録をしていないFPが、変額個人年金保険の一般的な商品性の説明を行った。　　① ②

2. 社会保険労務士資格を有していないFPが、顧客が持参した「ねんきん定期便」等の資料を参考に公的年金の受給見込み額を計算した。　　① ②

3. 税理士資格を有していないFPが、公民館の無料相談会において、相談者の持参した資料に基づいて、相談者が納付すべき所得税の具体的な税額計算を行った。　　① ②

答え→1①、2①、3②

2位 キャッシュフロー表

□　現在の収支状況や今後のライフプランをもとにして、将来の収支状況や金融資産残高などの推移を表形式にまとめたもの。

□　物価変動、定期昇給などがある場合には、その<u>変動率</u>（変化の割合）を考えた<u>将来</u>価値を計算して記入する。

　　n年後の額＝今年の額×（１＋変動率）^{n}

【例】田川家のキャッシュフロー表において、

　　（ア）2年後の給与収入の計算は、現在の**給与収入**、変動率**1％**をもとに算出する。**480万円×（1＋<u>0.01</u>）^{2}＝<u>489.648</u>≒<u>490</u>万円**

□　**年間収支＝<u>収入</u>－支出**

　　（イ）<u>748</u>万円－<u>696</u>万円＝<u>52</u>万円

□　**金融資産残高＝前年の金融資産残高×<u>変動率</u>＋年間収支**

　　（ウ）**430万円×（1＋<u>0.01</u>）＋<u>114</u>万円 ＝<u>548.3</u>≒<u>548</u>万円**

〈例：田川家のキャッシュフロー表〉　　　　　　　　　　　　（単位：万円）

経過年数			基準年	1 年	2 年	3 年
西暦（年）			２０＊＊	２０＊＊	２０＊＊	２０＊＊
令和（年）			＊＊	＊＊	＊＊	＊＊
家族・年齢	田川　誠二	本人	３８歳	３９歳	４０歳	４１歳
	美由紀	妻	３７歳	３８歳	３９歳	４０歳
	勇樹	長男	７歳	８歳	９歳	１０歳
	香奈枝	長女	５歳	６歳	７歳	８歳
ライフイベント		変動率	勇樹 小学校入学	住宅購入	香奈枝 小学校入学	
収入	給与収入（夫）	1 ％	４８０		（ア）	
	給与収入（妻）	－	２６８	２６８	２６８	２６８
	収入合計	－	７４８			
支出	基本生活費	1 ％	４０５			
	住宅関連費	－	１３６	１１８	１１８	１１８
	教育費	－	４５	４０	５２	
	保険料	－	４１	２９	２９	
	一時的支出	－	３３	1,756		
	その他支出	－	３６	３６		
	支出合計	－	６９６	2,388		
年間収支		－	（イ）			１１４
金融資産残高		1 ％	1,963		４３０	（ウ）

※年齢は各年12月31日現在のものとする。

※「基準年」の西暦（年）、令和（年）の現在の年が入るものとする。

※記載されている数値は正しいものとする。

3位 株式の投資指標

□　株式投資の際、企業の状況と現在の株価を分析するための指標。「資産」でよく出題される投資指標は、配当利回り、PER、PBRの3つ。

□　配当利回り…株価に対する年間配当金の割合を示す指標。**株価が下落**すると、**配当利回りは上昇**する。

配当利回り ＝1株当たり年間配当金÷株価×100

※ **投資信託の分配金利回り＝1口当たり分配金÷1口の価格×100**

〈資料：A社〉

株価	2,500円
1株当たり年間配当金	50円
1株当たり利益	90円
1株当たり純資産	2,000円

【例】〈資料：A社〉の配当利回り＝50円÷2,500円×100＝2.0%

□　EPS…1株当たり純利益。企業の1株当たりの利益額を示す指標で、株式の収益力を示す。EPSが上昇すれば、株価収益率（PER）が下降し株価が割安になる。

1株当たり純利益（EPS）＝当期純利益÷発行済株式数

□　PER…株価収益率。株価が1株当たり純利益（EPS）の何倍かを示す指標で、会社の出す利益に対して現在の株価が安いのか高いのかを判断する材料になる。一般に、**PERが高いほど株価が割高、PERが低いほど株価が割安**と判断できる。

株価収益率（PER）＝株価÷1株当たり純利益（EPS）

＝株価÷（当期純利益÷発行済株式数）

【例】〈資料：A社〉のPER＝2,500円÷90円≒27.8倍

□　BPS…1株当たり純資産。企業の1株当たりの純資産額（自己資本）を示す指標で、企業の解散価値を示すもの。**BPSが高いほど企業の安定性が高い**。

1株当たり純資産（BPS）＝純資産÷発行済株式数

□　PBR…株価純資産倍率。株価が1株当たり純資産（BPS）の何倍かを示す指標で、会社が保有する資産に対して現在の株価が安いのか高いのかを判断する材料。**PBRが高いほど株価は割高、PBRが低い（1倍に近い）ほど株価は割安**と判断。

株価純資産倍率（PBR）＝株価÷1株当たり純資産（BPS）

＝株価÷（純資産÷発行済株式数）

【例】〈資料：A社〉のPBR＝2,500円÷2,000円＝1.25倍

4位 経済指標

☐ **国内総生産（GDP）**…国の経済規模を示す経済指標で、**国内で生産された財や
サービスの付加価値の総額**。**内閣府**が四半期ごと（**年4回**）に**発表**する。GDP支
出では民間最終消費支出（個人消費）が最高構成比（50〜60%）を占めている。

☐ **経済成長率**…GDPの変動率（増加率）。物価変動を考慮しないものが**名目経済
成長率**、物価変動を考慮したものが**実質経済成長率**。前年比で**名目経済成長率**が
マイナスでも、物価が下落していれば**実質経済成長率**はプラスになることがある。

☐ **景気動向指数**…生産、雇用などの経済活動状況を表すさまざまな指標の動きを
統合して、景気の現状把握や将来の動向を予測するために**内閣府**が発表している
指標。経済活動の代表的な指標を、景気に対して**先行・一致・遅行**を示す以下の
3つの系列に分類して算出する。

☐ **先行指数**…景気の動きに先行して動く指標。**新設住宅着工床面積**など。

☐ **一致指数**…景気の動きに一致して動く指標。**有効求人倍率**など。

☐ **遅行指数**…景気の動きから遅れて動く指標。**家計消費支出**、**完全失業率**など。

☐ 景気動向指数には**CI**（コンポジット・インデックス）と、**DI**（ディフュージョ
ン・インデックス）があり、**CI**が公表の中心となっている。

☐ **CI**…**景気変動の大きさやテンポ（量感）**を示す。**一致指数が上昇**しているとき
は**景気拡大局面**、**一致指数が下落**しているときは**景気後退局面**となる。

☐ **DI**…**景気の各経済部門への波及の度合い**を示す。一致指数50%を下回る直前
の月が「**景気の山**」、50%を上回る直前の月が「**景気の谷**」となる。

☐ **全国企業短期経済観測調査（日銀短観）**…約1万社の企業を対象に、景気状況
の見通しについて、**日本銀行調査統計局**が**四半期**ごとに実施するアンケート調査。

☐ **マネーストック**…一般法人、個人、地方公共団体・地方公営企業などの**通貨保
有主体が保有する通貨量の残高**のこと。**日銀**が毎月発表する。

☐ **消費者物価指数**…**一般消費者（家計）**が購入する商品やサービスの価格変動（消
費税も含む）を表した指数。**総務省**が毎月発表する。調査結果は**各種経済施策や
年金の改定**などに利用される。

☐ **企業物価指数**…**企業間**の取引や**貿易**取引における商品の価格変動（サービス価格
は含まない）を表した指数。**日銀**が発表する。原油や輸入小麦の価格変動は、消
費者物価指数よりも先に企業物価指数に影響を与える傾向がある。

☐ **有効求人倍率**…雇用の**需給**関係を表す指標。月間有効**求人数**を月間有効**求職者
数**で割ったもの。**厚生労働省**が公表する。

5位 投資信託

☐ **交付目論見書（投資信託説明書）**…投資信託の基本的な概要や投資方針を記載した書面。委託会社が作成。募集・販売時に交付しなければならない。

☐ **基準価額**…投資信託の時価。通常、１万口当たりで示される。委託会社が算出。

☐ 投資信託の購入金額は「投信信託自体の代金＝基準価額×購入口数」＋「購入時手数料＝投信信託自体の代金×手数料率」である。運用管理費用はかからない。

☐ **定量評価**…個々のファンドの運用実績など、数値的側面からの評価

☐ **定性評価**…運用方針や投資哲学など、数値ではない側面からの評価

☐ 投資信託のコスト

購入時手数料 （販売手数料）	購入時に販売会社に支払う費用。購入時手数料は販売会社によって異なる。手数料無料のノーロード型（ノーロードファンド）もある。
運用管理費用 （信託報酬）	投資信託の運用や管理の対価として、投資信託の保有期間中、信託財産から日々差し引かれる費用。（購入時の支払いは不要）
信託財産留保額	投資信託を解約（中途換金）する際に支払う費用（まれに購入時に支払うこともある）。証券等の換金に係る費用等を解約する投資家にも負担させ、受益者間の公平性を保とうとするもの。留保額は信託財産内に留保される。

☐ **株式投資信託**…株式も債券（公社債）も組み入れることができる。約款上で株式の組み入れを認めていれば、債券だけで運用していても株式投資信託となる。

☐ 追加型株式投資信託で、収益分配金支払後の基準価額が受益者の個別元本より低い場合、分配金は元本払戻金（特別分配金）として非課税となる。

☐ **公社債投資信託**…運用が債券（公社債）に限定されている投資信託。MRF（マネー・リザーブ・ファンド）やMMF（マネー・マネジメント・ファンド）がある。安全性が高い短期公社債などが運用対象だが、元本は保証されない。

☐ **ETF（上場投資信託）**…東京証券取引所などの金融商品取引所に上場している投資信託。上場株式と同様、指値注文や成行注文などにより市場で売買できる。TOPIX等の株価指数や金価格等の商品指数などに連動して運用される。

☐ **J-REIT（上場不動産投資信託）**…不動産に投資し、賃料収入や売買利益を投資家に分配する投資信託。上場株式と同様、証券取引所を通じて取引できる。実物不動産への投資に比べて、流動性（換金性）が高く、少額から投資ができる。収益分配金は配当所得となり、上場株式等の配当所得と同様、原則として総合課税の対象で、申告分離課税や確定申告不要制度も選択できる。J-REITの収益分配金は配当所得として扱われるが、配当控除の適用を受けることはできない。

☐ 投資信託は、日本投資者保護基金により、1人1,000万円まで補償される。

6位 火災保険と地震保険

過去の出題率 **3.17**%

●火災保険

- [ ] 居住用の建物と建物内の家財を対象に火災や自然災害を補償する保険。住宅火災保険と住宅総合保険がある。

- [ ] **住宅火災保険**…**火災**、ガス漏れなどによる爆発・破裂、また、**風災（突風・竜巻等）**、**雪災**、**ひょう災**、**落雷**などの自然災害が補償される。<u>地震</u>は補償されない。

- [ ] **住宅総合保険**…住宅火災保険の補償範囲に加えて、<u>水災</u>（台風、豪雨、洪水、浸水や給排水設備の水漏れ等）、<u>盗難</u>、外部からの落下・衝突・飛来による損害、持ち出し（旅行、買い物中の破損、盗難など）による家財の損害も補償される。

- [ ] 火災保険から支払われる保険金は、<u>非課税</u>所得である。

●地震保険

- [ ] <u>地震</u>・噴火・津波、およびそれらを原因とする火災による被害を補償する保険。

- [ ] **契約**…住宅総合保険などの<u>火災</u>保険契約に付帯して契約。<u>単独</u>契約はできない。

- [ ] **保険金額**…主契約である火災保険金額の<u>30～50%</u>の範囲内。

- [ ] **補償対象**…住居のみに使用される居住用建物（<u>店舗併用</u>住宅は可）と生活用動産（家財）が補償対象。<u>現金</u>、有価証券、1個（または1組）の価格が<u>30万円</u>を超える貴金属や絵画、自動車は補償の<u>対象外</u>。

- [ ] **保険金額上限**…居住用建物は<u>5,000万円</u>、生活用動産（家財）は<u>1,000万円</u>。

- [ ] **基本料率**（保険料を算出するもと）…建物の<u>構造</u>と<u>所在地</u>によって決まる。

- [ ] **割引制度**…「免震建築物割引」「耐震等級割引」「耐震診断割引」「建築年割引」の4種類で、**割引率最大**<u>50%</u>。割引の重複適用は<u>できない</u>。

- [ ] **地震保険の損害区分**…地震保険により支払われる保険金は次の4段階。

	主要構造部の損害額	支払い割合
全　損	時価の<u>50%</u>以上	保険金額の100%
大半損	時価の<u>40%</u>以上50%未満	保険金額の<u>60%</u>
小半損	時価の20%以上<u>40%</u>未満	保険金額の<u>30%</u>
一部損	時価の3%以上<u>20%</u>未満	保険金額の<u>5%</u>

- [ ] **地震保険料控除**…1年間（1月1日～12月31日）に払った地震保険の保険料は、地震保険料控除としてその年の所得から控除できる。

所得税	地震保険料の全額（限度額<u>5万円</u>）
住民税	地震保険料の半額（限度額<u>2万5,000円</u>）

7位 普通傷害保険

- [ ] **傷害保険**…急激かつ偶然な外来の事故による傷害（ケガ）を補償する保険。保険料は、原則として**職業や職種**によって異なり、性別・年齢による違いはない。

- [ ] **普通傷害保険**…国内と海外における<u>日常生活</u>（**旅行中を含む**）での、急激かつ偶然な外来の**事故による傷害**を補償する保険。

- [ ] **普通傷害保険の補償対象**…**日常生活での傷害**（料理中の火傷、スポーツ中のケガなど）、**業務中・通勤中・出張中・旅行中の傷害**（出張先の火災での火傷、旅行中のケガによる破傷風感染による入院なども補償）。豪雨・台風・大雪などの自然災害による傷害（一般的には補償対象だが、補償されない商品もある）。

- [ ] **普通傷害保険の補償対象外**…**病気**、**細菌性<u>食中毒</u>**、**ウイルス性<u>食中毒</u>**、**疲労性**の<u>腰痛</u>、**季節性<u>インフルエンザ</u>**、**<u>虫垂炎</u>**、**<u>日射病</u>**、**<u>靴ずれ</u>**など。<u>地震</u>・<u>噴火</u>・<u>津波</u>が原因の傷害（「天災補償特約」を付帯している場合は保険金給付の対象）。

確認問題 ▶普通傷害保険の支払い対象は①、対象外は②をマークしなさい。　答えはページ下

1. 自宅で地震により倒れてきた食器棚の下敷きになり、頭にケガをして入院した。

　　　　　　①　　②

2. 勤務先でガス爆発事故が発生し、腕にやけどを負って通院した。　①　　②

3. 自転車通勤の途中で転倒し、手首を捻挫して通院した。　①　　②

4. 自転車に乗ってスーパーマーケットへ買い物に行く途中に転倒し、頭を打って入院した。　①　　②

5. 季節性インフルエンザにかかり、高熱が続いたため、入院した。　①　　②

6. 虫垂炎になり、治療のため入院した。　①　　②

7. 出張先（国外）で交通事故に遭い、腰を強く打って帰国後通院した。①　　②

8. 雨の日にすべって転倒し、足を負傷して入院した。　①　　②

9. レストランで食べた料理が原因で、細菌性食中毒を起こして入院した。

　　　　　　①　　②

10. ハイキングに行った際に転んでケガをし、破傷風に感染したため、入院した。

　　　　　　①　　②

11. 35度を超える真夏の炎天下でテニスをしていて日射病にかかり、入院した。

　　　　　　①　　②

実技 資産▶TOP60

8位 バランスシート

☐ **バランスシート**（貸借対照**表**）…個人がライフプランニングにおいて、現状の資産と負債のバランスを見る表。

☐ **資産**…**預金**、**株式**などのほか、**不動産**、**自動車**などの時価（現時点で売った場合の金額）が記載される。

【例】下の〈資料：バランスシート〉において、

資産合計（ア）： 400万円＋1,500万円＋350万円＋250万円＋540万円＋330万円＋2,800万円＋250万円＝6,420万円

☐ **負債**…借金（主にローン残額）が記載される。

【例】〈資料：バランスシート〉において、

負債合計（イ）： 100万円＋350万円＝450万円

☐ **純資産＝資産合計－負債合計**

【例】〈資料：バランスシート〉において、

純資産（ウ）＝ 6,420万円－450万円＝5,970万円

☐ 資産と負債は、取得金額（買った時の金額）ではなく、時価（現時点で売る、もしくは売った場合の金額）で記入する。

☐ **負債・純資産合計（エ）＝**負債合計＋純資産　←「資産合計」と等しい

〈資料：バランスシート〉 　　　　　　　　　　　　　　　　　（単位：万円）

[資産]		[負債]	
金融資産		自動車ローン	100
普通預金	400	住宅ローン（自宅マンション）	350
定期預金	1,500		
財形年金貯蓄	350	負債合計	（イ）
外貨預金	250		
上場株式	540		
生命保険（解約返戻金相当額）	330		
不動産（自宅マンション）	2,800	[純資産]	（ウ）
その他動産（自動車）	250		
資産合計	（ア）	負債・純資産合計	（エ）

確認問題 ▶適切なものは①、不適切なものは②をマークしなさい。　答えはページ下

上記のバランスシートの負債・純資産合計は6,420万円である。　　①　②

答え：①

8位 容積率・延べ面積・建蔽率

●容積率・延べ面積

- [ ] **延べ面積**…建物各階の**床面積**を合計した面積。

- [ ] **容積率**…延べ面積の**敷地面積に対する**割合。敷地面積に対し、どれくらいの総床面積の建物を建てられるかの基準となる数値。

- [ ] **指定容積率**…用途地域ごとに決められている**容積率の上限**。

- [ ] **最大延べ面積（延べ面積の上限）**…敷地面積に用途地域ごとに定められた指定容積率を乗じて算出する。**最大延べ面積＝敷地面積×指定容積率**

【例】指定容積率が200%の地域で敷地面積400㎡の土地に建物を建てる場合の最大延べ面積は、400×2＝800㎡

- [ ] **容積率の制限**…前面道路の幅員が12m未満の場合は、用途地域によって容積率に制限（法定乗数）がある。

住居系用途地域	前面道路の幅員×4/10 ←法定乗数
その他の用途地域	前面道路の幅員×6/10 ←法定乗数

この計算結果と指定容積率を比べて小さいほうの数値が容積率の上限となる。

【例】住居系用途地域内に建物を建て、かつ前面道路幅員（道路の幅）が12m未満の場合、「前面道路幅員×4/10【例→前面道路幅員4mなら4×4/10＝1.6＝160%】」と指定容積率【例→200%】を比較して、小さい方の数値【例→160%】が容積率の上限となる。道路が2つある場合は、広い方の道路が対象。

- [ ] 指定容積率が異なる用途地域にまたがって建築する場合、容積率は**加重平均（各土地の延べ面積の合計÷敷地面積の合計）**で計算する。

●建蔽率

- [ ] **建蔽率**…建築物の**建築面積**の**敷地面積に対する**割合。**建築面積÷敷地面積**

- [ ] **建築面積**…その建物の水平投影面積（上から見た面積）。一般的には建築物の1階が占める面積にほぼ等しい。対して、延べ面積は、各階の床面積の合計をいう。

【例】敷地面積200㎡の土地に、建築面積80㎡の2階建ての住宅を建築する場合、この住宅の**建蔽率**は、80㎡÷200㎡＝0.4 → 40%

- [ ] **最大建築面積（建築面積の上限）＝敷地面積×建蔽率**

- [ ] **指定建蔽率**…用途地域ごとに決められている建蔽率の上限。指定建蔽率が異なる用途地域にまたがって建築する場合、建蔽率は**加重平均（各土地の建築面積の合計÷各土地の敷地面積の合計）**で計算する。

実技 資産▶TOP60

10位 法定相続人と法定相続分

過去の出題率 2.62%

- □ **法定相続人**（民法に規定されている相続人）となるのは、<u>配偶者</u>および、次の３つの順位の<u>最上位</u>の<u>**血族**</u>のみ。離婚した元配偶者は相続人になれない。
  第１順位…<u>子</u>（養子、非嫡出子、胎児**含む**）◀ 子が亡くなっている場合は孫、ひ孫が代襲。離婚した夫婦の子も<u>第１</u>順位
  第２順位…<u>直系尊属（父母）</u>◀ 父母が亡くなっている場合は祖父母
  第３順位…<u>**兄弟姉妹**</u>
- □ **法定相続分**…法に規定されている相続分（複数の相続人が遺産相続する**割合**）。

配偶者のみの場合	配偶者がすべて相続
配偶者と子の場合	配偶者<u>**2**分の**1**</u>、子合計で<u>**2**分の**1**</u>（養子の相続分は実子と同じ）
配偶者と父母の場合	配偶者<u>**3**分の**2**</u>、父母合計で<u>**3**分の**1**</u>（父母各<u>**6**分の**1**</u>）
配偶者と兄弟姉妹の場合	配偶者<u>**4**分の**3**</u>、兄弟姉妹合計で<u>**4**分の**1**</u>（姉妹2人なら各<u>**8**分の**1**</u>）

- □ **代襲相続**…相続の開始時に、法定相続人が死亡などにより相続権がなくなっている場合、その法定相続人の<u>直系卑属（子や孫）</u>や**甥・姪**（法定相続人の兄弟姉妹が亡くなっている場合）が代わって相続できる。
- □ <u>相続を放棄した者</u>の<u>子</u>は代襲相続できない。

10位 遺言書

過去の出題率 2.62%

- □ **遺言**…自らの死後のために意思表示をすること。普通方式による遺言には、**自筆証書遺言**、<u>公正証書遺言</u>、秘密証書遺言の３種類がある。
- □ **遺言の効力**は、遺言者の<u>死後</u>に生じる。
- □ 遺言可能年齢は<u>**15 歳以上**</u>。
- □ **自筆証書遺言**…遺言者が遺言<u>全文、日付、氏名</u>を<u>自書</u>して**押印**（代筆、パソコン作成、口述録音等は**不可**）。<u>財産目録</u>のみ書式自由（自書によらない記載には頁ごとに署名押印が必要）。<u>証人の立会い</u>が<u>不要</u>。家庭裁判所で<u>検認</u>が<u>必要</u>（ただし、法務局（遺言書保管所）で保管されている遺言書については**検認**<u>不要</u>）。
- □ **検認**…遺言書の偽造等を防止するための証拠保全手続き。
- □ **公正証書遺言**…遺言者が遺言の趣旨を口授し、公証人がそれを筆記する。**証人2人以上**の立会いが<u>必要</u>となる。相続開始後の検認手続きは<u>不要</u>。
- □ **秘密証書遺言**…遺言者が作成し、署名、押印して封印する。**証人2人以上**の前で公証人が日付を記入する。<u>遺言者自身</u>が**保管**する。<u>検認</u>が**必要**。
- □ 遺言書は、いつでも内容の<u>変更（作り直し）・撤回</u>ができる。
- □ 検認前に遺言書を<u>開封</u>した場合、その遺言書は<u>無効にならない</u>。

▶ 10位「係数の活用」は、18ページの学科「15位 係数の活用」を参照。

13位 住宅借入金等特別控除

- [ ] **住宅借入金等特別控除（住宅ローン控除）**…住宅ローンを利用して**住宅の取得**や増改築をした場合、住宅ローンの一部を**所得税額から控除できる制度**。

- [ ] 条件①…対象となる家屋（新築・中古の区別なし）の床面積が、(1)**50㎡以上**、(2)**40㎡以上**（合計所得金額1,000万円以下で、2022年以降の入居、2024年までに建築確認を受けた新築住宅の場合）で、(1)・(2)ともに床面積の**2分の1以上が居住用**であること（店舗併用可）。

- [ ] 条件②…控除を受ける年の合計所得金額が**2,000万円以下**（2022年1月1日以降の居住の場合）であること。ある年に**2,000万円以上**の所得があっても、翌年以降に**2,000万円以下**であれば**再度適用される**。

- [ ] 条件③…**償還（返済）期間が10年以上**の分割返済の住宅ローンであること。

- [ ] 条件④…住宅取得日から**6カ月以内**に居住の用に供し、控除を受ける年の**12月31日**まで引き続き居住していること。

- [ ] **控除期間と控除率**

	居住開始年	借入金等の年末残高の限度額	控除率	控除期間
認定住宅（新築）	2024年・2025年	4,500万円※	0.7%	13年
既存（中古）住宅	2022年～2025年	2,000万円・3,000万円		10年

※ 子育て世帯（子育て特例対象個人）は5,000万円（2024年までに入居）。
▲「認定住宅」とは、認定長期優良住宅・認定低炭素住宅をいう。このほかZEH水準省エネ住宅（限度額3,500万円）・省エネ基準適合住宅（限度額3,000万円）、両方とも控除率0.7%、控除期間は13年。
▲既存（中古）住宅の取得または住宅の増改築の控除期間はすべて10年（2022年～2025年入居）。

【例】新築の認定住宅で年末残高が3,000万円の場合の、その年の控除額
　　年末残高3,000万円 × 0.007 = 21万円

- [ ] 住宅ローン控除の控除額が所得税額を超える場合（所得税から控除しきれなかった場合）、翌年度分の**住民税**から控除できる。

- [ ] 給与所得者が住宅ローン控除を受ける場合、**最初の年分だけは確定申告**が必要。**翌年分以降**は勤め先の**年末調整**で控除を受けられるので**確定申告**は不要。

- [ ] **親族や知人等からの借入金**については、住宅ローン控除は受けられない。

- [ ] 転居した場合や住宅を第三者へ賃貸した場合、住宅ローン控除は受けられない。ただし、本人が転勤（転居）し、転勤後に家族が居住した場合は受けられる。

- [ ] 繰上げ返済によって返済期間が短くなり、**返済を開始した最初の返済月から最終の返済月までのトータルの借入期間が10年未満**になった場合、繰上げ返済した年以後の住宅ローン控除は受けられなくなる。

実技 資産▶TOP60

14位 老齢基礎年金

- [ ] <u>65</u>歳になったときから支給される<u>終身</u>型の公的年金。
- [ ] **受給資格期間**…<u>10</u>年。年金をもらうために最低限必要な加入期間で、**納付が**<u>猶予</u>された期間も含まれる。
- [ ] **年金請求**…受給開始年齢の約３カ月前に日本年金機構から送られてくる「<u>年金</u><u>請求書</u>」と年金の請求手続きの案内にそって手続きを行う。
- [ ] **支給時期**…<u>2</u>カ月に<u>1</u>回、<u>年6回</u>（<u>偶数月</u>）に分けて支給される。
- [ ] **保険料納付済月数**…全月数（<u>480</u>月：<u>20</u>歳から<u>60</u>歳までの<u>40</u>年）から未納期間（免除期間や猶予期間）を差し引いた月数。保険料納付済の全月数（<u>480</u>月）を満たした場合の年金額は、**満額の<u>816,000</u>円**（2024年度価額）。
- [ ] **繰上げ・繰下げ支給**…受給開始年齢を繰上げ・繰下げすることができる。※

繰上げ（<u>60～64歳</u>）	繰上げ月数×<u>0.4</u>%減額。最高<u>5</u>年×<u>12</u>月×<u>0.4</u>＝<u>24</u>%減額
繰下げ（<u>66～75歳</u>）	繰下げ月数×<u>0.7</u>%増額。最高<u>10</u>年×<u>12</u>月×<u>0.7</u>＝<u>84</u>%増額

- [ ] **繰上げ受給は、途中の取り消しができない。**

※ 1962年4月1日以前生まれの人の繰上げ受給は0.5%の減額。1952年4月1日以前生まれ、または2017年3月31日以前に受給権発生日がある人の繰下げ上限年齢は70歳。

15位 生命保険の税務

過去の出題率
2.28%

- [ ] 生命保険の契約者と受取人が同じ場合の満期保険金や死亡保険金は、**<u>一時所得</u>**として所得税・住民税の課税対象。

【例】下記契約Aにおいて、妻が受け取る満期保険金は、**<u>一時所得</u>**。

- [ ] 生命保険の契約者と被保険者が同じ、保険金受取人が異なる→受取人が相続人となる場合、支払われる死亡保険金は、**<u>相続税</u>**の課税対象。

【例】下記契約Bにおいて、妻が受け取った死亡保険金は<u>相続税</u>の課税対象。

- [ ] 入院、手術、障害などに支払われる給付金・保険金…受取人が被保険者本人・配偶者の場合は**<u>非課税</u>**。

【例】下記契約Cにおいて、妻が受け取った入院給付金は**<u>非課税</u>**。

	保険種類	保険料 払込方法	保険契約者 （保険料負担者）	被保険者	保険金・給付金 受取人	満期保険金 受取人
契約A	生命保険	月払い	妻	夫	妻	妻
契約B	生命保険	月払い	夫	夫	妻	―
契約C	医療保険	月払い	夫	夫	妻	―

16位 医療保険

過去の出題率
2.14%

- [ ] **医療保険**…病気やケガにより入院した場合や手術を受けた場合に給付金が支払われる保険。
- [ ] **がん保険**…対象を**がん**（<u>白血病を含む</u>）に限定した保険。医療保険の給付金に加え、**初めてがんと診断**されたときの診断給付金や入院給付金、通院給付金、手術給付金がある。
- [ ] **診断給付金**…がんや白血病など特定の病気と診断された際に支給される給付金。
- [ ] **入院給付金**…病気やケガにより入院したときの給付金。一般に1日単位で支給される。
- [ ] **手術給付金**…手術を受けた際に支給される。1回につき、手術の種類に応じて入院給付金の○倍と記載されることが多い。
- [ ] **死亡給付金**…被保険者が死亡した場合、保険金受取人に支給される。入院給付金日額の○倍と記載される。
- [ ] **給付金合計額**…各給付金の合計額

【例】〈資料：がん保険の契約内容〉で、契約者が初めてがん（悪性新生物）と診断され、その後100日間入院し、給付倍率20倍の手術（1回）を受けた場合に支払われる給付金の合計額を求める。

　　がん診断給付金…<u>100万円</u>

　　がん入院給付金…日額<u>10,000</u>円×<u>100</u>日＝<u>100万円</u>

　　がん手術給付金…入院給付金日額の<u>20</u>倍＝日額<u>10,000</u>円×<u>20</u>＝<u>20万円</u>

　　給付金合計額＝<u>100</u>万円＋<u>100</u>万円＋<u>20</u>万円＝<u>220万円</u>

〈資料：がん保険の契約内容〉

主契約 ［本人型］	がん診断給付金	初めてがんと診断されたとき100万円
	がん入院給付金	1日につき日額10,000円、入院1日目から給付
	がん通院給付金	1日につき日額5,000円
	がん手術給付金	1回につき、手術の種類に応じて 入院給付金日額の10倍・20倍・40倍
	死亡給付金	入院給付金日額の50倍 （がん以外の死亡の場合は、入院給付金日額の10倍）

実技
資産▼TOP60

85

16位 NISA

- [ ] 2024年に始まった**新NISA**から、**非課税保有期間**が**無期限**となった。

- [ ] **新NISA**の「**成長投資枠**」は旧NISAの**一般NISA**の役割を、「**つみたて投資枠**」は旧NISAの**つみたてNISA**の役割を引き継ぐものとなる。

- [ ] **年間の投資上限額**は、つみたて投資枠が**120万円**、成長投資枠が**240万円**。**併用が可能**で合計で**360万円**である。

- [ ] **非課税保有限度額**は、買付金額ベースで**1,800万円**（うち成長投資枠**1,200万円**）。売却した場合には、買付金額分の非課税枠が**翌年復活**する。

- [ ] **つみたて投資枠の対象商品**…国が定めた基準を満たす**投資信託**、ETF［上場投資信託］。

- [ ] **成長投資枠の対象商品**……**上場株式**、上場**不動産投資**信託［J-REIT］、ETF［上場投資信託］、公募**株式投資**信託。外国株式も可。

- [ ] **対象外の商品**…債券や株式、REITを組み合わせた**資産複合型（バランス型）**の投資信託はNISAの対象だが、**国債、社債**などの**債券（公社債）**、公社債投資信託そのものは対象外。また、**信託期間が20年未満・毎月分配型・高レバレッジ型**の投資信託は対象外となっている。

- [ ] **非課税対象**…**配当金**、**分配金**（普通分配金）、**売却益**[※]。なお、配当金を非課税にするためには、**株式数比例配分方式**を選択しなければならない。

  ※通常（NISAでない場合）は、配当金、分配金（普通分配金）、売却益には、**20.315%**（所得税15％＋復興特別所得税0.315％＋住民税5％）が課税される。

- [ ] **NISA対象者**…日本国内に住む**18歳以上**の成人。

- [ ] **NISA口座**…国内で**1人1口座**が開設できる。**1年単位**で**金融機関**を変更することができる。

- [ ] **口座移管**…NISA口座には、**NISA口座で買った銘柄のみ**を保有できる。**NISA口座の株式**は特定口座や一般口座に**移管できる**が、他の口座からNISA口座には**移管できない**。

- [ ] **NISAのデメリット**…NISA口座以外の**譲渡益や配当等**と**損益通算**できない。NISA口座の損失は、翌年以降**3年間**の**繰越控除**（利益から過年度の損失分を**控除**）の適用を受けられず、損失はなかったものとされる。

- [ ] **旧NISA**で保有している商品は、購入時から一般NISAは**5年間**、つみたてNISAは**20年間**、そのまま非課税で保有できる。旧NISAの**非課税期間終了後、新NISAへの移管（ロールオーバー）はできない**。

▶ 10位「傷病手当金と出産育児一時金」は、27ページの学科「34位 傷病手当金と出産育児一時金」を参照。

19位 預金保険制度

過去の出題率 **1.79%**

☐ 金融機関が破綻したときに、<u>預金者</u>を保護する制度。

保護の対象	保護される最大限度額
定期預金、普通預金、金融債など、元本保証型の預貯金	金融機関ごとに預金者1人当たり元本 <u>1,000</u> 万円とその利息を保護
当座預金、無利息型普通預金など、無利息・要求払い・決済サービスを提供する<u>決済用預金</u>	<u>全額</u>を保護

☐ <u>外貨預金</u>（日本国内に本店のある銀行が取り扱う<u>外貨預金</u>含む）、<u>譲渡性預金</u>（金融市場で売却できる定期預金）は、**預金保険制度の保護の対象外**。

【例】下の〈資金〉を国内の1つの銀行に預けている場合に保護される元本金額は、

① <u>決済用預金 1,000 万円</u>

② <u>円普通預金(利息付き)500 万円</u>＋<u>円定期預金 800 万円</u>の合計金額 <u>1,300 万円</u>のうちの最大限度額 <u>1,000 万円</u>。

→①と②を合計して <u>2,000 万円</u>。

> 〈資金〉
> 決済用預金 ：1,000万円
> 円普通預金（利息付き）：500万円
> 円定期預金 ：800万円

▶19位「遺族年金」は、39ページの学科「54位 遺族年金」を参照。

21位 死亡保険金の総額計算

過去の出題率 **1.66%**

☐ 契約者の死亡時（病気など）には、以下の保険から保険金が出る。

　・<u>終身保険</u>・<u>定期保険</u>（特約）・<u>特定（3大）疾病保障定期保険</u>（特約）

　・<u>収入保障保険</u>・<u>養老保険</u>・<u>個人年金保険</u>・<u>変額保険</u>

☐ 不慮の事故による死亡の場合、以下の保険金が上乗せして支払われる。

　・<u>傷害特約</u>・<u>災害割増特約</u>

【例】右の契約において、交通事故により死亡（即死）した場合に支払われる死亡保険金

→<u>終身保険 700 万円</u>＋<u>定期保険特約 1,000 万円</u>＋**特定疾病保障定期保険特約 200 万円**＋<u>傷害特約 100 万円</u>＝**2,000 万円**

〈定期保険特約付終身保険の契約内容〉

終身保険金額（主契約保険金額）	700万円
定期保険特約保険金額	1,000万円
特定疾病保障定期保険特約保険金額	200万円
傷害特約保険金額	100万円
災害入院特約［本人・妻型］入院5日目から	日額5,000円
疾病入院特約［本人・妻型］入院5日目から	日額5,000円

不慮の事故や疾病により所定の手術を受けた場合、手術の種類に応じて（入院給付金日額の10倍・20倍・40倍）手術給付金を支払います。

成人病入院特約　　入院5日目から	日額5,000円

※妻の場合は、本人の給付金の6割の日額となります。

実技 資産▶TOP60

87

21位 住宅ローンの金利と返済方法

●住宅ローンの金利

- ☐ 住宅ローンの金利には、<u>固定</u>**金利型**、<u>変動</u>**金利型**、**固定金利選択型**の3つがある。

- ☐ <u>固定</u>**金利型**…当初決められた金利が返済終了まで一定。<u>総返済</u>額が変わらない。金利が<u>低い</u>ときほど**有利**。

- ☐ <u>変動</u>**金利型**…市場金利が変わればローン金利も変わり、<u>総返済</u>額が変わる。固定金利型より申込時の適用金利が低いが、金利変動のリスクを借り手が負う。金利の見直しは年**2**回（<u>半年</u>ごと）、返済額の見直しは**5**年ごと。

- ☐ **固定金利選択型**…当初の一定期間は固定金利。その期間が過ぎると、固定金利か変動金利かを選択できる。**固定金利期間が長い**ほど、**金利は**<u>高く</u>なる。

●住宅ローンの返済方法

- ☐ 返済方法には、<u>元利</u>均等返済、<u>元金</u>均等返済の2つがある。利息は元金の残高に対してかかる。

- ☐ **元金**…実際に借入を行った金額。

- ☐ **元利**…元金（元本）＋利息。

- ☐ <u>元利</u>**均等返済**…毎回の<u>返済</u>額が一定。初期は利息部分の返済額が多く、後になるほど元金の返済部分が多くなっていく。

- ☐ <u>元金</u>**均等返済**…<u>元金</u>の返済額が一定。元利均等返済に比べて、**当初の返済額は多い**が、他の条件が同じなら**返済総額（総支払利息）は**<u>少ない</u>。

- ☐ **繰上げ返済**…通常の返済のほかに元金の全額または一部を返済すること。繰上げ返済の回数や返済額の制限は、銀行によって<u>異なる</u>。返済期間短縮型、返済額軽減型の2つがある。

- ☐ **返済期間短縮型**…毎回の<u>返済額</u>は変えずに、返済期間を短縮する方法。繰上げした分の元金にかかる利息がなくなるので、返済額軽減型よりも**利息軽減効果が**<u>大きい</u>。

- ☐ **返済額軽減型**…<u>返済期間</u>は変えずに、毎回の返済額を減らす方法。

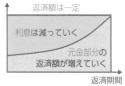

〈元利均等返済〉

〈元金均等返済〉

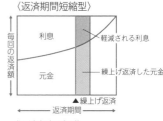

〈返済期間短縮型〉

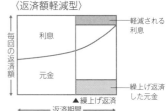

〈返済額軽減型〉

▶23位「不動産登記記録」は、9ページの学科「8位 不動産登記記録」を参照。